加賀藩の都市の研究

深井甚三

桂書房

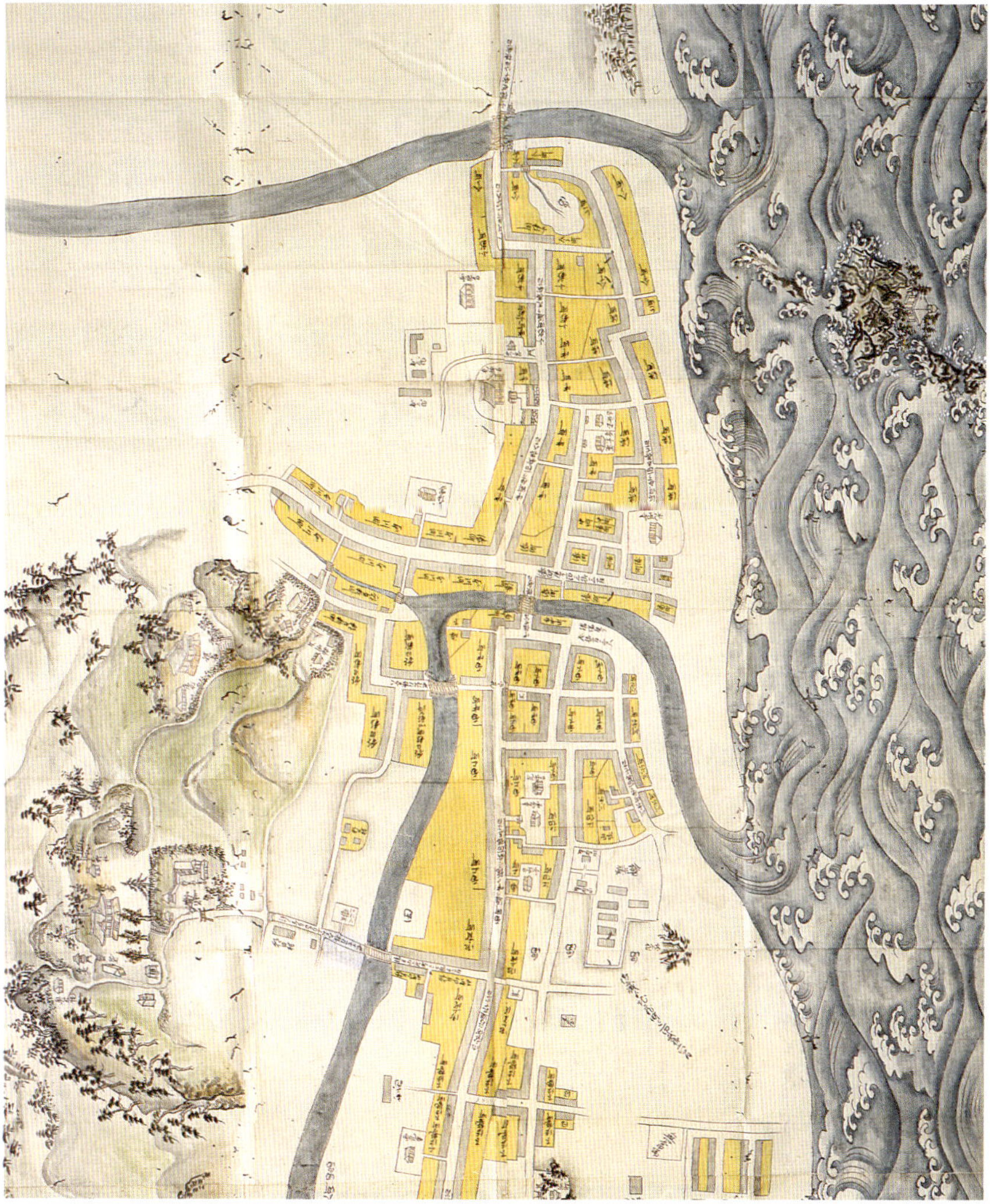

口絵１　氷見郡大絵図（部分） 川合文書　富山県［立山博物館］

口絵２　（氷見町絵図）（部分）　宮永家文書
写真提供：氷見市立図書館

口絵３　射水郡氷見之図（部分） 富山市郷土博物館
写真提供：氷見市立図書館

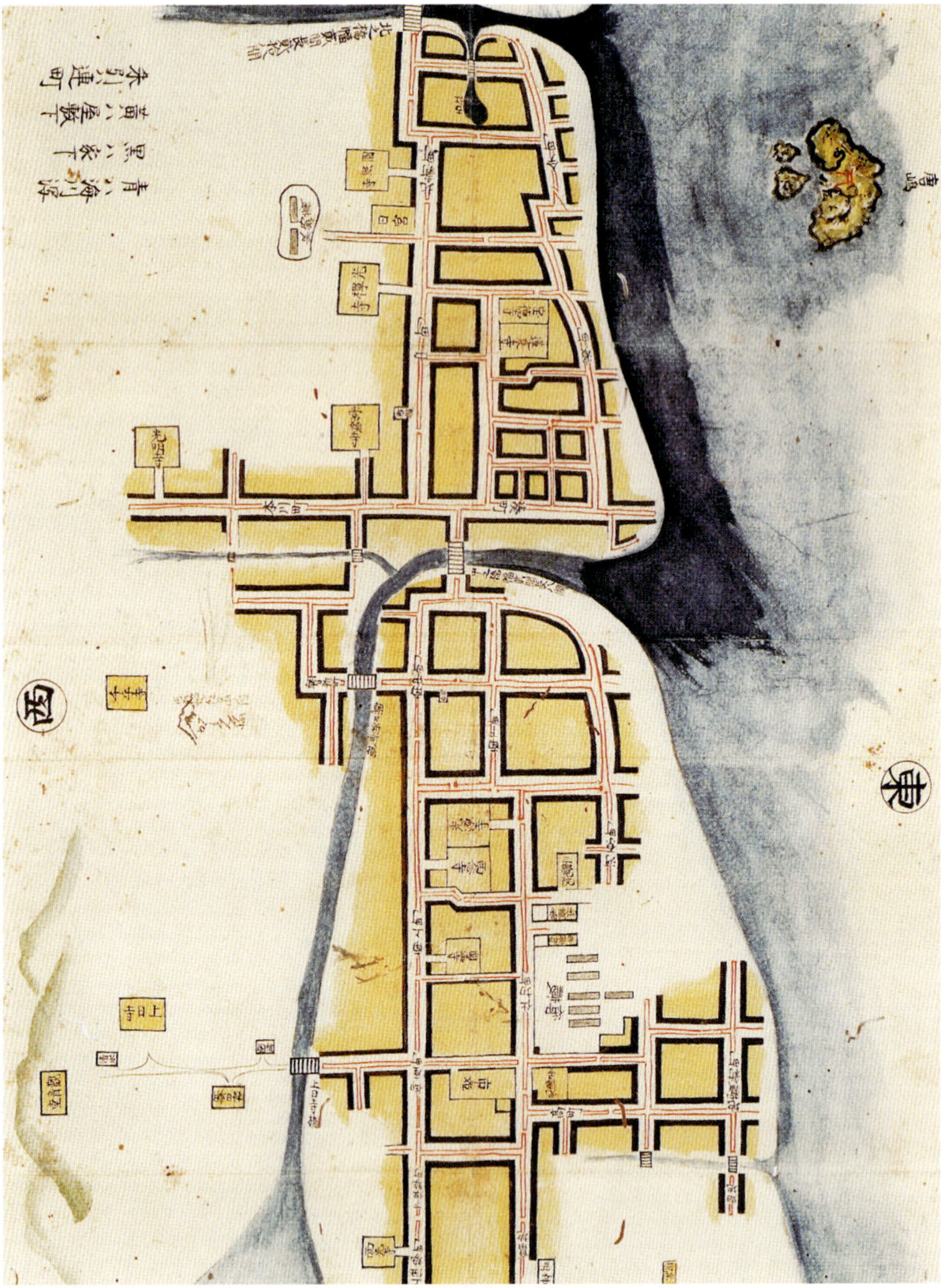

口絵４　氷見町絵図（部分） 陸田家文書
写真提供：氷見市立図書館

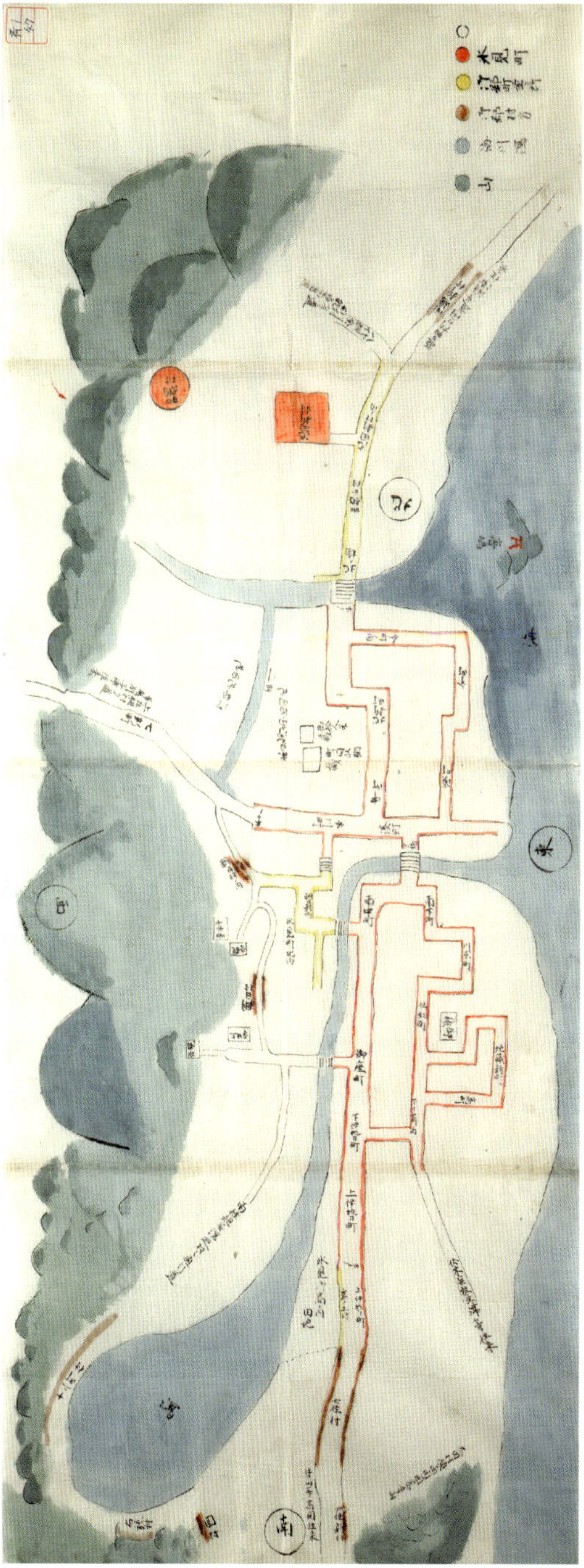

口絵５
氷見町町並絵図
斎藤文書　富山県立図書館

口絵6　上日寺伽藍絵図　上日寺文書
写真提供：氷見市立図書館

目次

付章2　湊町と門前

第二部　環境・災害と都市

加賀藩の都市の研究

はじめに

一、研究史をめぐって

一九七〇年代に盛んとなった近世都市研究は、加賀藩でも同様に活性化した。[1] 筆者も一九八〇年に富山大学へ着任して以来、加賀藩の都市研究も進め、一九九五年に『近世の地方都市と町人』（吉川弘文館）を刊行した。同書は地域都市史の観点から、北陸地域の近世都市形成とその後の都市展開、変容の特徴を把握し、また城下町についてはその社会構造とその変容について明らかにすることにし、直接には金沢を対象にして、西洋史の増田四郎や山内昌之両氏の代表的な社会史研究の影響も受けて、社会史的観点から金沢町方の町人における地縁的結合を初めとする社会的結合について検討をしたものである。

一九九〇年代以降の近世都市研究は、吉田伸之・塚田孝両氏を中心に三都を中心に多くの論著がまとめられたが、これに対して城下町など三都以外の他の都市ではわずかで、三都研究に比べて沈滞していたといえる。ここ一〇年間の都市研究を主にして、あわせて八〇年代以降の研究の主要論点について望月良親氏がまとめられている（近世日本都市史研究の現在）[2]。八〇年代はやはり、朝尾直弘・吉田伸之氏らによる個別の町の町共同体論と塚田孝氏の組合町・異質の社会集団による重層・複合論という研究、吉田伸之氏の空間および社会構造を踏まえた分節構造論について取り上げる。そしてここ一〇年の研究で大きな潮流となったのは、吉田・塚田両氏が中心となって展開した都市社会史であるとして、これについてまとめている。吉田氏の場合は、江戸を城下町としての観点から把握するので、これを除いて三都外についていえば、倉敷などの中小規模の伝統都市に関する研究が進展したことを引用紹介する。この潮流以外では民衆運動史における構造と主体を扱った、城下町などの分析もある岩田浩太郎『近世都市騒擾の研究』（吉川弘文館・二〇〇四年）と播州三木町の伝承・儀式・史料保存の変遷を扱う渡辺浩一『まちの記憶』（清文堂出版・二〇〇四年）を取り上げる。そして、渡辺氏が江戸ではあるが、災害史と文書行政論をリンクさせた仕事をされたことと近世都市の災害史研究の重要性についてふれる。京都・大坂では武士の存在を鮮明にした藪田貫・岩城卓二両氏による新たな潮流にもふれるが、三都外の研究としては城下町について、近世都市の総合化をめざす仕事として概説書の松本四郎『城下町』（吉川弘文館・二〇一三年）を紹介する。さらに、近年の研究としては特に町役人の研究を大きく取り上げているが、三都外となると、著者による甲府の仕事の紹介となっている。

近世都市の代表的研究者である松本四郎氏が、この研究整理以前の二〇〇七年に『幕末維新期の都市と経済』（校倉書房）にて、右の主要な論点についてふれている。まず町共同体論について朝尾直弘氏の「地縁的・職業的身分共同体論」については都市が地縁性と元々無縁であったという点、都市での商家同族団や分家・別家の問題なども考えると、特に塚田氏にみられる個別町へのこだわりは違和感があるとする。次に、吉田氏らの提言する分節構造論についてその意図を認めつつも、都市の全体像構築の点がみえないとする。また、他の都市関係の研究者も都市の全体像について論ずべきとする。最後に近代への移行について特に建築史の宮本雅明氏の仕事（『都市空間の近世史研究』中央公論美術出版・二〇〇五年）を評価する。そこで取り上げられた横浜について、吉田伸之氏が近代都市誕生として取り上げ新しいタイプの居住者により町がつくられている点に注目され、「都市空間からの観点だけでなく、都市の住民意識や行動の面で「近代」を意味する存在が、近世からの移行期にどう登場し、何を変えているのか、吉田の問題提起とかかわって歴史学の問題にしていく必要性を強く感じる」と記している。

町共同体の理解については、筆者も大坂などの初期の都市住民は移動が激しく、町共同体の成立や確立が遅れるのではないかと考え、これは町式目の成立が京都と違って大坂・江戸では遅れる点から裏付けられると考えた。また、京都の町も吉田氏の考えるフラットな住民構造の町ということではなく、従来の中世京都の研究では都市内に土倉・酒屋などの富商の存在を指摘している。筆者の場合は、『近世の地方都市と町人』の第二部で取り上げた金沢の社会的結合にて、城下町金沢の町人結合の点で、町共同体には限界があることを明らかにし、それゆえに住民にとっては隣組の結合や同族・一門などの社会的結合が大事となっている点に加え、総町的結合の問題点などについても論及している。もちろん、金沢の町共同体がすべての城下町に妥当するとは考えていないので、一気にこれをもって他の近世城下町は金沢と全く同じとして論ずるようなことはできない。

次の都市の全体像について論ずべきとするのはなかなか難しい課題である。城下町の場合であれば、町人地だけでなく、武家地、寺社地、城郭を総体として捉えるならば、町方での社会的結合の全体をとにかく金沢で把握しようとするだけで、前著は終わっており、その後も城下町と農村との関係や、金沢町人の実学関係の仕事についての研究となっていた。残念ながらそれゆえに近代への展望などはとてもできていないのが現状である。ただし、本書に付章として収録した「湊町と門前」にて、空間的観点ではあるが、宮本氏の問題とした点の限界について、『都市空間の近世史研究』が刊行されるよりも前に、横浜を事例に取り上げてその港のあり方から指摘は行っており、具体的な検討では那覇を対象にして、近世的港町として建設された新潟、函館などの限界について明らかにはしていた。

なお、『史学雑誌』の二〇〇八年度の回顧と展望（一一八編五号）近世の総論で大藤修氏は、吉田氏らの身分的周縁論について、「身分制においては家長との関係で周縁的存在として把握されるこれら（女性・子供・老人、深井補う）について、身分的周縁論は視野に入れていない。近世社会の全体史を目指すならば、女性、子供、老人も組み込んだ社会像を描くべく、方法論の射程を広げるべきであろう」と批判している。筆者の場合は、早くに女性・子供や合力層などの弱者を視野に入れた研究を交通史の分野で行ってきており、加賀藩の都市の研究ではこれを本書に収録した井波の婚外子の研究で試みている。

さて、望月氏の整理に取り上げられなかった、二〇〇〇年代以降の三都外の論文や交通史・祭礼関係を除き、また別著にて取り上げる都市の学術・文化関係を除く研究書のみを示すと、次のようなものがある。着実に個別研究の成果があがっていることがわかるが、前記のように松本氏は総合的論点提示の必要性を求めていた。

三尾功『近世都市和歌山の研究』思文閣出版・一九九四年
林董一『近世名古屋商人の研究』名古屋大学出版会・一九九四年
渡辺浩一『近世日本の都市と民衆』吉川弘文館・一九九九年
高牧実『近世の都市と祭礼』吉川弘文館・二〇〇〇年
高橋美由紀『在郷町の歴史人口学』ミネルヴァ書房・二〇〇五年
杉森玲子『近世日本の商人と都市社会』東京大学出版会・二〇〇六年
本馬貞夫『貿易都市長崎の研究』九州大学出版会・二〇〇九年
本田秀人『近世都市熊本の社会』熊本出版文化会館・二〇一〇年

松﨑範子『近世城下町の運営と町人』清文堂出版・二〇一二年
藤本清二郎『城下町世界の生活史』清文堂出版・二〇一四年
北原糸子編『日本災害史』吉川弘文館・二〇〇六年

個別論文については『史学雑誌』の各年次の「回顧と展望」をみると、三都関係とは比べものにならないものの、それなりの数になる地方都市関係の論文も生み出されていたことがわかる。しかしながら、本書が関係する加賀藩についての個別論文も含めた研究は限られた論文しか発表されていないのが現実であった。

これは数多くない石川・富山の近世史研究者が自治体史などの仕事に動員されていたことや、研究の関心がこの当時の前田藩領社会で重要な問題となっていた都市史以外の分野に向かっており、都市に関心がある人も東京や関西の都市研究者のように都市研究に専心できなくなっていたこと（中でも北前船研究、この関係のシンポジウムが北陸地域で盛んに行われ、研究者がこの発表に動員された。）、また都市研究の中心が周縁階層を対象とした研究に重点を置くようになったものの、藩領の都市ではこのような階層の研究が資料の関係でしにくかったこともある。また、新たな文献史料の発掘もあまり進んでいなかったことも関係があるのではなかろうか。

こうした中で、考古学の分野からの新たな研究が登場することになった。都市関係の発掘が富山・金沢で進み、とりわけ富山の場合は、発掘を担当した富山市埋蔵文化財センターにより二つの点で興味深い研究成果があげられた。一つは富山城とその城下にかかわるもので、もう一つは中世後期に栄えた湊町の三津七湊の七湊に数えられた岩瀬湊をめぐる研究である。

現在の富山城は近世のものとされてきたが、発掘により中世にさかのぼることが明らかとなった。この城郭のあり方が富山城移転後の高岡城とともに、筆者が富山城下研究のために前著で積極的に利用した正保の城絵図を初めとした絵図も大いに利用されて、同センターの古川知明氏により精力的に解明された。そして、この成果は『富山城の縄張と城下町の構造』（桂書房・二〇一四年）として刊行された。次に、岩瀬湊であるが、中世から近世初期の同湊の土地は高波など海蝕によりすでに富山湾海底となっている。しかしながら、その前身と考えられる打出湊などに関連した遺跡の発掘が行われており、この成果を踏まえて海底の湊関係遺跡の解明が、音波探査その他により行われることになった。この探査により、海底から関係するとみられる諸遺構、遺物が発見される成果をえた。この水中考古学ともいえる新たな研究分野に市民を加えて、古川氏らにより中世後期から近世初頭の岩瀬湊の研究が実施されて、その成果がシンポジウムで報告されている。なお、金沢では城下町の遺跡は研究面であまり取り上げられることがなかった。しかし、城郭については金沢市の観光開発のための城郭整備事業で設けられた金沢城調査研究所により、その城郭研究が進められ、同研究所により城郭を主として城下町関係の論考も同館紀要にて発表されるようになった。

日本史の研究者は遺物を直接研究利用することはできない。また、発掘成果報告書刊行も相当に遅れるために、発掘の成果を利用した研究は発掘を担当した考古学の研究者と異なって非常に難しい現実がある。しかしながら、文書外の絵図については利用が可能であり、筆者もこれまで前記著書を初め積極的に資料に利用して研究を進めてきた。それゆえに本書は、文献史料と絵図に依拠した研究書となり、考古関係資料は前記のように関係者以外には利用しにくいので、残念ながらほとんど使用していない。

二、本書の取り上げる対象と課題

本書の書名は『加賀藩の都市の研究』としたが、支藩の富山藩・大聖寺藩についても対象にしている。筆者は近年これら支藩も含めた地域研究を、前田藩領社会の研究として捉えているが、『前田藩領の都市の研究』という書名ではなじみがないので、とりあえず『加賀藩の都市の研究』という書名にした。

本書が対象とした都市は、前田藩領の都市ということになるが、本書では城下町の金沢や富山・大聖寺を含むも、主は城下町外の町方と郡奉行支配の在方町について取り上げている。三か国を領有する加賀藩には城下町以外に多様な都市があるが、直接には越中の富山湾沿いの都市と内陸の平野部の都市を取り上げている。

富山湾沿いの都市は射水郡氷見町と婦負郡西岩瀬町、新川郡泊町である。内陸の平野部は射水郡小杉新町と砺波郡の井波町・城端町である。このうち町方は氷見町・城端町と、初め加賀藩で後に分藩して富山藩領となった西岩瀬である。氷見と城端は、郡奉行支配とは別にされているといっても、それぞれ単独の町奉行支配下に置かれたわけではなく、同じ越中の今石動とともに三か所裁許とよばれる同一の町奉行により支配された。このため氷見も城端も町方という扱いよりは在郷町的扱いを諸研究で受けてきた所である。なお、西岩瀬は富山藩時代に宿、町方の扱いを受けた湊町である。

富山湾沿いの町の場合は、住民に漁民が多く、特に氷見町は鰤の好漁場であったために多数の漁民を抱える漁師町的性格があったが、氷見地域の経済中心都市の面も強く、商工業者も多数居住した。藩は宿駅としたが、湊機能もある交通都市の性格も一部持った。同じ富山湾沿いの新川郡泊は宿駅の在方町であったが、ここも元来は海岸沿いにあったために漁民の多い宿駅在町であった。

内陸部の町では、小杉新町の場合、宿駅在町として取り立てられた在方町であったが、後に御郡所が設置された在方町となる。領主支配では在方町扱いになるが、御郡所が設けられたので、陣屋町に類した、いわば御郡所町となる。城端と同じ砺波郡で、背後地五箇山と周辺村の経済中心都市となったのが井波である。ともに中世後期に寺内町として出発し、近世には地域の経済中心地の門前町となった町であるが、井波は背後地の経済規模が城端ほど大きくなく、在方町の在町であった。

以上のように、本書は鉱山町は扱わないものの、城下町以外の多様な町を扱っている。これを内容により大きく三部に分けて取り上げた。第一部は町の形成・展開と村・地域、第二部が環境・災害と都市、第三部が町の住民と商業・流通である。なお、学術・文化については前記のように扱わず、これは別著にてまとめることにした。

さて、第一部では加賀藩の氷見と小杉を中心に取り上げる。

加賀藩領は日本海に面したために中世より湊町が発達したところに特徴のあった地域である。こうした日本海沿岸地域の越中・能登・加賀を領域とする加賀藩領では、それ以前の中世後期に日本の中でも有力な湊町を複数抱えることになった。中世後期にはこの地域では寺内町とよばれる町の展開した点にも特徴があるが、湊町でも三津七湊に数えられた湊町が輪島・岩瀬のように二か所存在し、越中では岩瀬が七湊の一つに数えられた。越中の湊町は富山湾に面しており、加賀・能登の七湊に数えられた本吉、輪島のような外洋に面していた所と異なり、富山湾特有の寄り廻り波による頻繁な高波災害に苦しめられてきた。

守護代所のあった放生津が重要であるが、残念ながら近世前期の史料が少なく、その検討を今回はできなかった。ただ幸いなことに氷見が中世後期の絵画資料や近世の複数の町絵図なども残し、湊部分の検討が可能である。これらの絵画資料と絵図を中心にして、在郷町の漁師町ともいうべき町方氷見を湊町としての側面に特に注意しながら、これまで検討されてこなかった、この氷見の中世後期における空間構造のあり方と近世におけるその展開、変容の実態を明らかにする。また、特に元禄時代の湊機能を果たした区域に注意しながら、湊川周辺の町並み住民の実態を解明した。なお、重要な住民の問題については、これまでその社会構造での検討が行われていないので、第二章にて、中後期の氷見町での社会的結合関係のあり方に重点を置いて明らかにした。そして、この多様な形で存在する社会的結合関係はこの時期に動揺をみることになるので、特にこの点を地縁的結合関係の面で検討している。

続いて、第三章では宿駅の陣屋町に類する御郡所町の小杉を取り上げる。小杉は改作法実施期に北陸街道（北陸道）の宿駅として取り立てられ、その後に御郡所が置かれた町である。ここでは予め、この小杉新町の町立ての詳細について解明した。具体的には、小杉の町立ての前提に、この地に設けられた市の存在があるので、この場を明らかにした。また、直接の町立てについてはこれまでの研究があるが、絵図も利用してその空間的あり方や、住民の問題、またその町立ての背景について詳細に解明した。さらにここでは、この町における地縁的結合を主に社会的結合のあり方についても明らかにしている。

なお、付章1として城端の元禄期における住民の詳細な史料の品々帳をもとに、その屋号の分析を加えた小論を加えた。屋号は一般にその出身地を示すものと捉えられているが、実際に屋号と出身地の関係を実証的に明らかにしたものがないので、これを試み、屋号と出身地などの関係を明らかにした。

第三章で取り上げた小杉は改作法実施期に北陸街道整備のためにも宿駅として町立てされたが、射水・砺波両郡を支配する御郡所が設定されている。藩の方針で郡奉行が必ずしも小杉在住とはなっていない時期が長く、配下の足軽のみの居住となっていたものの、両郡の十村が小杉にて執務を行う重要な町として小杉は存在した。この御郡所町は郡奉行所の役所、つまり陣屋が置かれた陣屋町とも呼べる類型の都市であり、これがどのような空間構造の町であり、それが近世にどのように変容したか、これまで検討が行われたことはなかった。そこでこの点を第四章で明らかにしたが、またこの御郡所町と管轄地域の関係について、特に砺波郡地域の農民との関係を御郡所移転問題に焦点を当てて明らかにした。そこでは前期にはまだ農民層の広汎な支持を得られていないために、その運動が不十分なものとなったが、後期の天保期には広汎な地域の農民の支持をえられたために、執拗な運動を行えたことを明らかにした。

さて、右に取り上げた町と村の住民との関係であるが、これについては藩領都市の場合に城下町と村との関係が一番問題となる。松本四郎氏は先年、加賀藩領の井波の史料を元に、文化期に在町井波の住民移動をも金沢が規制していたが、幕末にはこの規制が薄れたことを明らかにし、幕末において城下町と村方の関係が弱くなったことを指摘している。これは引っ越し移動での城下町と村との関係を見るものである。ただ、松本研究では、井波の町周りの町場化している藤橋・北川などの村々が井波にとり特別な地域となっていたことを見落としている問題がある。また、城下町と村との関係は経済面だけでなく、とりわけ文化面での影響力が問題となると考えるので、第五章ではこの点も含めて改めて井波を対象に婚姻・養子縁組その他の住民移動をも対象にして再検討した。その結果、井波と接した町周りの村々との住民移動での特別な関係や、幕末まで一貫して金沢を主にして都市的な場を選択する移動のあり方などを明らかにした。また、この点は井波周辺の村々でも同様であること、さらに高岡に近い杉木新町近くの村でも、高岡よりも金沢への移動を選択していることなどについても明らかにした。

次に第二部では環境・災害と都市の関係を取り扱う。近年、環境および災害を重視した研究の重要性が認識されるようになった。筆者は、環境史の重要性について歴史学でも注目されるようになったので、この点を自然科学の研究者や他の社会科学の研究者とも共同して取り組む必要から、富山大学の配分する特別研究費の助成をえて、環境問題の共同研究を実施した。

筆者の場合は、自然地理学の田上善夫氏の協力をえて、第一章の論文をまとめた。そこでは気候変動により引き起こされる災害が稲作の凶作による飢饉の研究を主としていることから、飢饉時には漁民の暮らしが一段と脅かされていること、その原因には米価高騰もあるが基本的には凶漁という事態ももたらされていたことから、氷見町の天保飢饉時を対象に漁況の要因と漁民の暮らしについて、気候という環境の変動との関わりの中で解明した。具体的には後期における氷見地域の気候変動による鰤・鰯を主にした漁況に与える影響を明らかにし、その悪化した時期における漁民の町を単位にした物貰い化から打ち壊しにいたる動向と、鰤・鰯の凶漁化の継続の中で、イカ漁の漁況好転が急速に町漁民の暮らしを改善させ、町の騒動を収束させたこと、さらに漁民と氷見外の農民との共同した騒動は発生しないことについても明らかにした。この研究は環境史研究で、自然地理学の研究者の協力をえて実施した研究としてはかなり早い時期のものであることにも本研究の意義はあったと考える。

加賀藩領域での災害を扱った場合、ことに越中では富山湾沿いの湊町が高波、寄り廻り波での被害をたえず受け続けてきたところに特徴があった。寄り廻り波は東北沖の日本海が荒れた際の波がはるばると富山湾まで伝わり、これが富山湾海底の地形により増幅されて、富山湾沿いの海岸地域にある日突然に、当日の天候に関係なく押し寄せるものであった。これにより古くから現在にいたるまで多くの海岸沿いの町村が、地震の津波その他の原因による高波とともに被害を受けてきた。このような寄り廻り波の被害を避けるために、現代ではその予報の確立が必要となるが、また護岸工事や集落の移転なども行われている。第二章、第三章ではこのような高波、寄り廻り波被災に関連して富山湾沿いの湊町その他の町を取り上げて、こうした被害の実態と、これによる町移転を中心に取り上げる。

第二章は中世後期の代表的湊町の七湊に選ばれていた岩瀬湊が高波被災など水害により度々の移転を繰り返して

いるので、これの実態を移転地の把握と移転後の町づくり、また住民の実態の点から明らかにする。

岩瀬湊は現在の西岩瀬地区となるが、これは享保期に移転してつくられた町であり、それまでに度々の移転を繰り返し、元の町並み地区は現在は海岸浸食もあって海底となっている。このため古い時代の岩瀬湊は古絵図や記録に拠らなければわからない。近年は水中考古学による研究が盛んである。この岩瀬湊についても富山市埋蔵文化財センターが海底の探査を行い成果をあげているので、この水中考古学による研究についても参考にして岩瀬湊の移転についてその移転地の把握や町並みの構造について明らかにした。この富山での水中考古学の研究とその成果については、富山湾研究をこれまで進めてこられた地学研究者からの重要な提案も行われているので、本章ではこれについても考えてみた。もちろん、その住民構造についても可能な限り解明につとめるが、この岩瀬移転の際に住民が東岩瀬へ移転して寛文以降の同地域の主湊となったとこれまで考えられているので、この点を再考し、他領への走りとなる住民移動はありえないこと、しかし、西岩瀬の廻船業者らの次、三男や手代らが東岩瀬にて廻船業を営むために転住したものであることを明らかにした。

この富山湾沿いには湊町以外の都市もある。新川郡の泊町はこのような町で、近世初期に宿駅に取り立てられた町である。そして、この泊も高波被害により度々の移転を繰り返している。この泊における元の所在地と移転をめぐっては、早くに歴史地理学の木下良氏が笹川右岸の所在を明らかにする重要な仕事をしている。この成果を受けて、筆者は泊の所在地確定にとどまらず、新たな絵図と史料の利用によって、この移転についての住民の対応と新たな町作りの問題、また移転する際には移転地の村や領主の意向も当然にかかわるので、この領主側の災害への対応、とりわけ移転についての対応を第三章にて明らかにした。

これまで扱ったのは湊町や浦方の町であったので、内陸の都市を対象に災害の問題も扱っている。具体的には射水郡の北陸街道の宿駅で御郡所町の小杉である。ここには住民が中期の時期における自家と地域について詳しく記録した史料があり、これには小杉の諸種の災害が丁寧に記録されるとともに、他所の大きな災害の情報も書き留められている。そこでこの記録を手がかりにして、小杉をめぐる災害について検討した。

なお、二〇〇九年に富山大学では、人間発達科学部の理科教育担当の林衛准教授を中心にして、本学部や理工学部大学院また情報センターの自然科学研究者の共同研究を実施した。前年に富山湾の寄り廻り波による大きな被害が発生し、これに対処することが求められていたために実施された研究である。筆者も大学院生の山岸亮氏の協力をえて歴史学の観点からこの共同研究に参加した。この研究では、東北沖での低気圧発生により生じた波がその後富山湾へ入り、海底地形の関係で増幅されて寄り廻り波となる過程のシミュレーションが作成される成果をえた。しかし、予算の関係で報告書自体は刊行されず、筆者らの行った研究成果はその折り活字化されなかったので、遅ればせながら越中における寄り廻り波など高波災害年表を発表しているので、これを収録した。

最後の第三部にては町の住民と商業・流通の実態について取り上げる。前記のように三都を中心として、身分論的観点も加わった周縁的階層の研究が進められた。筆者は社会史研究の影響もあって、社会的弱者の女性・子供の研究を交通史研究で早くより着手していた。加賀藩領都市でも町人、在方町住民の研究の中でそのような研究を模索し、第一章では在町井波の人別帳を主史料として婚外子の実態解明を行った。婚外子については史料があまり残らないので、この貴重な史料により婚外子について多くのことが明らかにできたが、あわせておめかけや、婚外子を生む親の階層変化についても明らかにした。

なお、付節として井波の足入れ婚の実態について明らかにし、人別帳には婚姻の実態が反映していないので、その利用に当たってはこの点の注意が必要であることを指摘した。

第二章では、商人社会では周縁的存在となる行商人の富山売薬について、その担い手がどのような人々であったか、またその始まりについて明らかにした。元禄時代に九州小倉にて売薬が行われているとの見解も出されていたが、これは後年の由緒書を典拠とするものである。同時代史料からは、その始まりは香具師による行商との見解が有力となってきていたが、行商先の直接の史料にて明らかにできた。具体的には元禄時代以降の弘前藩の公用日記により、彼らは香具師ではなく富山町人であること、反魂丹売りとして行商を行い、初めは反魂丹のみを取り扱うが、遅れて正徳以降には他の薬も扱うようになったことなどを明らかにした。その際には、香具師を掌握した町人が富山の場合は、商人司でないかとも指摘した。

第三章では商家の奉公人の実態を城下町の大聖寺にて検討した。金沢の商家奉公人については前出拙著『近世地方都市の町人』にて、代表的商家の宮竹屋について明らかにしている。ここでは支藩の大聖寺藩の代表的商家の吉田屋を取り上げた。検討したのは天保以降の時期で、吉田屋は家業が衰えていた時期で、宮竹屋などとは異なる中小商家の事例となる。同家の史料により、吉田屋の奉公人制度の実態、雇用給銀などを具体的に明らかにした。

第四章では金沢の菓子屋について取り上げた。そこでは主となる御用商人の菓子屋だけでなく、零細な菓子屋まで含めてその実態を明らかにし、とくに菓子業の展開を加賀藩内への砂糖流入とその後の動向との関係から検討し、金沢の菓子文化の特徴についてもふれた。

第五章は、国内のまた領内での代表的鰤産地である氷見町の、元禄時代における問屋を初めとする魚関係商人についての実態を明らかにした。そして、そのうえで貴重な元禄時代の史料をもとにして、鰤などの四十物流通についても解明した。

第六章は氷見町の後期の代表的な商家の経営実態を明らかにする。

最後の第七章は、御郡所町の小杉の代表的商人である開発屋の経営について取り上げ、具体的に明らかにするとともに、同家の家的結合についても明らかにした。

註

（1）石川県の研究者を中心に北陸都市史学会がつくられ、以来、現在にいたるまで近世の都市研究が行われ、大会での研究発表や会誌への論考掲載が行われている。

（2）『歴史評論』二〇一三年十一月号。

第一部　町の形成・展開と村・地域

第一章　中世後期以降における氷見町の空間構造変容と住民

はじめに

近世氷見町ではある程度の数の町絵図が作成されている。その代表的なものを口絵で紹介した。こうした氷見町で作成された町絵図の特徴はどのようなものであったか。まず、本章ではこれを問題にしたい。そして、残存する絵図の主要な絵図となる町総図の作成の特徴を把握したい。

以上の絵図自体の検討を踏まえた上で、これらの絵図をとおしてうかがえる氷見町の問題についても本章では併せて検討したい。

氷見町は中世以来の町で、近世に建設された町ではない。しかし、中世後期に戦火にあったことが知られるなど、中世には成立していたこの町も中世後期に一定の変容を遂げ、さらに近世に入り、新町の成立とともに、大火もあり、町の再編も行われている。そこで、氷見町のこれらの町絵図をとおして、そこに描かれた氷見町の空間的あり方の特徴とその変容を中世後期から明治初年までの検討もしてみたい。特に史料が少なく、その実態が不明な元禄以前の町のあり方に関して、絵図をとおして検討することは重要なその解明の手段となろう。

元禄以降には、氷見町を描いた布施潟（十二町潟）から氷見町へ至る湊川とその新堀川開削に伴う絵図が多数作成された。これらの絵図の主は分間絵図であり、氷見町の空間変容についても正確な情報を与えてくれる。また、分間絵図ではないが、元禄十三年（一七〇〇）の「(氷見町湊川沿い町並絵図)」(陸田家文書、『氷見市史8』資料編六〈絵図・地図〉図15、以下全て同市史資料編）は、湊川沿いの町屋敷の屋敷割と住民を詳しく記載している。この絵図は、町割と屋敷地の状況に加えて、元禄の当該地住民の実態把握について大きな手懸かりを与えてくれる。

前記のように分間絵図であれば描かれた事物とそれらの間の距離・方位は正確である。また、町全体を描く町並絵図などの見取絵図もその主題を押さえて利用すれば、その点に関しては正しい情報を得られる。なお、見取絵図以外にここでは、中世末から近世初頭に作成された「上日寺伽藍絵図」（上日寺文書、口絵6）の描く氷見も取り上げるが、同伽藍絵図（以下、上日寺参詣曼荼羅）についても本文の中で資料的批判を加えた上で利用したい。

一、氷見町絵図の残存と個別町絵図欠如

1　氷見町絵図と関係絵図

町絵図には描く対象地域を異にした絵図があり、町全体を扱う町総図、加賀藩では町並総図と呼ばれる絵図を初めとして、町を構成する個別の町や町内の特定地域の絵図などがある。氷見町では次の町並総図と氷見町を直接の対象領域とした絵図が残された(1)。

町並総図

川合文書…享保十一～十三年「氷見郡大絵図」（口絵1、以下「享保図」）

宮永家文書…寛延三年「(氷見町絵図)」(口絵2、以下「寛延図」)
富山市郷土博物館蔵…明和九年写「射水郡氷見之図」(口絵3、以下「明和写図」)
陸田家文書…文化十三年氷見町絵図(口絵4、以下「文化図」)

他の町関係絵図
陸田家文書…文化十五年「(巡見使道宿絵図)」(市史写12)
藩政後期「(氷見町御蔵移転地絵図)」

氷見町では藩所蔵の町絵図が散逸したものの、町役人家文書やその文書を引き継いだ家の文書と十村文書に町並総図が数点残された。このほかに町並みを描きながら御宿を記載した絵図や御蔵の移転地を記載した絵図も残されている。残念ながら個別の町の絵図やその他の直接町にかかわる絵図などは見いだすことができなかった。これは氷見町の町年寄・町肝煎など町役人の家の文書で散逸したものが多かったことにもよる。とりわけ会所ないし町関係役場に保管し継承した文書が無くなったことも原因となっていよう。

これらの絵図以外で氷見町外の地域もかなり取り上げる絵図で氷見町並みをも描き込んだ多くの絵図がある。この中で重要な絵図を取り上げると以下の絵図がある。

・湊川や新堀川建設に関連する絵図(十二町潟から氷見町河口まで)
陸田家文書　元禄十三年「(氷見町湊川沿い町並絵図)」(市史図15、以下「湊川町並絵図」)
文政三年「射水郡氷見庄潟より水引新堀川并古河海縁迄絵図」(分間絵図)
高樹文庫　(享和元年)「射水郡布施潟絵図」(分間絵図、市史図55)
天保十一年「氷見庄潟水引川見取絵図」(分間絵図)

斎藤文書　天保十一年「氷見庄潟水引川見取絵図」（分間絵図）

・氷見町続き地を対象にした絵図

斎藤文書　藩政後期・氷見町町並絵図（口絵5、以下「斎藤図」）

・火災関係の絵図

吉川家文書　明治四年「射水郡氷見町并上庄組加納邑々内町並池田新邑南条組岩上邑朝日新町窪邑調理絵図」（分間絵図、図12）

・鳥瞰図・絵画

上日寺文書　中世末～藩政初期、「上日寺伽藍絵図（上日寺参詣曼荼羅）」（口絵6）

以上の絵図により氷見町の町並みの状況が理解できるが、中でも町絵図のみられない享保以前のものは、貴重な資料となる。

2　個別町絵図の欠如

これまでみてきたように、氷見町には町並総図を主とした町絵図が残り、個別の町関係の絵図が残存していない特徴がある。直接の町関係絵図が残らないのは前記のように散逸したことが原因となっているが、個別の町絵図が残っていないのは城端・今石動でも同様である。城端・今石動でも町の会所関係の文書が残っていない。氷見などと異なり高岡では、個別の町の文書にあった町屋敷割図が現在高岡市立博物館などに保管されている。この町絵図は町役賦課や町地子負担の基準となる町屋敷の間口・奥行きおよび当主名を記載したものである。このために居住町の町屋敷地絵図は町人にとっての基本的資料として各町で作成されていたものである。

氷見町では、町屋敷所有にかかわって賦課される町夫ほかの徴収が個々の町としてではなく、南町、北町として、また時に南北の総町として扱うことになっていた。この結果、各個別の町で町屋敷と間口・奥行き・当主を記載した町絵図を氷見では生み出さなかったと考えられる。しかし、城端では住民の出身地・町内居住年・職業・年齢・家族・奉公人に加えて、居住の屋敷地の間口・奥行きを記載した基本台帳の品々帳が元禄六年（一六九三）に作成されている。氷見でも伏脇家文書に同年に品々帳と同内容の軒帳が作成されたことをうかがわせる文書が残されている。この品々帳・軒帳が住民の役負担などの基礎台帳となるもので、文化末年には氷見町で合計一七冊の軒帳が作成されていた（『憲令要略』）。この軒帳が課役徴収に使用され、個別町ではなく氷見町全体として二人の町肝煎がそれぞれ管掌したので、課役の基礎絵図となる個別町の町屋敷絵図が作られなかったと考えられる。これに対して高岡では、個別の町が町肝煎を立てて、役賦課・地子徴収の単位となっていたために、このような町屋敷絵図を生み出していたのである。

二、氷見町並総図の作成

1　作成契機と作図法

氷見町絵図の中心は、享保・寛延・明和写・文化の四点の町並総図であった。そこで、これらの町並総図の作成をめぐって初めに検討しておきたい。

この町並総図作成の契機は藩命による場合もあれば、町側の要因による場合もある。藩命による町並総図作成の代表的なものは、魚津などにみられる天明五年（一七八五）のものであったが、氷見はもちろん今石動・城端にも残念ながら現存しない。

巡見使来訪の折に絵図作成が行われており、その代表的な絵図に井波町の宝永七年（一七一〇）、宝暦十一年（一七六一）、天保九年（一八三八）の町並絵図（村町並総図）がある（南砺市立井波図書館蔵）。この関係絵図は氷見町にも残る。上使宿などを記載した町絵図である文化十五年（一八一八）「（氷見町並御宿絵図）」（陸田家文書、市史写12）がそれである。また、氷見町町並絵図（「斎藤図」）の元図もあるいは宝暦の巡見使来訪の際に作成されている可能性がある。このほかに天保九年の上使往来の見取絵図や、『憲令要略』に掲載されている、同使節の宿に関する氷見町の堀江屋の図が関係絵図としてある。なお、文化四年には新川郡奉行が支配在町へ町並総図作成を命じ、東岩瀬・水橋・生地・浦山にこの時の絵図が残る。氷見では同年に作成された絵図はみられない(2)。

氷見町と同じ支配の下にあった今石動では、元禄十五年（一七〇二）四月「今石動山畠並同所町立之絵図」と延享元年（一七四四）四月「今石動町之図」（小矢部市民図書館蔵）があり、同じ城端では享保十一年（一七二六）「城端絵図」（南砺市蔵）と宝暦六年「越中城端町図」（石川県立図書館蔵森田文庫）の町並総図のあることが知られている。しかし、これらには前記氷見町並総図に直接関連する絵図がみられない。

氷見町並総図のうち、今石動奉行へ提出されたことが記載されている絵図の「寛延図」（寛延三年（一七五〇）十一月、不破忠太夫へ提出）と「文化図」（文化十三年四月、富田外記提出）は前者が奉行就任一、二か月後、後者も一か月後に新任奉行の役務の必要から作成されたものとみられる。

氷見町並総図のうち、作成理由のうかがえるのが「享保図」である。これは、火災後の地蔵町移転に関連して作成された絵図である。

こうして作成される氷見町並絵図は、いずれもが見取絵図としての作成であり、分間絵図として作成されていない。氷見町を描いた分間絵図は布施湖・十二町潟から氷見町を流れる湊川の流れの堀川建設などその改善に関して作成されているもので、享和元年（一八〇一）「布施湖廻分間絵図」（市史写35）を初出としてその後作成されるようになっている。これらの分間絵図と見取絵図の町並絵図を比較してみると、確かに地図としての正確さでは見取絵図は劣る。しかし、氷見町により作成されたこれらの絵図やその写図は、当時の町の状況把握に役立つし、何よりも描写で選択された事項や領域、また描写のあり方が当時の氷見町の町役人や、彼らに依頼された作成者の地域認識を把握する上で参考となる。このため町絵図を初めとする町関係の見取絵図が分間絵図に劣るということはない。

2　町並絵図の彩色・構図

氷見町絵図の主となる見取絵図の氷見町並絵図は、その描写の仕方がどのように推移したのであろうか。また、その特徴はどのようなものであったかについて検討したい。

まず問題となるのは色使いである。そして、次に氷見町を描く場合の構図について取り上げたい。年不詳「氷見町并町続き町並絵図」（「斎藤図」）も参考のために取り上げる。

(1)　彩色

町並絵図の彩色について「文化図」（口絵4）に凡例があるので、これを基準に整理して表1を作成した。

表から明白なように「享保図」（口絵1）以降に彩色が固定している。最も目立ち、特別な意味合いが示される色である赤・朱は町に採用されており、これは「斎藤図」（口絵5）でも同様であった。海川潟が青なのは常識的な色使いであるが、黒が町並みの家、黄色が町の屋敷地とするのは特徴的な彩色といえる。

表１　町並総図の彩色

文化図	享保図	寛延図	明和写	斎藤図
凡例　有	（欠）	（欠）	（欠）	有
青＝「海川潟」	海川潟	海川潟	海川潟	「海川潟」「山」
黒＝「家下」	家下	家下	家下	
黄＝「屋敷下」	屋敷	屋敷	屋敷	
朱引＝「連町」	（欠）	（欠）		
赤				「氷見町」
濃茶				
濃緑		樹木	樹木	
薄黄緑		山肌（草木）	山肌	「御郡町並ケ所」
薄茶		堂社		
茶				「御郡村方」

注　文化図（口絵４）・享保図（口絵１）・寛延図（口絵２）・明和写図（口絵３）・斎藤図（口絵５）を参照のこと。

　この黒と黄色の用法が氷見町絵図に独自なものか、同じ支配の城端町の享保十一年（一七二六）町絵図（南砺市蔵）をみると、これと類似した彩色と表現がされている。すなわち、家下は濃緑で屋敷地に黄色が使用されている。ただし、この黄色は屋敷外の町の畑地にも使用されている。類似した描法が城端で取られたことは、今石動奉行所から大まかな指示が出ていたためか、あるいは同じ支配関係から互いに情報を交換していた事情によるものと考えられる。いずれにしても、現在のところでは、氷見町の町並総図の彩色は「享保図」が基になっているとみられる。

(2)　構図

　町並総図の構図を次に検討する。

　近世の大型絵図は四辺向合方式を採るといっても、越中国絵図では主要河川の川上となる南を上にした構図となっていた。氷見町並総図の構図がどのような特徴をもって推移したか、また町並総図で描かれる範囲がどのようになっていたか、この二つの点を主にして検討することにし、このために表2を作成した。

　氷見町並総図も国絵図同様に四方から絵図をみる方式で描かれている。これはやはり大型の絵図で、一度に多くの人の閲覧が可能となる

表２　町並総図の構図

享保図	方位記載なし。 文字記載は四辺向合方式であるが、南北は主として南を上に。 絵は唐島弁天、朝日観音など反対向きに描く。 四辺向合方式であるが、南を上傾向少し。
寛延図	方位は四方外向きに。 文字記載は作成年次と付記は南を上に。町名記載も南上にした記載が主で一部は東西向きの記載もあり、後に付けられた表題が西を上とするが、唐島記載など東向き。 内容は南を上の傾向。
明和写図	方位は四方外向き。 表題と作成年次は東を上に、海を臨む向き。 文字記載は四辺向合いであるが、南を上の傾向強い。
文化図	方位は四方外向き。 文字記載は四辺向合いであるが、町名は南を上に。 凡例は西の端…余白利用。
斎藤図	方位は四方内向き。 文字記載も四辺向合記載。 凡例は東の右端、朝日山を仰ぐ形。

ような配慮であろう。

東岩瀬の町並総図の場合、四辺向合いであるものの、神通川のある西側が下で、上は御郡所のある東側となるようにその表題がいずれの町並総図にも付けられている[3]。このため氷見町並総図も特定の方向を上にすることが定まっていたか問題となる。ただ残念なことに氷見町並総図は表題が記載された絵図が一点だけである。「明和写図」（口絵３）は表題など東を上にした構図となっているが他の文字記載には南を上にする傾向がみられる。最初の町並総図である「享保図」（口絵１）は表題がないが、これも記載は南を上にする。そして、「寛延図」（口絵２）「文化図」（口絵４）も南を上にする傾向が見て取れる。

享保以降、氷見町総図は南を上にする構図が主となっていたといえる。氷見地域の川の川上が西であることを考慮すると、これは金沢と支配奉行の役所のある今石動への主要道が氷見南口より通じるからと考えられる。

しかし、「明和写図」の表題のことを考えると、上下

表３　町並総図の描写範囲

享保図	南は「二上山」、島描写。北は「阿部賀嶋」・石動山。西は朝日山・布施湖。東は海・唐島。 町周囲の隣村記載なし。
寛延図	南は二上山、岩崎。北は石動山。西は朝日山・布施湖、上庄川手前まで山描く。東は海、唐島。 町周囲の隣村は名前のみ記載＝南北の境まで大幅省略。
明和写図	南は山・岩崎、北は石動山、西は朝日山、東は海・唐島。 町周囲の隣村記載なし。
文化図	南は潟・岩崎、北は北の橋、西は朝日山、東は海・唐島。
斎藤図	南は西田国泰寺山、北は西から続く山並み、西は能登境の山並み、東は海・唐島。

位置の構図が完全に固定していたわけではなかったことになる。このことは東岩瀬の御郡所のような特別の藩施設を欠いていたからであろう。

こうして、彩色と上下位置の構図の特徴が「享保図」以降に継承されたことをみてきた。

次に描写範囲をみると、各町絵図のそれは表3のとおりである。氷見町並総図のうち「文化図」以外は氷見町とその周りの一部を描くような町並総図ではなかった。「文化図」も西は朝日山、東は唐島を描き、南に十二町潟を描いている。これに対して「享保図」「寛延図」「明和写図」は南北を広域にとって描いている。すなわち、南は二上山山系から岩崎まで、北は石動山系という氷見地域の南北端を範囲としている。特に「享保図」の場合は能登に近い虻が島を加えて描いている。これは氷見町が能登境から二上山系までの広域の中心的な町場であると絵図作者が認識しているものである。そして、この構図が「寛延図」「明和写図」まで継承されているのは、このような認識が絵図作者だけでなく、氷見町役人にも共通しているからとみてよい。

いずれの絵図も西側に能登境の山系を描かないのは、これは朝日山の存在が大きいためである。この山にある上日寺・千手寺は氷見町人の信仰を大きく集めているために、この朝日山をどうしても描く必要があっての西境描写である。

「斎藤図」（口絵5）の氷見町続き村を描いた絵図も以上の町並総図とほぼ同様な範囲を描く。ただ異なるのは、この絵図は朝日山のさらに西側にある能登境に連なる山並みを描くことである。そして、この山並みは北側へ回っている。このため特に石動山を描かずとも、この絵図は西と北側を能登境の山並みに氷見町が取り囲まれていることを示唆している。

これに対して、「文化図」では氷見町を地域中心の町場とする点が弱い構図であった。これは氷見町の中心性が落ちたことを示すものであろうか。確かに氷見町は、村々により化政期以降に経済を脅かされるが、この村々の主は町続きの村であった。後期作成の「斎藤図」の町並絵図からみても、「文化図」は町並みの描き方が極めて簡略化、様式化しているので、遠方の山々まで視野に入れた描写にはならなかったとするのが、当面の妥当な解釈と言えよう。

三、町絵図よりうかがう氷見町の構造とその変容

1　上日寺参詣曼荼羅

氷見町関係者が作成した町絵図以外の他の町並みを描いた見取絵図やその写しも氷見町の空間や景観を把握する上で参考になる。そこで、総図が登場する以前の絵図をも利用して、氷見町の空間的構造とその中世後期以降の変容について取り上げることにしたい。

この場合に元禄の「湊川町並絵図」が最初の絵図となる。しかし、それ以前に氷見町を描いた上日寺参詣曼荼羅があり、この描写も当時の氷見町を知る上で参考になる。同曼荼羅は慶長十九年（一六一四）に利長にみせたのがこの絵図との指摘があるので（口絵6参照）、中世後期から慶長の間に作成されたことになる。問題となる作成者は地元の絵師というより、参詣曼荼羅が畿内と周辺の寺社で多く作成されていること[4]から、これらを専ら引き受ける京都の絵師の可能性が高いものである。

参詣曼荼羅は民衆に各寺社への参詣と寄進を勧める目的で作成される。このために境内の堂社など実態に対応させて描き、これに勧進を求める将来創建する予定の堂社も描くもので、決して空想の境内を描くものではない。上日寺曼荼羅のように信仰奨励のために観音石仏を祀る場が小堂のように誇張されて描かれることは当然のことである。参詣曼荼羅はその作成に当たり、その参る場の地理的あり方とその信仰に関する情報を依頼者から受けなければ作成できないものである。すなわち、曼荼羅に描かれた氷見町を架空の産物として処理できない。そこで上日寺曼荼羅の氷見町を分析するとともに、近世の町絵図と比較してみて、ここに描かれた当時の氷見町並みの空間的あり方を把握する資料として利用したい。

2　初期空間構造と新町成立

(1)　初期の町並みと参詣曼荼羅

氷見町の町割が計画的に行われたかどうかは現在のところ論じられておらず、不明である。中世にすでに湊川両岸に町が設けられ、北市・南宿と呼ばれていた。この二つの町は多数の氷見地域村々を背後地に持つだけに早くより成立したのは間違いなく、その場合、領主により当初から計画的に建設されることは考え難い。

図１　参詣曼荼羅（口絵６）に描かれる初期の町並み（『氷見市史８』より）

中世期の史料がなく同期の町並み建設については不明なままであるが、上日寺の参詣曼荼羅（口絵６）により氷見町が湊川の南と北に家並みが存在したことを確認できることはよく知られている。この該当部分を示すと（図１）、湊川の中の橋の左右に家並みがみられ、右岸が南宿、左岸が北市に当たる。南宿は上日寺へ至る橋の右手前までの家並みである。この町並みと離れて鳥居より左手、南側に家並みがあるが、ここは樹木に囲まれた家並みで、明らかに南宿と異なる、つまり商工業者や猟師らの居住する氷見町の家並みとは別である。位置からするとここは後の伊勢町となる神明宮辺の集落となるが、伊勢町は本町より成立の遅い散町である。しかし、新たに氷見町として編入されるのが遅く、隣にできた新町の御座町とともに散町として氷見町へ編入されたとするならば、ここが後に伊勢町と呼ばれる家並みであった。

次に北市側の家並みであるが、こちらは上庄川に概略沿う家並みと中の橋から北へ向かう家並みの二筋が見受けられる。絵師が描いたこの氷見町は、基本的には絵師の認識した当時の氷見町にすぎないが、しかしこの南宿・北市を南北に貫く町並みに加えて、湊川沿いに続く本川町・湊町の町並みよりなるという構造は、享保以降の町総図が描く近世氷見町の町並みの骨格に対応する。つまり、絵師は現地をみて、ないしは作成を依頼した上日寺から中世末ないし近世初頭の適切な町並み情報を得て、これを描いていたことになる。

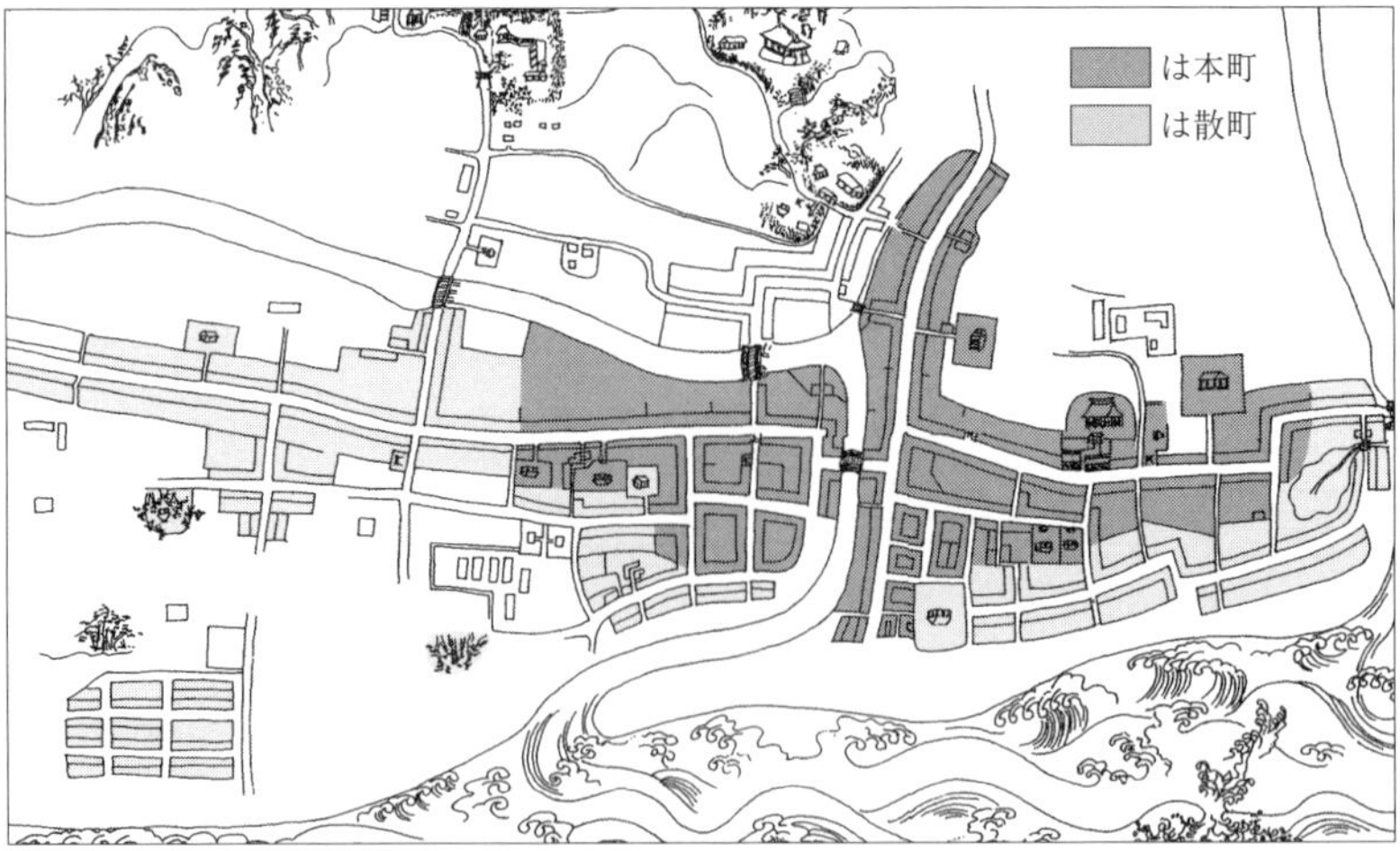

図２　享保図（口絵１）にみる本町・散町（『氷見市史８』より）

上日寺曼荼羅の作成は慶長期よりもさらに遡る時期の氷見町を描いたものである。そして、参詣曼荼羅は中世後期から登場するというのが通説であることから、描かれた町並みは中世末の氷見町ということになる。その構造が近世氷見町と同じであったことは、その後の近世氷見町が曼荼羅に描かれた町並みをそのまま拡大したものであったことを示す。

⑵　中世来の町と新町建設

氷見町絵図はこれまでみてきたように「享保図」が初見であった。氷見には享保十年（一七二五）に大火があった。[5]「享保図」は、この大火後の絵図であるが、同絵図に注記された改変地は、地蔵町など御蔵周辺以外はみられない。また、記録にもこの点はみえないので、大火後に町で改変されたのは御蔵周辺であったことをも示すものである。この絵図が描く町は初期以来の姿の町を骨格としているために、初期に成立していた本町を「享保図」に示すと図2のようになる。

南町側の上日寺の参詣路と結ぶ御座町は散町で、初期に存在していた本町と別扱いされていた。前記参詣曼荼羅にはここに町並みがなく、同曼荼羅成立後にできた町である。御座町は、

「古来ハ南新町と中而家職無之世渡仕兼」と願い出て藩より元和五年（一六一九）に上筵商売の市として申し付けられたことが、元禄十二年（一六九九）「御座町由来などの留帳」（中村屋文書）に記載されており、散町といっても元和五年以前に成立した町であった。

本町の南町は、後に南上・南中・南下の三町に分離したが[6]、この本町、三町は御座町よりも中の橋側に位置し、近世初期にすでに存在した、中世以来の町である。元禄九年「屋高人高覚」（松村屋文書）によると、本町は南紺屋町と南町長兵衛組とされている。南上町の田中屋権右衛門家は初め南紺屋町居住とされており（『憲令要略』）、これが南上町となり、南町長兵衛組が南中町・南下町となったことになる。

次に北町であるが、本町は参詣曼荼羅に描かれた湊川・上庄川に沿う本川町と湊町の町並みに加え、中の橋から北へ向かう中町・北新町の町筋からなる。北新町は本町とはいえ、町の名称からみて遅く成立した町と考えられる。南新町に対応する名称であるが、ここは本町に位置付けられていることから元和成立とみられる南新町よりも古い町である。

南町には、浜側の町端方向に、光源寺（開基由緒、慶長十一年）・西念寺（開基由緒、延文五年）・円満寺（開基由緒、文安二年。元和元年開基説も[7]）がある。いずれにしても南町の端にこれらの寺院があった。この南町の中心部に市姫社が設けられている。市姫社が南町で本来の商業中心部分となる場であった。上庄谷の村々から来る人々が朝日新町側から南町へ向かう場合に、中の橋を回らずに早くに出られる重要地点であった。

氷見地域の、しかも上庄谷の初期における重要な産物であった莫蓙を商う権利が、前記のように元和五年に後に御座町と呼ばれる南新町へ与えられた。これは本来、中世以来の町で取り引きされるべき産物であり、南町の市姫社近辺で取り引きされる商品であった。この権利を新町へ加賀藩が認めたことは、単に御座町住民の助成というも

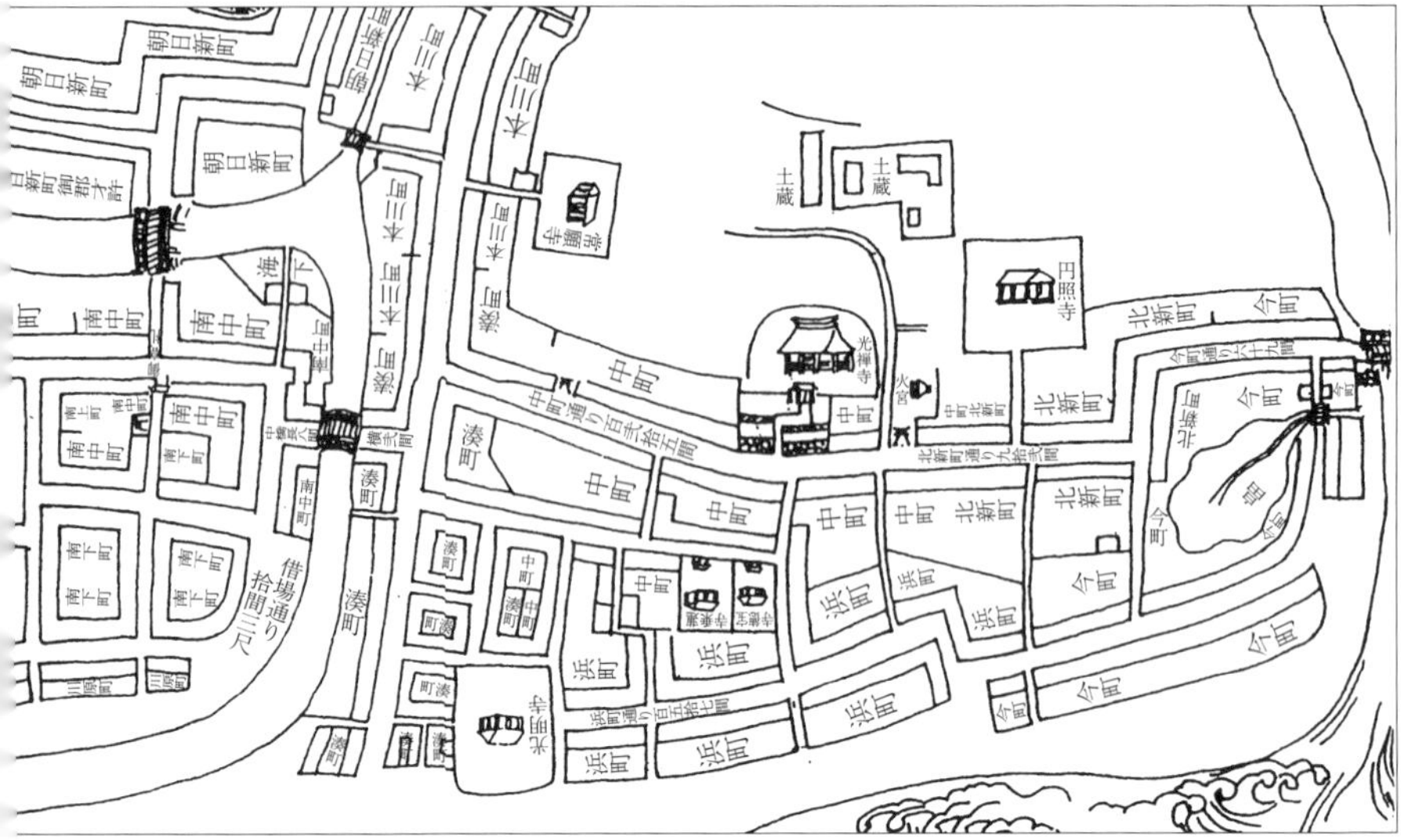

右が北になる

のではなく、旧来の南町に居住する町人の力を削ぐという施策にほかならない。

図2の本町南町のあり方から、中世後期から近世初期の南町が、参詣曼荼羅の描く町並みだけでなく、浜側方向にも町並みを持つ空間構造をなしていたことが予想される。本町の南下町は浦方五町の一つで、猟師町であるが、この南下町の地区が商工業者らの居住する南中町に随伴している。なお、中の橋の近くの町筋は屈曲させられており、ここは枡形として設けられている。

続いて北町の町並みであるが、北側町端の北新町は散町でなく、中町とともに本町であった。同じ新町といっても南新町と違って北新町が本町となっていたのは、南新町よりも成立が早いために違いない。しかし、ここは町端の枡形建設とともに設けられた町であることが図2よりうかがえる。これは町端の沼地の存在に規制されただけならば、新町は町裏に設けてもよいものである。このため枡形は意図的に設けられたものとみられる。

このような枡形とともに新たに設けられた町は氷見町

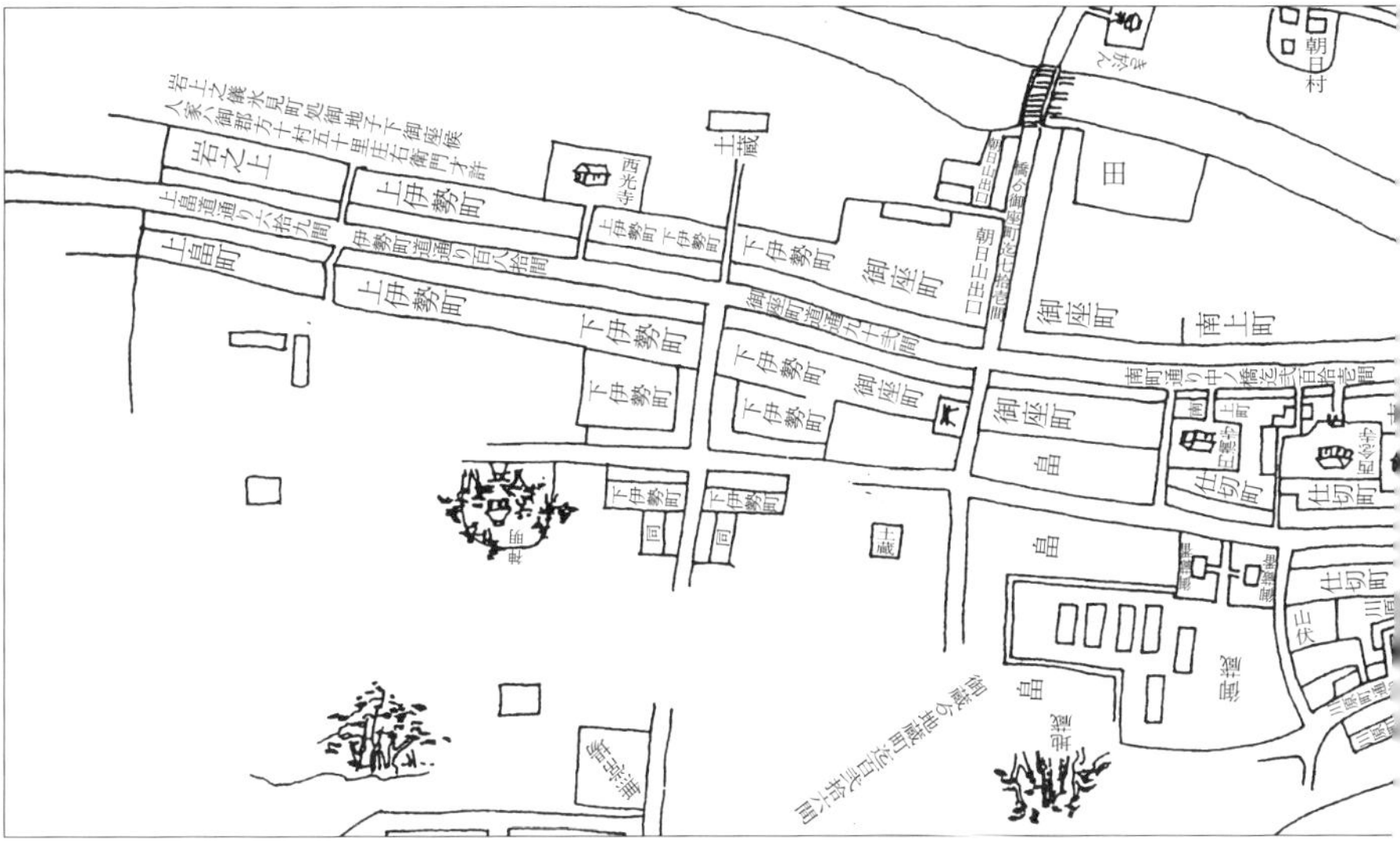

図３　享保図（口絵１）のトレース図（部分）（『氷見市史８』より）

にはほかにない。軍事的配慮のこのような町並み建設は戦国以降と考えられる。しかし、新たな町建てを伴う町並み建設となれば、佐々や前田の段階での建設が妥当となるが、新町取り立ての施策を佐々時代にまでさかのぼらせるよりは、前田氏時代とする方が無難である。『憲令要略』には元和五年のころに居住する者がいたと記載されている。同年には南新町の市場取り立てが認められているので、天正十三年（一五八五）から元和五年の間に北新町取り立てに伴う枡形建設が実施されたと把握するのが妥当である。

北新町が新しい町であるために、光禅寺（開基由緒、嘉暦元年ないし二年）・蓮乗寺（同嘉暦二年）・宝徳寺（同宝徳元年）・円照寺（同天文十年）[8]も町の中心より北端に設けられていた。これらの寺院を町端に持った、中町・湊町・本川町の北町の古い町並み地区の中心にあるのが中町の町並みに設けられていた市姫社である。莫蓙産地の上庄谷住民の入ってくる本川町から遠くないこの地点がやはり古くからの北市の中心とみられる。

中町の町筋とともに北町地区を構成したのが、本川町から湊川に沿って浜へ至る町並みである。その半ばを構成する湊町は本川町と接して存在する。湊町は元来浦方五町の猟師町である。これに対して、市の立つ北市の中心は中町で、ここに商工業者が居住することになる。北町地区では前記のように北側町端に枡形が設けられていたが、中の橋付近も南町同様に町並みに屈曲が設けられている。この枡形形成はいずれも中世後期から近世初期に領主主導により実施されたものであろう。

なお、図2には初期からの町、本町に加え、その後に成立した散町を示しておいた。享保期の記録によると、今町が寛永八年（一六三一）ころより出現し、地蔵新町は町建て願いにより慶安元年（一六四八）ころの成立、また川原町は遅く正徳二年（一七一二）の家建出願とされるが、これは間違いで元禄の「湊川町並絵図」に登場している。下伊勢町・仕切町・浜町は不明であるが、いずれも元禄期には存在している（松村屋文書）。

改作法実施の慶安・明暦期に加賀藩領では多くの新町が取り立てられていた。この時期に氷見でも地蔵新町が作られたが、郡方の隣接地、朝日新町も同時期に町建てされたものである（『憲令要略』）。いずれも中の橋より南側の地区となるが、北側でもこの時期に村や氷見町の次・三男と猟師の次・三男受け入れの家並み取り立ての動きが存在するはずである。後者の人たちに稼業上適当な場として今町の海側の地区と浜町があり、前者の人々には浜往来の町端地区がある。

3　町割と元禄の居住民

参詣曼荼羅や享保の町総図では詳しい町割まではわからない。しかし、元禄の「湊川町並絵図」（市史図15）が湊川沿いの町屋敷地について詳細に記載している。町成立以外で町割にかかわる大きな変更についての記録がないところから、屋敷地の合併、分割は考慮されるものの、これにより屋敷地の近世初期よりの町割、屋敷地地割が把握できる。また、この絵図は各町屋敷を描くとともに、特定の所ではその間口・奥行きも記載するなど、屋敷地の実態に対応した記載が行われている。すなわち、この絵図は川幅だけでなく、川沿いの町屋敷地の規模も把握することを主題にしており、町屋敷地の規模の概略が判明する絵図であり、このあり方から住民の階層の概略もうかがえる。そこで、元禄期の描写された町の住民の階層的あり方についてもここでみておくことにする。

(1)　南上町・御座町と高札場以西の南中町

まず、南町側をみると、御座町・南上町から「享保図」（図３）にみえる南中町の高札場の周辺までの湊川沿いの屋敷地は、ほとんどが湊川縁までを屋敷地としている。このためこれらの屋敷持ち町人は湊川を物資輸送に利用でき、同地は蔵宿その他の蔵を必要とする商人が居住するのに適切な屋敷地となっている。しかし、各屋敷地の間口の広さにはそう差がついておらず比較的に均等であり、屋敷地の分割・併合が進んでいないと判断できる。

ところが元禄十四年（一七〇一）より町年寄を務めた田中屋権右衛門家は南上町に屋敷地を持っているものの、絵図によると川に面するこの屋敷の隣にも屋敷地を所持している。田中屋は初代が氷見へ転入した人で、二代目が改作法実施期の慶安年間に蔵番に取り立てられ、三代目が組合頭を務め、四代目に町年寄になったと寛政期の記録に記載されている（『憲令要略』）。ほかにみられない二か所の屋敷地を持つ町人となっていたことから、田中屋は二代目以降に米穀扱いで相当に経済力を付けた上層町人として台頭したことになる。

屋敷地のあり方から初期より元禄段階の間に大きな階層分化が住民にみられたとはいえないが、氷見町外より流入した住民から氷見町での上層住民を一七世紀中ごろ以降に出すようになり、とりわけ改作法施行段階より藩と結び付いて台頭した新興町人の田中屋は、米穀取り扱いで急成長をこの時期にみせていたことがわかった(9)。

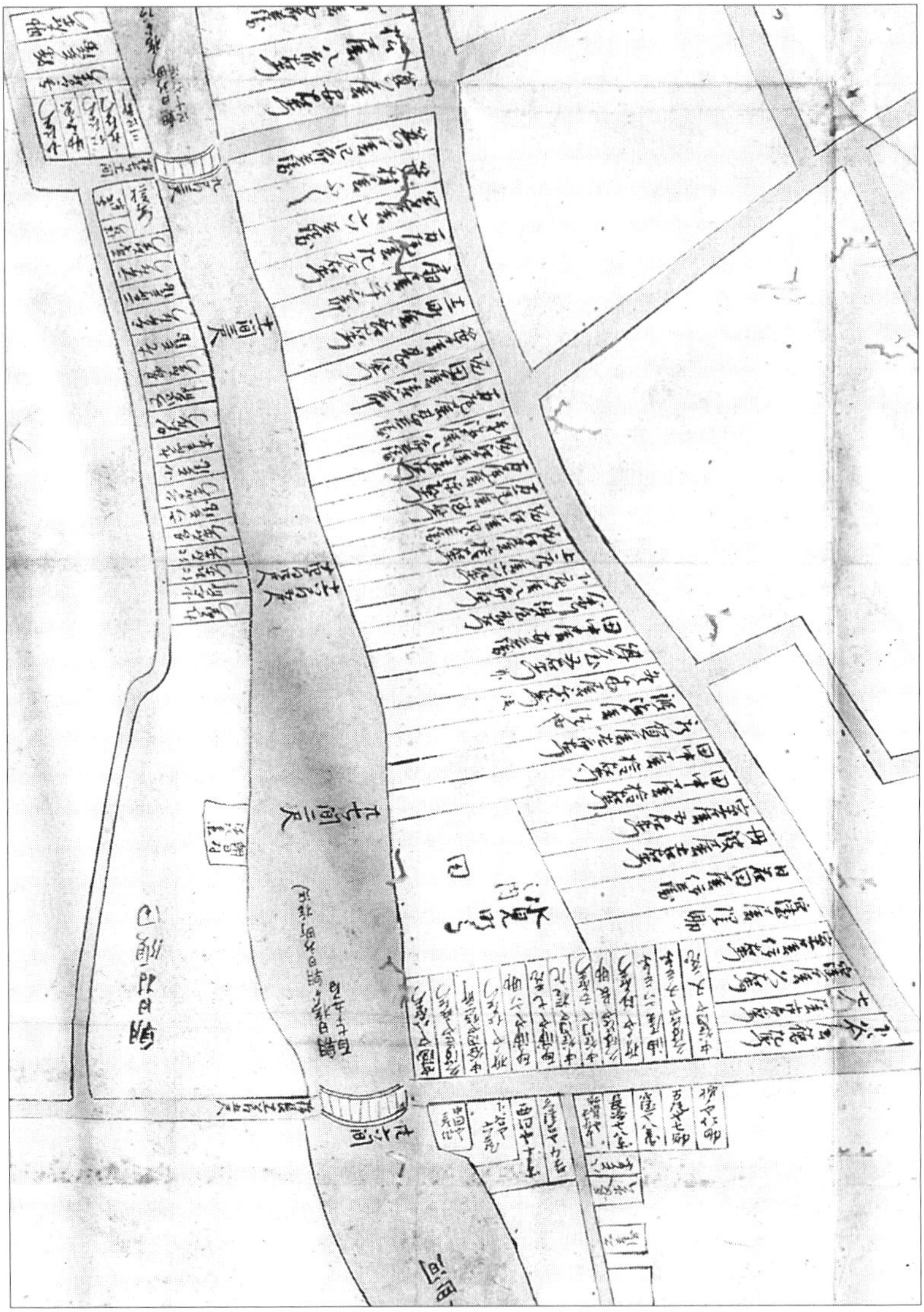

図４　湊川町並絵図の御座町・南上町から南中町の高札場の周辺まで（『氷見市史８』より）
上が北　図４～図８の縮小率はそれぞれ異なる。

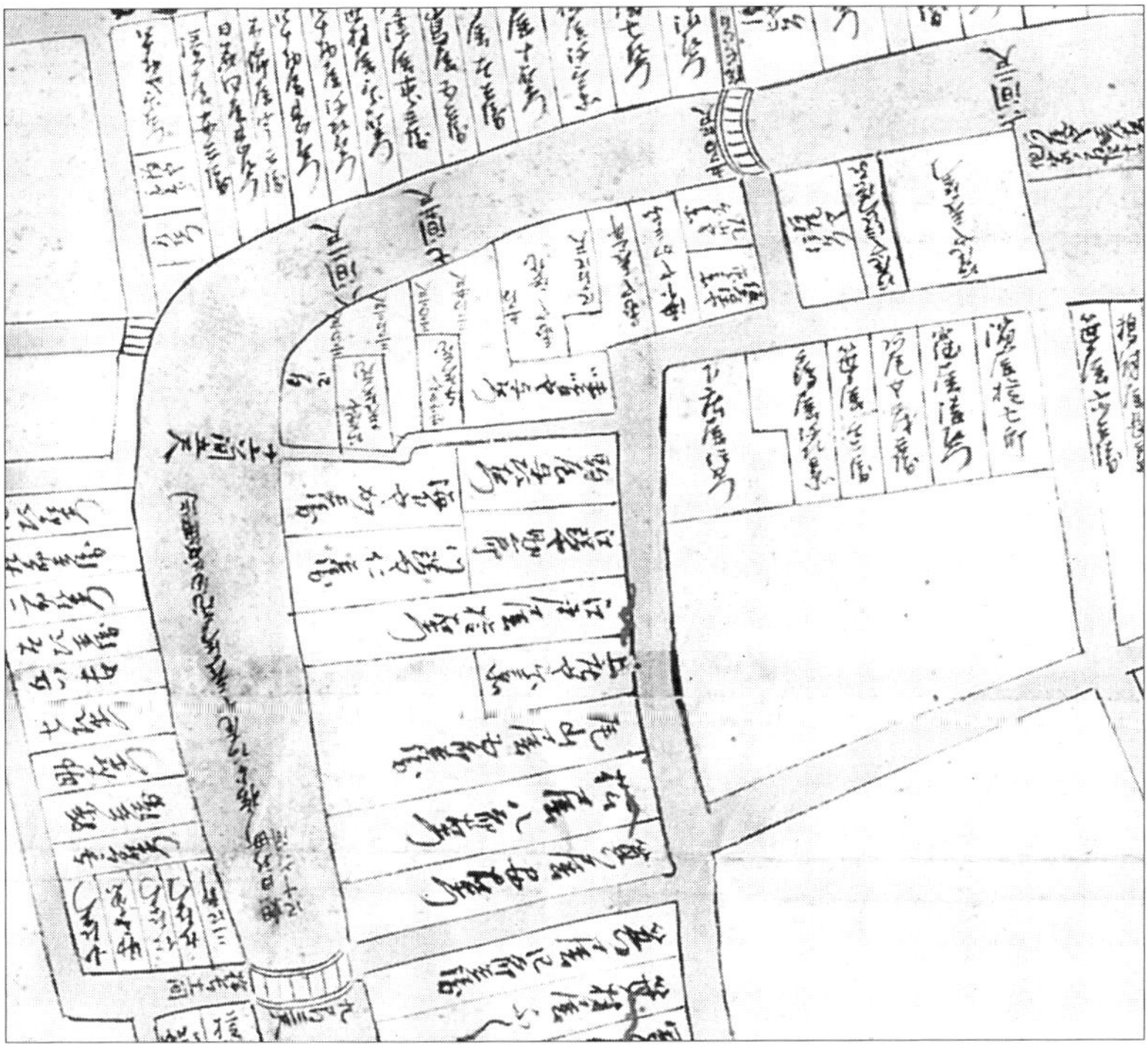

図５　湊川町並絵図の高札場周辺から河岸端の南中町
（『氷見市史８』より）　上が北

なお、上日寺への参道沿いの御座町町並みは上使往来の通りにある屋敷より間口・奥行きともに狭い。しかし、この参道に面した住民は屋号を持っており、また市の立つ市姫社に近い土地であり、上日寺参道に位置する立地の良さから、彼らの小商売・職人稼業は早くに安定したことが予想される。彼らの屋敷地裏にも若干屋敷地が作られているが、ここの住民には屋号がなく、彼らは諸雑業に従事していたことが予想される。

⑵　高札場から河岸端までの上中町

高札場より少し北側の尾山屋より北側は屋敷地割が複雑化している。ここは最も歴史の古い地区であり、相当に町割が変化していることが考慮される地域である。ここの中でも湊川が東へ流れを変えて中の橋に至る所の屋敷地が細分化されて若干複雑となっている。また、朝日町橋より高札場に至る小路も遠見遮断の屈曲が付けられている。前記のように、ここの地区では中の橋の所で枡形としての町並み再編が考慮されるために、このような再編に伴い、屋敷地の形状も変更させられたことが考えられる。

ここの住民は古くからの住民が多いために、みな屋号持ちであった。注目されるのは、湊川が東遷する所に面した土地に阿尾屋彦右衛門蔵と味噌屋与右衛門蔵のみられることである。阿尾屋は中の橋の東側河岸地脇に広い屋敷を構える住民であるが、彼は正徳二年（一七一二）の船道定書に連署しており、また蔵・屋敷の点からみても相当有力な廻船業者であった。屋敷裏に大きな蔵を持つ味噌屋も当然に有力商人である。

絵図で注目される家に高札場前となる場に箕屋安右衛門家がある。同家はこの絵図が書かれた時期に下北半島の牛滝へ廻船を出し、材木買い付けを行った廻船業者であったことが、同地の坂井家文書で確認できる。市姫社の近く、高札場前に遠隔地へ航海する廻船業者の箕屋が居住していたことも、氷見町が湊町であったことを如実に示すとともに、湊川沿いの中世来の町が、漁業関係者だけでなく、古くより廻船業者の有力な住民を居住させていたことを示唆する。

(3) 河岸地・川原町

湊川が東へ向きを変えてから川幅が狭まるが、中の橋の東、阿尾屋彦右衛門屋敷の所から川原町の間の川幅が広げられていることも目に付く。ここは明らかに掘り込まれた地区である。川沿いが手前に少し掘り下げられ、川幅が広げられて河岸地として利用できるようになっている。元禄五年（一六九二）に藩命で河岸端の通り長さ五〇間、幅三間の掘り込みが命じられている（『憲令要略』）。この掘り込みはこのときに行われたものとみられる。

絵図には「阿尾屋彦右衛門屋敷長六十九間有、但家ノ間四十間残り廿九間明地」とある。この記載の理解は難し

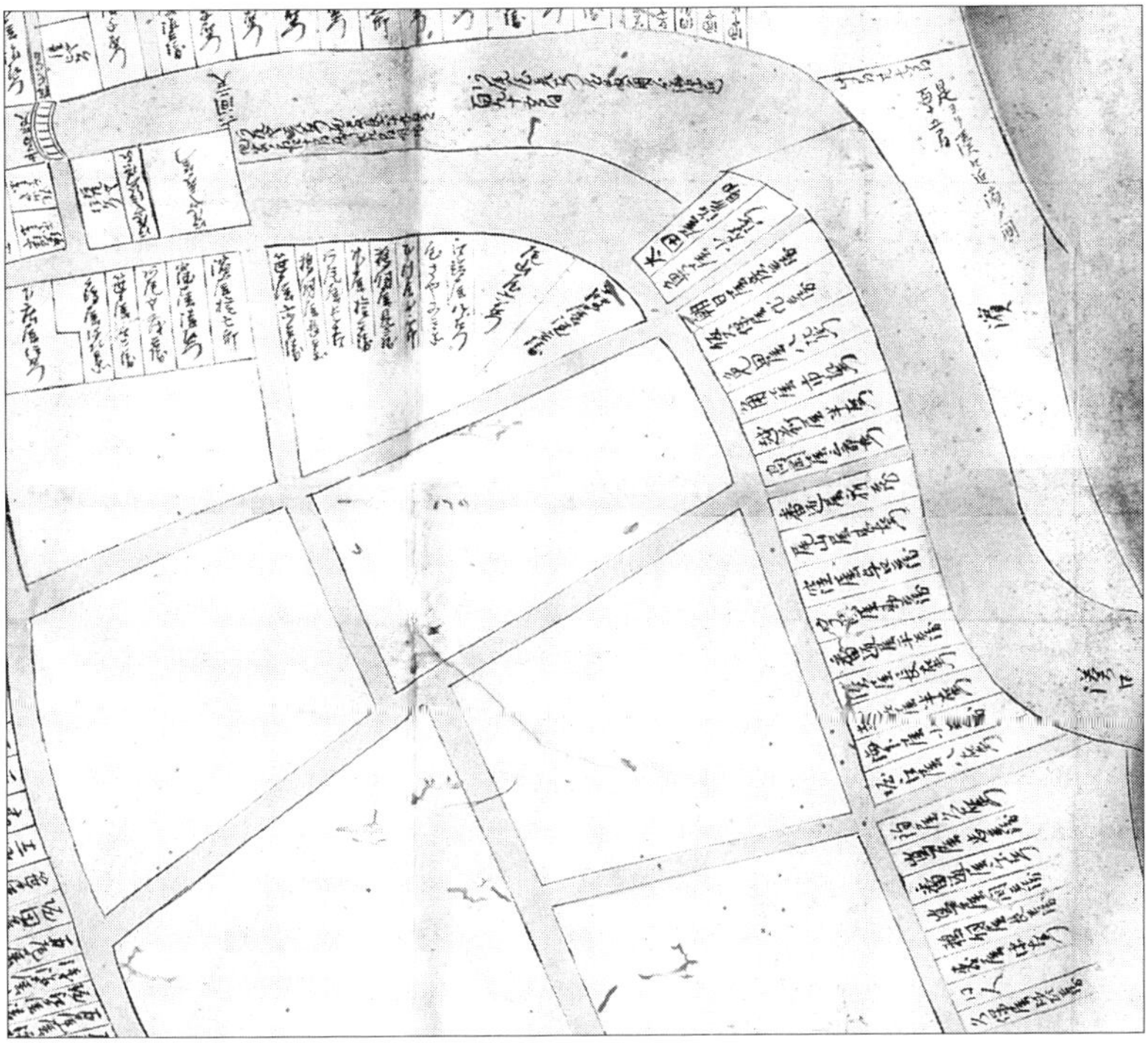

図６　湊川町並絵図の河岸地・川原町
（『氷見市史８』より）　上が北

い。彦右衛門屋敷が六九間もあるはずはなく、同屋敷より川原町までの意味で、「より」の語が抜けたのではなかろうか。この四〇間はおそらく河岸地で、残り二九間が河岸地ではない空き地と判断される。

　川原町は浦方五町の一つであるが、ここの住民はみな屋号を持っており、この点で一般の猟師とは異なる。有力な漁民や漁業関係の商工業者、廻船業関係の人たちであろう。川原町の北端から二軒目、魚屋小左衛門は寛政期に鰡曲鮨を献上している（『憲令要略』）。南側に一軒置いた屋敷の飯久保屋作兵衛は前記正徳の船道定書に名前を出す。また、南端の久保屋弥次兵衛も定書の窪屋弥次兵衛と同一人とみられる。こうして、この川原町はやはり廻船業者や有力漁民らの居住町

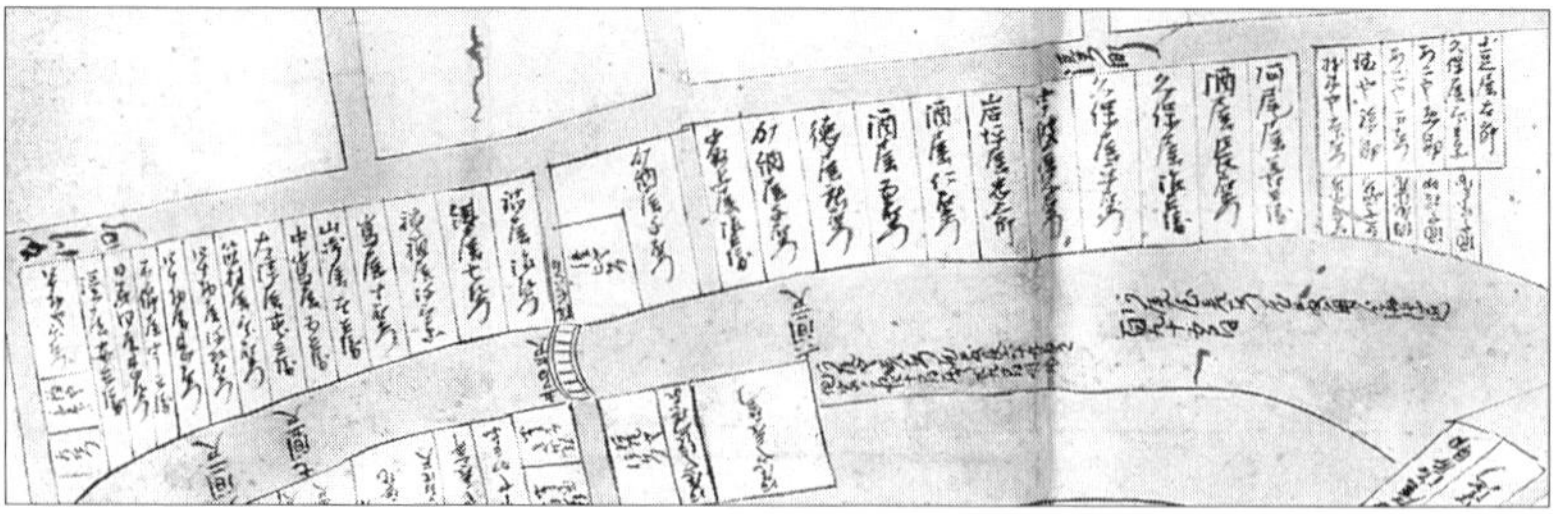

図７　湊川町並絵図の湊町・本川町（『氷見市史８』より）

であることが確認できる。なお、この町の屋敷地は比較的均等のままで、分割合併がみられない。これは町がやはり新しいためであるが、正徳成立ということではなく、改作法実施以降の元禄をさかのぼった時期に、町内の有力住民の次・三男らがこの新町を形成したとみられる。ただ、廻船業者の久保屋の可能性が大きいが、場合によっては森屋源右衛門が屋敷地を二筆所持しており、複数の屋敷を持つ者も元禄期には出現していた。

(4) 湊町・本川町

湊川の北側は湊町であるが、同町は浦方五町の一つである猟師町である。しかし、絵図に出る住民はみな屋号を持っており、ここに居住する漁民の場合は船元など網元となる。ここの屋敷はいずれも町筋から湊川までの土地であり、奥行きは南上町などよりも短い所であった。しかし、河岸地向かいとなる地点の屋敷割をみると、その東隣の地域よりも間口の広い屋敷が多い。これらは四十物商・魚商人・網元、さらに廻船業者の屋敷地に適当な所である。実際に、河岸地向かいに居住する酒屋五右衛門も先の船道定書に名前を連ねており、廻船業者であった。また、彼の屋敷から三軒東にある宇波屋久右衛門は後の天保期に子孫が御城米船宿を務めているので（『憲令要略』）、彼も廻船を相手とする船宿の可能性がある。

彼らに対して、その屋敷の東隣にある細分された屋敷地の屋号持ち住民は弱小の商工業者らの居住が考えられる。そして、ここよりも間口の広い隣から中の橋辺までの地域は、近世に入り猟師や廻船業者の人々の階層分化により生み出されたのではなかろうか。中世来のこの地区が初めから広い間口の屋敷地であったとは考え難いためである。猟師の階層分化は城下町などの町場の魚需要増大に起因したもので、これにより定置網での漁業が盛んになると、有力な漁民から網元が生まれ、また魚を扱う四十物商や魚販売業者も生まれる。また、廻船業者も近世に入り、活動が一段と活発化し、蓄財する者も増えるが、彼らの場合は持ち船難船による打撃を受けて没落する危険も大きかった。しかし、いずれにしても荷揚場に近い川沿いの地域は彼らにとって適切な居住地となったと考えられる。つまり、間口の広い屋敷は四十物商・魚商人・網元や、またほかの有力商人の居住地として、火災など何らかの事柄を契機にして再編されて作り上げられたことが考えられる。

次に本川町であるが、ここは湊町より間口の狭い屋敷地となる。住民は屋号持ちであるが、前記湊町の住民より経済力の弱い商工業者の居住区と考えられる。

(5)　朝日新町

この絵図には慶安年間（一六四八～五二）に町建てされた朝日新町が登場している。その屋敷割をみると、大きく二つの地域に同新町は区分される。一つは本川町から南に隣接する地域である。残りがもう一つの地区である。前者の屋敷割は明白に後者の地区よりも間口が大きい。住民の地子その他負担が屋敷の間口・奥行きに規定される以上、この新町の住民となった人々の経済力をその屋敷割が反映していることは間違いない。『氷見市史』（一九六三年、八七〇～七一頁）は近年までこの土地に猟師の人たちが居住していることと、天明二年（一七八二）に御座町と茣蓙商いで争うようになっていることを指摘する。つまり猟師の人々とともに魚その他商売もするような人々が居住する町であった。広い間口の屋敷地には新町住民の中でも有力な人々が住んだ所といえる。しかし、彼らも南上

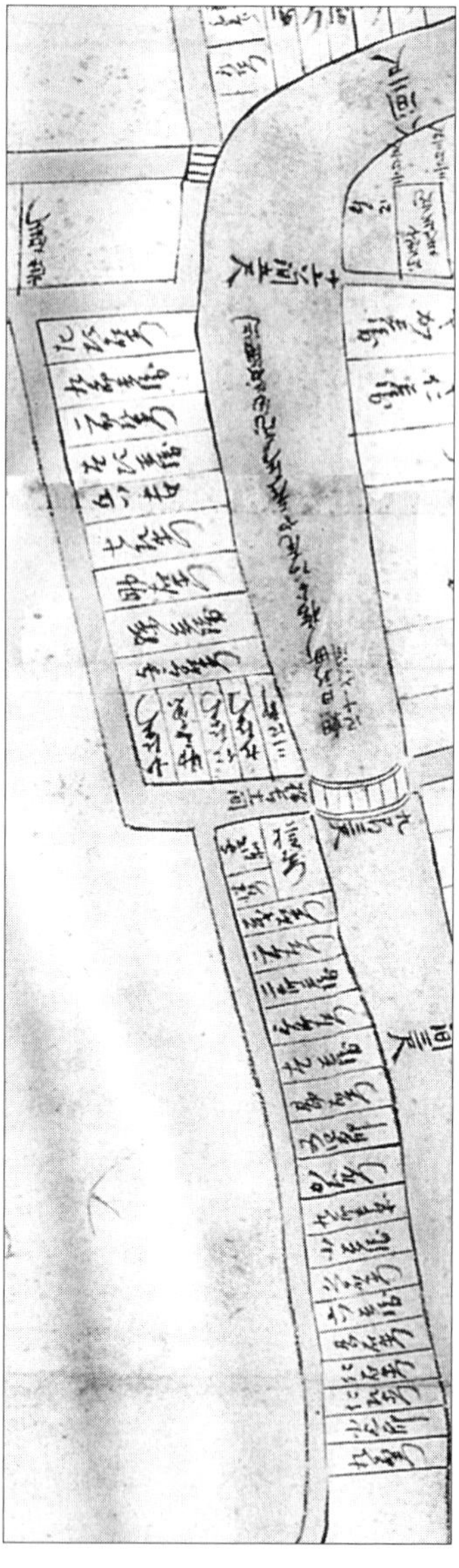

図８　湊川町並絵図の朝日新町
（『氷見市史８』より）
上が北

町・同中町の町人とは違って屋号を持っていない人々であり、商売をする者でもまだ家業の発展していない人々といえる。

次にこの新町の屋敷割で気が付く重要な点は、この両地区ともに当初の屋敷割のままとなっており、屋敷の併合・分割がまだほとんどみられないことである。これは町建てから日が浅いことにより、住民の階層分化が進んでいないことを示す。

４　元禄以降の氷見町町並み拡大

近世初期からの個別の町成立については先にふれた。しかし、個別の町とならない段階の町並み拡大も当然に存在する。こうした町並み拡大を元禄の絵図とそれ以降の町並絵図を主とする絵図によりみていくことにする。

⑴　元禄図から文化図

元禄十三年（一七〇〇）の絵図「(氷見町湊川沿い町並絵図)」では氷見町の北端方向は不明の所が多いが、南側については判明する。すなわち、南で隣接する岩上村・窪村脇には屋敷割が描かれ、そこからしばらく北方へ離れた町並みが下伊勢町と記載されている。これから元禄期には御座町からの家並みが岩上村・窪村まで続き、上下伊勢町も存在していたことがうかがえる。

この元禄期における北の橋向かいの村方、池田新村に「元禄十四年指上申池田新村絵図写」（図9）があり、これによると橋からしばらくは家並みがなく、氷見町続きとはいえない。しかし、この集落は絵図によると町と呼ばれる家並みをなしている。しかもこの家並みは、南側の町入り口で西へ転じ、さらに北へ折れて、次に西へ曲がってすぐに北へ折れるというような、町並みの屈曲を各所で付ける新村である。この屈曲が町のような軍事性を持つものといえるか問題となるが、激しい南風の通り抜けを遮る防災だけを目的とした可能性の方が高い。

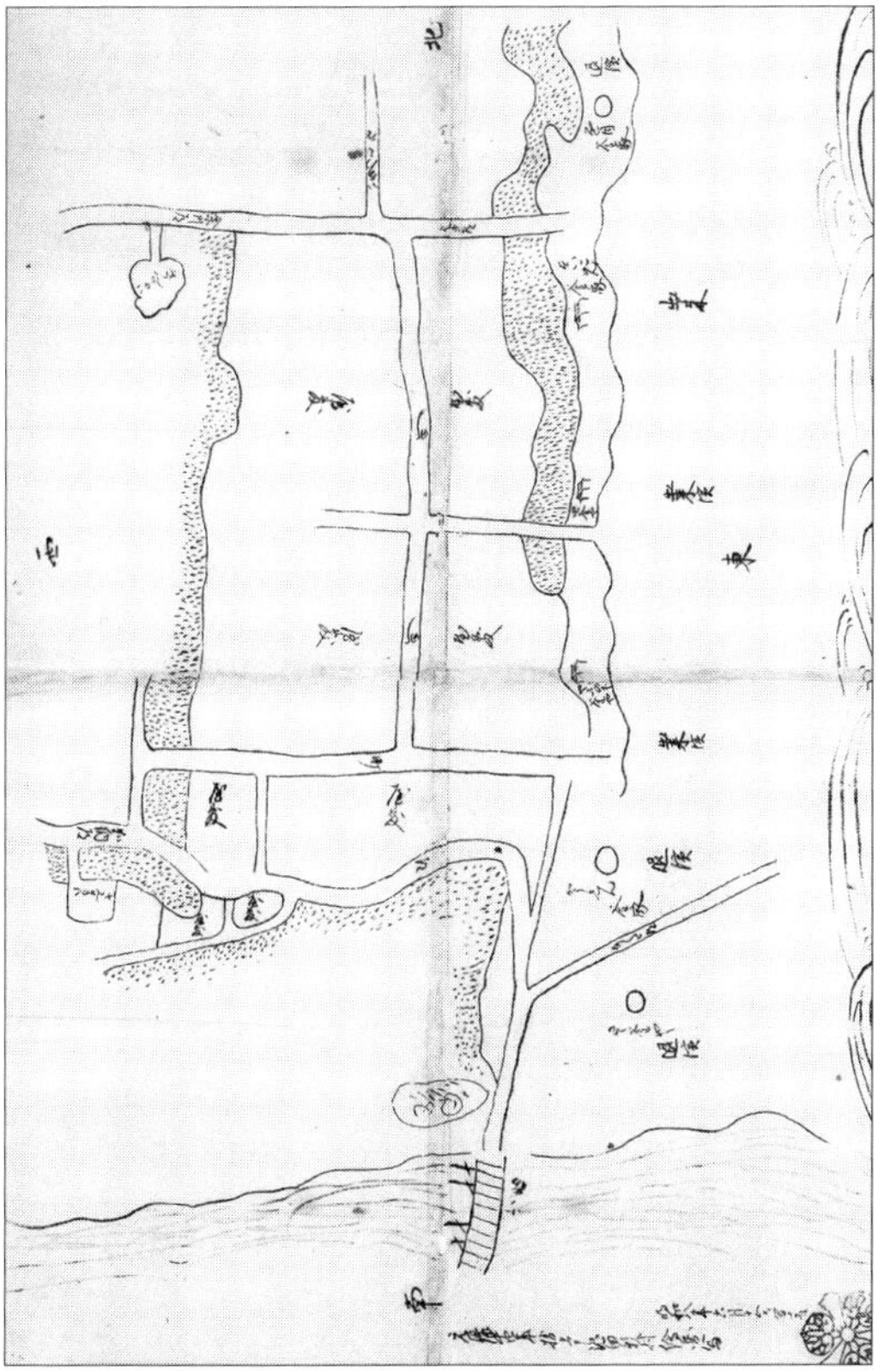

図9　元禄十四年指上申池田新村絵図写
明和８年写　吉川家文書（提供：氷見市立図書館）

「享保図」（口絵1）になると氷見町の全体がようやくつかめることになる。「享保図」では元禄の絵図同様に町並みは岩上村までであるが、岩上村前は上畠町と記載されている。後のほかの絵図ではここが上伊勢町と記載されるが、上畠町とも呼ばれることがわかる。この時期でも氷見町外畑の田畠が南町では御座町両脇に残るが、湊川河口近辺の川原町町並みが河口沿いの部分を削られた変化もうかがえる。この享保十一年（一七二六）に地蔵新町が御蔵への火災の防止のために町外の土地へ移転させられたが、同十三年に地蔵のある元の土地近くに転住を許されており、ここが「寛延図」（口絵2）に登場している。

享保以降の町並みの変化はその後の町並絵図と比較すればすぐにわかるが、「文化図」（口絵4）とそれを比べても大きな変化がない。氷見町内の町並み拡大はほぼ享保段階には終わっているといえる。しかし、若干の変化はみられるのでこれを次に取り上げる。

「寛延図」にみられる変化は、今町の町内にあった畑地が沼地に替わった程度である。これについては後にまたふれる。

「明和写図」（口絵3）は「寛延図」と町並み全体にそう変化はない。ただ、御座町の市姫社前の畑地が屋敷地となっている。ここは後に高町と呼ばれる町である。高町は寛政に成立したとされるが、明和のこの写図に登場するので、明和以前に町並みはできていたことになる。ただし、絵図作成の際に一部家建ちのみられたこの地を町並みとして描いた可能性もある。

(2) 文化以降の町並みとその拡大地域

次に「文化図」であるが、これによると伊勢町の神明宮脇まで家並みが建ち並んでいる。また、高町も町名が記載されているように町として存在していた。

町並みの拡大地域は、年次不詳で弘化四年（一八四七）以前作成の「斎藤図」（口絵５）にうかがえる。この絵図によると、南が岩上村隣接の窪村、北側が加納出村から池田新村、西が朝日新村隣接の朝日村であった。

享和以降には十二町潟からの湊川の流路に関する絵図が数多く作成された。これらの絵図は湊川の北側沿いの町並みから南側の氷見町町並みについても描くために、文政以降の氷見町の様子がわかる。

まず、文化直前の享和元年（一八〇一）「布施湖廻分間絵図」（高樹文庫、市史写35）をみると、氷見町の町並みは岩上村までとなる。しかし、文政三年（一八二〇）「射水郡氷見庄潟より水引新堀川并古川海縁迄絵図」（陸田家文書）によると、岩上村からさらに窪村内へ家並みが一部続いており、文化期に町並みが窪村内へ建ち並んでいったことがうかがえる。伏木往来ではともに伊勢町の神明宮までの家並みとなっている。

明治四年「射水郡氷見町并上庄組加納邑々内町並池田新邑南条組岩上邑朝日新町窪邑調理絵図」（図12）はこの窪村が火災によりほとんど類焼したことを描いている。窪村との間には堀川が掘られ、上使往来と伏木往来には橋が記載されている。

５　町内部主要箇所の元禄以降の変容

(1)　御蔵・地蔵新町周辺地域の再編

地蔵町は享保十一年（一七二六）に町から離れた浜地へ移転させられた。しかし、同町は再び享保十三年に現在地へ移転し、これを許した奉行を今町で祀っていることが知られている。この地蔵新町の再移転については、これまで同町単独のものと考えられていた。しかし、以下の絵図で明らかにするように、決してそうではなかった。

この移転地を描いたのは「享保図」である。この絵図によると御蔵の海側に地蔵があるが、この絵図には祠など

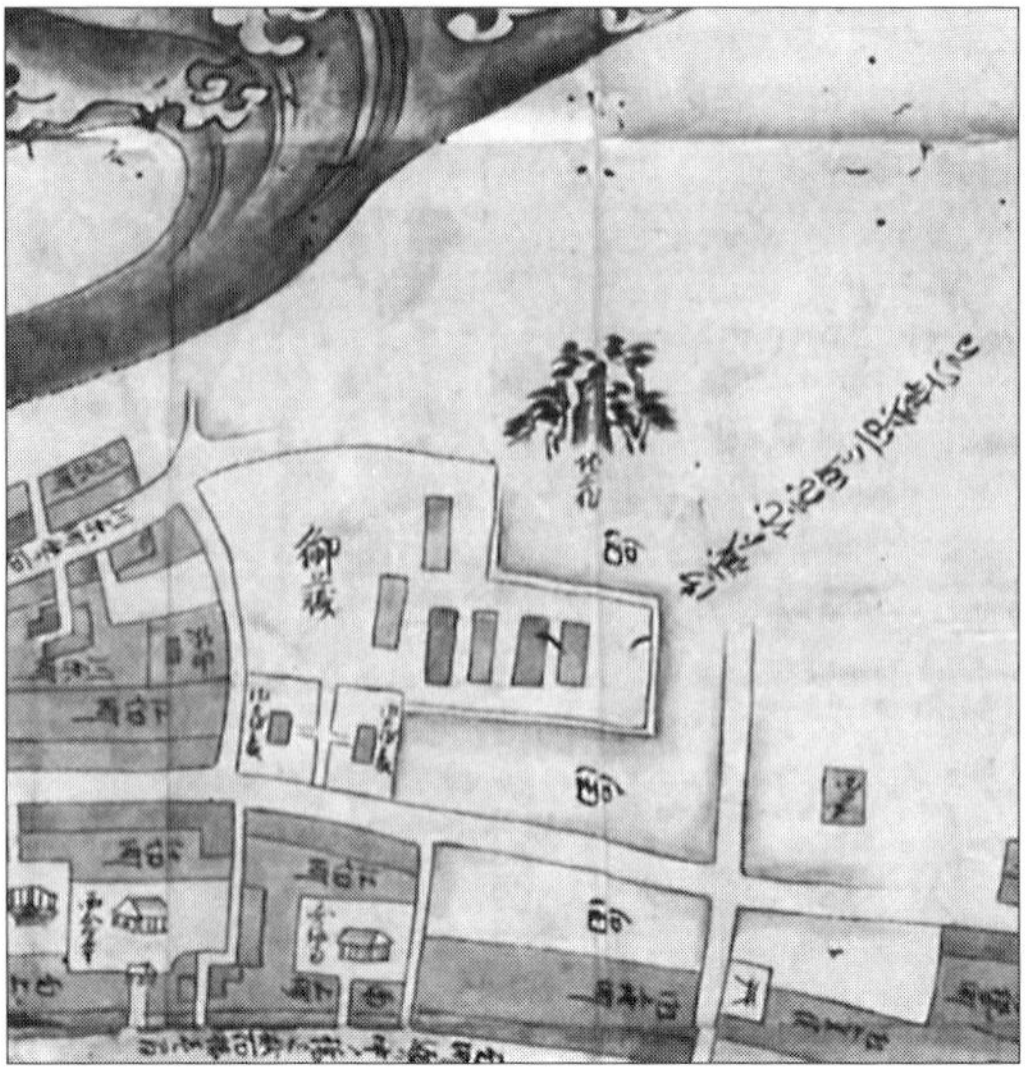

図10　享保図（口絵１）の御蔵周辺

は描かれていない。そして、この地蔵から離れた無常場の所に地蔵町が描かれている。実際にこのような建設であったか、これがまだ計画であったかは不明であるが、この町は移転させられてつくられる町のために、絵図によると二本の小路沿いに町並みが計画的に配置されたものである。

　地蔵新町取り立て後の「寛延図」によると、地蔵は地蔵堂に祀られており、移転後にお堂が建てられたことになる。この地蔵堂の東側に地蔵新町が再建された。その町づくりは上日寺・市姫社へ通ずる道筋と御蔵・地蔵堂間の道筋を主軸にして、この二つの道筋の裏側となる道筋を軸にして町並みが取り立てられている。その場合に注目されるのは、市姫社へ通ずる道筋に沿って地蔵新町を直接に配置することをせずに、地蔵新町への入り口となる部分に枡形が導入されていることである。このような枡形は領主主導の町建設であったことを示す。また、この枡形は、地蔵新町が氷見町町並みの外であることを示唆する。再び町へ戻されたといっても、同絵図が示すように、地蔵新町は御蔵の防火のためにほかの町や御蔵から若干離され、その間に畠・地蔵堂・寺院が設けられていた。

　光伝寺が地蔵新町に隣接しているが、この寺は「享保図」にはここに描かれていない。同寺がこの地に建設されたのは、「富山県寺院明細帳」によると享保十九年とされている。[10]「享保図」によるとこの移転地には出蔵と下伊勢町の家並みがあり、これを移転させて光伝寺が建設された。地蔵新町の移転再建が享保十二年に決定されたとしても、その直後の移転は有り得ず、月日が必要である。また、光伝寺の同地への建設も町並み移転を伴えば、すぐにできるものではなく、何らかの機会が必要であり、まさに地蔵新町移転がその契機にふさわしい。寺伝の享保十九年建設は同年の町づくりの最終仕上げとしての同寺建設完了の時点を示唆するものではなかろうか。

御蔵の北側もこの時に整備し直されていたことが、「享保図」「寛延図」を比較することにより明確となる。「享保図」によると、その北側には山伏の居地や仕切町・川原町の町並みがあった。ところが「寛延図」によると、山伏は移転させられ、仕切町・川原町の町並みも一部つぶされて、その跡地が畠にされている。この移転、畑地化も地蔵新町再移転に伴う御蔵の防災を目的とした周辺地整備によるもので、光伝寺建設の際に実施されていたと考えられる。

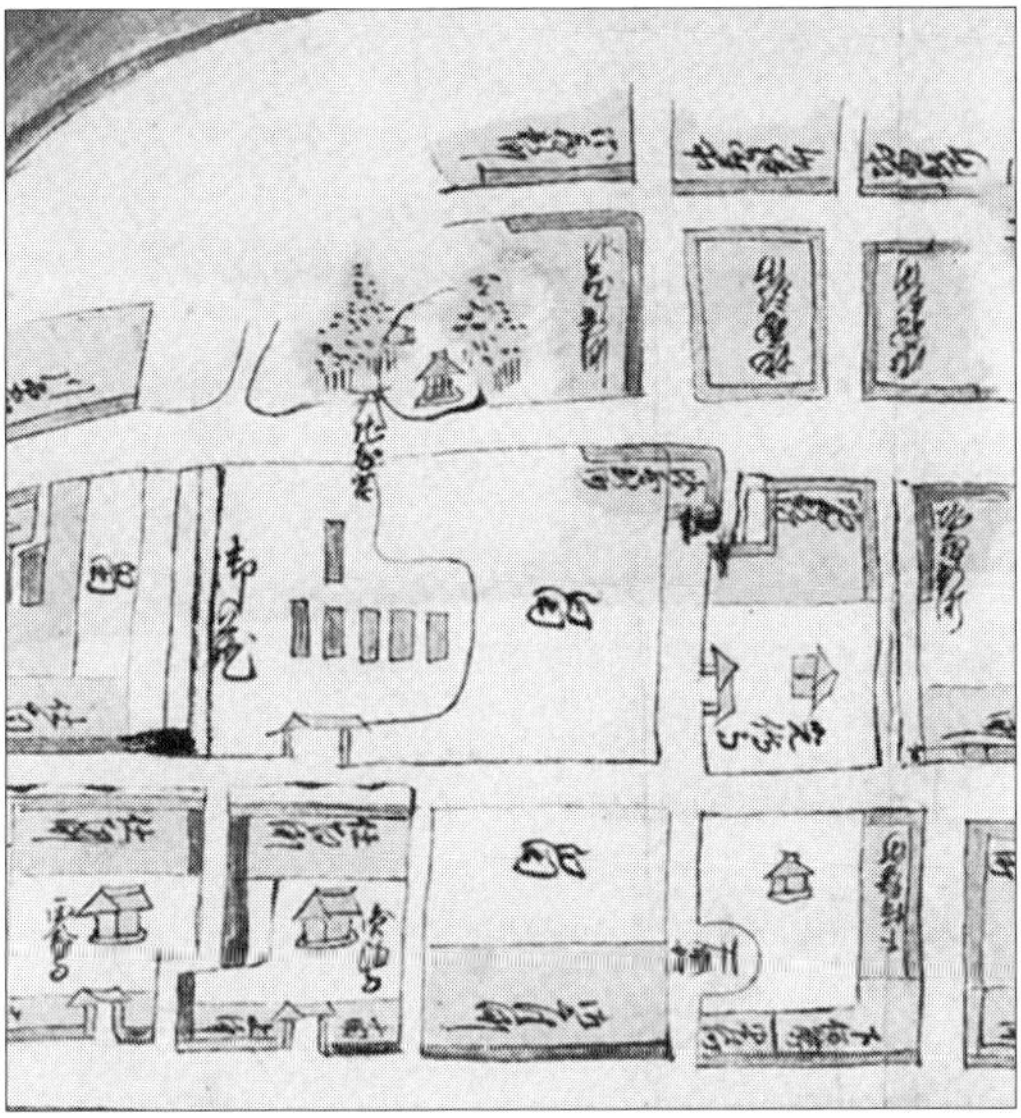

図11　寛延図（口絵２）の御蔵周辺

さて、「文化図」では御蔵の南側に新たに高町の町並みが登場する。同町は光伝寺裏の下伊勢町と地蔵新町の間にできた町並みの町である。ここは寛政年間（一七八九～一八〇一）にできた町とされている。[11] なお、この絵図では前記枡形が描かれていないが、これはこの絵図が省略したもので、享和元年（一八〇一）の「布施潟廻分間絵図」にはこの枡形が出てくる。

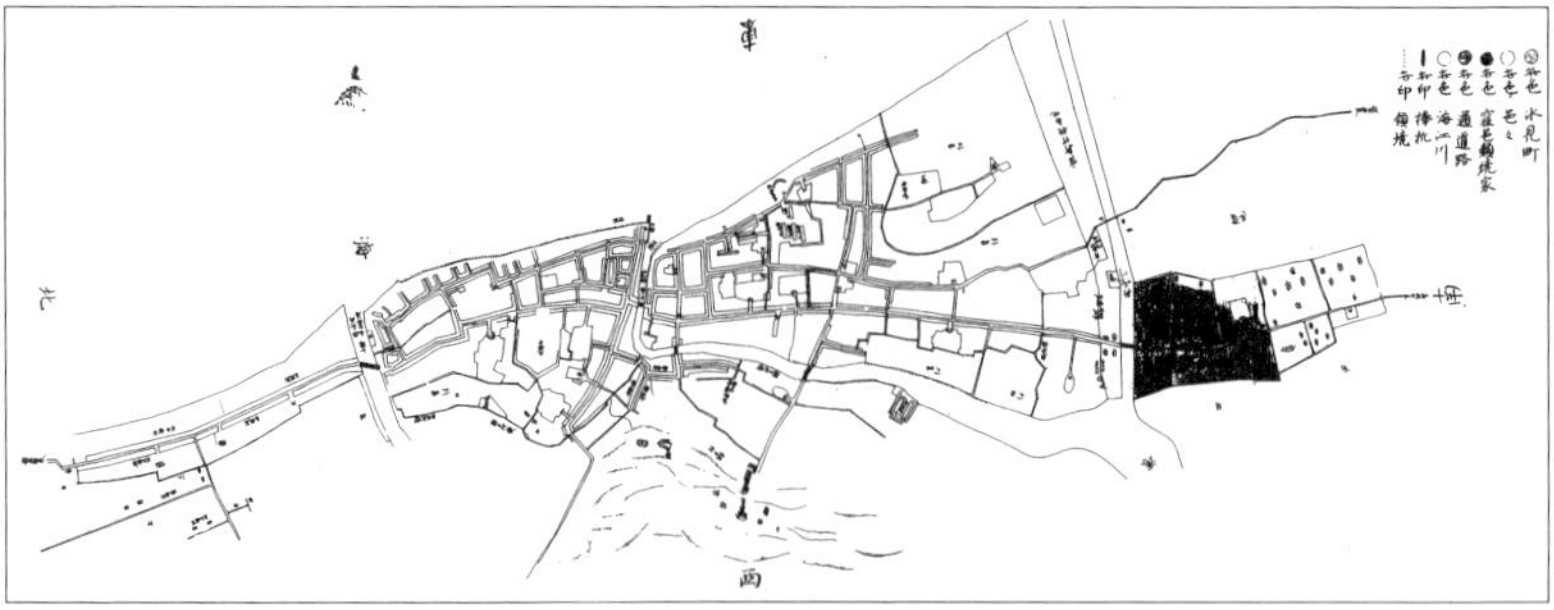

図12　射水郡氷見町并上庄組加納邑々内町並池田新邑南条組
岩上邑朝日新町窪邑調理絵図　吉川家文書
（提供：氷見市立図書館）

(2)　湊川河口

「湊川町並絵図」（元禄図）は湊川の川幅とその川沿いの町屋敷地を詳しく描いていた。これは湊川の排水に問題が生じていたためである。同絵図では河口の左岸砂浜の長間が記載されていた（図6参照）。

「享保図」（口絵1）も同様に左岸の砂浜が東へ延ばして描かれている。実際にそのような延びがあったか明確ではないが、元禄と同様な状況が続いていたことは間違いない。

　ところが、「寛延図」（口絵2）になるとこの砂浜が短く描かれている。「文化図」（口絵4）となると、河口左岸にあった砂浜など描かれていない。天保十一年六月「射水郡氷見庄潟水引川見取絵図」（高樹文庫、市史図39）は百間曲尺三寸ほどの記載もある絵図で、見取りといっても分間図的な絵図である。これによると、河口左岸の砂浜が描かれており、河口左岸には砂浜が存在し続け、寛延・文化の両図が不正確といえる。天保のこの絵図によると、河岸端から河口までの右岸と左岸は河口少し手前から鉤の手のようにして海岸の一部に土居を建設する計画となっている。しかし、これらは実現していない。

　新堀川がすでに建設されていた明治四年（一八七一）の調理絵図（図12）によると、湊川河口左岸に砂浜などなく、河岸端から河口までの川幅も広がっている。すなわち、中の橋あたりの川幅が八間になっており、これは元禄の絵図の同所川幅六間二尺よりも長い。しかも前記のように後に川原町の所の川幅は広がっていたが、この絵図によると、反対側左岸にも中の橋より少し東側の所から川幅が広げられている。そして、河岸端から川除が設置され、これは対岸左岸も河口少し手前から海岸に沿い、上庄川河口まで設けられている。ここの川除は文化九年（一八一二）に建設されており、その後弘化二年（一八四五）にも普請が行われていた（『憲令要略』）。

(3) 北町の古江

「享保図」と「寛延図」にみる北町側の大きな変化は、今町にある古江である。「享保図」（口絵1）では沼が描かれず、上庄川から入る小さな流れがあり、その水を利用して、畠が開かれていたことが絵図からわかる。「寛延図」（口絵2）には今町の町内にあった畑地が沼地に替わったことがみられる。埋め立てて屋敷地や畑地としての利用が可能なのにこのように沼地としたのは、古江と呼ばれていることから地盤が悪く屋敷地利用が難しいことと、畑地としての利用よりも、今町の漁民や四十物業者には沼としての利用法があったからであろう。「文化図」（口絵4）もこの沼を古江として描いており、この当時は古江が存在した。しかし、明治四年の調理図（図12）にはこれが出てこない。この調理図は分間絵図で、しかも町内のことが詳細に記載されているので、古江がなくなった可能性がある。

おわりに

氷見の町絵図の作成について取り上げた後に、これらの町絵図と氷見町を描いた関連絵図や参詣曼荼羅をとおして氷見町の空間と特に元禄の住民について検討してみた。古文書だけでは解明できなかった重要ないくつかの点を本章では明らかにできた。

註

（1）なお、後年の写しで、大型の彩色の本書記載絵図とは違う、町絵図写が高倉家文書にも一点ある。
（2）（3）深井甚三「近世東岩瀬の文化四年町並総図について」『東岩瀬郷土史会会報』八四号、二〇〇二年。
（4）同曼荼羅については大阪市立博物館編『社寺参詣曼荼羅』（平凡社、一九八八年）ほか参照。
（5）加越能文庫「今石動氷見城端支配留」（金沢市立玉川図書館近世史料館）。
（6）『氷見市史』一九六三年、八二六頁。
（7）（8）『氷見市史』一九六三年、三五七〜三六〇頁、『氷見市寺社調査報告書　浄土真宗本願寺派の部』氷見市教育委員会、一九九三年。
（9）宝永以前の他の町年寄家をみると、南町側では新興町人を二人も数え、中世来の町であった南中町にはいない。南上町の一人が十二町屋善左衛門家で、この二代目が承応期に氷見町の小物成銀等取り立て役などを務め万治から元禄の間に町年寄を務めた（『憲令要略』）。絵図では十二町屋善右衛門となっているが、善左衛門の誤記ではなかろうか。同家初代も転入者であるが、同家の場合は南上町でも町の中心、高札場に近い所に屋敷があった。なお、御座町の町年寄就任家は元禄に町年寄を務めた高岡屋次郎左衛門家である。新町居住というだけでなく、屋号をみても転入者の可能性が大きい。
（10）『平成五・六年度氷見市寺社調査報告書　真宗大谷派の部』氷見市教育委員会、一九九五年。
（11）『氷見市史』一九六三年、八三〇頁。

第二章　近世中後期の氷見町の住民構造と社会的結合

一、近世氷見町成立と町人・漁民

1　町支配と南宿・北市

中世の氷見の町並みは、湊川を境に南宿と北市の二つの町並みから構成されていた。中世後期ないし近世初頭の氷見町を描くのが上日寺の参詣曼荼羅（口絵6、第一章図1参照）である。これは上日寺の参道筋にある鳥居の北側に家並みを描くので、南宿は中の橋から右鳥居の手前までの町並みであったことがわかる。また北市は、北の橋へ向かう町並みと、川に沿う町並みの湊町・本川町の町並みとして描かれている。

近世初期に北新町と御座町が成立した。北新町は慶長十二年（一六〇七）に源丞と与兵衛の取り持ちにより町建てされている（「御用方巻留」『松村屋文書』三）[1]。御座町も元和五年（一六一九）に上莚商売の市が許された初期成立の町である（『市史3』近世31）[2]。北新町は北市の北側町端に町建てされたが、町筋の北側に沼があったために、町並みは屈曲が付けられた。このように町端を屈曲させるのは、風の通り抜けを避けるための防火目的となるが、また遠見遮断の枡形としての利用を可能にした。

御座町は寛永十四年（一六三七）のころは、町内通りの三八軒と小路の二七軒から構成された（『市史4』241[3]）。元禄十三年（一七〇〇）の「氷見町湊川沿いの町並絵図」は、湊川から市姫社へ向かう小路の二二軒とその裏屋四軒を記載しており（第一章図4参照）、この家数が右の小路家数とほとんど町屋数が対応することからも、ここが御座町の小路の家並みとなる。また町内通りの家並みは中の橋・南中町へ続く町筋となる。

氷見町の奉行について明確となるのは大窪六右衛門からである。彼以前に吉川六左衛門が元和年中に氷見町奉行を務め、その後に郡平八が務めたとされているが（『憲令要略』[4]初輯天）、彼らの町支配の具体的な点は明確でない。

寛永十四年閏三月十四日に大窪へ発給された定書（『市史3』近世35）から彼が町裁許を命じられたことと、彼の支配が氷見庄の村町一体のものとしてであったことが確認できる。氷見庄は氷見市域を含む小矢部川以北の射水郡の地域であり、ここには氷見町以外にも守山その他の町が含まれる。

この定書が定める大窪に命じられた町支配は次の通りである。

①牢人以下の取り締まりに当たること。②町中の争論を扱い、決めがたい時は高岡目安場に相談すること。③宿々在々の夫役・伝馬の勤め方を改めること。④塩売買を監視すること。⑤町中の役鰤納入に務めること。

この時期は治安の維持が大切なために、氷見庄と氷見町の支配を担当する大窪は牢人者の取り締まりや町中での争論の扱いが最重要の任務となっていたことがわかる。

なお寛永十七年十月に大窪の後任に篠島豊前清長が命じられている（「今枝直恒書状」篠島文書）。大窪・篠島が裁許した氷見町の実際の支配は町人に委ねられた。初めは町肝煎が氷見町役人の代表となり、町自治を取り仕切っていた。

元和元年十二月に藩から下された年貢手上げの御印は「氷見町両町肝煎中」の宛所になっている（『市史4』220）。

寛永二年二月に篠島清長が目付衆の宿代などの支払いに受取人差し出しを命じた文書（『市史4』221）は氷見町七郎左衛門・善左衛門の両名を記載しているが、彼ら両名は承応三年（一六五四）の小物成皆済状の宛所にも登場する。

湊川を境に北市と南宿よりなる中世の氷見の町並みは、行政区分を別にする二つの町並みで構成されたが、このような場合に両町並みでそれぞれ氏神を立てて祭礼などを完全分離しても不思議ではない。しかし南宿の西側には地域で信仰を集めた古寺上日寺の観音と同寺勧請の日吉山王社があり、氷見町の惣社、氏神としての位置を持っていた（『市史4』254、『市史6』社寺55）(5)。両町並みは同一の寺社を氏神としていたわけであるが、日常面では当然に中世来の北と南のまとまりを近世にも継続することになる。このため右元和の文書が記載する両町肝煎は北町と南町とを別に担当する町肝煎とみられる。寛永年間には堀江屋七郎左衛門と十二町屋善左衛門がこの町肝煎を務めていたとみられる。

2　町人・町漁民の負担と外畑・網場

近世の氷見町に屋敷を持って居住する住民は町人としての位置づけを得られた。たとえ漁民でも氷見町の町人となった。しかしその務めとして漁民も商工業者も屋敷地の地子や田畑の本年貢と小物成を納め、また町役その他の役を負担した。

氷見町は年貢として外畑地の年貢と地子米を負担したが、元和元年（一六一五）十二月に、氷見町から願い出て年貢率を七割五分から八割に増加している（『市史4』220）。

役には町役・宿役・浦役などの役負担があった。町役は町並みの屋敷地に賦課される人足勤めの諸役の町夫を務めるものである。宿役は伝馬・人足宿送りの負担で、浦役は本浦と認められた氷見町などの浦方が負担させられる船にかかわる役である（『市史3』近世188）。

元和二年に宿駅としての役も務める氷見町として負担すべき役家数が定められた（『市史3』近世29）。この時の役数は八五軒であり、宿役だけでなく町役その他諸役の付加基準にもなった。寛永十四年（一六三七）には氷見町の検地が実施されており（『市史4』241）、この時に新たな地子が定まることになるが、役負担をする役屋の再選定についてでは不明である。

このほか、小物成に類似したものに特産物を直接物納する負担もあった。初期の氷見町では鰤がこれに該当する。寛永十四年閏三月の「氷見庄定書」（『市史3』近世35）では役鰤と呼んでいるが、これは初鰤として献上される鰤のことである。

氷見町には外畑と呼ばれる町の土地があった。町内には個人の田畑は全く存在せず、田畑のある土地は共有地となっていた。町並みは住民の屋敷地として分割されているが、その他の土地は町の共同体所有となっていた。

専業農民がほとんどおらず、漁民・商工業者が居住する氷見町では、町周囲の田畑などの土地が個人に分割されることなく、またこれまで町所有が検地で領主により認定されていたために、加賀藩もこれを作人に分割することなどなく町所有を認めたのであった。

氷見町は町沖合の漁場も所有した。明暦三年（一六五七）の町から十村への願書によると、寛永十三年に地子米を一歩当たり八合負担にしたので、「割秋網場人々持来り申す御印召し上げ」られ、代わりに鰤十分の一税負担となって網場が氷見町所有になったとする（『市史4』174）。なお享保十年（一七二五）の町役人の書上げは、同様の点と鰤網場が本町七町へ下付されたことを記載する（『憲令要略』初輯天）。

右によると、寛永十三年に網場が本町所有となったが、それ以前は特定の人々が網場を所有し、それを藩が文書で容認していた。灘浦の好漁場宇波村では夏網、秋網がそれぞれ助右衛門、助丞へ運上銀を代償に与えられているように（『市史4』45・46）、近世初頭に加賀藩は特定の者へ漁場を付与しており、このころに秋網場が氷見町の有力住民の所有になったのであろう。慶長・元和のころは金沢・高岡の城下町の魚需要が高まった時期であり、この利益を求めて氷見の有力住民も網場を確保したことになる。これに対して網場が本町へ開放されたのは、地子米負担の増加だけで理解できるものではない。宇波村などと異なって特定住民の網場が本町へ下付されたのは、特定の人が町沖合で多額の収益を得ている現実に対して、種々の役負担を負っている本町住民全体の現状も考慮して、網場の利益を本町住民全体に還元するために行われたものとして初めて理解できるものである。

3　市と御座町

氷見地域は一郡規模の地域であり、中世後期には複数の市場の存在が考慮される土地である。天正十三年（一五八五）四月二十日の「前田利家書状写」（『市史3』中世232⑹）には、奥村家福・千秋範昌が「おこめ市場・上野村へ夜討」の際に功をあげたことを記載する。おこめ市場とは小久米のことである。ここは能登への主要路の臼が峰峠の麓の集落である。市立ては不明であるが、市場と呼ばれるような商売の行われる場であったとみられる。

近世の市の立つ場には市姫社がよく祀られているが、氷見町の享保や寛延の「氷見町絵図」（口絵1・2）によると、市姫社が中町・南上町・御座町（第一章図10・11参照）に記載されている。御座町は近世初期に町建てされて、市立てを許された所であるが、ほかの町は中世来の町である。

氷見町以外にも氷見地域には市姫社が存在した。正徳二年（一七一二）の社号帳には耳浦村に市姫社が記載されている（『市史』6社寺5）。同村は布施湖の南側にあり、潟に遮られた氷見町へは出にくい地域にあった。この村の産物は莫蓙（『市史3』近世136）であり、周辺で生産された莫蓙を売買する場として、古くに市的な場があったことも考えなければならない。なお文政十一年（一八二八）の社号帳（『市史6』社寺8）には、市姫社の祭神市杵島姫命を祀る神社に長坂村の五社宮・御簾大明神（落合）、仏生寺村の八王子社、下余川村の金田大明神がみられる。長坂・仏生寺・下余川村も商業取引の行われるような場がこれ以前にあった可能性があるので、今後これらの土地も検討する必要がある。

近世初期に町建てされた南新町は、元和四年（一六一八）に家職がなく暮らしが苦しいとして上莚の月十二日の市を運上銀負担を条件に出願して、翌年に許可の御印を与えられた（『市史4』241）。藩は同年五月に生産地の村方へこの御印通り莫蓙・縁取り・畳表の売買を南新町で行うように命じているが（『市史3』近世31）、後の寛永の御印によるとこの御印で伝馬宿送りも免除されている（『市史4』241）。ここに氷見地域の代表的産物である莫蓙の市場が南新町に定まった。

このことは中世以来の市場の町には当然に打撃となる。これを藩があえてしたのは、中世以来、莫蓙取引で大きな恩恵をうけていた北市・南宿の住民の力を削ぐことが目的とみられる。また先の村々の市神が古くからのものであれば、村での取引を抑えることにより、町を通じた主要商業掌握も考慮する必要があるが、これは今後の検討課題である。

寛永五年（一六二八）に南新町は御座町に町名を改められ、運上・地子が銀三〇枚に定められた。この市は、「御座・縁取商売場」とこれらの商品以外も扱う市場の二つから構成され、寛永期には「他国他所の者入り込み、賑わしい」状況であったことが記録されている（『市史4』241）。前者の莫蓙などの売り場は町通りとされ、寛永期に三八軒の家並みをなしたが、後者の市場は先に取り上げた小路家並みとされている所となる（『市史4』241）。

なお藩は寛永十四年に御座町に肝煎兵左衛門を立て（『市史4』241）、従来の町に並ぶ特別な位置を御座町に与え、さらに市場掌握も図ろうとした。しかし御座町肝煎はその後の史料に見えないので、南北両肝煎と別のこの町肝煎は定着しなかったことになる。

表１　伏見城用の秋田板の輸送廻船（秋田より敦賀へ）

慶長元年	［越中］さかの屋又右衛門（板12間余）・ひひ（氷見）六（板17間余） ［能登］あふや宗介・さかや兵衛 ［加賀］大野次兵衛・安宅宗介 ［越前］三国治兵衛・禰作四郎・中村新介・く里屋伝左衛門・敦賀高島屋久次 ［若狭］こせき平右衛門
慶長２年	［越中］柴草屋六兵衛（板55間、舟損じ板は庄内に）・ひひ五郎兵衛（板50間） ［能登］能登さかや兵衛 ［越前］敦賀道川三左衛門・敦賀高嶋屋良左衛門 ［越後］新潟良右衛門 ［出羽］酒田助九郎 ［近江］前川五右衛門
慶長３年	［越中］なし ［能登］輪島坂本藤二郎 ［加賀］白尾長介・こくら彦四郎 ［越前］三国利右衛門・敦賀こうのや彦右衛門・敦賀彦十郎 ［越後］出雲崎たちはな屋二良左衛門 ［佐渡］さわ禰甚助 ［若狭］しほや甚右衛門・門左衛門 ［近江］長浜ミや川十右衛門
慶長４年	［越前］三国新保新介 ［若狭］まがせや孫三・中川小三郎・弥兵衛・溝尾源右衛門 ［不明］田中又三郎・吉田多右衛門・道川孫左衛門（敦賀か）

二、海運と交通網

１　北国海運と氷見廻船・氷見湊

近世初頭の日本海海運は小浜・敦賀が上方への窓口湊となっていた。北国大名が上方へ年貢米を販売するには、まず小浜・敦賀へ輸送して、両地から琵琶湖経由で大津へ送り、それから京都・大坂へと搬送されたのである。

この北国海運を支えた廻船は越前・若狭の組屋・高島屋などの初期豪商と呼ばれる海商のものであった。しかし越中など加賀藩領内の廻船も北国の遠隔地の輸送に従事していた。伏見城建築に使用された秋田板の敦賀輸送を行った廻船には、表1に示したような廻船がみられる（秋田家文書、『秋田県史』資料(7)）。

この板輸送は主として越前の廻船が担ったが、能登は安部屋・輪島など、加賀は大野・安宅などの廻船、越中は氷見の廻船と婦負郡打出村（富山市）の地名と同じ屋号を持つ柴草屋の廻船がかかわっていたことが判明する。加賀藩関係の廻船主はほとんど一度きりの輸送であった。氷見では廻船主は異なるが六源次郎と五郎兵衛の二名が携わっていた。初期の加賀藩領の廻船業でも氷見は、遠隔地へ活動する有力な廻船業者を出した、廻船業の盛んな土地であったことがわかる。

氷見の六源次郎の廻船が慶長二年（一五九七）に携わった輸送は杉板二〇〇枚（一七間余）であった。この船は、途中入港した三国港が浅くなったために、四〇枚を残して敦賀へ輸送し、三国積み残し分は翌春の輸送を約束している（『市史3』近世7）。

氷見は越中の中でも伏見城建築用の木材輸送にかかわる有力な廻船業者を近世初期に出した町であった。この氷見町は、幕府が加賀藩より提出させた正保四年（一六四七）の国絵図、そしてそれを基にした日本図にも記載されている。このため氷見町は、越中沿岸沿いの地回りの海路網の中に位置づけられた、越中の代表的な湊町の一つであったことがわかる。

この国絵図作成の際に藩から幕府へ提出された道程帳には、氷見からの海路と氷見湊の状況が次のように記載されている。海路は佐渡までの直行航路は記載されず、奥能登の宇出津は北へ一六里、同地から能登先端の三崎へ二六里、そして伏木から氷見へは北西三里と記載されている。次に氷見の湊は四、五百石の荷船が四、五艘停泊できるが、北西の風の際はそれができない。ただし唐島の陰に停泊させることはできるとの記述がある（『市史3』近世44）。いずれにしても氷見町は他国船が盛んに入出津する湊ではなく、地域の年貢米を他国へ積み出す城米積み出し湊としての性格が強い所であった。

2　氷見宿成立と街道

加賀藩を初めとする諸大名は領内支配と軍事的目的から領内街道の宿駅整備を進めていった。氷見町は越中から能登へ向かう要路に位置し、また氷見地域の中心のために、北陸街道（北陸道）とともにこの街道筋も宿駅が設定されていった。

元和元年（一六一五）三月に宿送りの人足と伝馬を命じた文書が北陸街道沿道の村町に発給されて（『加賀藩史料』二編、同年三月五日条）、伝馬宿送りを行う宿駅が取り立てられた。そして元和二年十一月には、領内の宿駅での伝馬役負担が定められた（『市史3』近世293）。この定目で今石動・氷見間の街道筋の宿駅負担も定められている。これによると氷見町は役負担の家三間（軒）分に一間の伝馬役務めとなっている。この時、北陸街道の今石動宿は役数の軒数と同じ伝馬役数にされたが、御用運行の少ない能登路の氷見宿などは少ない負担になったのである。

宿駅として伝馬役負担を定められたことは、必ずしも負担にあえぐことになることを意味しない。これは氷見の馬借稼業の住民が優先的に荷物輸送に従事することを認められたことをも意味する。もっとも藩主や特別な藩用の通行に使用される藩が発行する朱印状での輸送は無賃利用であった。しかしこれ以外は藩士も町人・農民同様に賃銭支払いでの利用となるため、少なくとも当初の伝馬利用は重い負担というわけではなかった。

加賀藩は、朱印状利用が増加したためか、寛永十六年（一六三九）二月に朱印状での伝馬利用を特別な場合以外は取りやめ、宿駅人馬利用を駄賃支払いとした（『加賀藩史料』二編、同年二月二十日条）。しかし駄賃額は固定されやすく、次第に廉価な運賃となって負担が後に大きくなっていくことになった。

氷見町で伝馬役を負担したのは本町であった。元和年間（一六一五〜二四）に莫蓙取引の特権を与えられていた前述の御座町はこの伝馬役を負わなかった。御座町が寛永五年九月に莫蓙取引の運上金と地子米を支払うことを命じられた「運上地および地子米御印」（『市史4』241）によると、前々のように御座町の人々は伝馬・宿送りや船役を免除することが認められている。

正保四年（一六四七）に幕府へ提出された道程帳は、氷見について宿駅設定の本道として今石動・氷見間の能登路を書き上げるとともに、脇道として臼が峰峠を越える志雄通と二宮通・石動山越を記載する。そして志雄通以外はともに冬季に交通の不便さを指摘し、二宮通は牛馬が通わず、石動山越は牛馬通いが不自由とする（『市史3』近世43ほか）。

寛永十年に幕府が全国へ派遣した巡見使は氷見から能登へ抜けていった。巡見使は各大名の領内統治の実情視察を行うとともに、城郭その他軍事的な状況の視察も重視していた。古代以来、氷見地域から能登へ抜ける主街道は、冬季の往来にも不自由しない田江村・小久米村を経由する臼が峰峠を越える街道であったが、この時の巡見使は荒山古城を見るために二宮通をわざわざ通って能登へ抜けている（「旧記」二　石川県立図書館真館文庫）。後の宝永以降の巡見使は守山より海老坂峠越えで氷見町へ至り、右の志雄通で能登へ抜けたために、この街道は御巡見使道ないし御上使往来と呼ばれることになった(8)。

三、　発展する氷見町

1　町支配機構の確立と町負担

寛永十七年（一六四〇）十月に氷見代官に篠島清長が命じられ、氷見町は彼の支配下に置かれることになった（「今枝直恒書状」篠島文書）。篠島は今石動・城端も支配する奉行を務めたので、この奉行は後に「今石動・氷見・城端支配」と呼ばれるようになった（金沢市立玉川図書館近世史料館加越能文庫蔵「藩国官職通考」、同「役懸帳」ほか）。この呼称が正式な名称となる。ただ享保以降に氷見町や城端から出された願書は「今石動御奉行所」宛てとなっており（『憲令要略』、南砺市蔵「諸事御触書」）、また文政以降となるが、氷見町年寄田中屋権右衛門はその日記『応響雑記』では「三ケ所支配」と記載することもあるものの、専ら「御奉行」と記載している。権右衛門はその編著『憲令要略』（初輯天）にて歴代の「今石動・氷見・城端支配」の名簿に「氷見町御奉行」と記載してはいるが、諸史料に「氷見町奉行」の記述を見ることがないので、本章では、「今石動・氷見・城端支配」を「奉行」や「三ケ所支配」、「今石動奉行」と記載しても氷見町奉行の表現はしない。

氷見町支配は氷見町単独の町奉行支配ではなく、今石動に加えて城端とともに行われた。この結果、藩役人は今石動居住となり、氷見町には御蔵の足軽だけが住んだ。武家がほとんどいない町になったことは、氷見町役人の町での指導的立場を強固にした。しかし一方で、学問・文化面での武家社会からの刺激を受けにくくし、地域の学問・文化の進展を考えるとマイナスの側面もあった。

高岡のような単独の町奉行支配都市ではないために、氷見町は独立の町会所を持てず、巡見使来訪などの場合だけに町会所が立てられた（『憲令要略』二輯乾）。日ごろは町肝煎の屋敷を「場」（町肝煎所・会所）にして町務が行われた（『市史4』242ほか）。次第に町の事務が煩瑣となると、実務を担う物書や町走もここに詰めることになる。彼らを場懸りとも呼んだ（『応響雑記』）[9]。明治以降の町役場職員の前身といえる人々である。元禄前より物書が二人、町走が二人ずついた（『市史４』242）。

町肝煎のもとで個々の町の町務を果たすのが組合頭であった。彼らの上に立つ町年寄は万治元年（一六五八）に設置されている（『憲令要略』二輯乾）。また藩は後の享保期に町財政の運用が適切に行われるように算用聞を設けさせた（新版『小杉町史』）[10]。この町年寄・町肝煎・算用聞が町方三役としてこの後に氷見の町社会で大きな地位を占めた。なお藩は町支配にも隣保制度を取り入れて、町方では金沢のように十人組を設けるところも多い。しかし氷見町では五人組が採用されていた（伏脇家文書）。なお時代を追うごとに多種の役務が生じたが、藩はこれを町人に任せたために後には数多くの役務を務める町人が存在することになった（『憲令要略』二輯乾）。

初め氷見町の支配・運営の中心を担ったのは町肝煎である。町肝煎を中世以来の有力者二名が務め、南町・北町のそれぞれの実権を掌握していたとみられる。藩の支配にはこうしたあり方を変えることが当然に必要となった。

寛文三年（一六六三）の「氷見町夫算用状」（宮永家文書）には十二町屋善左衛門と堀江屋七郎左衛門が町肝煎と記載されているが、彼らは明暦元年（一六五五）の同算用状にも名を連ねていた（『市史４』224）。この十二町屋善左衛門家は中世末の天文期（一五三二〜五五年）に十二町村から氷見町へ転入したと伝える家で、この時期の当主は二代目であった（宮永善仁　稿本『宮永家歴史』）[11]。もう一人の町肝煎堀江屋も当時は二代目とされており（『憲令要略』二輯乾）、ともに中世来の氷見町人とはいいがたく、村から町へ進出した十二町屋のような家がこの時期の町肝煎に取り立てられていた。

藩は前記のように万治元年に町年寄を設けた。初め十二町屋善左衛門と堀江屋七郎左衛門が務めたが、寛文六年には氷見町年寄として右両名に加え、新たに鵜飼屋五郎兵衛・茶屋勘右衛門・加納屋助右衛門も務めている（『市史4』177)。彼らについては不明であるが、後期の氷見町随一の町人、田中屋権右衛門家が元禄十四年（一七〇一）に町年寄になっている。同家は、寛永期に上泉村から氷見町へ転入し、改作仕法（改作法）期の慶安期に二代目が蔵番に取り立てられ、享保以前に蔵宿となっている村出身の新興町人であるが（『応響雑記』13、『憲令要略』二輯乾・六輯乙）、元禄十三年の「湊川沿い町並図」（第一章図4参照）では複数の屋敷地を所持していたことが知られる数少ない町人の一人である。このように新たな人材が地域の村から町へ入って、藩の彼らの登用策もあって氷見町の人的活性化が計られていくのである。

中世以来の氷見町は近世初頭に北新町・南新町の新たな町を加えることになった。そしてその後も氷見町は徐々に町並みを拡大し、また新たな町を生み出した。町々は藩より課された諸種の負担を果たしたが、町の網場からの収入などもあった。しかしすでに成立している町は、町としての相応の負担をしているために、こうした収入を遅れて成立した町に回すことはなかった。

かくして町々の間に古くから成立して、町役を初め諸役を務め、特に元和二年（一六一六）に宿役・伝馬役負担を負うようになった町々が本町と呼ばれ、慶長十二年（一六〇七）から元和五年の間に成立して宿役・伝馬役を免除された御座町の成立以降に登場する新町は散町として区別された扱いをうけることになった（第一章図2参照）。

慶長十二年成立の北新町は本町になったが、それより遅れて元和五年以前に成立した御座町は散町となった。元禄九年には、本町が南紺屋町・南町長兵衛組（以上が宝永五年〈一七〇八〉に南上町・南中町・南下町に）・湊町・中町・本川町・北新町の七か町、散町が御座町・伊勢町（元禄期に上伊勢町・下伊勢町に）・川原町・仕切町・地蔵町・今町・浜町の七か町あった（「御用方巻留」『松村屋文書』三二）。

本町・散町の区別を持った氷見町は郡奉行支配の村や町並みと異なるために、町境に木戸を設けて夜間に町を閉ざすことが許された。この木戸のある所は上使往来の上伊勢町町端と本川町町端、北の橋詰の三か所であった。後に弘化四年（一八四七）三月に伊勢町神明前にも木戸が増設された（『憲令要略』初輯天）。『応響雑記』には巡見使や藩の役人の氷見町来訪の際に、町役人がこれらの町木戸へ出迎えや見送りに出る記事が頻繁に記載されている。

明暦二年に氷見町も村々同様に物成御印を下付されて町の本年貢と小物成の負担が確定し、その後これが寛文十年に再交付された。この御印によると氷見町は検地をうけない代わりに一六五石の草高に年貢率八割もの負担を負っている（「加越能三箇国村御印之留」加越能文庫、『市史4』249）。なおこの本年貢は外畑のもので、他に屋敷地の地子米や諸小物成の負担がある。

このほか、諸役負担の中でも代表的な負担に町役がある。これは万治二年に藩老臣今枝民部らの連署の御印にて従来のように一〇〇〇人の負担とすることが命じられている（『市史4』249）。また承応三年（一六五四）八月に菊池大学・伊東内膳からの御印にて、毎年四、五度の北の橋掃除役も命じられている（『市史4』249）。さらに氷見町人が務めなければならないものに、宿伝馬役・浦役などもある。

以上の負担を氷見町人が屋敷の規模と役負担数に応じて務めたが、元禄六年にこれが軒帳に整理された。この軒帳に記載された稲積屋六左衛門家分の写しが残されているが、これには同家の役負担数と屋敷の間口・裏口・後行間数・面積と地子米、そして先祖の出身地と来住年数、稼業、家族の人別が記載されている（『市史4』199）。城端で元禄六年に作成された「品々帳」と同内容の帳面が氷見でも同じ年に作成されていたのである。

この軒帳は後々まで年貢・家把握の基本台帳として継承された。文化年間（一八〇四～一八）には軒帳が外畑請地・惣地居住の分一冊を加えて合計一七冊あった（『憲令要略』初輯天）。

氷見町は町沖の好漁場を所有していた。この網場で台網を経営する者は収益の一部を網礼銀ないし鰤網礼銀として納めていた。この網礼銀は町にとって重要な収入になっていた。元禄後期とみられる「氷見町網礼銀割符之次第」（「御用方巻留」『松村屋文書』三）によると、その礼銀は、寺方へ同地子米高に応じて配分し、また馬借余荷銀（馬一三疋へ一疋銀一五三匁宛てほか）へもまわし、残りを地子米と棟役に半分ずつにして町内屋敷持ち住民へそれぞれに応じて配分し、さらに町年寄に対しても一部配分していた。

網場同様に浜の利用についても元禄末年には町への利用賃支払いが求められるようになった。元禄十二年春より魚を干すのに利用する簀の子の干場と鰯の干場の使用賃が取り立てられることになった。これは諸所の浦方で徴収していると奉行に願い出て許可されたものであるが（「覚書帳」『松村屋文書』三）、この徴収は四十物・干鰯の生産が増大していたことを背景にしているものとみられる。この負担は四十物商人が負うものであるが、浜自体は惣浜であり、網仕事・船おろしに利用するもので、これには本町浜・散町浜の区別のないことが元禄十六年に確認されている（『憲令要略』二輯坤）。

氷見町は網礼銀のような収入に住民の支出を加えて町財政を運営した。加賀藩の村町ではその維持にかかわる村町財政の経費を万雑と呼んだ。元禄末年までの氷見町の万雑は毎年散町へ銀六九九匁を負担させ、残りは本町負担になっていたが、本町の負担が重なるために、より多くの負担を散町へかけようとしたために争論となった。その結果、元禄十六年五月十六日に全体の二割五分を散町負担とすることになった（「御用方巻留」『松村屋文書』三、『憲令要略』二輯坤）。

この納得書によると、万雑のうち、本町定役と散町定役が定まっている。後者は町肝煎扶持銀だけである。本町はこれに加えて、伝馬銀・千人夫・餌指宿余内・月々相場帳人足賃・御鷹師夫・餌指夫・往来宿送り夫・大正院物御年貢米の一部を定役とした。定役外は、①宗門帳関係入用負担は判形の人が七割、残りは地借・借家人・新米の嫁婿などその年改める者が負担し、奉公人分は主人負担、②地子米入用銀は本町・散町米高割、③馬借余内銀は城端並、御座町は免除、④船万雑銀は船持ちの櫂高負担、⑤浜浦の死人、流れ寄る者の処理負担は本町七割五分・散町二割五分も定められている。なお四十物商からの簀子干場賃収入は本町七割五分・散町二割五分の分配も決められている。

地域の特産的な品物が献上された。氷見町で代表的なのが鰤である。灘浦の宇波村へ文禄四年（一五九五）に利家から直接、鰤献上が求められたことはよく知られているが、氷見町が最初に鰤を藩へ納めた史料は知られない。しかし早くより藩へ鰤を献上したとみられる。氷見町や町人からすればこの献上は鰤の漁獲の権利を容認してもらうことへの返礼的な意味を持つからである。

後の嘉永四年（一八五一）の献上品には初鱈・初鰤・塩鰤と糸饂飩が知られるが（『憲令要略』二輯坤）、氷見の鱈献上の史料はほかにみられない。また饂飩も一八世紀後期以降に饂飩師が残した史料があるだけである（『市史4』231ほか）。

鰤は通常は塩鰤が献上され、また布施潟産鰡の曲鮓の献上も知られる。元禄期の献上関係史料には松村屋文書の「御用方巻留」に記事があり（『市史4』183）、献上鰤五本の塩漬けや献上鰡鮓を記載する（『市史4』182）。これは献上用に鰡二〇〇疋を桶二〇に漬けた記載である。御鮓師糸屋助右衛門ら三名に水汲奉行として地蔵町組合頭助右衛門が加わって製造し、町年寄ら役人がこれを吟味している。

2　元禄期の町と住民

改作仕法が実施される前後に砺波平野・射水平野では新町が続々と成立してきた。氷見地域でも氷見町の町続きになる土地に新たに町建てが行われた。これは慶安三年（一六五〇）ないし同二年に泉村の源兵衛弟覚左衛門が願い出て町建てを許されたものである（『憲令要略』初輯天・『市史3』近世177）。かくして、氷見町隣接の朝日村内の湊川沿いに朝日新町が成立した。

後に詳しく取り上げるが、朝日新町は漁民も居住するほかに、御座町の莫蓙取引を脅かす商人が登場する町であった。元禄十三年（一七〇〇）の「湊川沿い町並絵図」（第一章参照）を見ると、湊川沿いの町並みと本川町から湊川へ向かう町筋の二区画に分かれており、屋敷は両地区内でそれぞれ均等であるが、後者地区の間口は前者地区より広い。場所から見て、前者が漁師の子弟が居住するようになった地区で、後者は商家その他の次・三男が居住するようになった地区とみられる。町建て当初の住民の暮らしが不安定であったためか、改作仕法実施期間の万治三年（一六六〇）に藩は賦課していた諸役銀を免除している（『市史4』249）。

この一七世紀後半のしかも元禄期には全国的に人口増加、都市拡大を見た時期で、氷見町もこの時期に戸口増加と町並自体の拡大もみている。氷見町の戸口は元禄四年に一二四三軒も数えている。越中で富山・高岡ほかで一〇〇〇軒を超える今石動の一一六二軒よりも多い発展した町となっていた。氷見町は加賀・能登の町をみると金沢・所口・小松・宮腰に続く多数の人口を数えており（「御算用場覚書」『加賀藩史料』五）、加賀藩内でも城下町や元城下町を除くと、金沢城下の外港宮腰に続く大きな都市であった。

散町にこの時期に町並みがつくられた所もある。地蔵新町は享保以前は地蔵町と呼ばれたが、ここは慶安元年より人が居住するようになった町といわれている（『憲令要略』初輯天）。

各町周囲の外畑の町化、町並み化も進んでいた。この外畑の家並み化の進行状況については、承応元年（一六五二）に今町で、寛文期より北新町・御座町、寛文十三年（一六七三）に湊町、延宝八年（一六八〇）に本川町、天和元年（一六八一）より下伊勢町で進行したとされている（『憲令要略』六輯甲）。また元禄四年九月の地蔵町続きの外畑に家数二九軒の町建て願いも知られる（「御用方巻留」『松村屋文書』三）。

氷見町の変化の大きな一つには、これまで水害を町にもたらしていた、北の橋の下を流れて富山湾に入る上庄川の流路が変更されたこともあった。

上庄川は加納村にて富山湾に注いだが、加納村で曲折して流れていたために、洪水の際には氷見町が水害をうけるだけでなく、北の橋を損傷させることになった。このために氷見町から寛文元年に出願して、流路を替えたものであった（『市史4』139）。

北の橋手前にある北新町は、北町の中心筋を鉤の手に曲げてつくられた町で、これは遠見遮断の目的に加えて、町筋の突き当たりに沼地があったためである。この沼地は長い間存続したが、享保の「町絵図」（口絵1）では畑地となっているものの、その後、寛延の「町絵図」（口絵2）ではまた古江として描かれていた。ここは上庄川が氾濫した時に川水が流れ込む所でもあった。享保期には畑地化されていたが、元禄以前にそれがさかのぼるか不明である。

この上庄川改修により北町の水害は少なくなり、この河口は湊としての条件を備えるようになった。また河口近辺の町に恩恵を与え、周辺の町の家建てや加納村の土地の新開を進めることになるだけでなく、後期家建ての加納出村の町発展に大きな役割を果たすことになった。

元禄期になると、氷見町の中心部の空間的な状況が、湊川周辺の町屋敷地を描いた元禄十三年「湊川沿いの町並み絵図」により具体的にわかる。そこで、この絵図によりまず南町の南中町から御座町までの概況をみてみたい（以下、詳細は第一章参照）。

南中町の高札場より南側のこれら三か町の町屋敷は、特別に広い表間口を持つものはなく、みな比較的均等な屋敷地から構成され、また西側の屋敷地は湊川に面しており、屋敷裏に蔵を設けると、川船利用により蔵への物資積み出し、積み込みが可能になっていた。南上町に屋敷地が記載されている蔵宿田中屋権右衛門家のように、同地の屋敷は蔵宿居住に適切な場であった。絵図記載のこの地区の屋敷当主をみると、複数の屋敷地を持つのは右の田中屋権右衛門家のみで、ただし同家も二筆の屋敷地所有である。元禄期までの間、この地域の町屋敷所持の家持ち町人の階層分化がそう進展していなかったことがうかがえる。

これらの町屋敷に対して御座町の上日寺参道の小路筋にある町屋敷地は表間口が狭いが、みな屋号が記載されている。第一節で記載したように、御座町の市は莫蓙類の商売場とこれらの商品以外も扱う場からなっていたが、ここは後者の場であったと考えられる。ここの住民はみな屋号を持っているが、この時期には彼らの多くも店舗商業を行うようになっていたとみられる。

次に高札場から河岸端までの南中町を見ると、特に湊川が東へ流れを変えて中の橋にいたる所の屋敷地が細分され、また複雑な形状になっている（第一章図5参照）。ここは中世からの町並みのあった所のために、町屋敷地がこのように変化したものである。湊川が屈曲する所に阿尾屋彦右衛門蔵と味噌屋与右衛門蔵があるが、阿尾屋は河岸地脇に広い屋敷を持ち、しかも若干後の正徳二年（一七一二）の「船道定書」に名前を出すので、有力な廻船関係業者とみられる。味噌屋は屋号からすると、この時期はともかく元来は醸造業者の可能性が高い。なお高札場前の屋敷当主は箕屋安右衛門であるが、彼は次節で示すように、この時期に下北へ材木買い付けに出た廻船業者であり、湊川沿いの古くからのこの地域には有力な廻船業者も屋敷を構えていたことがわかる。

湊町は浦方五町の一つであり、元来は漁民の町になるが、この町並み絵図によると、河岸地向かいの地域の屋敷地は間口の広い屋敷地が多い（第一章図7参照）。しかもここの当主は屋号持ちであり、また河岸地真向かいに居住する酒屋五右衛門は前記正徳の船道定書に名を出すので、ここの住民は廻船業者や魚商・四十物商・網元たちであったとみられる。この地域に対して、海側東隣の町屋敷は細分された町屋敷地になっているが、当主はみな屋号を持っており、経済的実力は西側の住民より劣るがいずれも商工業者とみられる。

湊町の西に位置した本川町の町屋敷地は隣の湊町より間口が狭い。本川町は本町に位置づけられた古くからの町である。このためここの住民も屋号をみな持っており、商工業者が居住した町とみられる。

湊川を挟んで湊町の南向かいにあった川原町は、成立してからまだまもない新町であったために、町屋敷地は比較的均等であった。ここは浦方五町に入る町であったが、住民はみな屋号を持っており、この点で一般の漁民とは異なる人々である。実際に、ここには前記「船道定書」に名前を出す飯久保屋作兵衛や後に鰤鮓献上を行ったことが確認できる魚屋小左衛門が居住しており、漁業関係の商工業者や廻船関係業者、有力漁民が住んでいたのではなかろうか。

湊町の向かいで、上中町と川原町の間に、氷見町の港である河岸地があった（第一章図6参照）。ここは魚の水揚げなどが行われる氷見町経済の一中心地であった。湊川は先の阿尾屋の蔵前から川幅が狭まっていたが、中の橋の東、阿尾屋の屋敷から川原町の間は、元禄五年に藩命で河岸端として長さ五〇間（約九〇メートル）、幅三間（約五・四メートル）ほど掘り込まれて造られたものであった（『憲令要略』六輯甲）。

四、氷見町の商売・稼業と交通

1　町の商売・稼業

藩は諸商売・諸稼業へ小物成を課した。明暦二年（一六五六）に定め、寛文十年（一六七〇）に改めた氷見町の小物成は左の通りである（『市史3』近世56・『市史4』249）。金額は明暦・寛文の順である。

網役（一四貫九七匁、六貫二五匁二分〈退転〉ほかに八貫七一匁八分〈朝日新町共〉）・外海舟猟船櫂役（三貫八九五匁、二貫三四五匁）・上莚役（九八九匁、免除）・紺屋役・室役（七九〇匁、六九五匁）・伝馬銀（六三一匁、五六〇匁）・釣役小舟役（二八一匁、三五九匁五分）・布判賃（二三〇匁、一一七匁）・朝日新町諸役銀（一二九匁、免除）・たばこ役（欠、一五〇匁）・酒役（欠、二七一匁三分）

氷見町は網漁、つまり定置網の役銀に加え、釣役小舟役という釣船漁関係も負担する漁業の町である。明暦期の網役負担は放生津の一七一四匁より多く、この明暦の「加越能三箇国村御印之留」（加越能文庫）に記載された能登・加賀の村からみても随一である。氷見町はやはり当時から加賀藩の代表的漁業の町である。

若干あとの宝永七年（一七一〇）の氷見には渡海船七五艘と猟船一〇二艘があった。猟船役銀は一艘五匁、渡海船一櫂七匁なので（『市史3』近世96）、漁船数をそのままにして寛文に当てはめると、四枚櫂の渡海船六五隻となる。明暦期に越中の渡海船役・猟舟役の役銀の多い湊町（渡海船役、猟船役銀）を示すと、放生津町（一七四六匁、一〇一二匁）・水橋浦（一一九〇匁、八六〇匁）・東岩瀬（九四五匁、六〇五匁）・六渡寺村（六五一匁、三三一匁）・伏木村（四三七匁、一五五匁）となる。猟船が前記推計より多いとしても、この時期には氷見町が最も越中で廻船業が盛んといえる。ちなみに右の明暦「御印之留」に記載された加賀・能登で二貫匁を超えるのは安宅（二貫六五匁）・白尾村（四貫二七二〇匁）・本根布（二貫三三八〇匁）にすぎない。加賀藩領内でもこの時期は廻船業の盛んな所であったことがわかるが、元禄二年（一六八九）の火災で焼失した四三九軒のうち一一一軒の家は、「大船乗り」と方々へ出かけて稼いでいる者とされており（『憲令要略』六輯甲）、この一七世紀後期の氷見は廻船業関係者が多く、また他所稼ぎの者も多かったことがうかがえる。

なお商売関係の役銀を見ると、上莚役銀・布役銀も多い。この時期の氷見地域の主要産物の莚・莫蓙を第一に、次いで布、つまり麻織物の売買を氷見町が盛んに行い、また煙草役から煙草も大いに扱っていたこと、さらにほかの役から酒造や糀製造・紺屋業が盛んであったこともわかる。

近世前期の氷見町は地域の年貢米の集散する町でもあった。このため藩の有力家臣の年貢米を扱う蔵宿が居住した。

蔵宿はどこの町でも最有力の商人であったが、氷見町の元禄六年の蔵宿は加納屋与兵衛・加納屋七右衛門・源常屋清左衛門・味噌屋与右衛門・堀江屋七郎左衛門である（『市史4』178）。元禄十七年には蔵宿肝煎を茶屋八兵衛・高岡屋彦五郎・久保屋次郎兵衛・竹屋権兵衛が務めていた（「御用方巻留」『松村屋文書』三）。なお米売買仲人もおり、明暦二年に浅地屋八郎兵衛と小橋屋五兵衛が命じられている（『市史4』178）。

米と同様に加賀藩が抑えていた商品に塩があった。漁業・四十物生産の盛んな氷見に塩は欠かせない重要な商品であった。この塩は加納村など一部の氷見の浦でも生産されたが、藩は奥能登でほぼ独占的に生産させて領内その他で販売した。この能登からの塩は氷見町へも輸送され、詰塩蔵に納められた。塩販売は藩が定めた氷見町内の塩問屋と小売商により売り払われたが、元禄四年まで塩問屋は三名おり、絹屋五郎兵衛・吉の屋次郎左衛門・本川屋六郎右衛門が務めていた（「御用方巻留」『松村屋文書』三）。

漁業の町氷見は当然に魚の販売と加工品の四十物生産が盛んな町であった。これらは魚商や四十物業者の手を経

表2　元禄5年他国移出鰤と買い付け人

出身国別買い付け	内　　訳
越後21,151本（41.5%） 36人	越後者9人8,561本／柏崎10人4,492本／鬼伏8人2,804本／能生3人1,694本／出雲崎1人1,113本／浦本2人758本／今町1人679本／長岡1人630本／高田1人420本
加賀18,697本（36.7%） 21人	宮腰9人9,242本／本吉10人8,013本／白尾村1人1,232本／金沢1人210本
越中 5,988本（11.7%） 8人	今石動5人4,773本／氷見町2人999本／佐賀野1人216本
信州 3,500本（ 6.9%） 5人	信州3人2,030本／善光寺1人693本／草間村1人777本
近江 1,644本（ 3.2%） 4人	近江2人1,392本／大溝1人192本／八日市1人60本

て販売された。

元禄五年には氷見町から四十物の領外への他国販売の実態が帳簿（「元禄五年分四十物方写」『市史4』240）からわかる。この他国販売は魚宿を介在させるものと買い付け人が直接行うものがあり、前者は他所の買い付け人と一部の氷見の業者が依頼し、後者は氷見の業者の行うものである。魚宿は浦方五町に二〇人おり、最多が河岸端隣接の南町こと南下町の一一人で、次に南下町東側の川原町に四人、次いで湊町三人、今町・本川町各一人であった。取扱高の大きい魚宿はやはり南下町に多い。

この史料による限り氷見商人は鰤をほとんど他国移出せず、鰹・鮪・鱈などを扱っているが、氷見外の者はほとんど鰤を扱う。この年の鰤、すなわち塩鰤を主とした他国販売は表2に示した。地域的には鰤の他国移出は越後関係者が一番多い四一パーセント余りを占め、加賀がこれに次ぐ三六パーセント余りになっていた。越後の浦方や湊町の者を主に買い付けが行われたが、これは一部に長岡・高田の城下町商人の購入もあった。鬼伏・柏崎などが主となる。彼ら越後の買い付け人の主は天当船のような小廻船で買い付けに来ていたとみられる。俗に飛騨鰤の販路となる信州からも直接の買い付けが行われるが、これは判明する者が善光寺などの者である。以上から、飛騨街道経由外の糸魚川街道・北国街道経由の信州方面への鰤販売も元禄期にはかなり行われているという重要なことがわかる。

他国商人では遠隔地商人の近江商人も進出して鰤の買い付けを行っていることが注目されるが、買い付け本数は多くない。隣国の加賀の商人の買い付け高は前記のように大きいが、宮腰・本吉が主で、両町ともに一〇〇〇本以上購入する者が多い。越中では藩の指定した問屋のある高岡の商人はおらず、今石動・氷見・佐賀野の者だけで、人数も取り扱いも今石動商人が多い。

御座町は莫蓙・縁取り市場を認められていたが、慶安元年（一六四八）に高岡の俵屋半兵衛が多額の運上銀献上にて市場を掌握した。藩は改作仕法実施に伴い氷見の莫蓙市場を高岡商人に委ねたのであった。しかし彼は寛文二年に運上銀納入で破綻している。このため御座町が再び翌年より運上銀を請け負うことになったが、同六年十一月に藩は同町の運上銀を免除している。奉行篠島豊前から氷見町役人と御座町組合頭に出されたこの申渡状によると、代わりに莫蓙の平売り（自由な販売）が命じられている。またこれによると、自由販売になっては町が退転してしまうとの願いにより月一二日間の市については許されている（『市史4』241）。

ところが御座町から元禄十二年二月に方々で莫蓙取引が行われて町が困窮しているため、運上銀を出す代わりに莫蓙取引を独占する願いが出された。これは藩の許可が得られず却下されている（『市史4』241）。元禄時代の加賀藩では、特定の町に特定商品の専売権を認めるような時代ではなくなっていたのである。

御座町のこの願いが出されたのは、この年に朝日新町の者が高岡のいの屋伊右衛門と相談して、座口銭徴収の請負を願い出たからであった。朝日新町は湊川沿いで買い付けた莫蓙を船積みするのに便利がよく、また産地より市場へ持参する道筋に当たるので、御座町市場の衰微になると御座町は藩へ訴えており、これが聞き届けられて、彼らの願いは却下されていた（「御座町由来等之留帳」『中村屋文書』二）[12]。また朝日新町とともに、莫蓙産地の上庄谷からの入口となる本川町商人の取引が問題となっている。すなわち元禄十四年に本川町の上田屋八郎兵衛ら四名の者が縁取りの扱いで御座町に訴えられ、彼らは禁牢となり、本川町の組合頭は閉門の処分をうけているが（「御用方巻留」『松村屋文書』三）、恐らく市日に莫蓙取引をしたためとみられる。

改作仕法実施期から元禄期にかけて村から多くの次・三男が町場へ働きに出て、その町へ定住して暮らすようになったことは、同じ支配の城端の元禄六年「品々帳」（南砺市蔵）からわかる。幸いに村から氷見町へ出て商家として成功した稲積屋六左衛門家については記録がある。

稲積屋は正保三年（一六四六）に氷見町の北にある稲積村から来住し、表間口三間（約五・四メートル）・裏行き一四間四尺（約二六・四メートル）余の屋敷に元文期まで居住していた。元禄期には米や木綿販売を行っていた（『市史4』199）。米販売は小売りの批売商ということで、住民には欠かせない商売である。また同家はこの時代に需要を高めた木綿販売に乗り出す積極的な経営を行っていた。ただしこの当時はまだ譜代下女一人を抱える程度であり、氷見町で商家としての基礎を固めた段階といえよう。この下女は当主の出身地村の女性である。当主の倅与三兵衛も妻は稲積村からもらっている（『市史4』199）。村から来住して商売を営んだこの家は、元禄段階までは出身村とのかかわりを持って奉公人や嫁を確保していたが、これは当時の村出身のほかの多くの家でも同様とみられる。

氷見町の町並みに続く土地に新たに造られた町の住民は、小商いや職人稼ぎ、日雇い稼ぎその他様々な稼業にて暮らしを立てた。慶安三年町立ての朝日新町も同様となるが、ここは湊川沿いにあったために漁民も居住して寛文の町御印では釣役・小舟役を負担している（『市史4』249）。なお後の天保期には渡海船櫂役銀も負担するような渡海船業者も出るようになっている（『市史4』177）。

氷見町外畑の南部の町並み続きの土地には岩上村の家並みが早くに取り立てられていた。ここは浦方五町と較べるならば海から若干離れた町となるが、漁業も盛んであった。寛文十年二月に同村から引網五統の仕立て銀拝借の願いが出されている（『市史4』441）。後年にまとめられた同村の「引網由緒書」によると、慶安三年成立の網一統と承応三年（一六五四）成立の同二統の引網の存在が記載されている（『市史4』463）。後には引網が減少したが、これらの引網は他町商人に莫蓙市場を任せた改作仕法実施期に藩の援助により始まったことがわかる。

2　廻船業と氷見宿

初期に伏見城作事用板の輸送廻船を出した氷見は、越中の中でも元来、廻船業が盛んな土地であった。しかし当時の廻船業は難船・破船が多く不安定で有力な海運業者を生み出しにくかった。一七世紀中ごろ以降に都市を初めとする魚の需要増をみた漁業ははるかに危険度が低く経営が安定していたが、それでも氷見で廻船業に取り組む住民は少なくなく、先に紹介したように廻船業が盛んな町であった。このため彼らが構成する船道は本町肝煎扶持銀八〇〇匁のうち二四〇匁を負担していた（「御用方巻留」『松村屋文書』三）。

他国から入津する廻船は伏木へ廻るのが主であるために氷見町には澗役銀の負担はなかった。しかし隣国の能登・加賀の廻船なども含めて米・塩の移出入のために多くの廻船が氷見町で活動していた。この廻船のために舟宿が町内にもあり、またこれらの廻船の出入りを監視する船見役も存在した。元禄十年（一六九七）四月に氷見には八兵衛など計四名の舟見がいた（『憲令要略』六輯乙）。彼らによる廻船改めにより出船で取り上げられている積み荷には、米穀以外に莫蓙・縁取り・畳・莚、そして四十物があり、二人乗りの船、つまり小廻船は四十物を積んで方々へ向かうとされている。

舟宿は安永七年（一七七八）の「家数等書上帳」が先年と呼んでいる元禄以前の時期に、御城米舟宿が一軒、商米舟宿が四軒あり、ともに安永までその軒数に変わりがなかったという（『市史4』242）。蔵宿扱いの米輸送にかかわる廻船やその他廻船の船頭らの宿泊その他を扱うのが商米舟宿となり、これが四軒あるので舟宿は合計五軒あったことになる。

元禄時代に加賀藩領では材木を東北に求めるようになり、材木買い付けに材木商や廻船業者が進出した。下北半島の先端に近い牛滝（図1）という材木の積み出し湊の坂井家には元禄期の材木買い付けにかかわる借用証文などが残されている。

牛滝の坂井家文書の越中関係証文は「預け金受取手形」一枚（元禄三年六月、放生津壱歩や次郎右衛門差し出し）、「為替手形預かり証文」一枚（同四年七月、放生津伝助差し出し）と「金子借用証文」八枚（元禄三年～十二年）からなる。借用証文の差出人は放生津四人、伏木二人に加えて、氷見も二名いた。氷見の証文は元禄三年五月七日に氷見箕屋安右衛門より坂井儀右衛門に出された「金二両借用証文」と同六年四月二十七日の箕屋藤兵衛・孫兵衛からの「金三二両借用証文」であり、前者は返済を二番船にて済ますと記載し、後者は材木代・間尺役金不足に付き借用し、翌五月中に返却とする（『市史3』近世87・88）。放生津などの証文も材木代および間尺金不足にて借用した記載のある証文が多く、放生津を主として氷見・伏木の廻船が盛んに材木仕入れに牛滝へ出かけていたことがわかる。箕屋藤兵衛の証文は返済を翌月としているが、翌月返済とする他の証文は飛脚差し立ての旨を記載している。これにより、材木買い付けが行われるようになると越中・下北を飛脚が結んでいたことがわかる。

図1　牛滝の所在地

牛滝の材木切り出し業者の坂井家から氷見町の廻船業者も材木を買い付けて

その輸送に当たるという旺盛な海運活動を依然として行っていた。この坂井家には氷見町の有力寺院光禅寺の住職月潤の書が保存されている。そして同家の先祖源八の墓が光禅寺の本堂左側では墓所の前面の重要な所に現存している。この墓は後の明和に建てられたものという。(13)建立事情の正確なところは不明であるが、この両者の結び付きにかかわる光禅寺住職が坂井源八に宛てて戦前に出された一月十日付けの手紙とそれに同封されていたとみられる「聖徳太子作者と伝来」の表題のある書付が坂井家文書に残されている。太子像伝来の書付によると、元禄二年に月潤が坂井家に宿泊した際に同家の菩提寺本誓寺が焼失し、その再建の困難なことを聞いて勧財金をみな寄進して本誓寺を再建したという。このため源八が感謝のために聖徳太子像を背負い運び光禅寺へ寄進したという。また手紙には太子の縁起以外に坂井家とのかかわりを知る史料がないこと、ただし古老の伝承として次のことを記載する。元禄十四年に建てられた光禅寺の本堂の材木はみな光禅寺行きと書かれて「海上波のまにまに押し流されてきたもの也」という。流されてきた佐渡には月潤への帰依心の篤い人が多く、この漁夫などが手伝って材木を集めたものという。現在知られている伝承は『佐井村誌』(14)に記述されている。これによると源八が本堂再建の材木を船で輸送中に難船して材木を流したが、佐渡の漁民により集められて氷見へ送られたという。そして源八は再建後に氷見へ向かい、同寺へ太子像や十六羅漢像も寄進したとする。

再建された光禅寺は、昭和十三年（一九三八）の氷見町大火により再び焼失した。しかし幸いにも同寺ではその際に仏像をはじめ、多くの寺宝を火災から守った。このため同寺には、現在も源八の寄進仏と伝える木造の聖徳太子像が祀られている。

元禄時代の牛滝は氷見町や加賀藩の廻船業者・材木商が材木を買い付けていた土地であり、また富山の反魂丹売りが津軽の弘前へ進出するなど（第三部第二章）、下北・津軽は日本海海運の展開により越中など加賀藩領との結び付きが強くなっていた。元禄時代に材木切り出し、販売・輸送で賑わった下北へ越中の僧が勧進に廻っても不思議ではなく、このことが伝承の前提にあった。なお光禅寺の坂井源八の墓が明和のものであれば、元禄期の源八の墓ではなく、その子孫の墓となり、太子像は子孫の源八が明和前の生前に寄進したものかもしれない。しかし坂井氏の太子像寄進や墓地建設のきっかけは月潤による本誓寺再建への浄財寄進にあった可能性は大きいといえよう。

加賀藩の宿駅制度は、北陸街道（北陸道）の高岡・小杉経由の新ルート設定などにより寛文年間（一六六一～七三）に整備された。この時に宿駅の常備馬数も定まることになった。氷見町は一七疋で伝馬役を負担することになったが（『市史3』近世71）、これは寛文六年（一六六六）に氷見町などの宿駅が助成をうけた持ち立ての馬数である。

氷見町は馬輸送の需要が大きく、このため明暦二年（一六五六）の「村御印」によると、馬借稼ぎに対する伝馬役銀が今石動（一一六二匁）に続いて多い六三二匁あった（「加越能三箇国村御印之留」加越能文庫）。氷見町の馬借には魚と四十物の輸送の仕事が多数あった。また先に明暦の村御印でみたように麻織物も集荷され、この関係商品輸送にもかかわれたのである。

しかし馬持ち立ては大変で、その後、正徳三年（一七一三）に八疋維持で一七疋の役負担となっている（『憲令要略』二輯坤）。この伝馬務めの馬維持のため馬借余内銀の助成を町内で行うことになったが、初めは宿蔵の町蔵米一〇〇〇石当たり馬一疋分宛てとしたが、その後に半分を蔵宿負担として残りは富家の負担とした。しかしこれもうまくいかないために網礼銀のうち、秋網茂渕一番の礼銀と富家からの負担にしたものの、元禄後期にこれも町の者の反対により城端に準じた負担とされている（「御用方巻留」『松村屋文書』三）。

なお宿継ぎの人足負担もあり、本町が次のように三〇人分負担した。中町・湊町が各六人、南中町・南上町・南下町・本川町各四人、北新町二人の負担である（『憲令要略』二輯坤）。

五、氷見町の拡大と社会

1　町並み再編と拡大

氷見町は次第に外畑へ家並みが拡大する発展を遂げていったが、町内部の再編も行われた。これは享保十年（一七二五）の大火を契機にしたものである。この大火を契機に藩は、御蔵所の類焼を避けるために近くの地蔵町に、町端にある無常場裏の砂浜への移転を享保十一年二月に申し付け、町名も地蔵新町に改めさせた（『憲令要略』初輯天）。しかし同十三年に同新町の者は再移転を願い、同九月に元の地へ戻った（『憲令要略』六輯甲、第一章参照）。これは奉行中黒六左衛門により許されたので、地蔵新町の人々は中黒への報恩のために現在も彼を祀っている。

藩は御蔵類焼防止を第一目的にして、同地周辺の町家を移転させる町並み再編を行っていたのである。このことは享保十一年から十三年ころの町絵図から寛延三年（一七五〇）の町絵図（口絵1・2参照）での同地の変化を見ると明確である（第一章図10・11参照）。まず再移転後の地蔵新町は御蔵所から若干離れるだけでなく、枡形の外側に位置させられた。また御蔵所近くの仕切町・川原町の家並みが一部移転させられ畑地にされ、さらに出蔵と下伊勢町の一部を移転させて光伝寺を移している。

北陸街道の宿駅でもある今石動は、元禄・享保以降に戸口数が停滞するが（『小矢部市史』上巻）[15]、氷見地域の経済中心で湊町的要素も持った氷見町の家数は表3のように天保期まで増加していった。しかし天保八年（一八三七）にみる借家なども含む世帯数はその後に増加はしなかったことも表からわかる。なおまだ戸口が増加していた寛

表３　元禄以降の氷見の家数

年　　号	家　　数	出　　典
元禄４年（1691）	1,243軒（家数）	『加賀藩史料』５編
元禄６年（1693）	1,115軒（家高）	『応響雑記』59巻
宝永７年（1710）	1,207軒（家数）	「巡見上使覚書」（加越能文庫）
享保元年（1716）	1,248軒（家高）	『応響雑記』59巻
元文２年（1737）	1,297軒（家数）	『憲令要略』六輯甲
明和８年（1771）	1,387軒（救恤家高）	『憲令要略』初輯天
寛政元年（1789）	1,402軒（惣家高）	『応響雑記』35巻
天保７年（1836）	1,764軒（惣家高＝門前家・畑地ほか含む）	『憲令要略』初輯天
天保８年（1837）	［1,933軒］（借家畑地等居住人含む世帯数）	『憲令要略』初輯天
弘化元年（1844）	1,616軒（借上銀負担惣家高。死絶家・明屋敷148軒除く）	『応響雑記』35巻
嘉永４年（1851）	［1,807軒］（惣家数）	『応響雑記』48巻
安政３年（1856）	［1,890軒斗］（書上家高1,621軒）	『応響雑記』58巻

政年間（一七八九〜一八〇一）に高町が氷見町内に成立したとされているが（『氷見町史考』[16]）、寛延三年「町絵図」の後に作成された明和九年（一七七二）写の「氷見町絵図」（口絵３）には高町の所が町並み記載になっている。

戸口増加は天保期に頭打ちとなっていたが、同十五年の家数は一六一六軒もある（『憲令要略』二輯坤）。当時発展していた湊町の東岩瀬や伏木でも安政四年（一八五七）に一〇〇〇軒に達していないので（「越中加賀能登湊々高数等取調ヶ条書」加越能文庫蔵）、氷見町は越中国内の大都市といえる。

外畑に家並みが展開して町域も拡大していたが、例えば天保五年の北新町では余川屋津兵衛ら六軒の家が請地（『市史４』196）をして家建てしていた。また後期には町並み北の町続きの加納出村にある町並みが展開して商業地となるが、これは後で取り扱う。

２　中後期の町住民と階層

氷見町の戸口増加は、氷見地域の村から奉公などをきっかけに転入してくる次・三男がそのまま居着くことが基本要因とみられる。しかし一部には氷見地域外から入ってくる人もいた。この中には近隣能登からの転入者も含まれた。例えば文政のころに能登白瀬村出身の油屋吉三郎は立野屋伝吉方へ奉公していたが、その後に伝吉より家作の世話を受けて氷見町へ転入した事例などがある（文政五年「奉公先氷見町引越居住ニ付旦那寺方届一札」他・宮田家文書〈羽咋市〉）。

氷見町は天保八年（一八三七）に借家人も含め一九三三軒の家数を数えたが、前年は借家人を除くと一七六四軒なので（『憲令要略』初輯天）、借家は一六九軒にすぎない。このことは零細な住民でも家持になれた町であったことを示す。しかしながら元禄五年（一六九二）には貸家・借家が四〇軒（うち一〇軒外畑請地）なので（『憲令要略』六輯甲）、中後期に借家がそれなりに増加したことがわかる。

村では百姓身分の高持百姓に対して、年貢や諸役を務めない無高の頭振が一人前の村人としての扱いを受けられなかったように、地子や町役を負わない借家の人は屋敷持ちの町人から一人前の町人扱いを受けられなかったのが近世の身分制社会のあり方であった。これに対して町人でも上層の町年寄など三役は無役として宿役免除の恩恵を与えられていた（『憲令要略』二輯乾）。藩は町人・百姓の下に被差別の身分の藤内・皮多・非人を設けて町人・百姓支配に利用していたが、氷見にも藤内・皮多の人が居住していた（『憲令要略』初輯天）。

氷見町には分限人とされる、町内の困窮者への助成を求められた富裕者の上層住民がいた。文政期のそうした分限人は表4の人々である（「文政元年氷見町分限三分以上分限割帳」松村屋文書・『憲令要略』五輯呂ほか）。

彼らのうちの最上層の一四人は職業などが判明するが、ほとんど蔵宿・酒造業か質商であった。そして一部には商米舟宿の廻船業関係者や薬種商もいた。また彼らを除く分限人には木綿太物商・塩問屋もいるが、中に紙屋や豆腐屋もいた。そして最上層から町年寄が選出されているが、町肝煎など三役も分限人から出て、彼らが奉行指示下で町住民の要望も踏まえて町政を担う、つまり町の指導層となった。

表４　文政期氷見町の分限人（分限評価）

町名	名前	役銀	家業
中町	源常屋宇左衛門	3.49	蔵宿・酒造（文化―嘉永以降）・質商売（嘉永期）
北新町	田中屋武兵衛	3.32	酒造（天和―嘉永）
中町	源常屋文三郎	3	蔵宿（天保―嘉永）・質商売（嘉永期）・町年寄（文政・天保）
中町	加納屋七右衛門	2.89	蔵宿（天保―嘉永）・薬種商売（嘉永期）・町年寄（文政）
北新町	松村屋仁左衛門	2.71	蔵宿（天保）・町年寄（文政）
湊町	立野屋伊兵衛	2.53	
御座町	堀江屋平左衛門	2.04	町年寄（文政）
南上町	田中屋権右衛門	2.29	蔵宿・薬種株所持・算用聞（嘉永）
中町	黒谷屋久左衛門	2.25	質屋・薬種商売（嘉永）・町肝煎（天保）
湊町	稲積屋六左衛門	1.69	蔵宿・醸造業・町算用聞
御座町	宝達屋千右衛門	1.6	へぎ肝煎（文政）
南上町	海津屋宇兵衛	1.07	酒造（文化―嘉永）
南下町	宇波屋久右衛門	0.85	商米舟宿（文化・天保）
南中町	布施屋又三郎	0.81	酒造（享和―嘉永）

※以下、24人略（御座町中村屋徳左衛門〈0.32、酒造・町肝煎［文政］蔵宿［嘉永］〉・中町菓子屋瀬兵衛〈0.3、町肝煎［文政］塩問屋［天保］酒造［文化］〉・中町稲積屋彦兵衛〈0.49、紙類など店商売［嘉永］〉・中町村田屋和左衛門〈0.35、豆腐や［文化］蔵宿惣肝煎［文政］〉）を含む。

彼らの居住町は商業地の中町・御座町などの町に多い。浦方五町でも漁民の多い町には少なく、網元には分限人に数えられる者はあまりいなかったとみられるが、四十物商となると不明である。ちなみに天保期に漁民が多数暮らした七尾でも、重立ちと呼ばれる町内の実力者にいわゆる北前船主の船持は数えられても、網元が加えられることはなかった(17)。

町の指導層、重立ち層の旦那衆は田中屋権右衛門に代表されるように、文化的教養を高めるように日々努め、町内での文化面でも指導的な立場にいた者が多かった。また僧侶・神官は医師とともに地域の学問・文化面で果たす役割も小さくなく、とりわけ後期に蘭学を志すような医師は地域の実学の学問進展にとり重要であるが、高岡と異なりこのような医師は今のところ氷見では見いだされていない。

3　町と町運営・争論

町の人々の日常生活は向こう三軒両隣との付き合いが

基本である。氷見町ではこれを基礎に藩が五人組を設定していた（伏脇家文書）。

この五人組を基盤にして氷見町内の個々の町々は成り立っていた。この町は藩の支配の単位の側面に加えて、住民の人々の暮らしを支える役割を果たした。特に近世前期に莫蓙扱いの特権を与えられた御座町のような町では、その特権を確保するために町の人々の結び付きが強化され、とりわけ特権を確保していた元禄以前にはそれを守るために町として住民は団結して藩へその維持の嘆願行動を行っていた（四節1項参照）。

町の人々の結び付きが強化される大きな契機の一つとなったのが祭礼である。祇園祭や盆正月の祭礼に各町で曳山やタテモンを出していることは『応響雑記』に頻繁に記載されている。これらの費用は各町内の負担とはなるものの、曳山運行など祭礼行事執行が町内の人々の結び付きを強めた。ただし今町に残された寛政十年（一七九八）「万雑決算之帳」（旧『氷見市史』史料）[18]を見ると、火消し道具代・火消提灯代・同蝋燭代・番小屋関係などの防火関係の費目が多く見られる。この防災も町の人々の結び付きを強めたものである。またこの決算帳によると、町内の貧家の家が強風で吹きつぶされた際や、また極貧家の者が病死した際に各五〇〇文の助成金が町から支払われているように、このころには町内の困窮住民を町として救済することも行われていたことがわかる。

住民の結び付きの一段と強かったのは住民が同じ職業についている町であるが、漁民の多い浦方五町は住民の結び付きが強かったとみられる。町内には複数の船元と呼ばれる網元がおり、彼らに水主として雇われる漁民も同じ町内の場合が多いからである。氷見町で万延元年（一八六〇）に取り決められた「鰤網定書」（『市史4』164）によると、水主の中に灘浦や他町の網へ雇われる者がいるので、水主は町内切りで雇うことが規定されているように、氷見浦の台網は網主と同じ町内の水主により営まれるのが普通であった。文化四年（一八〇七）の網場決めの定書によると、一部の鬮頭以外は各町ごとに水主決定の人割歩高を定めている。例えば、合計四四八人のうち、今町は一九九人、湊町七九人、浜町七〇人、南下町・川原町八五人の歩高となっていた（『憲令要略』初輯天）。

個々の町は組合頭が取り仕切って運営をした。元禄のころは各町四人ほど立てていたが、天明ころには二人ずつになっていたという（『憲令要略』二輯乾）。これは天明元年（一七八一）に町年寄の源常屋清兵衛・中村屋徳左衛門を氷見町惣組合頭に改め、各町には一町に二人ずつ組合頭を務めさせ、一町に一人ずつ組合頭下役も置き、彼らに役料も与える氷見支配の奉行による改正の結果であった。また町年寄の田中屋権右衛門・仁兵衛は産物方主附に、大豆田屋理右衛門は蔵宿惣肝煎役、堀江屋七郎左衛門などは蔵宿肝煎を改め封切役とし、堀江屋平助・富山屋吉左衛門は氷見町商方諸舟宿と産物方御用にしている。なおこの時に氷見町の組合頭は御用の際には脇差を帯びることになり、また家数の多い浜町・中町・今町・地蔵新町は特に組合頭は六人とされている（天明元年「奥野主馬様より氷見町一統組合頭役御改の留」中村屋文書）。

しかし先述の今町に残されていた寛政十年の「万雑決算之帳」によると、今町では組合頭が四人だけで、そのうち二人が当番として万雑処理を行っていた。そしてこの年は奉行へ万雑帳を提出する必要があったためか、町の住民にこの帳面を見せて署名・押印してもらっている。

町組合頭は当然に町内住民の要望を藩へ取り次ぐ役目を持つが、一九世紀初めには氷見町組合頭はこの取り次ぎの年行事的存在になっていたようである。このため組合頭は町の治め方が本務であること、住民の様子・事情をよく奉行に伝えられるようにすること、万雑負担はなるべく少なくすることなどが奉行高畠五郎兵衛厚定より享和三年（一八〇三）十一月に申し付けられている（『憲令要略』二輯乾）。住民代表の町役人化してきていた組合頭を藩の町支配の役人に引き戻す目的の申し付けであった。

このような組合頭も町によっては町務を怠り、場合によっては専横化してくる者も登場してくることになる。このため文政十三年（一八三〇）に氷見町組合頭の中に町内諸決算を幾年も放置しておく者がいるので、去年までの決算をするように藩から申し付けられることになった（『憲令要略』初輯地）。

氷見町は南町・北町のまとまりがあったといっても、元禄時代の万雑が氷見町全体として処理されていたように（三節1項）、南北統合して町財政など町務の処理も行われていた。しかし北町は享保三年（一七一八）、同八年に中町の日宮社を北町の総社として氷見町惣社の朝日山観音・山王社から分離しようとしたができずに終わった（明和二年「祇園社ノ儀ニ付北方六町組合頭并町役人御請書写」上日寺文書）。当時、祇園祭礼は盛大となったために、同五年五月に奉行により中絶させられてもいた（『市史4』255）。その後再開された祭礼は、元文五年（一七四〇）六月の町年寄らの今石動奉行所への申上げによると、北町は日宮社で祇園祭礼を行い、神輿は北六町のみ廻り、南方は御座町市姫社へ朝日山王の神輿を迎えて、南方九町を廻っていたというので（『憲令要略』六輯甲）、祇園祭礼は分離して行われるようになっていた。

ところが右の前年に山王神輿の装束が盗まれ、その修復費用をめぐり北町が朝日山王修復葺替え入用を以前より負担していないと主張した。このため奉行所で両町役人の取り調べが行われ、寛文・貞享の二度両町が装束代を負担していること、朝日山王が氷見惣氏神のため氷見町より鰤網場礼銀を修復料として毎年納めていることなどにより、北町の主張が誤りとなった。この際に南方も自己主張するばかりなので、当番の組合頭はみな解職して追い込み処分にされ、万事南北一同にて対応すること、ただし南町の御座町祇園社入用は南町負担であることが申し付けられ、元文五年七月に全町組合頭連判の請書が提出されている（同前）。こうして、朝日観音および山王の惣社の確認と祇園社の祭礼費用の全町負担がひとまず確認された。

北町と南町は一体として町運営や町祭礼も行われていたが、氷見町惣社の位置づけを認められた山王社は南町側にあった。また始まりの由来から祇園祭礼に御座町が特別な役割を果たしていたことなどから、祇園祭礼の賑わいが南町中心になっていることより北町の分離志向が消えることはなかった。このため元文期以降もたびたびの争論を引き起こすことになった。

明和元年(一七六四)八月に台風にて上日寺の祇園社殿が破損したので、氷見惣町へ修復費差し出しが求められた。これを受けた北町は南町主導の祇園祭礼維持のあり方から決別するために北町側にも往古より産土の神社があり、上日寺の観音が氷見町の惣社ではないとして修復費差し出しを断った一件が発生した。翌二年十月には北町日宮社神主氷見和泉より北町の者は日宮社の産子になりたいとの願書が出されたが、北町側のこの訴えは前記の享保の一件などの諸記録から社寺奉行の伊藤内膳らにより明和五年六月に退けられている(「観音祭礼及び争論等之儀ニ付口上覚寄留書」上日寺文書)。

その後、日宮神主は京都の吉田家への訴えに及んだために、明和六年十一月に加賀藩年寄衆へ吉田家より上日寺のような神仏混交の観音には氏子がないはずであり裁許するように依頼状があったので、朝日観音および山王社の氷見町惣社としての位置づけについて争論が再燃した。その際に上日寺側は高野山も巻き込んで争論が行われたが、結局藩当局は以前の採決などからも朝日観音を氷見町惣社として処置することになった(明和七年「京都吉田表より御書一件」上日寺文書)。またその後、安永四年(一七七五)にはこの件で吉田家へ訴えるなどした神主氷見親子は処分されたという(旧『氷見市史』近世)。この明和の争論は後に脚色されて源太夫騒動として芝居化されている(旧『氷見市史』近世)。

祭礼をめぐる南北分離方は失敗したが、その経緯は不明なものの安永七年に町役人の御用取りさばき方分離が奉行から申し付けられている。このため同年閏七月に北町の組合頭から北町の町方三役へ三十人割夫・網礼銀・簀子干し場代はこれまで通り南北一体の取り扱いのままにするが、四十人割夫・肝煎料銀・物書走りなど給銀・万雑・船道役は南北別々の扱いの願いが出された。この願いは町役人詮議の上、今石動奉行所へ提出されている。しかし当然ながら南町側の町役人はこれに反対しており、先規より定められている事柄が乱れてしまい、また南北の人々の気持ちが離れてしまうと取り締まりがおぼつかなくなるとして反対の願書を九月に今石動奉行所へ提出している（『市史4』243）。

残念ながら右のその後の具体的なことは不明であるが、ただ天明四年二月に中村屋治右衛門が奉行より北町肝煎を命じられた際に、南北とも氷見町一体であることをわざわざ申し付けられている。このため奉行が一時的に南北の御用方を分割したとしても、南北一体の基本方針に変わりはなく、このため右のような申し付けも行われたとみられる（辰年二月「覚」中村屋文書）。

氷見町内の町をめぐる重要な出来事に本町と散町の争論もあった。近世初期に成立していた町中心部分の本町は、その後に成立した散町と異なる町役・宿役などの役負担を負い、また町の万雑も七割五分負担するために、散町に対して町内で優位な位置に立っていた。こうした散町の町々も後には町経済が安定してくると、何かと本町からの対応に劣位な立場を不都合に感じることになり、この地位の改善を求めるようになるのは自然なことであった。

右の点は町役人がもっとも痛切に感じることでもあり、町の寄合での本町を上席とする町役人の席順の争論になって現れることになった。本町・散町双方から訴えが出されることになったが、これに対して奉行多賀数馬より天保十三年（一八四二）十一月に本町・散町の座列を従来通りとする点が命じられることになった。多賀によると、氷見町は本町から始まった町であり、本町が上列に立つのは当然なことであり、散町組合頭が考え違いをしているとする。ただし、本町側町役人も散町側が筋の通らない申し立てをした際には教諭して、身を慎んでおるべきところ、争いをしかけるようなことでは支配方もおぼつかないことなどを指摘する。また本町組合頭も定例の寄合などに遅参するなどして本町・散町の町役人の席が交じる事態になったとして、今後は寄合の際などにあまり遅れないようにと申し渡している（『市史4』227）。

4　仲間とイエ

氷見町人上層の町年寄ら町方三役は仲間としての結び付きを持っていた。後期の町年寄田中屋権右衛門の『応響雑記』は、絶えずこの仲間のことを記載しており、彼らは町務外も行動をともにしている。しかし職縁の一般的なものは商売・家業による同職の仲間である。氷見では例えば、文政九年（一八二六）九月に紺屋が仲間として「藍玉定」を設けている（「藍玉定之事」松村屋文書）。さらに仲間の株立てもみられる。寛政九年（一七九七）には商売米の舟宿が株立てとなっていた（『憲令要略』二輯乾）。また蔵宿も酒造家も取り扱い米高や酒造高が限られているので、株立てのようになっていた（同前・初輯天）。

猟師仲間については後に取り上げるが、氷見町の廻船業者も船道という仲間集団を形成していた。船道は万治三年（一六六〇）そして延宝六年（一六七八）に定書を作成していたが、さらにこれを正徳二年（一七一二）十一月に改めている。この時に誓詞を交わした廻船業者は一六名いた（『市史4』179）。船道は町肝煎や町走二名の給銀を負担するほか、伏木の船裁許の給銀を出し、また船道御用物書の手間賃も支払っていた（「御用方巻留」『松村屋文書』三）。

仲間外に社中・講という結び付きの集団もあった。氷見町でも俳諧が盛んであるが、文政期に田中屋権右衛門ら上層町人が結成していた俳諧の風雅堂社中は風雅堂という寄合所や宿舎ともなる庵を本川町に初め設けていた。これは後に中町に六葉子が再建している（『応響雑記』26）。また好学の人々とともに学問指導を受けるための講や書籍購入と読書会のための書物講も上層町人により組織されていたが、これらは無尽・頼母子を利用して組織された講でもある。前者の事例は金沢の儒者上田作之丞の依頼もあって彼の指導への謝礼のためにも弘化二年（一八四五）に組織された上田講である（『応響雑記』37）。後者の書物講は幕末の安政四年（一八五七）に組織されたものである（『市史4』247）。

氷見町では漁業者が浦町五か町を主に居住していた。彼らは万治二年七月に鰤網場二か所の退転を藩へ願い出た際に、「氷見町猟師中間」として出願していたように（『市史4』99）、早くから仲間意識を持って暮らしていた。

台網にかかわる漁民の場合、台網を経営する船元のほかに船頭・水主として働く漁民が存在した。氷見の台網の権利は氷見町のもので、操業する漁民は町へ操業料を負担したが、彼らも屋敷持ちの町人のため網師として台網経営を行う権利を持っていた。しかし多額の費用のかかる台網の船元になれるのは有力住民のために、多くの漁民は船頭・水主になった。天明以降に台網の中心の鰤漁を行う秋網は籤で決まるようになったが（『氷見漁業史』[19]）、籤を引くのが鬮頭と呼ばれる有力漁民で、籤で決まった網経営を彼とともに複数の船元が行うことになる。『応響雑記』で知られる文政以降に判明するこの鬮頭はほとんど特定の人々となっていた。このため株仲間化していたともいわれているが、鬮頭外の船元も事情は同様とみてよい。なお彼らの経営する台網の水主を指図するのが船頭であるが（同前）、この阿尾為次郎という船頭が昭和三年（一九二八）に船頭株半株をほかの者に譲ることを網経営者が認めている書類が残る（『市史5』113[20]）。この船頭株というものも近世に発生していたとみて間違いないが、残念ながら彼らの仲間についての史料は残っていない。もっとも同職の連帯感としての仲間意識が最低存在したことは間違いなかろう。

さて明治以降に網元と他の漁民の間に親方・子方の関係が存在していたことがよく知られており、当然に近世の船元と他の漁民の間に親方・子方関係がある。台網の水主働きは町の漁民にとりかけがえのない職であり、前記のように文化期には町ごとに水主働きの人歩高が決まっており、各町内の船元はこの水主数に応じて漁民を雇用したとみられる。このために船元の町内に住み水主働きする漁民は親方・子方関係を維持することが極めて大切なことで、船元のために尽くすことになる。しかし天保以降には不漁が続いて（九節参照）、船元も子方の水主の日々の食べ物まで面倒をみられないような事態にたびたび追い込まれており、この時期には両者の強い結び付きにゆるみを生じさせたと考えられる。

近世の町村の有力な人々はイエの資産と家業を子孫へ代々継承することを重視して生きた。加賀藩は町人のこのイエ相続で争いのないように、予め遺書を作成させていた。これは氷見町でも寛文八年（一六六八）の条数書で定められ、組合で遺書を保管することになっていた（『市史3』近世73）。文政十一年に田中屋武兵衛が亡くなったが、忌み明けの日にこの遺書開きが行われたことが知られている（『応響雑記』1）。

氷見町の町人も分家を出すが、蔵宿の町年寄田中屋権右衛門家は文政年中に分限人に選ばれていた右の酒造業者田中屋武兵衛家と本末関係にあったことが、武兵衛家の経営が悪化してその立て直しを藩からも命じられたことからわかる（『憲令要略』）。また文政以降の当主田中屋権右衛門はその母親が近村の窪村の村肝煎家睦田家の人であったために、頻繁に睦田家と交流していたことが『応響雑記』に記録されている。また『応響雑記』によると射水・砺波両郡の御郡所のあった小杉新町の千石高持地主の松長家とも親戚関係となっていたように、有力商家は近在の村やまた同郡内の町場の有力家と縁戚関係を持っていた。

商家では奉公人を抱え、一人前の奉公人を手代として処遇し、最終的には独立させていた。前記の立野屋伝吉家では家作を世話して独立させている。蔵宿の田中屋権右衛門家には通い手代がいた。文政十年に通い手代とみられる別屋号を持つ手代杉ノ屋林蔵が死去している（『応響雑記』1）。このころの年貢では手代方まで廻っていたことが天保二年（一八三一）にわかり（同前7）、また天保十四年には手代へ歳暮を贈ったりしており、有力な手代には特別な待遇をすることがあったこともわかる。しかし手代外の下男・下女となると、権右衛門家では家来という呼び方をしているようにその隷属性が強い（同前7）。

有力町人の家でも男子を見習いのために丁稚奉公させることがみられた。前期から中期に町年寄や町肝煎を務めた十二町屋善左衛門家の後期の当主善左衛門は、一四歳の時に礼儀作法見習いのために酒造業の田中屋武兵衛家に丁稚奉公をしたという（稿本『宮永家歴史』）。

なお有力な商家には出入りの商職人そのほかがおり、法事や家の祝いなどに呼ばれた。また葬式などの手伝いには家族で働いたりした。中村屋徳八郎家には天保期に仕切町の五助が長年出入りしていた関係で、同家の葬儀に家族がみな手伝いに出ていた（『応響雑記』20）。

六、町の商売と流通

1　商売・稼ぎと町商売の脅威

中後期における氷見町の人々の生業は、安永七年（一七七八）の記録（『市史4』242）にて判明する。これを表5にまとめた。これにより当時の家のほとんどの職業がわかる。

表によると氷見町は多彩な職業の人々が暮らす町であるが、やはり全体の四割にも及ぶ漁民を抱える漁業の町であった。商人もやはり多数の四十物商・魚振売商を抱えていた。また渡海船主が五七軒もおり、氷見町が廻船業の町であることも確認できる。一九世紀前期には商米舟宿・城米舟宿の存在も知られるが（『憲令要略』二輯乾）、彼らの存在は当然にこの安永期にさかのぼるはずのもので、渡海船に乗る水主稼ぎとともに調査からもれたとみられる。

職人をみると職種や家数はそう多くない。彼らには野業鍛冶のように村方の需要に応える者もみられるが、特産となる商品にかかわる者がみられない。氷見町では他国行商向けの針製造が行われていたはずであるが、この針は商人の中で取り上げられた針屋が生産にかかわっているとみられる。また数多く大工がいるが、舟大工も含むと考えられる。次に零細住民は日用稼ぎや綿打ち・畑作などで暮らすが、彼らは住民の中で一割ほどいた。

氷見町には全体の四割弱にもなる五〇三軒もの多数の商人が居住し、氷見町が地域の中心商業都市であったことを示す。村との結び付きで綛買木綿・古手苧売二八軒が注目されるが、彼らは村方に木綿古手を売るほかに苧を売りその生産物の紵を買い付ける村の商品生産にかかわる商人である。ざる・そうけ商も産地論田村などのそうけを扱っているとみられる。彼らに対して氷見地域の特産物の莫蓙扱いの商人が調査に登場しない。なぜもれたか不明である。金沢通い商人の存在も興味深いが、便利屋のような存在も含むのか、具体的にわからない。上層の商人は蔵宿・酒屋・質屋で、これに室屋・塩小売商・批屋が富裕な商人の代表で合計が一二二軒にもなる。なお生菓子屋・菓子屋・煎餅屋と菓子業者が分化しており、また料理屋の存在からみてこの町の人々の暮らしが豊かになっていることがうかがえる。ただし氷見町ではこの当時まだ呉服屋が存在していない限界もある。

氷見地域では氷見町が唯一の町として認められ、氷見地域の商業中心地であった。このため町に隣接する村の家

表５　安永７年氷見町職業構成

職　　種	軒数	備　　考	小計	計	構成比（%）
猟師	517			517	38.2
渡海舟持	57	62艘		60	4.4
旅籠屋	3				
野業鍛冶	9			110	8.1
張田鍛冶	3				
桶屋	23				
畳屋	3				
大工	28				
番匠	12				
壁塗	3				
木挽	2				
石切	3				
塗師屋	3				
仕立屋	2				
表具屋	2				
紺屋	17				
綿打	6			140	10.3
日用手間畑作人	134				
素師屋	3		195	503	37.1
魚振売	25				
四十物	167	うち71艘舟持			
蔵宿	6		122		
酒屋	11	ほか現在休業５			
質屋	17	うち、味噌・酢・醤油醸造兼業10			
室屋	13	うち５軒味噌・醤油兼商売			
御塩小売人	10				
批屋	65	うち22軒御塩小売、５軒酢・醤油兼商売、７軒油兼商売			
茶屋	7	うち５軒蝋燭請売兼商売	177		
綛買木綿・古手苧売	28				
金沢通い商人	13				
油屋	8				
古金屋	5	うち３軒たはこ兼商売			
豆腐・蒟蒻屋	43	うち10軒御塩小売兼商売			

小間物屋	34	うち蝋燭請売兼商売13			
針屋	3				
箕	2				
鍋屋	6				
ざる・そうけ	9				
転芳	3				
唐津屋	2	うち1軒油兼商売			
青くさ屋	4				
生菓子屋	4				
菓子屋	2				
煎餅屋	4				
料理屋	4		9		
うどん素麺屋	5				
医師	7			25	1.8
座頭	3				
髪結	15				
総計				1,355	
惣家数　1,432軒					

「安永七年氷見町并町続家数等古来と増減之様子書巨細ニ相調指上可申旨被仰遣候ニ付書上申帳」中村屋文書『市史４』242号

並みは商売上立地が良かった。かくして早く町立てされた朝日新町と氷見町との間で商売をめぐって争論が行われることになった。

元禄年中に早くも朝日新町の者が高岡商人と結んで、御座町の莫蓙取引を脅かしたことは先に紹介しているが、その後、御座町は天明二年（一七八二）三月に、近村の中でも朝日新町が市場へ持ち出される莫蓙を途中買いの買い留めをしているのでその差し止めを訴願していた（『市史3』近世136）。このように朝日新町は莫蓙取引を初めとする商売を盛んにさせていくが、これは当然に商品経済の発展していく化政期以降に一段と活発化した。そして、特に天保ころには朝日新町だけでなく町続きの加納出村の人々が商売を活発化させたために、氷見町との商売をめぐる争いは加納出村が中心になってくる。

しかし寛保元年（一七四一）の御座町の願書では在方の莫蓙仲買の存在を問題にしていた

（「御座町由来等之留帳」『中村屋文書』二）。彼らは一九世紀前期に展開したいわゆる北前船が扱う莫蓙を直接に船手商人へ販売を始めるようになってくる。これが朝日新町の莫蓙商人の経営をも脅かすようになったのは天保よりも後のことであるが、同町はこのため藩へ嘉永四年（一八五一）二月に松前行き符毛長莚の独占的取り扱いを願い出ている（『市史4』437）。

氷見町と北の橋を挟んだ集落に加納出村があった。同地は横浜と呼ばれる土地にあった。ここの家並みの成立は遅かったが、家並み取り立てが認められると、氷見町北方からの入口の実質町続きとなる好立地から氷見町の商売に大きな影響を及ぼした。加納村肝煎から文政四年（一八二一）三月に、風聞とはいえ町編入が実現しては困るとの訴願が出されている（「書付を以御願申上候」加納区有文書）。この訴願によるとここの家並みは享和四年（一八〇四）に加納村の次・三男居住申請が認可されて成立した所である。ここは町の入口で商売の格好の場であったために、氷見町が編入するという風聞が立つような発展を当時みていたことになる。

加納出村の商売がわかるのは天保八年（一八三七）の記録（「加納村字横浜家立軒別商売方拆調理帳」加納区有文書）である。これによれば表6のような状況になっていた。

この家並みの主は漁民で、日用稼ぎを加えると約四・五割になる。渡海船稼ぎも若干であるが居住した。職人もいるが少なく五軒にすぎないのに対して、商売稼ぎの家が三二軒も数える。漁業が盛んであったところから魚商が合計一〇軒、四十物商も四軒を数えている。村方などへ苧絈を販売する商人も三軒みるが、菓物商売が多いのが特徴であり、魚商と同じ計一〇軒もあった。能登へ向かう街道沿いのために往来する旅人を対象とした営業を菓物商売が行っていたのではないかと考えられるが、草履・草鞋屋はそのような商売であった。

住民は、実際ほとんどが氷見町出身者で、特に隣接の今町からの別家が多い。村方では加納村以外に隣接の池田

表６　天保８年加納村商売と出身地

商売	軒数	出身地
猟業	40	氷見町16・今町11・下伊勢町１・朝日新町２・池田新村１・加納村３・七分一村１・放生津１・片口村１・海老江村１・砺波郡広谷村１・能登１
魚商売	8	氷見町５・今町２・本川町１
魚売並びたばこ商	1	今町１
魚売・蓑笠店売	1	氷見町１
四十物・唐津店	1	氷見町１
四十物商売	2	氷見町１・加納村１
四十物並煙草店売	1	今町1
苧かせ商売	3	氷見地蔵町１・池田新村１・加納村１
薬店売	1	氷見町１
菓物店売	9	氷見町５うち走り１・今町２・大境村１・能登１
菓物店売（後に室屋）	1	薮田村１
豆腐商売	1	今町１
酒請売	1	ひじり川村１
草履草鞋店売り	2	氷見今町２
桶屋	2	今町１・加納村１
大工（後に請作・古手商）	1	加納村１
石切	1	氷見中町１
壁屋	1	今町１
日雇い稼業	7	氷見町３・朝日村１・池田新村１・加納村１・能登１=走人
請作	1	加納村１
医師・寺子屋	1	池田新村
髪結	1	中波村
渡海船	2	氷見町２

(「加納村字横浜家立軒別商売方抔調理帳」加納区有文書)

新村や近隣の村からも若干見られ、中に例外的に砺波や射水郡でも放生津以東の者もいる。もちろん、能登から流入した人も若干みられた。

文政期の上庄川の改修による家並み近くの河口辺の整備による魚取り引き地としての発展に加え、氷見町北端に町並みが続くという元来の絶好な立地から、加納出村の商業は発展していった。このため天保八年春に氷見町から藩へ訴えが行われ、翌年二月に藩から郡方商売禁止の触が出されて氷見町役人は喜んだが、結局加納出村・池田新村の商売差し止めは実現しなかった（『応響雑記』、『憲令要略』初輯天）。

この天保期に藩が実施した苧絈仕法では、能登や越中の者六名の中でここの絈問屋の大黒屋清吉が請書しているように（『市史』3近172）、加納出村は有力な絈問屋も生み出していた。さらに弘化元年（一八四四）八月から同三年五月まで右の訴訟は継続したものの（『応響雑記』35～38）、同地の営業差し止めなどはできず、後の文久元年（一八六一）には前記天保の調査にはない木綿類など太物商三軒、材木商一軒、醤油醸造商売一軒・味噌同商売一軒に鏡磨兼小間物商一九軒の登場に加え、苧絈商も五軒に増え、さらに月銀九〇匁以上売り上げる生魚干魚店七軒を数えるようになるなど（『市史4』156）、加納出村は天保以降には有力商人が増加して商業地として発展している。

後期氷見町の商業を脅かしたものに、高岡町の太物小売商の氷見進出もあった。天保十四年に、近年彼らが大勢入り込むので迷惑として、町がその入り込み指し止めを願い出て、翌年暮れに許されている。このため弘化二年春より取り締まりを行い柳瀬屋喜三郎・吉田屋市兵衛の小売荷を指し押さえている。この件を届け出たところ、高岡町奉行より藩重役へ届け出、算用場で再詮議になっている。藩からは両所町役人の間で和談が命じられている。しかしこの示談はなかなか進まず、算用場奉行より再び和談を申し付けられている（『応響雑記』34～37）。

2　諸商品流通と氷見町

中期には莫蓙取引と同市場の具体的動向が次のようにわかる。

正徳三年（一七一三）四月に御座町は奉行より氷見町助成のために「御座口銭」徴収を申し付けられたが、御座町は元禄年間に朝日新町の者の口銭徴収願いに反対して取りやめさせたことを申し出ており、恐らくこれは実現しなかったとみられる（「御座町由来等之留帳」『中村屋文書』二一）。その後、また享保八年（一七二三）四月に扇屋与左衛門・小松屋次郎兵衛が運上銀差し出しにより口銭徴収を願い出ている。しかしこれは運上銀を引いた残りの三分の一を御座町へ支払う内容であったが、これも認められなかった（「御座町由来等之留帳」同前）。

この享保七年には御座町の市場内部の取引の繁栄度に差が出るようになっていたことも問題化している。すなわち御座町の下方では市に人が集まるのに、反対の上方ではわずかな人しか集まらないこと、また下方では在方より持ち出される商品を内緒にて買い留めにして売り場に出さないようにしているために、上方で取り引きできる莫蓙に差し支えがでるような状態になっていたという。このため御座町内部で莫蓙を平等に扱える方式が実施されることになった。これは、まず莫蓙を持ち出す売人の宿を上方・下方で交代して務めることにし、また市自体も上下で交代で立てるものであった（右同）。

このように町内での取引を均等化したものの、元文四年（一七三九）には御座町近くの仕切町田子屋権助のように莫蓙を大量に売買するだけでなく、船宿をして買人の荷物輸送を行う者が他町に登場した。しかし彼は追い込み処分を受けて、船宿営業を禁じられている（右同）。

なお、後の文化十一年（一八一四）六月に、藩の莫蓙口銭徴収の口留番所設置に対して氷見地域の莫蓙稼ぎ村々から反対の願書が出されたことも知られる（『市史４』318）。

氷見町の代表的な商品はいうまでもなく魚と四十物である。魚の流通は享保十二年十月に氷見地域の魚を残らず金沢へ回すことにされた（『市史３』近世105）。これまで氷見へ金沢などの商人が買い付けに来ており、能登灘浦などからも鰤が氷見へ販売されていた（『市史３』近世117）。しかし同秋から漁獲された鰤は、灘浦の一万四四四九本のうち、氷見町へ四六五八本も販売されている。氷見町には他浦より五九三九本も入荷しており、氷見魚商は氷見漁獲の分とともにこれを扱い、金沢・高岡・今石動へ七〇八九本、他国へも一二八八本を販売していた（『市史３』近世107）。

文化十一年のころには灘浦の網元の中には不漁のために氷見町より借用する網代銀がかさんだ上に、氷見町よりの仕入れ銀がなければ潰れてしまう者も出るようになっていた（『市史４』235）。このように氷見町の魚商は灘浦の台網経営に資本提供を行い漁獲された魚を確保していた。この文化十一年六月に伏木までの氷見以南の浦方村から出された願書によると（『市史４』459）、少なくとも岩崎鼻より北の浦方の漁獲物はみな氷見商人が抑えており、また布施潟の漁獲物も氷見町の魚商が扱った。しかし窪村の袴長ケ指網の分は村から金沢へ直接販売するとしている。またこの前年の窪村からの書上げによると、布施潟の重要な漁獲物の鯔や伊勢鯉などは村の商人がこの時期には扱っているという（『市史４』458）。

氷見町魚商が買い付けた魚には四十物商により加工され販売されるものもある。この四十物は領外にも販売される。天明五年（一七八五）に氷見町から船三五艘程（約銀一七五貫目）が移出されたが、これは魚津と同量、放生津より五艘ほど多かった（『市史４』431）。

氷見町や村方の女性は苧絈仕事や麻織物の布生産を早くから行っていたので、明暦の御印では氷見町は布取引の役銀として、釣役小舟役とほぼ同額の一二三〇匁を負担していた（「加越能三箇国村御印之留」加越能文庫、『市史3』近世56）。しかし布扱い高は幕末の嘉永四年（一八五一）にわずか四四七疋となり、四四匁余の負担に減少するが（『憲令要略』五輯呂）、苧絈自体の生産はこの間に伸び、氷見町内に安永期に多数の絈糸買いがいた。

天保五年（一八三四）に藩が実施した苧絈仕法の請書によると、このころは加越能の苧絈を近江商人中村四郎兵衛ら一〇人ほどが毎年買い付けに来ていた。彼らは能登では前貸しで買い付けていたという。ところが越中では消費需要のある呉服物・綿を販売できるので、この代銀と決済して苧絈を仕入れており（『市史3』近世172）、このため先にも取り上げた安永七年（一七七八）の氷見の商売軒数調べでは苧絈商人を木綿・古手売りと一緒にしていたのである（『市史4』242）。

七、海運・宿駅と情報・旅

1　氷見廻船と富山湾岸地域

一般に海で使用される船には猟船（漁船）以外に渡海船（外海船）と呼ばれる荷物輸送や商売を行う買い積みの船があった。渡海船には天当船と呼ばれる地域内で物資輸送を主に買い積みなども行う小廻船と、この時期には弁才船と呼ばれる、元来は瀬戸内で発達した船型の船があった。また氷見・伏木間の賃積み輸送を近年まで行っていた地蔵町のかんこ舟、「蔵町かんこ」の存在が知られている（『加納出村いま・むかし』[21]）。このかんこ舟は磯領通い舟として使用されていたというが（同前）、物資輸送や時に人の往来に利用された舟である。また艀船をかんこ船とも呼んだようである（『憲令要略』初輯天）。なお猟船にはドウ（胴）舟という舟があり、定置網で漁獲した魚の運搬などに近年まで使用されていた。

灘浦の阿尾村には文政四年（一八二一）に「猟船」が一人乗り六艘、「磯領通船」が二艘あった（『市史4』105）。同地の小杉村の場合は判明するのが幕末となるが、安政二年（一八五五）に猟船二人乗りが一〇艘、磯領通い舟が一二艘もあった（『市史4』80）。氷見地域の南端太田村も幕末であるが安政二年の「磯通舟」は二艘みられただけである（『市史4』464）。

海だけでなく舟の利用は布施潟（十二町潟）でも盛んであった。潟を利用すれば湊川で通ずる氷見町との間での物資輸送が容易なためである。このため潟周辺村では舟を持ち、また船着き場の舟入場を最寄りの場にいくつも設けていた。[22] 布施潟沿いの窪村には文化十年（一八一三）に猟船二一艘があったが、領通い舟は不明である（『市史4』458）。

氷見町は古くより廻船活動が盛んであったが、安永七年（一七七八）には、漁民所持の猟船三六艘、四十物商所持の舟七一艘以外に渡海船六二艘（船主五七人）があった（『市史4』242）。これによると複数の廻船を持つ者や多数の廻船所持者がいたことがわかる。後の天保九年（一八三八）には渡海船が三八艘に減り、猟船一六一艘となっているが（『憲令要略』三輯下）、役銀の関係で小渡海船を猟船に切り替えたことも考慮する必要がある。嘉永四年（一八五一）の小物成銀負担は渡海船五〇艘（二枚役四五艘・一枚役五艘）、猟船一三八艘（二枚役五六艘・一枚役七二艘・半役一〇艘）、艀船六〇艘（艀役五八艘・同半役二艘）・領通舟三艘（『憲令要略』初輯天）である。渡海船も二枚役の小廻船が最多であり、氷見町の廻船は天当船・かんこ舟などの小廻船が主となるが、役銀の関係で小廻船の届けになっている分も含まれるとみられる。遠隔地へ活動した渡海船も氷見に存在したことは後に取り上げる。なお田中屋権右衛門は『応響雑記』巻八に、天保二年に千石余も積める廻船梅栄丸が氷見に入津したので見学したが、これは「宇波屋久右衛門直乗船頭の御手船」と記載している。通常、直乗船頭は船主の船頭ということになり、千石船を宇波屋が所持していたことになる。彼は天保期に商米舟宿を務める氷見の有力商人でもあり（前出表4参照）、大船を所持していたことが考えられることになる。しかし右の記載には「御手船」とあるので、場合によっては藩の廻船であったことも考えなければならない。

氷見町北に隣接する加納出村は後期に成立した家並みであったが、天保八年に渡海船商売の者が二名いた（「加納村領字横浜家立軒別商売方抔調理帳」加納区有文書）。安政二年には渡海船五人乗りと二人乗りの各一艘があったことがわかっている（『市史4』152）。五人乗りは弁才船であれば三〇〇石積であり、遠隔地へ通える船である。またこの年に磯領通舟は二一艘も存在した（同前）。加納出村は化政期以降に若干の渡海船主に加えて、地域で物資輸送に当たる者をある程度輩出していたことになる。

加納出村より北の間島川沿いに位置した田畑のない無高所の間島新村は、氷見町とともに遠隔地への廻船活動を行った船主を出した所である。このことは後述するが、役銀負担になると、天保十三年の書上げによる限り渡海船役の負担がなく、磯領通舟役・領舟役の負担しかしていない（『市史4』356）。

氷見町を主に、隣接および近隣の加納出村・間島新村などにあった小渡海船や磯領通い舟は、氷見地域およびその周辺とさらに能登内浦を含む富山湾内での物資輸送を担った。そしてその中には買い積みの商い船活動を行うものもみられることになる。また多数ある猟船も物資輸送や商い舟に活用できることはいうまでもない。

加賀藩は奥能登地域で生産させた塩を領内各地に独占的に販売させ、米を塩生産者へ供給していたが、この輸送には越中の廻船が当然に利用された（「津方改諸事控帳」『近世越登賀史料』一[23]）。四十物生産に塩を多用する氷見の廻船にはこの塩の輸送は当然に重要なものとなる。寛延三年（一七五〇）二月に氷見の渡海船主たちは近年積み荷が減少したとして、この能登からの塩輸送を藩へ願い出たりしているが、この時は却下されている（「御用抜書」『松村屋文書』三）。

能登灘浦庵村の元治元年（一八六四）の記録（「雑津留書上帳」庵区有文書、『七尾市史』資料編二）[24]には、氷見の市郎右衛門・四郎右衛門・藤三郎が薪や竹・干鰯を購入して氷見へ船で運んでいたことを記載する。また同じ能登灘浦の東浜村から安政元年に氷見の吉左衛門船が酒二三樽を氷見へ輸送した文書も残っている（池岡家文書・前同書）。これに対して、能登内浦でも遠方であった素麺産地、正院の史料から、越後今町より新潟辺の湊との間を氷見も含む越中廻船が結んで物資輸送・販売に当たっていたことが明らかになっている。[25]弘化元年（一八四四）六月の正院から他国への素麺積み出し廻船には、同荷二〇一個を糸魚川へ輸送する氷見の伊右衛門廻船がみられる（『市史3』近世191）。また正院の廻船が素麺を氷見へ輸送することもあり、弘化三年七月に一〇〇個を喜三郎が氷見へ販売のために輸送している（館家文書）。

出雲崎の廻船問屋熊木屋の「永代御客帳」（『出雲崎町史』海運資料集二・三）[26]には、間島の中村円右衛門と一六名（別に明治期一人）の氷見町の人々が表7のように記載されている。別の客船帳の「御客上下帳」（『出雲崎町史』海運資料集二）には慶応二年（一八六六）四月に桶屋茂兵衛（「むしろいろいろ」売却）もみえる。また同地の廻船問屋泊屋の「御客入船帳」（『出雲崎町史』海運資料集三）には嘉永元年に熊屋安兵衛（へりとり八巻ほ

表7　出雲崎入津の氷見町廻船

宝達屋与（千）右衛門（船頭）
黒谷屋久左衛門
源常屋紋三郎（船頭）
村田屋長八
加登屋七右衛門
江幡屋又四郎
鶴屋仁左衛門
森山屋清七
角屋六兵衛
十二町屋彦右衛門
笹村屋茂左衛門
久保屋惣兵衛
叶屋又五郎
卯波屋久次郎（高岡福岡屋船頭）
高西嘉六郎（天保14年）
北八代屋藤七
久保屋平左衛門（明治16年）

か）、同三年八四郎屋藤七（能代新割）・同五年森屋四平太が記載されている。桶屋の氷見産物の莚の売却など、買い付けた氷見や能登の産物を出雲崎へ運んで販売する氷見の廻船の存在がわかる。なお高岡の福岡屋の船頭であった宇波屋久右衛門・宇波屋久次郎もこの客船帳に登場する。

もちろん富山湾内だけの活動ではなく、中に能登の外浦へ廻って活動する廻船もみられた。能登半島先端の三崎より西側の馬糕はいわゆる北前船の入津するような湊ではないが、ここに残された嘉永元年「船客帳」には、弘化四年に三艘、翌年二艘の氷見町の廻船が記載されている（『市史3』近世198）。また年次不詳の文書には能登外浦沖で漂流した氷見町甚介の二人乗りの廻船が記載されている（『市史3』近世239）。氷見町を主とした小廻船が富山湾外の能登・加賀方面へも活動を広げて航海していたわけである。

2　遠隔地への廻船活動

近世初頭に出羽からの材木輸送に当たっていた氷見の廻船は、後期にも活発に遠隔地へ、商売をする買い積み船の北前船の活動を行った。西回り航路により北陸と大坂は結ばれ、天保期には越中の二〇〇石積み以上の廻船も大坂へ向かったが[27]、山陰で米などを売却し、同地の産物や上方の商品を仕入れて戻る船もあった。

石見国温泉津は大森銀山の外港として繁栄したが、ここの廻船問屋木津屋の客船帳から享保以降の越中廻船の入津状況がわかる。その入津は天明に入ると増加して、天明元年（一七八一）から寛政十二年（一八〇〇）の間には伏木四二艘・氷見三七艘・古国府三三艘・高岡三〇艘・魚津二五艘・間島二艘などがあった。氷見の廻船が多く、また間島のものも二艘がみられた（同前書）。

商品売買を行う北前船の活動が盛んとなっていく一九世紀の段階については、石見国浜田の清水屋の客船帳[28]によりわかる。これによると文化より慶応三年（一八六七）の間は、放生津九三艘・伏木三八艘に対して、氷見はわずか二艘にすぎない。中期に伏木に次いで多かった氷見の廻船活動は停滞していたといえよう。

実際に瀬戸内へ回った氷見関係廻船については、安芸国忠海の幕末の安政五年（一八五八）「御客船帳」（羽白家文書）によりわかる。これによると間島の井山吉右衛門らの三社丸・吉祥丸と中村助次郎の名称不明廻船が記載される。ただし氷見は中村円右衛門（間島か）の天力丸、くろ谷屋徳左衛門の長久丸が記載されているだけである。

中期に廻船が活動的であった氷見町は、天明六年六月に蝦夷地の江差へ入津する二人乗りの高岡屋惣右衛門廻船のような船を生み出していた（宝暦六年〈一七五六〉「永代御客帳」江差文化センター蔵関川家文書）。

この対岸下北半島で蝦夷地へ航海する船の入津する湊に佐井がある。ここの廻船問屋松屋の文化九年（一八一二）「廻船御客帳」（『市史3』近世155）は文化九年以降の越中の入津廻船を記載するが、東岩瀬が最多の四艘で、氷見町も高波屋庄左衛門と間島の井山甚右衛門の船が各一艘載る。これらの廻船は蝦夷地へも渡っていたことが予想されるが、江差の廻船問屋関川家文書の元治元年（一八六四）「間尺帳写」には深谷屋伝助の永福丸（弁才船七〇石余り、安政三年五月・文久二年〈一八六二〉八月入津）、阿尾屋甚助の大神丸（弁才船四二六石余り、文久三年六月・元治元年六月入津）が記載されているだけである。

後期以降の氷見廻船の活動が盛んといえなかったことは、酒田沖の飛島の津国屋が扱った入津船からもうかがえる。これによると文政十一年（一八二八）から弘化三年（一八四六）の間の一〇か年で放生津三五四艘、六渡寺二〇七艘、伏木一〇三艘の入津船に対して氷見は一五艘を数えるだけであった(29)。

奥羽から出羽を目指す廻船も難船・破船の被害が多発し、海外へ漂流する廻船もあった。幕末の慶応元年に、氷見出身の水主次三郎が乗り組む六渡寺村平次郎廻船平寿丸が蝦夷地へ向かう途中、佐渡を出てから漂流して日本海対岸の沿海地方に流れ着いている。この当時はロシア領となっていたために、彼らはロシアより長崎へ送り返されて帰国している。近世の氷見でただ一人他国を見聞した次三郎のその後の行方は残念ながら不明である[30]。

後期の日本海では薩摩藩を介して中国へ輸出される昆布・俵物の輸送が北陸の廻船などにより行われるようになる。氷見町の廻船にも依頼されて、このための昆布・俵物輸送を行うものがみられた。天保二年（一八三一）に氷見町の徳右衛門廻船長久丸が松前にて船頭徳左衛門の知人五兵衛より輸出向けとなる俵物の煎海鼠五〇俵の下関輸送を依頼され、下関手前の南風で摘発された一件が発生している。これは幕府が規制している俵物のために摘発されたもので、徳左衛門は叱りの処分を受けた。長久丸自体も輸出用となる昆布を乗せており、これらは下関からいずれ薩摩へ輸送されて売却される商品とみられる[31]。

一八世紀まで越中でも海運活動が非常に盛んな町であった氷見町の廻船が、一九世紀前期には右のような幕府規制を破る新たな動きの一翼を担った。しかし前記のように氷見町はこの一九世紀には商品売買を行う北前船の展開では放生津・伏木などに大きく遅れをとってしまった。氷見地域は荒磯で漁業稼ぎ第一の土地であるために、廻船活動が困難とする史料（『市史3』近世117）があるが、中期以前のことを考えると荒磯の問題は当てはまらない。漁業も放生津は盛んであったが、放生津近辺には六渡寺を初め渡海船業に従事する人々を多数出す村々があって船乗りを供給したが、氷見町や灘浦は越中随一の好漁場を持ち漁業が盛んで、渡海船稼ぎは氷見町・間島村・加納出村以外あまりみられない。このため優秀な船乗り確保が容易でなかったことを見落とせない。特に北前船で重要な商売能力にたけた信頼できる船頭の確保が簡単でなく、経営才覚のある船主にも人材を多数得られなかったことが、北前船稼ぎに乗り出す廻船業者を少なくさせた基本要因といえよう。また背後地に砺波・射水両平野のような穀倉地を抱えていないために、米穀買い付け面で伏木・放生津より不利であったことも要因となろう。さらに北前船主として有力な越前河野村の右近家や大聖寺藩領の橋立の船主が、近江商人と結び付きのあった存在であったことを考慮すると、彼らの活動をバックアップする他国商人に恵まれなかったことも右要因となろう。しかしこの点は放生津なども同様条件であることを考えるとこれを基本要因にはできない。

3　宿駅維持・商品輸送と宿屋

氷見・守山間の御用荷物の本馬の公定駄賃は文政九年（一八二六）に一一七文となり（『憲令要略』二輯坤）、商品輸送の大番荷は二五〇文、中番荷は二〇〇文であった。また氷見より子浦は二七四文で大番荷は一貫文より一貫一〇〇文の駄賃となっていた（『憲令要略』二輯坤）。この大番荷は綿・木綿・苧絈・「干まへ」であり、中番荷は干鰯・大豆・小豆・荏の商品であった（『憲令要略』三輯上）。中期以降の宿駅の商品輸送は御定賃銭の二倍が通常なので、子浦越えは相当高額な駄賃となるが、ここは臼が峰の山越えをする道である。格別高価な賃銭ではないといっても、馬の維持費は後述のように町も負担し、この駄賃は自分収入となるメリットがあった。しかし馬借は御用荷物を優先しなければならず、かんこ船などの活動に制約もされるために増加することはなく、その上、馬借自身も当然に馬維持の負担を必要とするためか、氷見町の馬数は正徳三年（一七一三）に追認された馬八疋維持（四節2項参照）のままとなっていた。

町としての馬維持などの後期の宿役負担が嘉永五年（一八五二）の史料からわかる（『憲令要略』二輯坤）。これによると、文政八年までの負担は馬八疋の飼料代一貫五〇〇目（同年八〇〇目増）・替馬一疋代三二〇目・馬肝煎給銀一八〇目に参勤雑用等の負担が加わる。この負担を津出米口銭・干鰯口銭や蔵宿の町蔵米にかける間銀にて当て、残りを町で負担した。後の嘉永五年の場合は惣入用三貫六〇四匁余のうち一貫四八八匁余もの多額の馬借余内銀を御座町も含む全町の資産家の分限人が負担し、町全体への割賦は四〇五匁余となっていた。重い宿役負担の最低でも四割を分限人に依存して宿駅維持をはかっていたことになる。

享保期の加賀藩の規制により、藩内で漁獲された魚は原則として金沢の問屋へ送ることになっており、氷見地域は高岡の問屋を通して輸送する定めであった。このため氷見で漁獲された魚は氷見町など宿駅の馬借により宿継ぎで高岡へ送り出されるのが本来であった。しかし宿継ぎで送るのは時間と費用がかかるために、臼が峰峠越えで直接に人足により金沢へ輸送されるようになり、このことは宿役負担を負う宿駅の稼ぎを圧迫した。

天保十四年（一八四三）に守山・佐賀野両宿の者が子浦街道を利用して金沢へ輸送される魚を差し押さえて郡奉行所へ訴える事件が発生している（『市史3』近世185）。この史料によると、寛政七年（一七九五）ころに壱荷稼ぎと呼ばれる、飛騨街道などではボッカ稼ぎと呼ばれる者が氷見より金沢へ魚を直接に子浦越えで輸送していたことがわかる。同年に氷見浦魚改人が差し紙を添えて、金沢問屋にて口銭徴収することでこの輸送が認められることになった。なお能登羽咋郡滝村の漁師が漁に必要とする餌用の鰯を氷見町で買い付け、これを飯山越えと高畑越えで運び、子浦宿の馬借が宿抜けとして摘発した一件も文政十三年に発生している（子浦区有文書）。

右の天保の摘発に際しては差し紙を持たずに魚輸送を行う壱荷稼ぎが問題になっていたが、子浦宿など他所の者も雇って輸送することも増加していた。このため天保十四年十一月に算用場から奉行へ、以後は氷見町の者に限って壱荷ずつ輸送することを氷見町へ申し付けるように命じられている。しかしその後の弘化二年（一八四五）十二月に佐賀野・守山両宿の者は大野村にて子浦のざる肩荷売り六人が烏賊荷一〇笊を運ぶのを差し押さえている（子浦区有文書、『市史3』近世192）。またこの年には氷見町に張番所が設置されて取り締まりが行われたために、同四年十一月には氷見町の者による壱荷稼ぎの権利確認とその一荷に満たない分は子浦の者の持ち運びが許されているとしてこの維持を求め、これに加え氷見町続きの加納出村・池田新村の者による子浦往来利用による魚輸送を差し止める願書が作られ、さらに翌月には子浦宿より宿役勤めのためにも人足が氷見より帰る際の小魚壱荷持ち帰りや、壱荷とならない分量の氷見町での買い求め等を願い出たりしている（子浦区有文書）。

文化十五年（一八一八）に作成された氷見町の御上使宿などを記載した町絵図がある。この絵図には藩主が氷見へ来町した際に宿泊する御旅館（菓子屋瀬兵衛家）や御上使宿（立野屋伊兵衛家・加納屋七右衛門家・源常屋文三郎家）・御料所役人宿（中村屋徳左衛門家・堀江屋徳左衛門家・田中屋権右衛門家）も記載される。御旅館は藩主用の宿である。幕府役人の宿は巡見上使の宿と能登などの幕府領巡見役人用の宿に分けられたが、前者は北町で、後者は南町の各有力住民が務めていた。

藩役人も氷見町へ頻繁に来訪した。この宿代は宿余内銀として町内へ割賦した（『憲令要略』二輯坤）。御鷹の餌をとる餌指もたびたび訪れるが、文化以前に南下町升屋武右衛門が請負宿を務め、その後文政二年まで浅地屋七郎右衛門が請け負っていた。この負担は宿役同様にみな本町で分担していたが（『憲令要略』二輯坤）、升屋は幕末までこの宿を務めている（『憲令要略』五輯呂）。また往来人指図宿というものもある。これは宿屋に困った旅人やお金のない旅人に町が宿泊を世話した宿である。後期には高町の阿尾屋小兵衛が務めていた（『憲令要略』二輯乾）。

もちろん一般の町人らを泊める旅人宿・商人宿もあるが、幕末の嘉永三年十二月には、今石動奉行が氷見町など三か所に、他国者で病気その他で二泊以上する者の逗留願い差し出しと素性のわからぬ一人旅人の宿泊禁止に加え、正月・七月の営業届と役銀差し出しを命じている（『憲令要略』四輯後）。この宿には遊女を飯盛女として抱えるところがあったが、この嘉永五年八月に次の町の者たちが、召し抱え女を親元に帰すように命じられており、これにより幕末に飯盛女を抱える宿のあった場所がわかる。すなわち下伊勢町畑地（三軒）・高町（二軒）・仕切町（二軒）・中町（一軒）・今町（二軒）・本川町（　軒）・南中町（一軒）であり（『憲令要略』五輯呂）、中心部の中町・南中町も飯盛旅籠があったことがわかる。

八、日本一の町並み景観と破壊

中世来の町、氷見町は湊川に架橋された中の橋の両側に町並みを展開させた町であり、中の橋は町の景観的シンボルでもあった。天保四年（一八三三）の架け替えでは大事な橋のために、さらに欄干を一尺（約三〇センチメートル）余り高くし、新たに地覆いを設け、橋の幅を一尺広げている。この時、町役人は以前のように、橋の南より三枚目の元の板を使って大黒天を作り守り仏としている。

氷見町は年貢米集散地のために、藩の御蔵と町蔵が町並み周囲に存在し、また湊川沿いを初めに町屋敷裏手には蔵宿その他の蔵が設けられ、また納屋も猟師町を初め各所の屋敷に多数あり、これが氷見町の町並み景観の特徴となっていた。天保二年二月の大火で焼失した土蔵と納屋は、中心部の中町が土蔵三棟だけであるが、南中町は土蔵三・納屋一三、南上町土蔵五・納屋一三、浦方町は南下町土蔵一・納屋二〇、湊町土蔵九・納屋一三、浜町納屋一七、本川町土蔵三・納屋一八が焼失している。このように多数の納屋が存在していた。

氷見町は他国船などが多数入津して廻船問屋が栄えた町とは異なっていた。このため、望楼を備えた廻船問屋の建物が多数登場するような町ではなかった。後期には三階屋のような軒高の家も造られるようになったが、曳山の壮麗さと大きさ、とりわけタテモンの巨大さを一段と引き立たせる高さの家並みであった。天保七年に中町が出したタテモンの越後獅子は五丈（約一五メートル）もあり、また弘化四年（一八四七）になると諸町のタテモンはみな五丈あったという。天保期には、酒屋の浅地屋忠兵衛家のように景色言語に絶するというような眺望を楽しめる四階の建物を造る家も現れた。残念ながらこの建物の詳しいことは不明である。

町並みは巡見上使を迎える時にはきれいに整えられるが、とりわけ天保九年の際には、氷見町は金沢よりも美しく、豪商の町、近江八幡にも勝るとも劣らないと上使らが評価した美麗な町となった。飢饉・不漁で苦しみ、天保の改革で富裕町人も打撃を受けたのに、当時の氷見町人は見栄か意地を示すためか上使往来筋の町並み美観を整備したのである。具体的には家並みの雁木、風返し、白壁、家の腰板垣を整え、また二階の窓障子の張り替えを行っていた。田中屋権右衛門家でも雁木普請や白壁塗り直しを行っている。町通りに面した家・土蔵の壁や塀は白壁が塗られ、町通り筋には雁木が設けられていたことがわかる。この時に通り筋には幅六尺（約一・八メートル）厚さ一寸（約三センチメートル）ほどの敷き砂をし、通り筋家並みは店に畳を敷いて屏風を立てて上使を迎えている。

こうした町並み整備に先立って、前記の四階建て建築に象徴されるように、一九世紀前期となると贅を尽くした建築が氷見でも行われるようになり、御用宿ではない場合でも武家建築の様式を一部に取り入れることがみられた。このため天保十四年六月上旬に、なげし付き書院や杉戸、くしかた彫り物の門、玄関、さん・かまちの漆塗り、さらに別荘・茶室など華美の家作などの禁止と該当の建築物を六月晦日までに取り壊すことが藩から命じられることになった。実際に晦日には実施催促が行われ、翌七月二日より家作見分が始まり、対象建築物の取り壊しが徹底的に実施されることになった。このため三階のような高い二階屋も取り壊され、土蔵の模様飾り、家屋前の破風の彫り物、塀の屋根も撤去されるなど徹底的に行われた。この結果、先の四階のような建物がなくなるのはもちろん、近江八幡と並ぶと評価され、日本一ともいえる町並み美観を持っていた氷見の町景観は奢侈禁令のために一気に破壊されることになった。

九、漁民の窮迫と高町成立ち仕法

文政末から安政の期間の氷見町では、氷見町経済の根幹をなす台網漁業の秋網・春網・夏網がすべて豊漁であった年はなかった。それどころか、夏網は安政以外は不漁の年が多く、鰤網・鰯網も文政末以降はどちらかが不漁の時期であるという状況であり、嘉永・安政の幕末はともに不漁という漁民経済、ひいては氷見町経済の最悪の時期になっていた。

文政末以降の夏期の寒冷化は米不作をもたらし、米を購入して暮らした町漁民の経済を圧迫したが、文政末から天保七年（一八三六）の鰤漁期の寒冷化は鰤不漁により漁民経済を窮迫させ、鰤漁に続く鰯豊漁がなんとか彼らの暮らしを維持させてくれた。しかし連続する鰤不漁と天保二年の大火は疲弊した船元など有力漁民が零細漁民の暮らしを支えることを不可能にしていた（以下、第二部第一章）。

飢饉の年の天保四年は鰤漁に続いて鰯網の不漁も重なり、二月には栄養失調により青ぶくれとなった漁民が救済を求めて町へ出ている。

天保七年は凶作の年で、八月には本吉・小松などで打ちこわしが起きているが、同月五日には氷見へ奉行から困窮者救済のために廉価米販売の札米を行うことが申し渡され、十七日には町内批屋（米屋）の有米調査を町役人は実施している。十月十七日には上伊勢町・下伊勢町・高町・地蔵新町・仕切町の人々の窮迫と救済が町役人の会合で問題にされたものの他町も同様ということで様子を見ることになったが（「御用日記」『中村屋文書』一[32]）、この年の鰤漁も不漁となり、米価・諸商品も高騰しているので、町役人は藩へ訴願のために十月末に出府している。この後の十一月半ばには様々な願いが町役人へ寄せられたが、十一月二十九日には米価が一升一一〇文に高騰し、これは周辺農民も窮迫させた。彼ら五、六〇人ばかりが空腹を訴えて町中をデモしたが、これに氷見町住民は参加しなかった。その後、年末の十二月二十二日に藩より米三〇〇石一五か年賦での拝借が得られ、翌日より極難渋人調査が実施された。この時、困窮者でも妻子・老人だけで一二〇〇人にも及んでいる。

翌八年正月そうそうの二日に田中屋権右衛門ら町年寄宅へ今町の住民が貸米などを求めて押しかけ、要求が通らないと打ちこわしに及ぶとして、権右衛門宅では雪礫を投げつけられたりする事態が発生した。この結果、町役人もようやく今町で貸米を行うことになった。また十四日には極々難渋人一三〇六人に対して五日間の粥の施行を行うことにした。しかし米価はその後に一段と高騰し一升一六二文になり、二月十五日には批屋など富商や町役人三役の家へ五〇から七〇人が押しかけ、米価値下げを求めたが、中には蔀戸を打ち破られる家もあった。翌日に米価の五文下げと極困窮者の救助銭貸与が行われ、翌々日は値下げがわずかだが米価をまた五文下げている。二十一日には困窮者への低価格での札米販売も行われることになり、南北両町で各三軒の批屋と別に増米別売所一軒が設置されることが決まったが、不漁でお金のない漁民にはどうにもならず、氷見町内で最も行動力のある漁民のうち、浜町漁民が二十四日に集団で袖乞いに出て救済を訴えている。三月初めには物乞いをする者が増加したが、氷見町人の難渋人・極難渋人が六七〇八人、うち、粥施行が一三〇六人にも及んだ。当時の人々は蓄えがないために飢饉の時に多数の人が困窮者になったのである。しかし三月七日ころから鰯漁が豊漁に転じて物乞いに出る者が減少することになったが、米価は低下することがなく、札米所・粥救所が維持され、米価はようやく六月末に下落した。この間、四月十一日に放生津で移出米の件で米騒動が発生したために、奉行は氷見町へ今石動の三倍以上の七〇〇貫目もの刻みあらめを食用に払い下げている（『憲令要略』四輯後）。また遅れてこの四月十三日に氷見町は昨年暮れに加えて貸米三一六石も許されている。

　氷見町内で最も窮迫し、しかも救済を訴える行動力のあった漁民に対して本来救済に当たる必要のあった船元層ら富裕漁民層は経済的に疲弊しており、また個別の町としての困窮者への対応や、氷見町惣町として困窮者救済の基金を設けていないために、町役人上層の町指導層は藩への請願は行ったものの、惣町としての新たな救済仕法の案出や私財を提供して救済に乗り出すようなことはまだこの天保期には知られない。しかし米価高騰で大半の住民が窮迫した事態に対して、町蔵米を大量に保管する、町役人上層でもある蔵宿もさすがに放置できず、町民の命を救うために酒屋が買い付けていた醸造用の米切手を引き当てにこの町蔵米を町用米に振り当てている。ところが藩の算用場は役人を氷見へ差し向けて、振り替えた蔵宿たちに謹慎を申し渡した。しかしこの理不尽な行為を聞いた氷見町支配を担う奉行は立腹してこの謹慎処分を解くという一件も発生している。

　天保の改革による質物返却をめぐった騒動も、米価が安定したこの天保八年七月十六日に発生している。この夜に五〇から七〇人が下伊勢町神明辺りで騒ぎ、翌日には四、五〇人が庚申塚に質方の件で集まった。その後、八月二十一日には浦方の人々、六〇から七〇人が批屋・質屋を打ちこわしている。なお天保九年秋は凶作になっていたが、幸いにも氷見町では秋網の鰤が豊漁となったために、町内での騒動は発生することがなかった。

　天保飢饉の時には窮迫した人々による物乞いだけではなく、救済を求める直接行動が行われたことをみた。しかし藩も事態を放置していたわけではなく、備荒倉の設置などを行っていた。

　氷見町内では零細住民の多い町の維持も問題になっていた。氷見町の中でも最も新しく成立した町である高町は、同飢饉の時には居住する人々の家業が確固としたものにまだなっていなかったために、米価など諸物価高騰に耐えられずに困窮する人が多かった。このために奉行は高町を対象にして天保七年に特別に組合頭を選任して仕法を立てて町住民の暮らし向き立て直しを試みさせたが、結局は町全体の住民が没落して退転してしまうという状況となってしまった。このために天保八年二月に、奉行は外畑地を請地している高方五町に高町を預け、五町の組頭のうちから主附を選び、高町維持の仕法を立てるように命じている。また外畑地に居住している他町の者にも困窮している者がいるので、彼らも一緒に高方の町で裁許することを命じている（『市史４』226）。

十、町社会の変容

中後期の氷見町は戸口や町続き地を拡大していたが、経済面ではすべての人々が順調に発展していたわけではなかった。とりわけ不漁にあうことが多く、文政末以降にたびたびの不漁に見舞われた町の漁民は経済面で順調というわけにはいかなかった。

氷見町経済で最重要の鰤網経営は判明する文政以降にほとんど船元の鬮頭に交代がなかったが、天保以降の度重なる不漁の時期でもそうであった。文政以降に判明する秋網入札価格は天保七年（一八三六）に最高の銀一六七匁を付けて以降は低価格の入札になっており、経済的に網元経営は低迷状況に陥った。もっとも、彼らの中には岡田屋与四郎家のように酒造を兼業する船元もいた。

天保後期から成長を見せる網元も中にはいた。これは少なくとも判明する安政期まで秋網経営に参入できなかった網元油屋平次郎家である。同家に残された文書（星野家文書）によると、灘浦の網元や村方への貸し付けなどにより、網場経営を徐々に拡大し、屋敷・浜納屋などの所有も拡大させて発展していた（『市史４』158〜163）。油屋のような仕入れ商的また金融商的活動を活発化させる網元がいても、網元経営の中心の秋網漁経営が低迷しているような状況では、秋網の船元らが町方三役へ進出することは難しく、やはり後期の三役に彼らはみられない。

もちろん網元へ資金提供する問屋や四十物商の経営は網元のように不安定ではなく、特に農村へ魚肥を販売する商人は、農村部の苧絈や莚・茣蓙を扱う商人同様に経営は順調とみてよい。そして、化政期（一八〇四〜三〇）に町方三役の算用聞となった質商兼酒造業者の稲積屋六左衛門家のような質商や資金融資を行う商人が上層商人となっていたが、彼らは質物や土地を集積し家産を増加させていた（第三部第六章）。しかし、彼らも天保の改革で質物や田畑を返却させせられる打撃を受けた。また氷見町へ売却する茣蓙・莚こもや鰤網用の縄などを目当てに氷見地域の村方へ貸し付けた分についても、返却はおいおい現物での返済を藩により求められている（『応響雑記』）。しかし彼らもその後に当然に経営を盛りかえすことになる。なお氷見町では廻船業も盛んであり、化政期以降に蝦夷地のような遠隔地へ向かって商い船活動をする業者も増えていくが、大きな廻船を多数抱えて致富を遂げる廻船業者は少なかった。

これまでみた上層町人は当時分限者と呼ばれた。文政期の分限者については先に表4を示して紹介したように、町方三役の要職を務める蔵宿・質商・醸造業者などであった（五節2項）。

彼ら富裕層の対極には当然に多くの貧しい人も暮らしていたが、諸物価の中でも米価が高騰した際には、食べものにも困る困窮人が大量に出ることになった。漁業の町氷見町に多数生活した漁民の人は、村の人々と異なり白米を食べていたために、米価が高騰すれば多数の漁民が窮迫した。このため廉価で米を販売することが天保の飢饉の天保七年二月より行われている。米価を安価でも三段階に分け、暮らし向きに応じてこれを購入する札を配布した。もちろんこの札は分限の者を除くが、三月五日の際は二八八軒の分限人を除く町人にこの三段階の札が配られた。この八日の札米購入を認められた住民は極難渋人とされた者が三〇三三人で、難渋人も二五七五人にも及んでいる。

翌八年も米価高騰に見舞われ、やはり米購入用の札を上札と中札・下札に分けてこれを町人の経済力にあわせて配布した。借家人や畑地居住の家も加えて一九三三軒の家のうち、分限人など対象外の富裕者は二八八軒（一四・九パーセント）でやはり一握りの住民である。これに対して、上札二一八軒（一一・三パーセント）・中札六一五軒（三二・八パーセント）・下札八一二軒（四二パーセント）であった。米価高騰の際には実に氷見町の半数近くの家が極困窮層となった。また上札を除いて中札・下札の家が困窮層となるが、彼らは七割余りにも達していた。後期の天保期には三分の二弱の経済力の脆弱な住民が居住していたことになる。このように多数の人が経済力が弱かったのは、天保期の氷見では先に取り上げたように不漁が続いて、多数居住する漁民が窮迫していたことに原因がある。また彼らの窮迫は零細な商工業者の経営も圧迫し、また魚が捕れないことは、町内に多数居住した魚商人・四十物商人の中の零細な者の経営を圧迫していた。

十一、町の暮らし

1　町の一年と氷見町人の人生儀礼

文政期以降になると、町年寄の田中屋権右衛門が『応響雑記』を残したために、氷見町の日々の出来事がよくわかる。同日記により氷見町で行われる近世後期の年中行事を整理すると表8のようになる（本節で注記のない史料はみな『応響雑記』である）。同じ町役人で権右衛門家から嫁を迎え入れていた中村屋徳八郎家では、「中村屋由緒書上帳」（中村屋文書）に明治期の年中行事を記録しているので、これを表に参考に添えた。

氷見町の年中行事はやはり主として年初で冬季の旧暦正月、二月と炎暑の時期の六月、七月に数多く予定されている。ともに商売やまた労働のしにくい時期であった。

元旦に田中屋権右衛門家では正月の式を行ったというが、具体的には不明である。明治の中村屋の場合では若水

表８　近世後期、氷見町の年中行事

1月1日	正月の式 〈若水汲み・神仏前拝礼・家内年始の礼、雑煮・屠蘇酒、朝日山参詣、蔵開き〉
2日	諏訪社参詣、町方へ年賀、雑煮祝い〈商い初め店開、町方年礼、吉書初め〉
3日	国泰寺へ年賀〈寺方へ年礼〉
4日	町務始め〈社寺へ年礼、帳面紙折事〉
6日	太夫様口祝い
7日	〈七草雑煮、帳面綴じ〉
8日	〈薬師堂参詣〉
10日	〈小はし山へ参詣・同寺年礼〉
10日ころ	家祈祷
11日	帳祝い〈小豆雑煮、帳面上は書、帳祝い〉
12日	〈猿田彦神前へ御神酒〉
14日	左義長、朝日星祭り〈星供養〉
16日	小境大神宮へ参詣
19日ころ	火除祭
26日ころ	上日寺火祭り
29日ころ	光禅寺火祭り
2月2日	〈火祭り〉
3日ころ	光禅寺火祭り〈三寺祈念〉
7、8日ころ	〈家祈祷〉
10日ころ	西田涅槃托鉢
13日	〈光禅寺掃講〉
15日	〈涅槃忌〉
20日	朝日開山忌
28日ころ	町中火祭り
3月1日	〈出雲大社祭〉
2日	〈元祖惣斎〉
10日	〈小橋山参詣〉
18日	上日寺祭礼
21日	〈彼岸〉
27日	南上町祭礼
4月3日	唐島祭礼
5月上旬	疫神除祭り、家祈祷
5日	弘化3年に、多数の人が山行きを行う
6月3日	国泰寺開山忌法要
13～15日	祇園祭
17日	上日寺早鐘つき
18日	唐島開扉、潟祭り
22日	光禅寺万灯供養
26日	すす払い、書物土用干し

7月7日	七夕
10日ころ	国泰寺施餓鬼御修行
11日ころ	すす払い
13～15日ころ	墓参り、盆礼
20日ころ	書物虫干し
23日	地蔵祭
26日	町内祭礼
8月	風不吹盆
9月上旬	家祈祷
16日	仕切町田屋大神宮祭礼
10月3日	鎮守稲荷明神祭礼
10日前後	〈家祈祷〉
16日	〈大神宮参詣〉
下旬	恵比須講
11月中旬	恵比須講
6日	〈仏名会〉
13日	〈芭蕉忌〉
17日ころ	〈恵比須講〉
12月24日	すす払い
25日	餅搗

備考：〈　〉は「中村屋由緒書上帳」による。ほかは『応響雑記』による。

汲み、神仏拝礼、家内での年始の礼をして、雑煮・屠蘇で祝い朝日山観音へ参詣に出ている。しかし江戸期の田中屋では元日に初詣をすることはなく、二日の日に町内の神社へ参詣をし、そして年賀に廻っている。ただし弘化四年（一八四七）をみると、元旦の五つ半ころ（現在の朝九時）と翌二日の暁六つ（朝六時）過ぎに雑煮祝いをしている。蔵開きも田中屋では嘉永三年（一八五〇）にはこの二日に行っていた。中村屋では二日に店開きを行い、吉書初めをしているが、権右衛門は吉書初めとして元旦ないしこの日に絵を描いたりしている。町務の仕事は四日より始まるが、四日過ぎにも年賀へ廻っている。六日に田中屋では太夫様口祝いが行われるが、ほかの有力な家でも口祝いが正月中には行われ、権右衛門も招待されている。田中屋の太夫様口祝いは特別に伊勢御師からの手代などを迎えて行われる祝いであった。家の行事として家の繁栄や恐らく家族の無病息災も祈る家祈祷も十日に行われる。翌十一日に商家では帳祝いとして帳面上書きが行われた。正月の区切りとなる左義長は十四日で、この日は星祭りも行われた。

一月の末の二十六日や二十九日ころには上日寺と光禅寺の火祭りが行われ、また十九日に火除祭が行われるが、翌月の二十八日にも町中の火祭りが行われている。なお中村屋では二月に家祈祷が行われている。

三月、四月は春祭りの時期である。田中屋の住む町の南上町の祭礼は三月二十七日であった。家祈祷は五月上旬にも行われている。この五月上旬には疫病神祭が行われている。六月には氷見町の最大の祭りである祇園祭が十三日から十五日にかけて実施され、十四・十五日には曳山が出され、タテモンが飾られた。この真夏の六月十八日には潟祭り・唐島弁天の祭り、同月二十二日には光禅寺の万灯供養が行われるが、この日には花火なども行われたようである。

半年が終る六月の二十六日にはすす払いや書物の土用干しが行われたが、翌月にすす払いや書物干しが行われることもあった。七夕には寺子屋が飾りを出すので、町の人はこれを見て楽しむことになる。七月十三日から十五日はお盆で、墓参りや盆礼に廻る。二十三日には地蔵祭が行われ、二十六日は権右衛門の住む町の祭礼の日であった。

家祈祷は九月の上旬にまた行われている。仕切町の田屋大神宮の祭礼は十六日で、十月三日ころには鎮守の稲荷明神の秋の祭礼も行われた。町の商家の祝いである恵比須講は十月下旬か十一月中旬に行われている。なお、門徒の家では十一月末には報恩講が行われる。年末には十二月二十四日にすす払いを行って一年の埃を取り除き、翌日に餅つきを行い、晦日にはごく近しい家へ歳暮に出かけて一年を終えている。

以上のように、寺社の祭礼も含む様々な年中行事が行われて、氷見町に住む人々の一年のそれぞれの時期にアクセントを付けていた。

次に氷見町人の生涯で大切な節目となる人生儀礼について取り上げることにする。

まず子どもから一人前の労働力として扱える青年の時期になると町人も元服の儀式をした。その際に前髪を下ろして改名し、またこの時期に立山参詣を行っていた。田中屋権右衛門は天保五年（一八三四）九月に田中屋太左衛門倅三治郎の前髪おろしに招かれている。また権右衛門の弟三次郎の前髪おろしの元服は同二年正月十六日に行われ、左四郎と改名している。この時には親戚の一家中と近づきのある人たちを呼んでお酒などを振る舞った。残念ながらこの時の記録には烏帽子親についての記載がないが、権右衛門自身が同七年に親戚である窪村の又六の烏帽子親を引き受けているように、このころの氷見町でも親子の関係を結ぶ烏帽子親を立てていたとみてよい。

元服後の人生儀礼で最重要となるのは結婚である。幕末の安政五年（一八五八）十二月に権右衛門の倅半助の婚礼が行われている。半助の嫁は窪村故六田九左衛門の娘きよ一五歳で、十三日夜にまず結納の式を行った。婚礼は十六日夜に行われ、長持・箪笥等の婚礼家具が部屋に飾られ、嫁を嫁駕籠にて迎え、祝いの膳には料理人による料理が出された。翌日にも出入りの職人その他を招いた婚礼の振舞いが行われた。なお翌年正月十三日にきよの初藪入りが行われている。

さて文政十一年（一八二八）に氷見町近隣の窪村の親戚で開かれた婚姻では嫁駕籠が出たり、一汁六菜のほかにも様々なご馳走が出たことが記録されているが、同年十一月に氷見町の町年寄加納屋七右衛門家の婚礼でももちろん同様であった。当時の婚儀は前記事例のように夜に行われるもので、町の御用を終えて権右衛門らは祝いに駆け付けた。蔵宿を家業とする富商のために、当然に当時の氷見町で格式のある贅沢な料理が提供された。鰤の漁期ではあるが、婚礼のために縁起物としての鯛をメインに使うもので、刺身・焼き物・吸い物で出されている。

当然に厄年の儀礼も行われており、天保五年二月に上田屋長左衛門が四二歳となり祝いとして田中屋権右衛門らが招かれている。このころは災厄に見舞われる年齢としてではなく、役に就く年齢になった祝いの意味合いがまだ強かったことがわかる。権右衛門の場合は同十四年にこの初老の祝いに書画や俳諧の会を催している。

人生儀礼の締めくくりは葬儀となる。天保のころの葬儀が田中屋権右衛門妹の同十年死去によりうかがえる。死去後に実家の田中屋でも店に弔い場をこしらえ、家前に簾もおろした。翌日に夜伽、翌々日葬式となるが、雪のためやむをえず家内での内葬式とし、その後野辺送りをして、夕方骨拾いに出かけている。この翌日には弔い場を片付け、簾は翌々日朝まで下げている。天保二年に病死した権右衛門の弟左四郎も火葬にされている。同家は禅宗であるが、後期の氷見では火葬が真宗門徒外にも広まっていたことがわかる。

2　町の娯楽と祭礼

近世に生きた氷見の人々も働きづめであったわけではなく、富裕な町人の場合には、一日の仕事の後に読書や将棋・碁そのほかで楽しむことができた。将棋・碁は、後期には氷見町へも教える者が訪れて指導していたために一段と盛んとなった。常陸出身の東栄堂という陰陽道師で将棋の有段者が来た時は天保九年（一八三八）の春網不漁の際であったが、町の将棋好きとの対局では見物人を集めている。もちろん、町人だけでなく有力な農民も碁・将棋を楽しんだため、天保三年九月には上日寺で氷見町と近辺の村民含めての碁会が行われ、大勢の人が集まったという。

遠出の旅以外に氷見町の近辺で行楽をする楽しみも氷見の人々は持っていた。氷見町人は朝日山へ山遊びに出かけた。朝日山の山並みには上日寺・千手寺があり、境内が整備されているだけでなく、春蘭・ツツジなど草木の花をめでたり、また町や富山湾を見下ろす絶景な場所があった。弘化三年（一八四六）五月五日には町より山行の人が群集したというので、あるいは毎年この日には町住民による朝日山行が行われたのかもしれない。明治前期のことであるが、祭礼が終わると、各町では慰労のために朝日山へ山行きをしたと、堀埜与右衛門が語っている（『堀埜与右衛門伝』[33]）。祭礼以外の時にも氷見町の富裕な町人は山遊びに出かけることを楽しみにしていた。田中屋権右衛門ら町役人は、彼ら仲間と仕事の後に、また一日山遊びへと頻繁に朝日山へ出かけていたことは『応響雑記』に記録されている。なお雇った大工を慰労のために山行きさせることも記されている。

権右衛門らは船遊びも楽しんでいた。船遊びは氷見町の沖合にある唐島や布施潟（のちに十二町潟）へ遊ぶ船遊びである。海では網場、潟では簀曳き漁を見物することもできた。もちろん後者では和歌の名所、布施の円山への吟行を伴う船遊びが行われた。船と船頭の手配が必要なだけに賓客のもてなしの際にすることが多いが、高岡からの客人のために大勢で布施の円山へ出かけた潟遊びには酒肴の舟も加えての船遊びとなった。なお天保十四年に漢学の講釈を終えた上田作之丞への餞別として、唐島・布施潟への船遊びが行われているが、この時は料理方の者も連れて出かけている。

夏の暑い盛りに花火を楽しむことも後期には行われている。天保六年六月十八日には潟祭りが行われ、多くの船が出てそれぞれ花火を焚いて、炎暑の夜を楽しんでいる。また同月二十二日にも浜で花火があったようで、天保七年に多くの人が出たことが確認できるが、この時には数多くの灯りをともす光禅寺の万灯供養にも見物人が出ている。このほか納涼の楽しみに文政十年（一八二七）七月のように化け物話の夜会が催されたりもしている。

娯楽の中心は当時も芸能であった。文政以降に氷見町内で行われる芝居を初めとする江戸そのほかより来訪する諸芸人や相撲取りによる諸興行は『応響雑記』から詳しくわかる。芝居・浄瑠璃・軽業興行から女芸者の手踊り興行や、女役者衆の芝居、中には寺社奉納の織物を織るとして機織りを見せ、見物人に結縁として菅を売る珍しい興行など様々な芸能がみられた。氷見町や近在の人々は労働に日々追われていたものの、江戸時代も後期となれば時にこれらの娯楽により潤いのある生活を享受できていたのである。

氷見を訪れる芸人は領外の江戸・上方そのほかの者であるが、藩内に拠点を置いて活動していた芸人や相撲取りも氷見へ訪れている。前者の場合は軍談語りであり、文政十一年には富山藩士崩れの軍書語り、天保九年には金沢の一得斎という講談師が来ている。後者は御国相撲と呼ばれ、文政十三年十月に開かれた興行は出雲守召し抱えとされる能登の円井若柳を大関に立てたものであった。なお氷見町出身で江戸で相撲取りとなった船橋虎蔵という者がおり、天保十年に富山への相撲の際に帰郷して相撲を披露しているが、また氷見町高町の小松野卯之助は花角力を天保十五年に興行している。

氷見町にも定芝居小屋が藩より許された時期があった。これは宿役を務める馬借助成のためのもので、下伊勢町西裏畑地に設置され、天保十一年春からは年間二、三回、一〇日ないし三〇日の興行が四、五年間も続けられ、板東箕助などを呼んだ芝居や手踊り興行が行われた。残念なことに降雪でこの小屋は潰れてなくなっている。

芝居興行も昼間だけでなく、文政十二年五月に千手寺で行われたものは夜芝居であった。芝居・相撲そのほかの興行の場は、主として朝日山の千手寺や上日寺の観音堂脇が利用された。また伊勢町の畑地や仕切町の三覚院、本川町大正院を使って相撲や力持興行が行われることもあったが、女芝居が来た時は高町の尼寺近辺で行われている。

もちろん氷見町でたえず芝居などの興行が行われているわけではない。しかし高岡や富山などの興行もあった。特に富山では常時芝居興行が行われていたために、所用や大岩山参詣に一泊で出かければ、江戸からの役者の芝居を見学できる楽しみがあった。文政十三年七月に田中屋権右衛門は御用へ出た金沢からの帰りにひそかに富山へ廻って芝居を楽しんでいる。また著名な能登羽咋の相撲にも氷見町の者は出かけているが、天保三年には大勢が見物に出かけたことがわかっている。零細な町人には遠方へ見物に行くのは難しいが、氷見町を初めとする越中の富裕な町人・農民にはこのような楽しみが遅くとも一九世紀には存在したのである。

芸人の興行を受け身で楽しむだけでなく、子どもらに稽古させて芝居をさせたことも知られる。天保七年には上日寺の天神様開扉にあわせて一四、五歳の娘五、六人に芝居をさせていた。しかしその後におけるこの少女芝居については不明である。

氷見町人も様々な芸事をしたが、学んだ芸を披露する催しも町人の楽しみとなっている。例えば、天保十年三月には上日寺の観音堂にて若連中が謡の会を開催している。また後期には生け花が盛んで、寺を利用して生け花の会がたびたび開かれ町の人を喜ばせている。天保五年には江戸から新遠州流の師匠湖雲斎一東が氷見へ来訪したため、金沢の伏見流師匠富喜斎仙鯉や北国会頭の能登黒島村の真光寺なども氷見にきて、彼らに加え氷見町や村の人々も出品してたびたび生け花の会を寺院で開催し、町や村の人を楽しませている。三月に上日寺、翌月も同寺と円照寺、五月西念寺、六月光禅寺というように開かれているが、円照寺の会は町在一緒の会で、湖雲斎一東が生け、西念寺の会では一東に加え金沢の富喜斎仙鯉と北国会頭として能登黒島村の真光寺が参加し、中田村など村方も加えて僧侶や町人多数が生け花を出品している。上日寺で開かれた生け花の会でも生け花三〇瓶ほどと立花四瓶が展示され、多くの見物を集めている。六月の会には高山からも遠州流家元惣会頭職の喜月庵や池坊門弟花月庵が参加するなど、この時期には氷見を舞台にして越中・加賀・能登に加え飛驒の者も参加して華道文化が花開いている。

先に取り上げた町内の諸社寺の祭礼、行事は町内の女性を初め多くの町の人々に楽しみを提供してくれていた。近世も後期になると氷見町へ遠隔地やさらに近隣の寺院も出開帳を行い、大きな賑わいをもたらした。文政十一年には立山権現出開帳が仕切町の三覚院で行われているが、七尾の西念寺や近隣の池田村納谷の永福寺のような寺までもが天保期には出開帳を行っている。

寺社の普請は町の景気向上にもかかわるために地盛りから盛大に実施され、住民の楽しみとなっていた。文政十三年二月から実施された御座町の市姫社の地盛り初めには子どもに花笠をかぶらせ、大勢が踊りに加わり、虎の飾り物などを町内で引き回していた。地突きでは豊年・商売繁盛の歌が歌われ、また地搗狂言や手踊りも催されている。天保四年の朝日観音堂再建になると一段と盛大で、地普請の千本搗きから町々より手踊りや屋台・作り物が出され、また地普請の間には、せり上がりや廻し舞台を備えた芝居も行われていた。

村町では寺社祭礼の際に家業を休み日とし、また農家が収穫を終えた際に収穫の感謝と来年の豊作を祈るために休日を設けるように、職業による休日が設けられた。後期となれば人々の暮らしもそれなりに豊かになっていたために、本来は年に一度の祭礼である祇園祭を楽しみのために閏月にも行ったりしている。すなわち文政十年閏六月に町肝煎所へ祭礼を簡略に実施することを願い出て実施している。簡略とはいえ、総町で軒燈をともし、南町は曳山を虫干しの名目で町内で飾り、また町内のみを引き回す町もあった。また奉公人を雇用していると、彼らにある程度の休日の農休みを与えないと労働意欲を低下させるので、後期の越中国内でもそれなりの休み日を定めていたが（『富山県の歴史』[34]）、残念ながら氷見町の休み日の具体的なことは不明である。

休み日には不定期に藩から一方的に申し渡される休み日もあった。これは恐悦盆・殿様盆・正月盆などと呼ばれる休日である。藩主の帰国や参勤、また任官の祝いそのほかの祝いのために、二日ほどの休日が藩から命じられ、この時には曳山・タテモノ（竪物、タテモン）を出して祭礼として祝うものであった。

『応響雑記』巻七によれば、文政十三年八月に藩主の帰国の恐悦盆が前々通り十五日・十六日の二日間申し渡されたが、この年は若君の誕生もあり、また先の恐悦盆は賑わいがたいしたことがなかったので、今回は賑やかにすることを町役人から申し入れている。十四日には町々でタテモノや飾り物などを用意したが、十六日が大風雨のためか翌十七日以降も祭りは行われている。十七日には南下町・仕切町・地蔵新町の三か町で参勤行列を模したが、これには鉄砲二〇、弓二〇、鳥毛槍二三を先頭に奉行三頭、御前・御供廻り、そのほか七手二頭、家老一頭、御先抜き、跡押え、宿下がりなどを加えて、惣供人数四〇〇から四五〇人もの大行列が仕立てられ、しかも本物のような行列で全町を巡った。行列は藩主を神に仕立てて「松平加賀神」の御位符を立てていたが、参勤行列は最後の朝日小路より上日寺へ参り、藩主代わりの御形代の白幣を祇園社へ納めている。

天保の飢饉に見舞われる前で、氷見町の台網も順調であった時代であったために、この時の恐悦盆は極めて盛大なものになり、祭りも二日の予定が二〇日まで続いた。北町諸町のタテモノは中町が猩々（高さ四丈ばかり〈約一二メートル〉）、今町は大笠持奴（同前）、浜町は三番叟（三丈六尺）、本川町は林和晴の童子（四丈余り）であったが、ほかに北新町は三光の飾り物（二丈ばかり）、湊町は宝舟と屋台の踊り、田町は屋台の上にて仕舞いを行った。南町も飾り物などを出して町内を回った。南中町の飾り物は緋羅紗・黄羅紗で蝶・花をつくり、びろうどでつくった大牛を着飾った子どもにひかせて諸所で踊らせた。川原町は宝舟（長さ五、六間、高さ一丈）、南下町は鷹の作り物（高さ二丈四五尺）、上伊勢町は高砂の飾り物、下伊勢町は福禄寿の飾り物、高町は海老の作り物であった。御座町は三味線弾き・囃子を載せる屋台が付き添って、緋縮緬の衣装の駕籠かきの担ぐ宿駕籠七挺に子どもを乗せて御かげ道中を演じさせている。

氷見町の最大の祭礼は祇園祭であった。一七世紀末の元禄ないし貞享年間に始まったとする説もあるが、南町で始まり、その後に北町も行うようになったものである（旧『氷見市史』近世）。この祭礼は神輿の遷宮から始まり、この時に太鼓台も出る。これに加えて南町が曳山を出し、北町ではタテモノが飾られた。タテモノは大きな人形を飾ったものである。氷見町内で最も新しい町である高町も、文政十二年には曳山を初めて造っており、南町では曳山、北町ではタテモノを祭礼で出すことが、いわば氷見町内の独立した町として、また町の町人としての存在の証となっていた。

曳山は高岡で早くに始まり、周辺諸町に広まったもので、南町諸町はこれを受け入れたものとみられる。北町のタテモノは享和のころに始められたとの説もあるが（旧『氷見市史』近世）、よくわからない。同じ富山湾沿いの七尾ではでか山と呼ばれる巨大な山に大きな人形を飾っており、あるいはこの影響を受けているかもしれない。

曳山を出す祇園祭礼は享保期にはあまりにも盛大となったために、同五年五月に奉行により一時中絶させられていた（『市史4』255）。しかし近世後期になると盛大なものとなり、各町は曳山やタテモノを豪華なものにしていった。特に曳山は地域の工芸の粋を尽くしたものとなるが、南上町では天保十一年に飾りの彫り物のためにわざわざ下図の絵を高岡の絵師堀川敬周に依頼している。この山の高欄の木口には二四孝の詩を篆字にて彫り込んでいる。こうして造られた同町の曳山は見事なものとなり、とりわけ彫り物は他町に優れたものとなったという。この年の曳山は一〇台、タテモノも六つも出たので、遠方から見物が群集したという。なお嘉永三年（一八五〇）に南上町は金沢の大野弁吉にからくり人形を注文している。

タテモノの方が一見費用が懸からず負担のないように考えられるが、毎年趣向を凝らした人形を用意するために、それなりに苦労のあるものであった。しかし毎年の見物人の評価があるために、次第に豪華で巨大な人形を用意することになった。文政十一年に出されたタテモノは本川町の夕霧伊左衛門、中町の鬼の念仏は高さ四丈（約一二メートル）あったが、天保七年の湊町の住吉潮干狩りの女中、北新町の獅子を持つ童子、今町の豆太鼓を持つ童子、浜町の早野勘平、本川町の芸者などみな四丈余りで、中町の越後獅子となると五丈（約一五メートル）もの大きさであった。同十一年のタテモノもみな四丈五、六尺から五丈ばかりになっている。さらに弘化四年になると五丈から五丈六、七尺へ規模が大きくなっていて、しかもみな色紙を貼って彩色も優れたものになっていた。天保後期よりタテモノが巨大化していった。また火災のために天保十五年三月の南上町の祭礼に歌舞伎山が出されなかったことを記す『応響雑記』の記事があり、これから同十五年のころには南上町祭礼に歌舞伎山が出されていることがわかる。ただし祇園祭の際に歌舞伎山も出たかは不明である。

氷見町の祇園祭の際には、これらの豪華な曳山や特に豪勢なタテモノを見るために、氷見地域内からだけではなく、周辺の地域からも多くの人が訪れていた。とりわけ嘉永五年の時は高岡・放生津・能登・金沢などからも見物人が集まり、高岡などはすべての家から見物に押しかけたといわれるほどであった。このため金橋観音堂や浜辺に置かれた舟にて一夜をあかす者もいるほどであったが、氷見まで来ることができない人々は、高岡辺りの人は二上山から、所口などからは荒山峠にて巨大なタテモノを見物したという。

氷見町人の暮らしが一段と豊かになっていた化政期になると、豪華な曳山や巨大なタテモノを出して祇園祭が盛大に行われるようになるだけでなく、前述のように文政十年のように毎年決まった六月十三日から十五日に加えて、閏月にも重ねて祭礼を行ったりしていた。

町には大火そのほかの災害が当然にあり、祭礼を自粛しなければならないこともあった。天保二年には大火で氷見町が被災したために、この年は曳山を焼失させた町や、また疲弊した被災者のために、太鼓台だけを出して曳山を出さない取り決めがされていた。しかし一年の鬱積したものを晴らす絶好の機会となる年一度の町最大の祭りを静かに済ますことは難しく、若者はこうした取り決めを無視して、曳山を焼失させなかった七か町の曳山を巡行させている。なお火災にて曳山を焼失させた南ト町は、同七年には早くも再建して祭礼に曳き出している。しかし天保飢饉の天保八年の祇園祭の時はさすがに神事は行うものの、曳山などを出すことを取りやめている。これは、祭り直前の六月十日・十一日に町内で疫病や飢えで亡くなった多くの人のために、疫病神除の祭りが行われたためである。この時は若者もさすがに曳山引き出しなどは遠慮している。

『応響雑記』が記載され始めて最初の祇園祭の記事は文政十年六月のものであるが、これには当年は争論もなくと記載されている。翌年は雨にたたられた日が多かったためか争論は発生していないようであるが、翌々年の同十二年には南町の御座町と南上町が申し分を起こしている。同十三年には上下伊勢町による太鼓に関する争いから始まり、夜の曳山ではいろいろ申し分が発生して、結局仕切町の曳山巡行が終わらず、十七日にこれを終えている。これ以後も毎年のように曳山巡行をめぐって争論が発生しており、祇園祭に争いは付き物であったといえる。幕末の弘化四年には高町と下伊勢町の争論でけが人が出、また安政二年（一八五五）もけが人を出す申し分が発生するようになるなど、幕末の祭礼は以前より荒っぽいものになっていた。

天保十二年の際は、朝日小路へ曳山を巡行させることなどをめぐって争論が発生している。この一件以外の氷見町内の町々間で起こされる争論の具体的なことはわからないが、各町が優位を誇示するために発生するものが主と考えられるもので、こうした争論は各町の住民の結び付きを強化した。また祭礼後の日々の多くを他人の指図による労働で送る若者を初めとする町の多数の人たちには、一年の鬱屈、ストレス解消のためにもこの争論は必要なことであった。

前記のように弘化になると若者たちが荒々しくなり、また曳山巡行も手間取るようになっていたためか、弘化二年の祭礼の際には南方一〇町の組合頭の願いにより、町役三役が上下着用にて出張し、曳山巡行を手間取らさないように勢子方を務めることになった。翌年は町年寄に神輿への供も願い出られた。しかしこれは新格として断り、代わりに曳山巡行取り締まりと神事のせり立て方に四、五か所へ出張しているが、やはり両年ともに申し分は発生していた。

十二、教育・学問と武芸

1　寺子屋と私塾・習学所

越中の寺子屋は、八尾・富山のように早く寛永期に成立を見た町もあるが、天保以降に一般化するとされている（『富山県教育史』[35]）。氷見地域では化政期以降に氷見町に多くの寺子屋があり、七夕となればその飾り見物が住民の楽しみとなっていた。文政十一年（一八二八）・同十三年の七夕で飾り物を出した寺子屋は高岡屋次郎左衛門（御座町）・中村屋六郎兵衛（南下町）・米屋文蔵（中町）・又三郎（田町）の四軒あり、同十年の七夕飾りでは高岡屋が数多くの寺子を抱え九〇人ほど、田町の寺子屋は三〇人ほどが飾りを出していたという（本節で注記のない史料は『応響雑記』である）。

町内には、古く町役人の要職を務めた家ながら家業衰微により暮らしを立てるために知友の勧めで寺子屋を始めた宮永家のような家もある（稿本『宮永家歴史』）。同家の天保四年（一八三三）『弟子入門記』（宮永家文書）によると、天保五年から慶応三年（一八六七）までの寺子は四七一人とほかに三一人の記載があるが、実際に記載された名前は四九七名という多数の入塾者がいた。彼らはほとんど町内の子どもで、能登からも人数は少ないが五名の寺子を見ており、これが氷見の寺子屋の特徴といえる。この中には珠洲の子も一人みえる。氷見地域の村からも一九名いたが、彼らの多くは寺社の子弟であり、宮永は氷見町内でも学殖のある師匠として認知されていたことがわかる。ただ女子が少なく、全体の一割に満たない三〇名である。なお彼らの入塾月が判明する天保十年から慶応二年までを見ると、六月を除いてたえず入塾者がいるが、一番多いのは二月で計一一三名を数え、それに次いで三月（四五名）四月（四四名）となり、二月から四月の春に多く、また八月も四一名と多く、九月も二六名で正月の二七名に匹敵する多さであった。

高岡町には女寺子屋があったことが知られている。しかし氷見町では富裕な住民の一部の女子が寺子屋に通えただけであった。ただ女子も幕末になるとお針屋へ通うようになったことが報告されている。[36]これは上日寺境内に慶応二年九月に建てられた長沢六良兵衛妻女のお針屋の碑や同寺へ奉納された押し絵細工の扁額を典拠にしたものである。

氷見町外の村々にも当然に寺子屋は生み出されたが、寺子屋開業が判明するのは、能登近くの姿村の広沢塾であり、同塾開業は天保期で早い。しかし同期は越中で寺子屋が増加したといわれる時期である。現在判明している限りは里方にあまりなく、浦方に多くみられることが紹介されている（『氷見百年史』[37]教育）。これは住民の暮らしが行商など商行為への依存度が高いためかと思われる。

広沢塾は広沢周斎により始められた。同家は幕末に古手古道具商売を行っていた。周斎は高木広当門で和算を学び、まだ一五歳の時、天保元年に教え初め、天保十一年に塾規定を作成して寺子屋を軌道に乗せ、明治十年（一八七七）六月に広沢小学校に移行した。[38]

その「寺子中名簿」（『市史4』3）には寺子の名前・出身村や入塾年月、年齢が記載されている。寺子屋時代には姿村とその周辺の者二一四名が学んでいる。能登に近い関係から宮永塾同様に能登からも七名が入塾している。彼らは通うわけにはいかないので、手本をもらって自分で勉強し、時には氷見へ訪れて直接の手ほどきも受けていたと考えられる。弘化四年（一八四七）より明治十四年までに手本をもらって自身で学んでいた子どもは男女一五七人を数えたとされており、能登外でも通うのが大変な村の子に加えて、家事手伝いなどのために彼らと同様な指導を受けた子どもも多くいたとみられる。

寺子の大半はやはり長男で、一部に次・三男やまた若干の長女の女子がいた。姿村の場合は百姓身分の家は当然に、頭振の家からも寺子屋に通う者がいたと考えられるほどかなりの普及をみていたが、これはこの浦方地域で鏡磨・小間物行商が盛んであったこととかかわりがある。入塾は六歳より一五歳に及ぶが、九・一〇歳が半分ほどおり、これに次いで一一・一二歳の者が多かった。入塾は宮永塾と同じく不定期であるが、農閑期の十一月（九一人）や正月（五七人）・十月（二四人）に多く、町と異なって農閑期に多い。

広沢塾も他の寺子屋同様に読み書き重視であるが、塾規定によると同塾は習字を重視し、その秀でた者を上席と定め、五節句・祭日には清書の張り出しを行った。寺子から帳付・横目裁許の役を選び、また当番制を敷いたことも規定からわかる。また周斎も家業があるので、寺子屋の開かれる日が決まっており、月に計一〇日となっていた。

寺子屋を終えるとさらに勉学を求める者は地域の知識人の僧侶・神官や有力住民に指導を受けた。宮永善仁の父は、一四歳で丁稚に出てから、夜は町年寄の田中屋権右衛門より習字・算術を、光源寺住職から漢学を修得していた。また善仁も後述の習学所に入る前に父に漢学を学んでいる（稿本『宮永家歴史』宮永家文書）。

田中屋権右衛門ら有力町人は、社会的地位の確立や奉行ら藩役人上層との交渉、付き合いのためにも教養を必要とし、漢学など諸学問への関心を高め、文人そして風流人としての研鑽に努めた。このため富山や高岡、また金沢の漢学等を指導できる儒者や医師が氷見に来訪すると教えを受けるだけでなく、一定期間の逗留を求めて指導を受けていた。文政十年と翌年には富山藩の儒医岡田随筌が論語を指導したことが知られるが、歌学では本居宣長門人の富山の金城坊が天保五年に氷見で講義をしている。天保六年よりは幕末の加賀藩政に大きな影響を与えた上田作之丞がたびたび指導のために氷見へ来訪して講義をしていた。このために本人の依頼もあり弘化二年には上田講をつくって費用を捻出していた。

村役人の場合は田地割その他で算額・測量学などの実学を必要としたが、後期の越中での指導者は富山の高木広当や放生津近くの高木村の石黒信由がいた。姿村の広沢周斎は高木の指導を受けたが、石黒に指導を仰ぐ人物も薮田村の山崎善次郎や堀田村の一河彦次郎がいた（『市史3』近世161）。しかし和算や測量術など実学の学習の機関、塾のようなものが氷見地域に成立したことは知られていない。

私塾に対して、高岡では町役人により郷学の修三堂が建設され、今石動でも天保四年に武家と町役人ら上層町人を対象にした学校が建てられているが、氷見では遅れて後の安政四年（一八五七）に元の風雅堂跡地を利用して習学所が建設された。これは田中屋権右衛門ら有力町人が組織していた俳諧社中が肝煎になり、織田左近家来の兄渡辺清軒を師にして発足したものである。習学所と渡辺氏の屋敷建築費には仕法銀のうちから毎年支出することが藩より認められていた。同年十月十三日に孔子像へ焼香の後に清軒による大学の三綱領講釈によりスタートしたが、翌年の正月十九日の講釈開きを見ると社中の老若長幼など三〇から四〇人が出席している。また二月二十九日の論語講釈には町役三役や組合頭の出席はばらばらであったが、医師の長崎氏らも出席している。習学所は町内の有力町人家の若者はもちろん、町役人などの有力町人も対象にする漢学の教育施設であり、氷見町には有力者の手によりこのような教育施設が幕末には設立されていたのである。

2　学問と蔵書

氷見の有力町人にも漢学を学び、また俳諧に親しみ、さらに漢詩・和歌の研鑽を積んだ人もいる。しかし当時の支配層の教養とされた漢学を修得し、また生き方の目標ともされた文人・風雅人としての嗜みを身につける段階にとどまり、実学の分野となると算学・測量術や天文学・博物学などを深く学び優れた仕事を残した人が残念ながら知られない。

氷見地域の村方には高木広当門の前記広沢周斎がいたが、彼は天保期の田地割で算用者を務めたように測量術を身につけていた可能性がある[39]。また薮田村の山崎善次郎などのように石黒信由の弟子となって測量術を身につける者も登場している[40]が、町にはそのような人は知られない。元来新しい文化摂取の窓口となる医師も氷見町は人数が少なかったためか、蘭学など実学分野で住民に影響力を発揮した人は知られていない。

西村太冲を生んだ城端では塗師小原一白が職業の技法改善に努めるとともに、天文学・蘭語にも打ち込んでいた。氷見ではこのような職人はいないが、縫い針製造で技術錬磨のために尽くした人の存在が考えられるものの残念ながら関係資料は残らない。

氷見町人の相当部分を占めたのは漁業者である。近年、台網漁業は能登から広まったとされ、また麻苧使用の頑丈な網の金網は、宝永年間に能登灘浦の庵村の門兵衛により創始されたとされている[41]。氷見地域では薮田村の屋敷氏のように寺子屋を開く人もいたが（『氷見百年史』教育）、有力漁民が漁法改良・革新をもたらす基盤になるような実学的学問に励んだことも残念ながらこれまで知られていない。

かくして氷見町人の場合、その学問は町方三役を初めとする富裕商人などの旦那衆により担われたもので、その特徴は前記のようなものとなっていた。しかし彼らも家業やまた公務の合間の貴重な時間を利用して自己研鑽に務めていた。例えば、天保三年（一八三二）や翌年には町年寄の田中屋権右衛門ら若干名の者が孟子の講読会を開いたりしていたことが知られるが、幕末の安政四年（一八五七）には長沢子謙ら有力町人九名が書物講を設けて読書会を実施していた。会日は一と六の日としたが、正月・七月・十二月は例外とした。懸け銀は一会五分の持ち寄りと決めている（『市史4』247）。

氷見町の上層町人の嗜みと学問のあり方を具体的にうかがうために、町年寄田中屋権右衛門の事例について見ることにしたい。

氷見町には町抱えの物書もいたが、町の重要な帳簿類の表紙書きはすべて権右衛門が引き受けていた。彼はこのように町役人の中でも一番の能筆家であったが、彼は多くの人に依頼されて絵も描く、絵画の嗜みを持っていた。日ごろ、墨絵で梅を描き、絵画の技量を深めることに努めていたが、求められては扇子・屛風そのほかに梅の絵を描いてもいた。墨梅描画は文人画の基本ともなるものであり、また彼にとり梅を描くことは心を磨くことでもあった。天保十年には八人の者とともに合作で交ぜ張り絵馬を朝日観音堂に奉納しているように、その絵画能力を様々な形で発揮することになったが、天保十五年などには町絵図を作成してもいる。さらに生け花についても金沢の伏見流師範仙鯉の門弟となり、秘伝も口授されているが、仙鯉が稽古本を刊行する時には序文を書いている。なお茶の湯の嗜みのための稽古を行うのはもちろん、加賀藩領で盛んな謡も習っていた。例えば、文政十二年（一八二九）と翌年に権右衛門は金沢より謡の師匠次右衛門を招いて、町の有力町人や彼らの子どもも含めて盛んに稽古をつけてもらっている。

彼は俳諧と方位・暦学に熱心であったことから三僊居と号したほどであるが、上層町人の人々が頻繁に俳諧を催したことや、そのための場所として風雅堂などを設けていたこと、また権右衛門も日々、俳句を詠んでいたことは『応響雑記』に頻繁に記載されている。また俳諧だけではなく、漢詩をもよみ、その作品を数多く書き残している。町年寄になってからもほかの人々とともに漢学者の指導を受けてたえず知識を深めるようにしていたが、これは藩より町務を任される上層町人としての責任感と社会的地位確保の教養向上のためであった。

権右衛門ら上層町人も実学に無関心であったわけではない。権右衛門は金沢の陰陽道家米室白裕の紹介により天文学者西村太冲の門人となっていた。このため権右衛門は、幕末の安政期には入手した寒暖計による観測記録も『応響雑記』に記述するほどであった。しかし蔵宿の彼の強い関心は、科学としての天文・暦学探究よりも町役人・蔵宿として重大な意味を持つ将来の米価・物価を左右する天候予測などに有用と当時考えられた陰陽道の暦学の方にあり、また方位の吉凶への関心も大きかった。権右衛門は土御門家触頭でもあった米室白裕について文政十三年八月には陰陽道の免許状を受けており、天保四年春よりは一段と暦学に関心を深めるようになっていた。

図書館のない時代だけに書物を多数持つことは知の蓄積のために重要となる。また、この蔵書は知友にも貸し与えられる点で地域内にて重要な文化的役割を果たした。氷見地域でこのような蔵書のある家として知られるのは名苗家である。名苗家は葛葉村肝煎を務め、一向宗道場で能登臨永寺の別舎として越中門徒の講宿を務めたという。このために同家には仏書を初めとする多数の書籍が残されたが、幸いなことに文政四年の蔵書目録も残された（『市史4』278）。

この目録には「仏書類」九七点（明治分除く）と別に「所持書籍」一六三点、「学文之書」四二点が記載されている。学文の書とは勉学の必要ということで区分された書であるが、『文家必要』『古文真宝』や辞書に加え、『童訓往来新大成』のような往来物もある。もちろん四書そのほかの漢学の書もあるが、俳諧関係が『蕉門俳諧語録』だけなのに、『六角堂池坊秘伝立花生花書』など多数の生け花関係の書があり、生け花が氷見地域でも盛んであったことがうかがえる。次の単に書籍と区分されたものには『源氏物語』など文学書や『有馬原城軍記』など軍記物そのほか読み物が多数ある。また『農業全書』の農書に加え、医書や算学書・暦学書なども数多く所蔵しており、ひと通りの実学的知識はえられるようにしていたようである。なお同目録の書籍の付記を見ると、一部に借用して写した本もあるが、多くは購入されており、しかも化政期に多数購入されている。またごく一部であるが生け花の本や『聖徳太子伝』のように京都で購入した本もある。さらにほかへ貸し出されるだけでなく、これも一部ではあるが知友へ売却することもあったことがこの目録により確認できる。

本屋は金沢・富山にもあるが、田中屋権右衛門と取り引きのわかるのは天保期の金沢の松浦善助だけである。しかし遠方の京都から直接に本屋が氷見へ出向いたり、直接に本を送り届けることもみられた。天保五年に京都の木村吉右衛門手代が来ており、この時に権右衛門は『梅譜』を不用本として交換しているが、翌年には唐暦を送って来ている。

名苗家は多数の書籍を購入していたが、特別な書物であれば図書購入の負担が一段と大きい時代であった。このために貸本屋から権右衛門も図書を借りたりしていたが、その具体的な実態は不明である。また知友・同学の者が集まって図書による学習会を行う書物講が氷見町でも設けられたことは先に紹介した。

さて氷見地域からも後期には多数の人々が遠隔地へ寺社参詣の旅に出た。この時に土産として書物も購入し、また参詣先の寺社で売られている境内図も購入された。名苗家文書には善光寺初め多数の境内図が残されている。なお同家にはみられなかったが、氷見地域の有力な家に残された絵図で注目されるものに、外国図や蝦夷地絵図がある。中村屋文書や睦田家文書にはこのような絵図が所蔵されている。加賀藩では文化年間以来、海防が問題となり始めるが、これは外国への知識欲を一段と喚起するものであったとみられる。中村屋などのこれらの絵図は、いわゆる鎖国で閉じられた日本外の世界の存在を確認させ、未知の世界へ思いをはせる手立てとなる点で大きな影響を地域の人にもたらしたとみられる。

註

（1）氷見市立博物館編『松村屋文書　その三』（氷見市近世史料集成）氷見市立博物館、一九九〇年。
（2）『氷見市史3』資料編一（古代・中世・近世㈠）氷見市・一九九八年の近世編史料番号31。以下、同様に記載。
（3）『氷見市史4』資料編二（近世㈡）氷見市・二〇〇三年の史料番号241。以下、同様に記載。
（4）『氷見市史4』資料編二（別冊・憲令要略）氷見市・二〇〇三年。
（5）『氷見市史6』資料編四（民俗、神社・寺院）氷見市・二〇〇〇年の神社・寺院編史料番号55。以下、同様に記載。
（6）『氷見市史3』資料編一（古代・中世・近世㈠）氷見市・一九九八年の中世編史料番号232。以下、同様に記載。
（7）『秋田県史』資料（古代・中世編）秋田県、一九六一年。
（8）深井甚三「第三章四　絵図にみる氷見地域の街道と上使往来」『氷見市史8』資料編六（絵図・地図）氷見市、二〇〇四年。
（9）児島清文・伏脇紀夫編『應響雜記』上・下（越中資料集成7・8）桂書房、一九八八年・一九九〇年。数字は巻数を表す。
（10）『小杉町史』通史編、小杉町、一九九七年。なお、『小杉町史』近世・資料編（小杉町、一九九八年）が後に刊行された。
（11）宮永家文書・稿本『宮永家歴史』。
（12）氷見市立博物館編『中村屋文書　その二』（氷見市近世史料集成）氷見市立博物館、一九九二年。
（13）三上敏「月凋和尚と坂井源八」『佐井村海峡ミュウジアム研究紀要』創刊号、佐井村海峡ミュウジアム、一九九一年。

(14)『佐井村誌』上・下巻、佐井村、一九七一年・一九七二年。
(15)『小矢部市史』上巻、小矢部市、一九七一年。
(16)宮永善仁編『氷見町史考』宮永善仁、一九二四年。
(17)深井甚三『近世の地方都市と町人』吉川弘文館、一九九五年。
(18)『氷見市史』氷見市、一九六三年。
(19)氷見高校歴史クラブ編『氷見漁業史』（氷見高校歴史クラブ、一九五九年）。
(20)『氷見市史5』資料編三（近・現代）氷見市・二〇〇三年の史料番号113。以下、同様に記載。
(21)『加納出村いま・むかし』加納町町内会、一九九〇年。
(22)天保十一年「射水郡氷見庄潟絵図」新湊博物館高樹文庫。『氷見市史8』資料編六（絵図・地図）氷見市、二〇〇四年、図56参照。
(23)深井甚三編『近世越登賀史料』第一、桂書房、一九九二年。
(24)『七尾市史』資料編第二巻、七尾市、一九七一年。
(25)深井甚三『近世の地方都市と町人』吉川弘文館、一九九五年。
(26)『出雲崎町史』海運資料集一・三、出雲崎町、一九九六年・一九九七年。
(27)深井甚三『近世中後期、加越能廻船と日本海地域の海運』（日本海学研究叢書）富山県生活環境部国際・日本海政策課、二〇〇一年。
(28)柚木学編『諸国御客船帳』下巻、清文堂、一九七七年。
(29)深井甚三「近世中後期、飛島・酒田入津の越中廻船の動向と小廻船経営」『富山大学教育学部紀要』五六号、二〇〇二年。
(30)深井甚三「近世越中の小廻船、平寿丸のロシア漂流について」『富山史壇』一三五・一三六号、二〇〇一年。

（31）深井甚三「近世後期の密買い俵物輸送について」『富山史壇』一三九号、二〇〇三年。
（32）氷見市立博物館編『中村屋文書　その一』（氷見市近世史料集成）氷見市立博物館、一九九二年。
（33）『堀埜与右ヱ門伝』堀埜与右ヱ門伝記刊行会、一九六二年。
（34）深井甚三ほか『富山県の歴史』山川出版社、一九九七年。
（35）『富山県教育史』上巻・下巻、富山県教育委員会、一九七一年・一九六三年。
（36）高西力「伝え残したい氷見の女たちⅡ」『氷見春秋』四三号、二〇〇一年。
（37）『氷見百年史』氷見市、一九七二年。
（38）（39）深井甚三・広沢睦子「翻刻と解説・加賀藩領下一寺子屋史料」『富山大学教育学部紀要』三三号、一九八五年。
（40）深井甚三「第一章付論　氷見地域の絵図・地図と作成について」『氷見市史８』資料編六（絵図・地図）氷見市、二〇〇四年。
（41）中野卓『鰤網の村の四〇〇年』刀水書房、一九九六年。

第三章　小杉新町の町立てと地縁的結合

はじめに

加賀藩は、慶安・明暦期に改作法を実施して、給人知行地の給人による直轄支配を廃して、農村支配は改作奉行と郡奉行が十村を統括して行うようにした。改作法が実施されて間もない寛文五年（一六六五）に、能登・越中の郡奉行が郡方に配置され、砺波・射水郡奉行の詰める御郡所（郡奉行所）が宿駅の小杉新町（小杉宿）に設けられることになった。年貢徴収など十村が大きな役割をはたしたために、御郡所に詰める役人はわずかですんだことが、他藩の陣屋町と違う加賀藩の御郡所の町の特徴となった。

筆者は、第四章で小杉新町の御郡所町としての形成について検討している。それは加賀藩の陣屋町といえる御郡所町の空間構造や機能の特徴を把握し、とりわけ地域とのかかわりについて考えるために、小杉新町について取り上げたものである。また、同町が建設された慶安〜万治期の砺波郡・射水郡では数多くの新町が建設されており、その建設の背景についても先に検討している(1)。しかし、射水郡の町立ての具体的な分析は課題として残したままである。そこで、本章ではまず、御郡所に取り立てられる前の射水郡小杉新町の町立てについて、その町立てが行われる地域での近世初期の市場の問題も加えて検討してみたい(2)。また、前記拙稿では取り上げなかった、小杉新町の町立て後の発展の具体的あり方に加えて、住民の社会的結合を考えるためにその町共同体の形成や町住民の生活を律する社会的規制の問題という地縁的結合の問題に関しても、その関係史料はきわめて少ないのであるが、御郡所町としての関心から可能な限り検討を加えてみたい。(3)

一、町立て以前の市場

小杉新町が設けられた下条川流域の地域には、天正十年（一五八二）六月に、市を許可する制札が下された手崎の町があった。(4)手崎の町は近世では大手崎村となる地にあり、以前から市が立つ場であった。手崎の市はこの後も小杉地域の中心市場として存在したと考えられる。

慶長十年（一六〇五）九月に、前田利長より左記の市制札(5)がへわり（戸破）村久助宛に下されている。

中郡へわり村市事、如前々立候様ニ可申付候。市日之事も有来ことくたるへく候者也。

慶長拾年　（前田利長）

九月廿四日　御　判

へわり村

久　助

戸破村は後に小杉新町が建設される村である。ここで戸破の市がどこにあり、どの程度の商工業者を存在させたか検討したい。右制札によると、前々からあった市を、市日とともに許可するという。前々といっても、天正からしばらくは手崎の市が存在していた。しかし、戸破の市が認められてより後には、手崎の市は記録に見えなくなるために、市の立つ場が手崎からそう遠くはない戸破へ移ったとみて間違いない。また、先の手崎の市が町場に立つ市の段階にあったことより、手崎に代わって立てられた戸破の市の立つ場は、まったく家並みのないところに立つ市ではなく、市商人を迎え入れる商人宿などがある家並みの建ち並ぶ町的場になっていたと考えられるのではなかろうか。

次に戸破の市が立った場はどこにあったのであろうか。残念ながらそれを示す史料がないので正確にはわからない。そこで市の立つ場で最もふさわしい場を検討することにより推定してみたい。候補は二か所ある。第一は現在の小杉小学校近辺の神田とよばれている土地である。第二は戸破村の加茂社の近くである。

神田が候補となる理由は、戸破村の加茂社にある市姫社が合祀される前に神田に存在していたと伝承されていることである(6)。市姫社は市と結びつきのある神社であり、また神田の地は下条川に近いため、加茂社の近辺と同様に市開催地として無視できない。しかし、市姫社が神田の前には大手崎以外の別の土地にあり、神田へ移転してきたという考えも否定できない。また、手崎の市は町並み的場に立てられていたことから、後進となる戸破の市も町並みをなす場となっていた可能性が強いが、神田の場合はそのような場が近くに存在したことは考えられない。神田から下条川を挟んだ向かい側に、中世前期に相当の伽藍を有していたと伝承される蓮王寺が存在する。しかし、その入口は南側へ向けて開き、西側の神田方向に開いていないのである。

戸破村の加茂社近くが候補となるのは、戸破の市の前身ともいえる手崎の市が加茂社の前に立っていたことである。このため戸破村でも加茂社の近くに市が存在したと判断できる。戸破村の加茂社は下条川の近くにあり、地域の商品物資の集散地としてふさわしい場所である。また、この加茂社は、戸破に市立てが認められるより前の慶長四年に現在地に移転されたと伝えられており、実際に同社の鰐口は同五年の銘を持っている(7)。慶長初年に加茂社が現在地に建てられた背景には、下条川を利用する舟運が盛んとなっていたことが関係しよう。そして、この下条川の舟運により運搬される物資の交換の場として、加茂社近辺は一段と重要性をましてくる。手崎の加茂社は下条川から遠いこと、また前田氏支配下となってからは同社に近い願海寺城も廃城となっていることを考慮すれば、手崎から舟運の便の良い戸破村の加茂社近辺へ市が移転してくるのは自然といえよう。しかし、現在のところでは、戸破村の市の場が加茂社近辺か神田か残念ながら確定できない。

二、小杉新町の建設

1　小杉の町立て願い

戸破の市の所在を厳密に確定することはできなかった。しかし、小杉新町がつくられて当然の条件が建設予定の地域にあったことになる。そして、この戸破の市が開催されていた条件を前提にして、新たに同地域に小杉新町の建設が行われることになった。この町立てについては、これまで明暦四年（一六五八）、あるいは同年に改元されたために万治元年に実施されたといわれてきたが、まだ検討する余地を残している。そこでその経緯の詳細を明らかにすることにしたい。

万治元年（一六五八）九月に、十村寺崎瀬兵衛から左記の文書が出された。(8)

一、射水郡小杉村と戸破村あいたの畠地子ニ申請、新町相立申度と申ニ付而、伊藤内膳殿・二塚村又兵衛相談仕新町相立させ申候、家百軒分居屋敷取立仕申内是迄家五拾三軒相立申候、残り分追々当年中ニ家仕候、此所ニ新町相立候ヘハ、右両様畠作りこやし可申与奉存候。右新町之者共申上候者、高岡・富山ノ間道六里之中ニテ御座候間、宿並ニ被仰付、其上市被為仰付可被下と申上候、已上、

万治元年九月廿九日

下条村　瀬　兵　衛

この文書によると、屋敷一〇〇軒を取り立てる予定の新町は、すでにこの九月の時点で五三軒が建設されている。そして、建設された小杉新町について新住民たちが願い出た内容は、小杉新町が高岡・富山の間にあるので、宿役を勤める宿駅の宿並みとしてほしいことと、それに加えて市も立てさせてもらいたいということの二点である。この二点を十村瀬兵衛が取りついで、彼の名前にて藩へ願書を差し出したのであった。また、小杉村と戸破村の間の畠地を選び、同地を地子負担の土地として申し受け、町立てすることを申し出たので、伊藤内膳と二塚村又兵衛が相談して新町を立てさせたことも記載されている。当初の計画では一〇〇軒の居屋敷を建設する予定であったが、まだ建設されていない残りの四七軒を当年中に建て終えること、さらにすべての町並みが取り立てられれば、町並み裏などの近辺で畠を作ることも願書で記している。畠を作ることをわざわざ記すのは、藩に畠の分の年貢も負担することを申し出たものである。

一〇〇軒の町並みを建設する新町立てが決定されたのは、願書から遡った時期となる。この点については、天明六年（一七八六）の書上げ写しの「小杉新町旧規之写」(9)や年次不詳「小杉宿由来等之事写帳」に記載されている「小杉新町由来」(10)という記録によると、次の通りであった。三ケ村三郎右衛門・戸破村九郎兵衛と近在の百姓階層の二、三男の五三軒が村から出ることになり、明暦四年三月二十三日に検地奉行派遣により新宿取り立てが命じられ、そして万治二年（同元年の誤り）三月二十七日の検地により居屋敷高が定められ、この結果、郡人足により三〇日を

かけて地ならしをし、同年五月より家立てが行われたという。この結果、九月には五三軒の家が建ったのである。

万治元年九月末に下条村瀬兵衛から前述の願書が出され、宿並みの申し付けと市立ての認可が藩に求められたのである。そして、同年十二月末には残りの家も建ち、当初の家建て一〇〇軒による町立てが終わったために、算用場より地子米三二石三斗七升を当年より納入するように命じられている[11]。明暦四年六月に手崎村久証寺が小杉新町へ移転を申請した願書が記録されている。このときに同寺から善徳寺・瑞泉寺へ出されたこの願書[12]は、戸破村の肝煎・門徒とともに小杉新町久兵衛が連名して差し出しているので、やはり六月にはある程度の家ができ、住民も新町に居住するようになり、このために手崎の寺院久証寺が新町へ招かれたことになる。やはり間違いなく万治元年には新町が成立したわけである。

かくして成立した一〇〇軒からなる小杉新町は、前出の天明書上げ写しや年次不詳の新町由来記録[13]によると、寛文二年（一六六二）に新宿として取り立てられたものの、住民は宿役を勤めがたく、このため藩は寛文十二年に三ケ・戸破両村の高持百姓を移住させて、彼らに宿役を負担させることになった。このときの住民の移転により、第二次の町並み建設が行われ、小杉新町の町並みが拡充することになった。

なお、第一次の小杉新町の町立てについて注意しなければならないのは、年次不詳の新町由来記録は、新町取り立てについて、藩が宿取り立てをはかったと記載している点である。先の瀬兵衛の願書は、九月に住民側から宿取り立てを願い出ているので、由来に記載された領主が新宿取り立てを目的として新町へ住民招致をはかったというのは誤りであろうか。加賀藩が主導して新町を建設したのか、それとも住民側が新町建設を願い出たのが先か、この点についてはは町立てに先立って実施された明暦三年の検地がこの点を考える手だてとなる。

2　明暦三年の検地と町立て

町立ては明暦四年（一六五八）から実施されたが、町立ての前年の明暦三年に、新町建設にも関連すると考えられる重要な検地が戸破村・三ケ村で実施されている。

戸破村・三ケ村の寛文の村御印を見ると、ともに明暦三年に検地があったことが記載されている。藩は領内村々へ、年貢賦課の基準となる草高や年貢率の免を村からの申し立てにより増加させること、また手上高・手上免を行わない場合は、隠田摘発のための検地を実施することを申し付けていた。ほとんどの村は手上高・手上免を行い、検地を実施されることなく、明暦二年に村御印を発給されていた。小杉村・三ケ村は高を増す手上はしていないが、手上免については申し出ているために、このときに検地は実施されていない。ところが、村御印発給の翌年に両村は検地を実施されているのである。

明暦三年の検地により、戸破村は草高三二三三石余が同二八七九石となった。実に四五四石も大幅な引高である。三ケ村の場合は草高二五九二石余が同一〇〇四石となっている。三ケは戸破よりも多い五八八石もの引高が認められている[14]。両村あわせて実に一〇四二石もの引高が検地により容認されている。

改作法実施は年貢増徴を企図したもので、草高を増加させることを藩は意図しても、特別な事情がない限り引高などを容認しない。新町づくりの屋敷地を引き高処理したとしても、元畑地を主とした小杉新町の屋敷地一〇〇軒分は、一万七九〇歩（約三町）であり[15]、反一石五斗に換算しても高四五石にしかならない。このため両村の引高は、村の田畑の水損・日損などによる廃田化がまず考えられる。正保三年（一六四六）「越中四郡高付帳[16]」は、三ケ村を日損所、戸破村を水損所と記載している。また、戸破村の記録によると、寛文ごろの戸破村は年々不作であり、その理由は同村の田地に窪地が多く、水がかかったまま引かないためであったという[17]。これにより両村ともに干害や水害による被害の大きい田畑を多く抱える村であったことがわかるが、それにしても水損地・日損地を無年貢扱いの引き高処理するために一〇〇〇石の引高は多すぎる。

隣の村、大手崎村の場合も、前年の明暦二年の検地により、二五三石の引高が認められているところをみると[18]、当時この三つの村ではかなりの耕地が耕作できなくなっており、一〇〇〇石の引高は通常の田畑の荒れ地化だけで理解できない。このため下条川などの川の流れの変更や、また街道の拡幅などによる耕地の喪失もあわせて考慮する必要があり、この二点は今後の重要な検討課題となる。しかし、いずれにしても小杉新町建設の直前の戸破村・三ケ村では、相当数の農民が耕作地を失い、無高同様の状態となり、困窮していたことが予想できる。明暦三年の検地は、こうした事態に藩が対応し引高を容認したものであろう。

改作奉行が実施した改作法では、年貢負担をはたす農民を律義百姓として、年貢納入を怠る農民は惰農として村から排除しようとしていた。第一次の町立てが行われた後の寛文三年（一六六三）の「川西家高付之帳[19]」は、追い出し百姓やその入れ替えが行われた村・町がわかるが、同史料によると、この一七世紀中ごろに新町立てが盛んにみられた川西地域の中で、追い出し百姓の入った町として唯一、小杉新町が存在したことがわかる。すなわち、戸破村では五間（軒）の追い出し入れ替え不足分の家があり、また一六間（軒）の家が改作奉行の意向により小杉新町へ出たとされている。三ケ村でも三間（軒）の家が追い出し入れ替え不足で、小杉新町へ出た家は一〇間（軒）であった。明暦二年の村御印発給後の翌年に、検地実施をもたらすような事態に対して、改作奉行は検地により引高を容認するとともに、そのかわりに年貢負担に堪えられない農民計二六間（軒）を村から排除し、農民の入れ替えを実施したのである。排除された農民は、窮乏化し惰農とされることになった農民だけではなく、大幅な引高を藩に認めさせるために大きな役割をはたした農民も含まれるのではなかろうか。藩へ大幅な引高を求めるに際しては、村内での意見対立も当然生じたであろうし、このために村を出ることになった農民の存在も考慮する必要がある。

戸破村・三ケ村で農業が立ちいかなくなった結果として、村を出ることになった農民の処置が当然に十村の下条村瀬兵衛や改作奉行にとり問題となる。この解決策として、町立てが考慮されることになる。町立て当初に小杉新町に居住した五三軒の家とは、旧市場町場時代の一部の住民に加えて、流入した農家の二、三男だけでなく、右の追い出し百姓の家もあったとみて間違いない。新町は追い出し百姓だけでつくられるものではない。改作奉行や十村、また村肝煎らが惰農のレッテルをはった農民だけで新たな町をつくらせることはありえない。新町も藩にとっては、年貢徴収により大切な財源となる場であった。

小杉新町の町立ては、一〇〇軒の家立てにより計画されたものであった。前項で紹介した天明の書上げ「小杉新町旧規之写」は、三郎右衛門と九郎兵衛以外は、近在の百姓の二、三男と記し、また前出年次不詳記録も二、三男と記している。このため、窮迫した結果、戸破・三ケを出ることになった農民も、耕地の関係からすると安定した田畑をもつ本家筋の家だけではなく、分家した家が主ではなかったかと考えられる。

小杉新町の町立ての目的は、万治元年（一六五八）の十村願書に加えて、天明書上げなどの記録によると、藩にとってはやはり宿駅取り立てが基本であったとみられる。右願書は移住農民自身が暮らしをたてるために市立て認可のためにも宿役勤めを望んだことを記載しているが、藩も高岡と富山を結ぶのに好都合な地点として宿駅に取り立てた。小杉新町の町立ては、前述のような宿駅建設と困窮していた移住農民の生活安定に加えて、大門新町建設とともに射水郡地域の市場関係の場の再編や、町を通した年貢増徴を目的とする当時の藩の在町建設の方針のもとで実施されたことも忘れてはならない。

3　当初の新町家並みと御郡所建設後の町並み

小杉新町は、はじめ五三軒の家並みとして出発し、そのすぐ後に一〇〇軒の家並みとして整えられた。まずこの初めの家並みがつくられたのは、完成後の小杉新町のどのあたりとなるかについて考えたい。

新町は三ケ村と戸破村の間の畠地につくられたという。そうすると三ケ村と戸破村の境を中心とした場に新町を建設したことになる。このときの新町は、小杉三ケ村が五三八一歩、戸破村が五四〇九歩の面積であり、両村ほとんど変わらない面積となっている。このため新町は、村境となる中橋を中心にしてほぼ同じ長さの町並みが建設されたことになる。家数もほぼ同じ家数の家並みが建設されたと考えられる。

新町は戸破村分が七石六斗三升三合、三ケ村分が七石六斗八升八合（七石七斗七升五合）の居屋敷高とされた。前述のように町立ての直後からこの屋敷地には地子米が賦課されていたが、拝領居屋敷と呼ばれていた。また、この屋敷地は七石高屋敷地とも呼ばれた。後の寛文十二年（一六七二）に町並みの拡張が行われた際にも、頭振の屋敷地として三ケ村では三石五斗一升五合、戸破村では一石六斗七升五合の土地があてられ、ここも拝領屋敷と呼ばれた[20]。

当初の町並みである七石高屋敷地がどの位置に所在していたか、まず西町について見ることにする。七石高地の屋敷地が明示されている西町の幕末の絵図が残されている。絵図を略図化したのが図1である。絵図によると、横町（現在の錦町）より東側（現在の常磐町まで）が七石高地の屋敷があった所である。西町のうち横町より東側には、幕末では五三軒の屋敷地があった。町立て当初には一〇〇軒の屋敷の半分が西町に設けられたが、町立て以後に屋

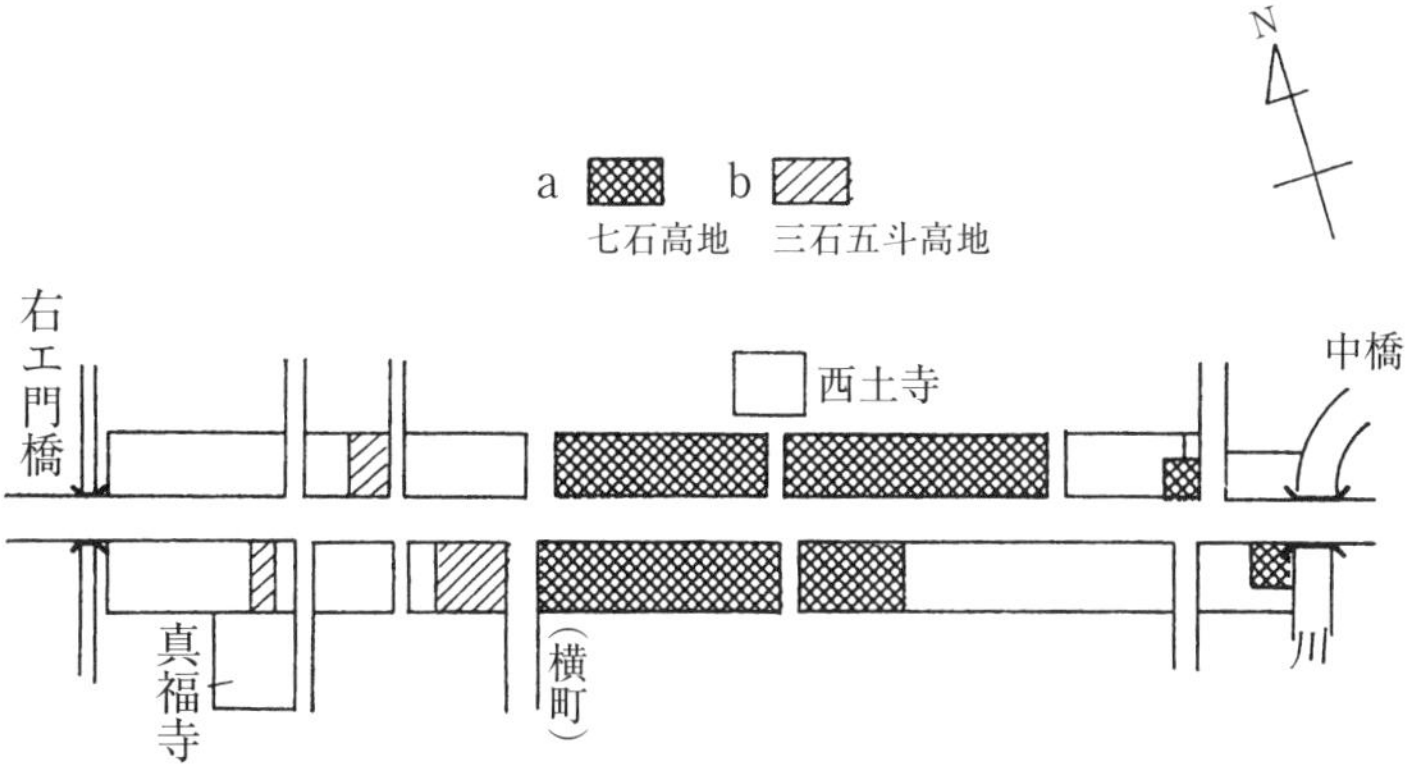

図１　幕末の西町絵図略図

富山県立図書館斎藤文書蔵絵図より作成

敷地の合併や屋敷地の分割があることを考えなければならない。そうすると、幕末に五〇軒の屋敷が存在するのではなく、若干の誤差があっても不思議ではない。五三軒という屋敷数からみても西町では、横町より東側の地域が明暦四年（一六五八）の町立て実施により建設された当初の町並みのあった所と考えられる。

問題は、横町より東側の地域の中でも、東町に近い一部の屋敷地が七石高地となっていないことである。町の中心部となる屋敷地区がなぜ七石高地から除外されているかであるが、この点は次のように考えられる。すなわち、寛文十二年に高持百姓を新町へ移住させた際に、当初の町並みである七石高地の中心部となる部分にも富裕な高持百姓が移住したのは間違いない。彼らが移住した屋敷地は当初より居住する頭振住民の屋敷地と区別する取り扱いを行うために、七石高地から除外したのではなかろうか。

次に戸破村側の東町の家並みを、明治六年の土地調査により七石高地として把握されていた屋敷地から確認することにしたい。調査の野帳をみると、屋敷地所有者の変動が大きく七石高地であることが不明の屋敷地も多い。しかし、七石高地とされている所をみると、下条川の西側にある現在の中町と茶屋町に分布し、下条川より東側の町並みにはなかった[21]。そうすると、戸破村分の町並みが取り立てられた段階には、中町から茶屋町までの、下条川の西側の町並みにより東町は構成されていたことになる。このため下条川の東側にある荒町は、小杉新町の最初の町立ての際に含まれていなかった可能性が強い。

こうして明暦四年に建設された新町は、初めは「小杉今町」と呼ばれ、十二月には早くも地子米を納入している[22]。さて、小杉新町に御郡所が設けられたのは、寛文五年のことである。御郡所設置にあわせて、寛文六年には、十村が詰める小杉相談所が建設されている[23]。もとは寄合所とも呼んでいたようであるが、寛文八年二月には、名称を相談所と改め、また正月を除く毎月三日が小杉相談所の相談日に定められた[24]。

小杉新町は寛文二年に新宿指定を受けたが、寛文五年に小杉に御郡所が設けられたために、小杉と金沢間の連絡が密になり、宿役負担も多くなっていったようである。また、住民は近隣の高持百姓の分家とはいえ、自身は無高であり、依存すべき商売などの稼ぎも当初はそう大きなものではなく、彼らにとり宿役負担は軽くなかった。このため藩の宿役負担に堪えられるような住民を新たに招致する必要に迫られ、三ケ村と戸破村の高持百姓を移転させ、彼らを中心にして宿役を負担させるようにした。このときに三ケ村からは計一〇九二石余、戸破村よりは計一二一一石余の高持が新町へ移住させられている[25]。

従来の町並みに立て添えられて家並みが整備されることになった。移住農民の数は不明であるが、当然ながら立て添えの場は、主として町並みに続く街道沿いとなる。東町の地域では荒町がこのときにつくられた町並みと考えられる。

一方、西町では三石五斗高地とされている屋敷地がある。これは図1のb地区である。三石五斗高地は前述のよ

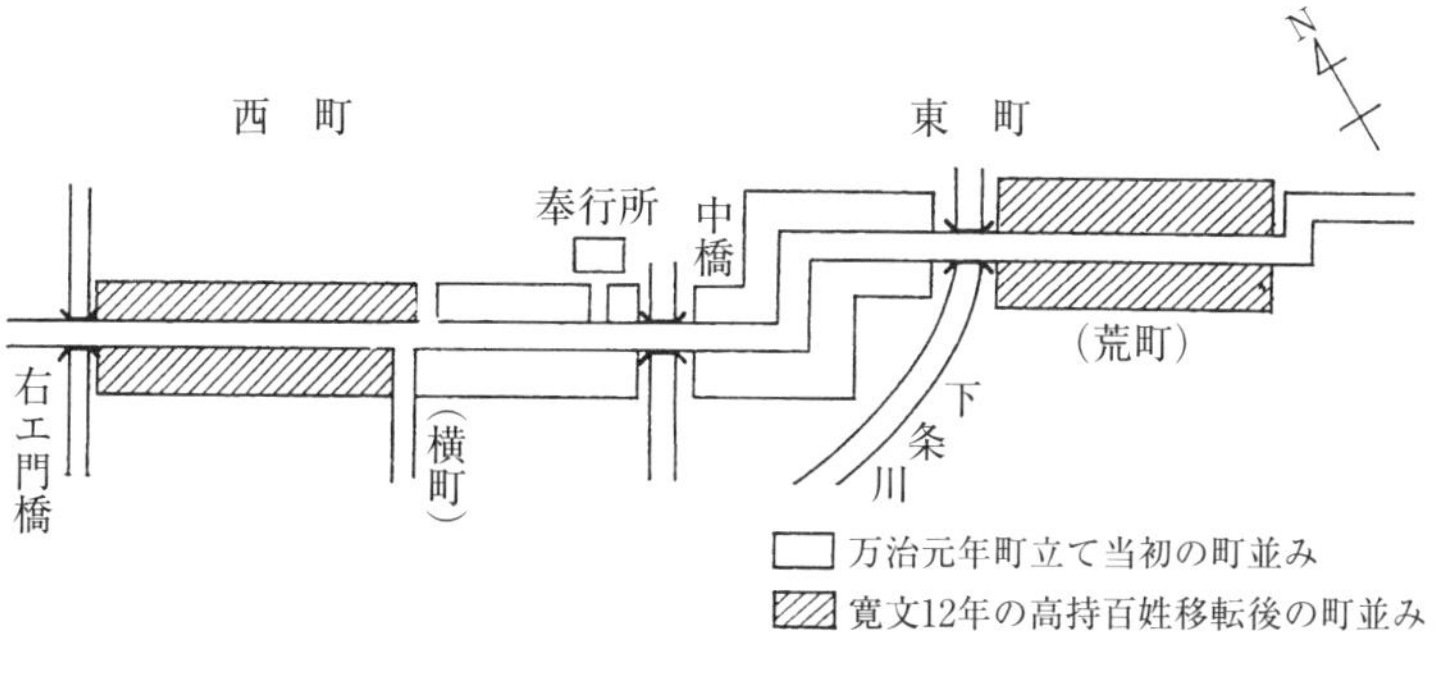

図２　小杉新町の町並み
「砺波郡射水郡御鷹野道見取絵図」（高樹文庫蔵）より作成

うに、寛文十二年に新町へ移住した頭振が拝領した屋敷地である。西町の同屋敷地は右門（右衛門）橋より東に散在した。同橋のすぐ脇に同屋敷地があるため、三ケ村の高持が移転した屋敷地は、横町の水戸田往来の所より右門橋までの間ということになる。

寛文十二年の高持百姓移転後の小杉新町を概略図に示すと図２のようになる。図２にみるように、東の町端となる荒町はここも屈曲している。荒町が町並みを整備された段階は、郡奉行所設定より時期が下り、屈曲は明らかに遠見遮断であったとみられる。

三、小杉新町の発展と地縁的共同体

1　元禄期の町発展

小杉新町は初め一〇〇軒の家並みとして建設され、さらに寛文十二年（一六七二）には高持百姓を三ケ村・戸破村から移住させ、町並みが拡張された。そして、この後の元禄期は、三都・城下町などのように小杉新町も順調に家並みの拡充・発展をみたのは間違いない。残念ながら元禄時代の小杉新町の戸口数は不明であるが、元禄時代をへたその後の享保五年（一七二〇）の小杉新町は、家数が合計三二〇軒にも増大していた。その内訳は、頭振家が一三二軒、高持百姓が一〇一軒、屋敷高持ち家が八七軒であった。(26)

貞享年間（一六八四〜八八）の作成で、縮尺・方位を正確に描いた北陸街道の絵図である「北陸海道図(27)」によると、東は下条川の東岸の荒町家並みを描き、反対側の西側は、右門橋を越えてわずかな家並みを写している。寛文十二年には家並みは右門橋の辺までであった。右門橋の西のすみよし橋（弁開橋）は存在するが、この時期には家並みはまだ弁開橋の所まで拡大していなかった。

寛文期につくられたばかりの小杉新町でも、元禄期には酒造が行われるようになった。小杉新町は宿駅であるため、一般村に比べて酒需要は大きい。しかし、酒造りは藩により規制されているため、他所より酒造を行う権利の酒造株を購入する必要があった。また、酒造業を行うにはそれなりの資金が必要となるために、小杉新町が繁栄をみせ、住民の中に、資力を蓄える者が登場するようになって、酒造業を始められたのである。小杉新町で酒造を始めた家とその時期は左記の通りである。(28)

元禄五年（一六九二）八月…下条屋長左衛門が伏木村氷見屋次左衛門より酒造株購入。

宝永二年（一七〇五）に同株は丸屋伝七が譲り受け。

宝永七年六月…稲積屋太郎兵衛が放生津町より酒造株購入。

正徳三年（一七一三）二月…開発屋太郎兵衛が放生津新町島屋より酒造株購入。

元禄五年の下条屋長左衛門の酒造株購入をはじめとして、それより正徳三年の間に酒造株購入が進められているが、これは彼らが元禄時代に酒造株購入を可能とするような経済力をつけていたことによるのである。

元禄時代になると、一部の富裕な住民のなかには新たに酒造業を始める家も登場してきたが、生活のゆとりから俳句をたしなむ人たちも出てきている。元禄以前には俳書に名前が載るような俳人はみられなかったのであるが、延享五年（一七四八）に出版された俳書「歳旦帳」以来、小杉新町の俳人の名前が登場するようになる。(29)

2　来住者

御郡所町として成立し、その後の元禄期に他の都市同様に小杉新町も発展していった。一般の宿駅在町などの在町と同様に、新住民の町周辺地域からの流入が想定されるが、御郡所町である小杉新町の場合は、はたしてどのようになっていたかを明らかにする必要がある。しかし、来住した人々を知る直接の史料は残念ながら小杉には残っていない。そこで、やむなく屋号を参考にすることにする。

この屋号は確実にその家の出身地を示すわけではない。大きな商家の奉公人には、別家として当主の屋号を付ける場合もあるからである。しかし、別家させるような大きな商家がない地方の小都市の場合で、しかも町立てから世代交代があまり考えられない場合には、屋号は来住した初代の人たちの出身地の範囲を推測させてくれると考えられる。

町並み再編から三五年ほどたった宝永四年（一七〇七）に、駅馬余荷銀を町内で負担した西町七二軒の家のうち、地名とみられる屋号は左の通りであった。(30)

［地名とみられる屋号］

下条屋　若林屋　稲積屋　高木屋　五歩一屋　布目屋　水戸田屋　左野屋　高寺屋　山本屋　本江屋　大聖寺屋　中曽根屋　大江屋　開発屋　津幡江屋　平野屋　殿村屋　大白屋　水上屋　谷屋　今井屋　鳥取屋　手崎屋　白石屋　朴木屋　愛宕屋

［その他の屋号］

室屋　塩屋　関屋　なべ屋　中屋　かじ屋　おけ屋　笠屋　はま屋　ぬし屋　丸屋　茶屋　ござ屋　塗屋　篭屋　山屋

元禄をすぎたこの時期には、役負担者と定められている高持の百姓階層のほとんどが屋号を持って営業している。そして、その屋号の半ばは地名関係の屋号である。

右の屋号からうかがえる出身地は、小杉新町周辺の村々が多い。中に越中以外の地名の屋号である大聖寺屋・津幡屋を唱える住民も例外的にいるが、彼らは場合によっては大聖寺・津幡の地から元禄時代に小杉新町に入ってきた商人かもしれない。なぜならば、元禄時代の城端で、隣の加賀国内の町名を屋号とする商人の場合は、だいたい出身地は屋号の町であったことが明らかであるためである。[31]なお、地名以外の屋号によると、塩屋・油屋などの商人や、大工・鍛冶屋・桶屋などの職人の居住以外に、篭屋・茶屋という宿駅ならではの稼業の人々の居住も確認できる。

開発屋は三軒あるが、開発屋太郎兵衛家の場合は、延宝年間（一六七三〜八一）に開発村から小杉へ別家したと伝えている。[32]開発屋のように、小杉の近隣から寛文・延宝から元禄にいたる元禄時代に、小杉新町へ移転してくる住民が大勢みられたわけである。しかし、御郡所町の小杉新町も高持階層に限れば、他の在町同様に周辺村からの流入をみるものであった。[33]

3　地縁的共同体形成と町規制

小杉新町に新たに居住するようになった住民が増加し、一段と町並みはひろがっていった。そして従来の町並みも家並みが充実していくことになる。増加した住民に対応して、町支配の関係から、さらに住民自身の必要からも、住民の社会的なまとまりがつくられていくが、このまとまりとなる地縁的共同体の形成についてうかがうことにする。

小杉新町における住民の地縁的共同体の形成について直接うかがえる適当な史料がない。そこで寺院の檀家の亡くなった人の記録には、檀家の住む町が記載されているものが多いので、A寺院の右記録に記載された町名を、表1に整理した。

小杉町・小杉新町と記載する事例は表から除いているが、町立ての年からそう下らない寛文・延宝期より、西町と戸破町とする記載がみられる。西町は三ケ村の地区の町並みをさし、戸破町は戸破村地区の町並みであり、早くから小杉新町を東西に二分して、西町と東町として認識されていたことがわかる。また、東町については、戸破町の表現が一般的に用いられていたこともわかる。

表１　寺院記録にみる小杉新町の町

万治２年…戸破町１件
万治４年…今町１
寛文５年…戸破町１
延宝３年…小杉西町１
天和２年…戸破町２
貞享２年…小杉横町１
元禄６年…西町１
元禄７年…戸破町１
元禄８年…西町１、小杉横町１
元禄９年…横町１
元禄12年…田町１、西町１
元禄13年…西町１
元禄15年…西町２
元禄16年…戸破町１、西町１
宝永２年…小杉西町１
宝永４年…小杉西町１
宝永５年…西町２、小杉西町１
正徳元年…小杉西町１
正徳２年…西町１
正徳３年…戸破町１、小杉西町１
正徳４年…西町１
正徳５年…小杉西町１
正徳６年…西町１
享保元年…西町２
享保２年…小杉西町１、西町１
享保３年…西町１
享保４年…小杉西町１
享保５年…西町２
享保６年…西町３
享保７年…西町７
享保８年…西町１、横町１
享保９年…西町２
享保10年…西町２
享保11年…西町１
享保12年…西町１
享保13年…西町１、西町背戸１
享保14年…西町１
享保16年…横町１
享保17年…横町１、西町背戸１、戸破町１、西町１

小杉新町成立のころより西町・東町のまとまりが生じたのは、小杉新町が三ケ村と戸破村の両村にまたがって建設され、また寛文末年に両村から高持住民を移住させたところにあると考えられる。この田地の年貢の処理が、高所在の村を通じて行われたために、西町と東町の二つの町としてのまとまりができたことになる。なお、この東町は戸破村とともに鎮守の加茂社を持ち、西町は三ケ村とともに鎮守に十社を持って、それぞれに祭礼を営んだ。

次にこの記録には、西町・東町の中に登場する個々の町名をあまり記していない。しかし、元禄期には表1に横町の名前が登場する。当時、水戸田往来に沿ってつくられた町並みの横町はすでに成立していたことがうかがえる。なお、個別町の町名ではないが、若干後の享保期よりは西町背戸があらわれ、この時期には、西町の裏手に家並みが成立していたこともわかる。

本章が対象とする時期より少し下った天明六年（一七八六）の書上げによると、左に記した多くの個別の町が小杉新町に存在していたことが判明する。(34)

中町（七五軒）・西上町（五五軒）・横町（一五軒）・茶屋町（三四軒）・荒町（三五軒）・住吉町（四〇軒）・乗国町（二四軒）・七間町（二〇軒）・高畑町（二七軒）・裏横町（二〇軒）・源開町（二一軒）・散町（三〇軒）

中町・茶屋町・荒町・乗国町（後の乗舟町）・七間町（茶屋町と高寺橋の間の町）・高畑町は東町の町々である。西上町（後の常盤町・本中町か）・横町（後の錦町）・住吉町（後の上新町）・裏横町（田町）・源開町（後の初音町）は西町に所属した。これらの町の成立がどの時期まで遡れるかであるが、これまでみてきた寺院記録は全くこの個別町を記さないので、当時の寺院レベルでは個別町で捉えることが意味のないことになる。しかし、寺院記録上では東西両町の区分で足りるとしても、元禄期の町並み拡充が居住住民の間に、地域の自治的問題処理についての個別町の必要性を生み出すことがなかったと把握することもしにくい。いずれにしても天明期に相当数の個別町が成立していることは、遅くとも元禄・享保の段階には西町・東町の内部に個別町の形成がみられたことを示唆するのではないかと考える。

東西両町の区分を早く生みだし、さらに元禄・享保期には個別町の存在も考えられる小杉新町では、後には恐らく独自の町定を設けていたのではないかと考えられる。しかし、それは慣習的なものとして存在し、明文化されることはなかった。このため町の慣行的な定についてはよくわからない。しかし、小杉新町では藩から命じられた「一日読み」の条項以外に、郡奉行から五人組に対して申し付けられた規制が、町に住む人々の生活を強く規制し、住民にとって大きな意味をもった。すなわち、小杉新町では五人組の規約が町規約としての役割をはたしたのである。

元禄十三年の西町組合頭稲積屋太兵衛支配の五人組は、左記の内容の仰せ付けを守る旨を示し、署名・押印したいわゆる五人組帳を作成している[35]。

①御用の七木の仰せ渡しを守ること。②油断なく火の用心すること。③炭を倉に置き、油断しないこと。④亭主番、昼やっこ番を油断なく勤め、火の用心を申し付けること。⑤天水桶懸け桶を油断なく上げて置くこと。⑥往来御通り衆の煩い出の節は、病人を見付け次第に組合頭へ届けること。⑦毎日二度ずつ家前の掃除を勤めること。⑧家前にて薪割りをしないこと。またどのような物でも家の前に干さないこと。⑨町中にてむしろ菰をたたかないこと。付、籾などを置く前で風を立てないこと。⑩子どもにても町へ出てわるぐるいをしたり奢らないように。⑪馬所持の者は馬方が空馬に乗らぬように堅く申し付けのこと。また往来のお通り衆へ悪口やからかいなどをしないこと。⑫往来のお通り衆やそのほか家中・足軽・ご家来に対して慮外なことをしないこと。⑬近所に火事が発生した際には、早速に駆けつけ肝煎・組合頭の指図に従い、火事道具を持参すること。

そして、この年には右条項に、次の三ケ条も加えている。①下女を遊女に紛らかさないように組合のうちで吟味のこと。②博奕をしないように組合のうちで吟味のこと。③夜番人が廻らぬ時分には、亭主番が吟味し、夜の内にたびたび廻るようにすること。

小杉新町の五人組に対するこの申し付けの箇条は、村方とは違った申し付けであった。火の用心遵守や火事に関する箇条の多いことなどは、小杉新町は村と異なり家並みが櫛比するために、火災の被害が大きいことに対応したものである。また、家前の掃除や家前での薪割り、干し物の禁止なども町並みの景観維持のための条項である。さらに宿駅であったために、往来の病人や通行人に対する対応などの条項も盛り込まれている。追加された箇条も、夜番人についての防火と遊女・博打取り締まりの町場的条項であった。以上の条項が、元禄期の小杉新町住民の生活を規制する町規となっていたものである。

4　町役人と隣保組織

加賀藩の町役人と隣保組織の町支配組織については、必ずしも一律ではないので、御郡所町小杉新町のその実態をみておくことにする。

郡奉行支配の在町では、町年寄は通常設けられなかったが、やはり小杉新町も同様であった。東西二ケ町の区分を成立当初よりもっていたが、町肝煎をはじめから東西両町で一人ずつ出すことはなかった。初め町肝煎は一人だけ選出されていたようで、温井屋庄左衛門が勤めていたとされている。(36) ただ現在、判明する限りでは、後の寛政期には町肝煎を二名立てていたようである。(37)

次に今石動が寛文三年（一六六三）、城端・戸出が同八年に設置された算用聞は、成立して間もなかった小杉新町

表２　町組合頭管轄下の五人組

年	町組合頭	五人組
元禄13年	稲積屋太兵衛	「組合の頭」市 郎 兵　他５人
		同　茂 兵 衛　他５人
		同　津右衛門　他５人
		同　四郎兵衛　他不明
元文５年	「組合頭」開発屋太郎兵衛	「組合頭」六右衛門　他５人
		同　文 兵 衛　他５人
		同　新左衛門　他６人
		同　伊 兵 衛　他７人
寛延４年	「組合頭」開発屋太郎兵衛	「五人組頭」伊左衛門　他５人
		同　久左衛門　他４人
		同　新左衛門　他４人
		同　茂 兵 衛　他４人
		同　伊 兵 衛　他７人

には設けられていなかった。しかし、砺波・射水両郡では、享保十一年（一七二六）三月に町並みとなっている所に対して、算用聞設置が郡奉行より命じられ、小杉新町では下条屋八左衛門が任命されている。

町肝煎とともに町務をきりまわした組合頭については、元禄十三年（一七〇〇）に稲積屋太兵衛が町組合頭を勤めていた。(38)同史料によると、太兵衛はこの年に五人組を四組その担当下に置いていた。町肝煎・組合頭などの町役人の下で、町の雑務を勤めるために雇われた者もいた。小杉新町では彼らの実態についてよくわからないが、宝永三年（一七〇六）の「馬貸余内銀帳(39)」に走り七兵衛という人物の名前が見える。

町役人に次いで隣保組織を取り上げると、金沢・高岡などの町方のように十人組の隣保制を取る所もあったが、小杉新町では五人組制がとられた。元禄十三年の西町町組合頭稲積屋太兵衛と元文五年（一七四〇）・寛延四年（一七五一）の開発屋太郎兵衛組のもとに置かれた五人組は、判明する限りでは表2のような編成となっていた。(40)

五人組にはそれぞれの組の頭が定められている。五人組の頭については、組合の頭や五人組頭・組合頭と記したり、その呼び名は一定していない。五人組は必ずしも五軒の家で組織されるわけではない。右事例にみるように、普通は五、六軒で組織されるが、七、八軒の家で組立てすることもあった。五人組は支配の末端の組織としての役割をはたすが、住民にとってもほぼ向三軒両隣をもって組織されているこの隣保組織は、生活上非常に密接した重要な組織でもあった。小杉の組合頭はこうした五人組を四、五組管轄して町支配に当たっていた。

あとがき

慶安～万治段階の加賀藩における在町の町立ての背景については、別稿で詳しく検討しているため、本章では小杉新町の町立てについてその詳細を検討することに努めた。初期の市場について指摘したことは本文を参照していただくことにし、町立てについて明らかにしたことをまとめると、次の点である。砺波・射水郡の在町で追い出し百姓が屋敷持ちの新住民となったことが確認できる新町として小杉新町が存在したこと、そして新住民となったこの追い出し百姓は、当時農業経営が立ち行かなくなった分家筋の農民で、他の流入した農家の二、三男や一部の旧市町住民とともに小杉新町をつくったことである。藩による小杉新町の町立ての目的の基本は、やはり宿駅取り立てにあるが、このほか右の窮迫農民の生活安定や、地域の市場関係再編、藩の収入増などについてもあわせて指摘した。また、初めに町立てされた地域やその後の拡充整備についてもふれた。

さて、御郡所町となってからの小杉新町は、順調に戸口を増大させ発展したものの、御郡所のある町とはいいながら、流入住民の出身地は周辺村落を主としていたと考えられることも指摘した。寛文期に主要な在町には算用聞が置かれたが、小杉新町に算用聞が置かれたのは、他の在町と同様の享保期であった。このように、御郡所町で宿場町の小杉新町も他の在町と同様の発展状況であった。とはいえ、同町では元禄年間に酒造業者が登場するなど、この時期には住民の経済力がつくようになり、住民も俳諧など嗜むようになっていたと考えられ、さらに後の天明六年（一七八六）には、家数四四九軒のうち一六七軒も頭振を数えただけではなく、他に借宅人の存在もみるような町場へと発展していた。

こうした小杉新町は、成立当初より東西両町の二つの地縁的結合を生み出していた。ただこれは、御郡所の町であったことから発生したことではない。三ケ村と戸破村にまたがって町立てされ、また住民も両村出身者を主体とし、さらに寛文年間の第二次建設にさいして、両村の高持住民が移住し、その持高の年貢負担を持ち地のある出身村にてはたしたために、町立て当初より戸破村の土地であった東側と、三ケ村の土地であった西側が東町と西町のまとまりをつくったと考えられる。出身地に加えて、持ち地の年貢負担の関係が地縁的結合関係を東西の地域にそれぞれ組織することになったのであり、そうした結合を強化するうえで町場としてのその後の発展ももちろん関係はあったとみられる。いずれにしても、ようやく一七世紀中ごろになって町立てされた場合、町立て地の隣接村々出身の高持住民が多数流入する新町の場合には、こうした住民が持ち地の村に近い所にまとまり居住することによって、新町の中で複数の地縁的結合を生み出すことになると考える。

この両町は別の神社を鎮守として、祭礼をともにしなかったように、東西の町の結合関係は強いものではなかった。後の天保十二年（一八四二）以前に町財政が別々にされていた時期があるなど[41]、当初一体であったと考えられる小杉新町の町財政はいつの年かに東西両町で区分されるようになっていた。なお、この後期の問題については今後検討してみたい。

地縁的結合体としての東西の町の下に、さらに町がつくりだされるが、この個別町の存在を小杉新町で確認できるのは天明年間であった。このときには多数の町が存在していることから、個別町の形成は町場としてすでに成長していた元禄～享保の段階にさかのぼるとみられる。

個別町の下で、支配面だけではなく、住民生活を支えるうえでも大きな役割をはたしていたとみられる隣保組織は、御郡所のある町といっても、金沢・高岡のように十人組ではなく、五人組編成にされていた。やはり小杉では近世を通じて明文化された町式目のようなものはできておらず、五人組に出された藩の申し付けが、住民の町での生活を律するうえで重要な位置をしめたと考えられる。元禄期に小杉新町の五人組へ出されていたこの申し付けは、町並み景観の維持や防火、防犯に関するもの、そして宿駅関係のものであり、前記したような元禄時代の小杉新町の町場としての発展に即したものとなっていた。

注

（1）拙著『近世の地方都市と町人』（吉川弘文館、一九九五年）第二章第五節「加賀藩の改作法施行段階の町立て」。

（2）小杉新町（小杉宿）の町立てとその後の発展の概略については『小杉町史』（一九五九年）と同書を踏まえた田中喜男『近世在郷町の研究』（名著出版、一九九〇年）三章三節が検討しているが、町立てなどにつきその詳細な検討を課題として残している。拙著『近世女性旅と街道交通』（桂書房、一九九五年）の一部二編二章三では、北陸街道の宿場町建設とそのプランについて、その概略を検討しているので併せて参照されたい。

小杉新町の宿駅としての問題、すなわち宿役負担と助郷については別稿にて取り上げたい。加賀藩の宿駅制と助郷役については、保科斉彦氏が「近世農村における交通関係の負担」（『富山史壇』七〇号、一九七八年）、「越中加賀藩領における助郷の存在形態」（交通史研究会編『日本近世交通史論集』吉川弘文館、一九八六年）などの一連の論文をまとめているので、とりあえずこれらの論文を参照されたい。また、右の『近世女性旅と街道交通』二部二編二章補注に対して、平川新『近世日本の交通と地域経済』（清文堂出版、一九九七年）序節の注は、意図不明で黙視できないとしているので、やむなくこの点についてのみ簡単に記しておきたい。右補注該当部分に対しては、かつて氏から書面による質問があり、これに書面で返事をし、若干後にいただいた葉書に付してこの件について終了する文言があったので、しばらくたって今回、意図不明であり、次元が低いとされているのには当惑する。これまで助郷関連の論文を多数執筆していながら右補注の該当部分について活字にすることがなく、右拙著にて活字としたのは、白鳥伝説を扱った氏の著作『伝説のなかの神』（吉川弘文館、一九九四年）に対して、ある会合で某氏からクレイムが出され、筆者の経験と類似しているところもある一件のため、このかかわりで活字にしたことを付記しておきたい。

（3）宿駅在町の地縁的結合については、先に拙著『幕藩制下陸上交通の研究』（吉川弘文館、一九九四年）二部二編二章「宿と町」で取り上げている。また、加賀藩の場合は、金沢について拙著『近世の地方都市と町人』三章一節「近世金沢の町と十人組」にて検討しているので参照されたい。

（4）『小杉町史』小杉町、一九五九年（以下も同）七一頁収録。

（5）「小杉新町旧規之写」（射水市・赤壁家文書）。

（6）射水市・島木万四郎氏よりご教示いただいた。

（7）「小杉町来歴原稿二」（小杉町史編纂資料）射水市中央図書館蔵。

（8）天保十二年「小杉新町旧記留」射水市中央図書館。

（9）射水市・赤壁家文書。

（10）『小杉町史』一三五・一三六頁。

（11）前出「小杉新町旧規規之写」。

（12）『小杉町史』一四四頁。

（13）前出「小杉新町旧規之写」。

（14）「射水郡高免寺庵宮等書記申帳」（射水市・折橋家文書）。

（15）前出「小杉新町旧記留」。

(16) 加越能文庫蔵。
(17)「戸破邑記録帳」(金沢市・鶴森家文書)。
(18) 前出「射水郡高免寺庵宮等書記申帳」。
(19) 富山大学図書館蔵、川合文書。
(20) 前出「小杉新町旧規之写」。
(21)「七石高・三石五斗高打立野帳」(射水市・結城家文書)。
(22) 前出「小杉新町旧規之写」。
(23)「郡事摘要」(射水市・折橋家文書)。
(24)「旧記」(富山大学図書館蔵、菊池文書)。
(25) 前出「小杉新町旧規之写」、「小杉宿由来等之事写帳」(『小杉町史』一三五・一三六頁、この史料の所在は不明となっている)。
(26)「享保走り覚書」(富山大学図書館蔵、川合文書)。
(27) 前田育徳会尊経閣文庫蔵。
(28)「酒造米高書上帳」(正力図書館木倉文庫)。
(29) 蔵巨水『越中俳諧年譜史』(桂書房、一九九二年)を参照されたい。
(30)「町方壱疋八歩余荷銀」(前出、木倉文庫)。
(31) 城端町「組中人々手前品々覚書帳」(南砺市蔵)。
(32)「家譜」京都松長家文書ほか。
(33) この点、在町井波については第五章参照。
(34) 前出「小杉新町旧規之写」。

（35）「元禄十三年、小杉西町稲積屋太兵衛組覚帳」（木倉文庫）。
（36）「諸事聞覚書」（射水市中央図書館蔵）。
（37）「乍恐書付を以奉願上申候」（赤壁家文書）。
（38）木倉文庫文書。
（39）木倉文庫。
（40）「五人組合帳」（木倉文庫）、「五人組合帳」（松長家文書）。
（41）「町万造につき調理帳」（松長家文書）。

付章1　屋号の史料的利用について
――城端の屋号をめぐって――

はじめに

都市研究の重要課題として都市構造と都市機能の解明がある。都市がどのような住民によって構成され、また都市・農村の分業関係において各都市がそれぞれどのような位置をもっていたか、こうした問題の把握であり、この点の理解の上で、都市民の出身地の把握や彼らの職業実態の理解は重要な意味をもつ。しかし、こうした史料の残存は非常に少なく、時期を遡ればさらにその残存度は低くなる。

史料が少ないため都市住民の屋号が史料として利用されることがある。少なくない市町村史や、場合によっては元禄～享保期以前の都市を取り扱う論著の中でも、屋号を単に補助的史料として極めて限定して使用するのではなく、一次史料と同様な価値を付与して、町の住民の職業やその町の商品流通上の交流地、また住民の出身地を把握する手段とすることが行われているのをみる(1)。これらの執筆者は在町などの場合は、その流通面でも人的交流面でもほぼ周辺地域内で完結しているとする一般的理解を裏付けるものとして利用していると考えられる。また城下町・三都の場合では、近世前期ならばまだ屋号と職業・出身地が対応しているとする予測の上で利用しているのであろう。

さて、屋号について宮本又次氏[2]や作道洋太郎氏[3]によれば、それは室町時代に始まり、近世では商人が苗字を使用できぬので一般に屋号を用いたが、屋号は商標・のれん・看板とともにその営業上の信用をそのまま示すものであった。また、屋号は出身地名や取り扱い商品により付けるが、「屋号は創業者や開業当時の取扱品目や出身地を示すにすぎぬ場合も少なくなく、主家から独立して別家した場合に主家の屋号を用いたことが多い[4]」とする。両氏は商人外に歌舞伎役者の屋号もふれるが、農民の屋号や職人の屋号についてはふれない問題をもつ[5]も、屋号の一般的な理解は両氏の右説明につくされていると思う。

右の理解にたてば、屋号をもって当人の出身地や職業を云々することはできぬのだが、限られた史料しか都市関係では残存せぬので、史料として全く屋号が使用できぬものか検討してみる価値があると思う。加賀藩の在郷町城端には元禄六年（一六九三）「組中人々手前品々覚書帳[6]」（以下「品々帳」と呼ぶ。）という住民の出身地・流入年数・職業を明記する史料があるので、同史料によって元禄期の在郷町住民の屋号と出身地・職業との関係を調べてみたい。また、金沢についても文化期になるが、文化八年（一八一一）「金沢町方絵図名帳」（金沢市立図書館蔵）により調べたい。従来統計的にこの点を確認した仕事は管見の限りではみられぬので、その点で意味があるかと思う。

一、元禄期、城端住民の屋号

城端のこの品々帳で明らかになる点の第一は後家・孀を除けば殆んどが借地・借屋人を含め屋号を有することである。日用・田畑請作などの借屋下層も例外なくこの屋号を持つことの意味を考えねばならぬが、ここではとりあえず、絹生産と集荷に加え五ケ山貸で在郷町として盛えたこの時期の城端の発展に関連したものと指摘しておくだけに止めよう。

上層の住民が住む両上町と中下層住民の多い西新田町各住民を取り上げ表を作成した。屋号の地名としたものには、苗字から由来したものと思われるものもあるが、一応職名外は地名屋号に括った。

同表によると職名屋号は両上町・西新田町共に地名屋号数の半分を下回り、全体では三割程の数であった。ま

表１　元禄期、城端住民の屋号

		東上町・西上町		西新田町	
地名屋号	出身地　同	25（19）	94	30（8）	84
	出身地　別	38（12）		36（10）	
職名屋号	職業　同	15（7）	44	13（3）	32
	職業　別	11（11）		12（4）	

東上町・西上町

	町内出身	越中農村出身	加賀・能登・他領出身	計	
1代目		2（18）		2（18）	同一出身地
	5（8）	0（4）		5（12）	別出身地
	0（3）	0（3）	1（1）	1（7）	同一職業
	1（8）	0（3）		1（11）	別職業
2代目	0（0）	1（1）		1（1）	同一出身地
	0（0）	5（0）		5（0）	別出身地
	1（0）	2（0）	1（0）	4（0）	同一職業
	0（0）	1（0）		1（0）	別職業
3～5代目		14（0）	8（0）	22（0）	同一出身地
		27（0）	1（0）	28（0）	別出身地
		10（0）	0（0）	10（0）	同一職業
		8（0）	1（0）	9（0）	別職業

西新田町

	町内出身	越中農村出身	加賀・能登・他領出身	計	
1代目		17（7）		17（7）	同一出身地
	16（8）	5（3）	4	25（11）	別出身地
	9（2）		2（1）	11（3）	同一職業
	4（4）	1（0）	2	7（4）	別職業
2代目		12	0（1）	12（1）	同一出身地
	4（1）	6		10（1）	別出身地
		1	1	2	同一職業
	3	2		5	別職業
3代目		1		1	同一出身地
	1			1	別出身地
					同一職業
					別職業

注　1）（　）内は借地人・借屋人。
2）西上町では後家１軒の屋号は不明。
3）西新田町では、越中農村出身に高岡の事例１軒が交る。屋号なしは６軒。なお、流入年不明１軒。
4）元禄６年城端町「組中人々手前品々覚書帳」（『富山県史』史料編Ⅳ（近世中・付録）1978年）より作成。

た、この職名屋号のうち半分は屋号と異なる職業を行う者達であったことがわかる。営業の変更が商売よりも変化しにくい職人の場合でも、ここでは約半数の者が屋号と異なる職業に従事していた。

七割に及ぶ多数の地名屋号をさらに詳しくみると、必ずしもそれは出身地をこの元禄期の住民の屋号は示していないことを教えてくれる。開業者の出身地と同じ屋号を持つ住民は半分弱であった。

出身地別に表を検討してみよう。まず町内出身者とされる者であるが、彼らは町内住民の分・別家ということになるが、ほぼ半数が職業名でなく地名屋号を持つが、当然城端や出身町名を屋号にすることはないので、別地名屋号となる。これが本家・主家の屋号となるか確認は一部の者を除けばできぬが、それが少なくないことは推測できよう。当人が初代で職業と職名があわぬ者も同様の者ではなかろうか。次の越中農村出身とした者は、そのほとんどは砺波郡出身農民である。この城端周辺の農村から流入する農民の場合、三代以上居住の初期流入家は職名屋号を持つ者が多く、また地名屋号の場合は出身地名を示さぬ家が少なくない。ところが、初代の新参者達はその多くが出身地をそのまま屋号にしているのが注意される。

越中以外の出身者については、件数が少ないので、全町を対象にして、越中外の国名・地名屋号を付する者を全て取り上げてみることにした。その事例は次の通りである。（　）内は出身地と初代の者の人数である。

○越前屋一七軒（越前板倉村七軒、北野三ケ村二軒、平桜村一軒、町内七軒〈初代の者七軒〉）、○尾張屋四軒（尾張清洲三軒、町内一軒〈初代〉）、○河内屋二軒（砺波郡是安村二軒）、○ひだや一軒（砺波郡菊ケ村）、○松前屋一軒（砺波郡信来村）、○佐渡屋一軒（砺波郡宗守村）、○のとや一軒（五ケ山松尾村〈初代〉）、○尾山屋九軒（金沢六軒〈うち一軒初代〉、砺波郡井口村一軒、町内二軒〈初代〉）、○卯辰屋一軒（金沢〈初代〉）、○野々市屋（布市屋）二軒（野々市）、○津幡屋一軒（道林寺村）、○寺井屋一軒（寺井）

他国名屋号のみをみると初代の者で屋号名と同一の出身者はなく、結局他国屋号は当人自身の出身国をこの時期には示さぬが、越前屋・尾張屋についてはその家の祖、開業者の出身国を示す例が少なくない。しかし、松前屋（絹仕入并酒作り・蔵宿）、河内屋（絹商売、同并五ケ山貸）、佐渡屋（質物取并絹布商）、のとや（田畑請作）、ひだや（上方中荷持并手間絹おり）は何故その屋号をつけているか不明であるが、絹商を始めそれぞれの地域と結びつきをもったと考える、取引上の国名を取ったと考えることは難しいのではないかと思う。

一方、他国といっても同じ加賀藩の都市・在町の屋号を持つ者は出身地と屋号が対応する者が多い。

二、後期金沢町人の屋号

城端と同時期ではないが、文化の「金沢町方絵図名帳」により、後期城下町人のケースもあわせ検討してみたい。後期で、しかも大都市のゆえに屋号と職業・出身地の乖離の著しさが予測されうるが、念のため本町と地子町の町を取り上げ、出身地は判明せぬので職名・商品名屋号と職業との関係を確認してみたい。

○〔本町〕、今町・中町…屋号持家持八一軒、有姓家持一五軒、うち職名屋号九軒〈うち同一職業一軒〉

○〔地子町〕、山ノ上町…屋号持家持一二三軒、有姓家持一四軒、うち職名屋号一三軒〈うち同一職業二軒〉

右の町々だけでなく、他の町々も金沢では家持はほとんどが有姓でなければ屋号を持っている。有姓が多いのは各町に武家奉公人が少なからず居住するためである。

さて、上記町にみるように商品・職名屋号は少なく、さらに同一職業に従事する者はほとんどまれといってよい状況がわかる。すなわち、もはや後期城下町住民の商品職名屋号をみてその職業を連想しても無意味であるといえる。

結び

以上の検討で判明した点をまとめ結びとしたい。

まず、後期城下町住民の職業をその屋号にもとづいて判断することはできぬといえる。その家の開業者・祖先の出身地を考えても、分・別家が後期には少なくないこと、また元禄期城端の例からみても、それは意味がないと考えられる。以上、後期城下町住民の屋号はその職業・出身地を知る史料としては利用できぬことがわかる。

次に元禄期の在郷町住民の屋号であるが、他国名屋号は一部の家の祖先の出身地を示すにすぎず、また営業関連上の地域を示さぬ。ただ同一領内の遠隔地都市・在町名屋号は比較的その家の祖先の出身地を表していた点は留意されるべきであろう。また、職業・出身地にしても半分が同一屋号にすぎず、確実性が高いのは当人自身が領内農村出身者であることが分かっている場合で、そのケースは多くが出身村名を屋号としている。

結局、特定のケースを除けば元禄の在郷町でも屋号利用は難しい。まして都市規模が大で、諸営業の活発な城下町やさらには三都で、その住民の出身地・職業、また流通上の関係地を屋号で推定するのは誤りといえる。寛文・延宝期より都市は戸口を増大させていくが、その中で分・別家の展開が占めた比が小さくない(7)ことを考えれば、少なくとも元禄期以後における屋号の史料的利用は慎まねばならぬと思う。

注

（1）例えば、乾宏巳『なにわ大坂菊屋町』（柳原書店、一九七七年）は、万治より享保に至るまで住民の職業を屋号により判断する。また、三浦俊明「東海道藤沢宿場町の発展」（『藤沢市史研究』一二号、一九七九年）は延宝～宝暦の間に他国より流入し同出身地屋号を持つ六軒の家を紹介し、あわせ屋号を利用し元禄～享保期における各地からの商職人進出を考える。

（2）宮本又次「屋号」『日本歴史大辞典』第九巻（増補改訂版）河出書房新社、一九六九年。

（3）作道洋太郎「屋号」日本風俗史学会編『日本風俗史事典』弘文堂、一九七九年。

（4）前出、作道「屋号」。

（5）一方、民俗学者の間では屋号については農民の屋号を問題にし、都市民の屋号についてはあまりふれぬ（「屋号」柳田国男監修『民俗学辞典』東京堂、一九五一年。石塚尊俊「屋号」『世界大百科事典』三〇巻、平凡社、一九八五年）。

（6）『富山県史』史料編Ⅳ（近世中・付録）富山県、一九七八年。

（7）松本四郎・林玲子「元禄の社会」『講座日本史』四、東京大学出版会、一九七〇年。

第四章　「陣屋町」小杉と地域

はじめに

近世前期以降の北陸地域は、加賀・越中・能登の三ケ国にまたがる、加賀藩とその支藩を中心におき、一方、越後・越前では小藩が多数配され、加えて幕領も置かれ、非領国地域的あり方をもった。この小藩の場合には、鯖江藩や糸魚川藩などのように城下町を設けずに、陣屋のみ設置する藩も少なくなく、また幕領や飛地領の場合には、柏崎などのように陣屋の設定をみた。

加賀藩の場合は、一国一城令により高岡・魚津・今石動・七尾などの城が廃城となり、これらの町は城下町ではなく、町奉行所在の地域中心の都市となった。しかし、広大な領内農村支配のために、前期の改作法実施以降には、農政・収納を司る改作奉行担当の高方支配以外を郡奉行が担当することになった。これにより越中・能登では在方に郡奉行所が設置された。加賀藩の郡奉行所は町場に設置され、「御郡所」と呼ばれた。御郡所の町は前記の陣屋町同様に、領主による地域支配の拠点となった町である。

近世の陣屋は、①幕府の郡代・代官などの地方支配の役所、②大名で国守・城主・城主格でない者の江戸外の居所、③高禄旗本の江戸外の居所、④大藩の重臣の居所、⑤藩の飛地領における地方支配の役所などとされている。(1)

陣屋の設けられた所には町場がない場合もある。町場に設定される場合は、研究上、一般に陣屋町と呼ばれている。加賀藩の御郡所は、右の①に準ずる藩の地方支配の役所となる。ただし、前述のように御郡所の機能は、幕府の代官所による地方支配の機能よりも大きく削減されていることは注意しておかねばならない。

北陸地域の都市研究上、城下町研究とならび、当然ながら同じく支配機能を担った、右の各種陣屋町の研究が重要となる。筆者は北陸地域都市史としての観点から、城下町や宿場町をはじめとする在町や港町・浦町については直接取り上げてきたが、これまで陣屋町については未検討であった(2)。そこで、本章では、加賀藩の地域支配の拠点となっていた、郡奉行所設置の御郡所町について取り上げる。その場合、御郡所町の構造・機能と発展につき地域との関わりを考えて考察することになる。そして、地域と御郡所の問題は、御郡所の立地と管轄地域が支配地域住民にとって問題となってくる。

実態としての地域は、歴史的動向の中で領主により設定された支配管轄地域との間にずれが生じる。また、元来ずれている場合には、一段と実態との対応が求められることになり、支配地域住民が管轄地域の変更や、御郡所移転を望むことも当然存在する。領主の設定する支配拠点の城下町の場合は、幕府の許可の必要に加えて、軍事的な配置の問題もあり、領民の意志により移転されるものではない。しかし、御郡所については、管轄地域の分割・変更の願いはもちろんのこと、御郡所の所在地をめぐり管轄地域の住民による願いが登場する余地がある。近代ではあるが、県庁所在地をどこに置くかということは、地域住民の利害に直結するために、地域内部の分裂、地域を構成する小地域間の対抗をもたらし、後々まで大きな地域内部での対立関係を残すことがあった。御郡所の管轄地域の変更や御郡所移転問題は、領主と支配地域住民の間に対立をもたらすだけではなく、地域を構成する小地域の結合強化と同時に、小地域間の対抗による地域分裂をもたらすことにもなった。このため近世の地域を考えるためにも、御郡所の移転問題と管轄地域の変更問題を取り上げることは重要となる。

本章で直接に対象とするのは、砺波射水郡奉行所が設置された、射水郡小杉新町である。加賀藩の御郡所設定の町については、御郡所との関わりがこれまで論じられることはなかった。また、小杉新町の検討は宿場町・在町としての観点からの分析が行われてきたが、本章では御郡所町としての視点から同町を取り上げることになる。

本章が取り上げる具体的な課題は、第一に城下町の出先の機関として、在方の地域支配のための機構・拠点となる御郡所がどのような地に設定されたかを、設定の地域的な背景について検討する。第二には、陣屋町の一タイプをなすと考えられる御郡所町は、どのような空間構造上の特徴を持つ町としてつくられているのか、また同町はどのような機能・役割をもって地域の中で発展していったのかにつき明らかにする。第三に、実態としての地域と加賀藩の在方支配の単位としての砺波郡・射水郡支配との関わりを踏まえて、御郡所、御郡所町と地域について、管轄地域の変更と御郡所移転問題について明らかにしたい。

一、前期の地域支配と御郡所設定

加賀藩は改作法実施以降、砺波郡・射水郡の両郡を砺波射水郡奉行支配として一地域として把握した。この支配領域と実態としての地域との関わりをまずみることにする。また、小杉新町が砺波射水郡奉行所の所在地となった背景についても、地域との関わりからみておきたい。

越中を二分する場合に、神通川が境界となる。同川の西部となる、射水・砺波・婦負の三郡地域は川西地域と捉えられている地域である。寛永十六年（一六三九）の富山藩分藩により、川西のうち婦負郡が富山藩となり、加賀藩領の川西地域は砺波・射水両郡となった。この両郡の支配は元来、高岡町奉行が管轄した地域であり、承応元年（一六五二）に同奉行が高岡専任となった。このため別に砺波射水郡奉行が取り立てられたのであった。(3)

川西地域は単一の物流や文化交流地域ではない。他国・他地域との結びつきからいうと、小矢部川・庄川の水系や、戸出・福光・城端ないし戸出・井波の街道をへて五ケ山・飛騨へ結ぶルートが砺波郡の物流や人の移動の重要なルートとなっていた。射水郡の場合は、庄川以東では放生津の後背地となる下条川水系が、初期には飛騨との結びつきもてる重要なルートとして存在した。下条川地域には、初期に手崎の市や、同市が移転してできた戸破の市が存在した。(4)同地をさらに遡航し、陸路を若干とると、初期の北陸街道に沿った黒河にいたり、黒河からは八尾近辺をへて飛騨往来に入り飛騨へ結ぶことができた。このため近世初期の日本図(5)では、北陸街道から飛騨高山へ結ぶ重要地点として黒河を描いている。

以上の二ルートが飛騨と結ぶ川西地域の重要なものである。川西地域内には右ルート沿いの地域的結びつきのある二地域が存在したことになる。そして、川西地域の有力な地域は小矢部・庄川水系の地域である。その中心となる都市が高岡であった。このため高岡町奉行が初期の砺波射水郡奉行を兼ねたのである。

一方、加賀との結びつきを考えると、北陸街道のルートも人の移動では無視できない。寛文以前の北陸街道は倶利伽羅峠から今石動・戸出・中田・水戸田を通るものであった。この北陸街道が前記二地域を結びつける街道として存在し、同街道筋も地域的まとまりはそれなりに存在したのではないかと考えられる。

さて、慶安〜明暦期の改作法実施により、農村支配は改作奉行と郡奉行の二元的支配となった。しかも十村を積極的に利用しての直轄支配となった。藩はこのため当初郡奉行を金沢居住とした。寛文五年（一六六五）より小杉新町に砺波射水郡奉行を置き、東岩瀬には新川郡奉行を配した。寛文初年に川西地域の北陸街道筋は小杉新町を通るルートに変更されており、新北陸街道の宿駅となった小杉新町と東岩瀬に郡奉行が設置された。越中の北陸街道は金沢と江戸を結ぶ街道であり、前述の川西地域内の二地域を通貫し結びつけ、越中の背骨となる街道であった。このため郡奉行所は北陸街道筋に設定されたのであった。北陸街道筋には元城下町の高岡・魚津が位置し、ともにその初期奉行が郡方支配も兼ねたが、前述のように承応年間に高岡町奉行は高岡専任となった。このため別に砺波射水郡奉行が設けられ、下条川水系の中心地となる小杉新町に御郡所が設置されたのであった。

しかし、この小杉新町は砺波郡農民には地理的に不便であった。小杉新町への御郡所設定に当たっての、直接の砺波郡の反対は知られない。しかし、小杉新町の町立てが着手された明暦四年（一六五八）四月に、両郡十村から「公事人遠クあるき申、其上私共中間も人数多寄合揃兼申」として、川西地域の公事は砺波郡と射水郡との二手にわける願いが出されている（「旧記」二、富山大学蔵菊池文書）。承応元年に高岡の目安場が廃止となっているので、[6]右願いは金沢の目安場の審議を郡毎に分割する願いということになる。しかし、それは認められなかった。砺波・射水両郡という広域地域の支配を行う藩に対して、砺波・射水両郡十村からいわば両郡分割支配に連なる願いが出されたのである。しかし、両郡十村の願いを藩はおさえ、さらにそのすぐ後に藩にとって都合の良い、北陸街道筋の小杉新町に御郡所を設定したのであった。

二、小杉新町の建設とその構造

1　小杉新町の町立てと北陸街道整備

江戸時代初期には、城下町をはじめとする都市が各地域に建設され、江戸期の都市の多くがこの時代につくられていた。越中と越後の一部地域では、村々の市場町としての役割をはたす在町が一七世紀前期に盛んに建設されている。越中では射水平野・砺波平野に、越後では蒲原平野に在町建設がこの時期に行われていた。加賀藩の場合、改作法が実施される段階の慶安二年（一六四九）から明暦四年（一六五八）の間に、小杉新町をはじめとする新町が、ほとんど越中の射水郡・砺波郡で建設されていた。[7]砺波平野の町立ての背景は、地域の新田開発に対応した市場関係の再編ということが主になっていたが、街道筋の再編という交通問題から町立てを考慮する必要のある在町もあった。[8]本章が取り上げる小杉新町のほか、福岡・和田新町・大門新町はいずれも寛文初年に新たに北陸街道となる街道筋にあった。つまり今石動・高岡・東岩瀬を結ぶ街道筋に町立てされているのである。

小杉の町立てにつき、万治元年（一六五八）九月に、十村寺崎瀬兵衛から出された文書（天保十二年「小杉新町旧記留」射水市中央図書館蔵）によると、屋敷一〇〇軒を取り立てる予定の新町は、すでにこの九月の時点にはその一部の五三軒については建設されていること、そして、建設されたこの小杉新町について新住民は、小杉新町は高岡・富山の間道の中にあるので、宿役を勤める宿駅の宿並みとしてほしいこと、それに加えて市も立てさせてもらいたいということを願い出ていた。

天明六年（一七八六）の書上げ写しの「小杉新町旧規之写」（赤壁家文書）や年次不詳「小杉宿由来等之事写帳」[9]所収の「小杉新町由来」によると、三ケ村三郎右衛門・戸破村九郎兵衛と近在の百姓階層の次、三男の五三軒が村から出ることになり、明暦四年（万治元年）二月二十三日に検地奉行派遣により新宿取り立てが命じられ、そして同三月二十七日の検地により居屋敷高が定められたという。

この年九月末に下条村瀬兵衛から前述の願書が出され、宿並の申し付けと市立ての認可が藩に求められたのである。そして、同年十二月末には残りの家も建ち、当初の家建て一〇〇軒による町立てが終わった（前出「小杉新町旧規之写」）。同月に十村瀬兵衛は小杉新町の地子積りを砺波射水郡奉行津田右京・安宅三郎左衛門に出しているが（右同）、従来、郡奉行はこの年までは任地在住で、同年に十村代官制となってから金沢在住となり、任地には郡方足軽が派遣され、郡手代に事務を補佐させていたとされている。[10]

前節で記した、明暦四年の公事の二手分割願いでは、公事に出向く場が遠いこと、このため十村も寄合がしにくいとしていた。この願書による限りは、小杉新町の町立てに際して、郡方足軽を小杉新町に配する計画があった可能性があることになる。[11]

2　御郡所建設と町並み拡充整備

御郡所建設と小杉新町のかかわりについて前述した。ただし、御郡所建設の記録がはっきり残るのは、郡奉行が任地駐在となり、このため御郡所が建設されたという寛文五年（一六六五）のことであった。同年三月御貸屋建設のために、吉久村より材木の船による小杉への運送が放生津肝煎へ命じられているのである（「憲令要略」）。

後の寛政五年（一七九三）の戸破村に関する年貢負担の記録によると、戸破村草高のうち四石二斗八升七合が寛文五年に引高となっている。それは郡奉行貸屋屋敷と足軽一二人の屋敷の分であった（「射水郡高免根帳」折橋家文書）。一二人の足軽も小杉新町の奉行所に配属されたことがわかる。また、同九年には牢屋敷も併設され、一斗九升二合の引高が行われている。以上によると、寛文五年の御郡所建設は間違いない。ただし、それ以前の足軽のみ任地に駐在した段階に、高岡ではなく小杉新町に彼らが配されていたとするならば、小杉新町の町立てには、郡方足軽の屋敷地配置による、砺波射水両郡の行政中心地としての建設が藩により考慮されていることになる。

御郡所設置にあわせて、その翌寛文六年には、十村が詰める小杉相談所が建設されている（「郡事摘要」折橋家文書）。相談所は郡毎に設置されたため、杉木新町にも存在した。元々は相談所といったのではなく、寄合所とも呼んでいたようである。しかし、寛文八年二月には、名称が相談所と決められ、また正月を除く毎月三日が小杉相談所の相談日に定められている（「旧記」菊池文書）。

小杉新町は寛文二年に新宿指定を受け（前出「小杉新町旧規之写」等）、宿役を負担するようになった。ただ小杉新町の住民にはその負担は重いようであった。というのは、寛文五年に小杉に御郡所が設けられたために、小杉と金沢間の宿役負担が当然に増加したためである。それに加え、住民は近隣の高持百姓の分家とはいえ、自身は無高であり、依存すべき商売などの稼ぎも当初はそう大きなものとはならず、彼らにとり宿役負担は軽くはなかったためである。このため藩は宿役負担に堪えられるような住民を新たに招致する必要に迫られた。この結果、藩は三ケ村と戸破村の高持百姓を移転させ、彼らを中心にして宿役を負担させるようにした。この時に三ケ村からは計一〇九二石余、戸破村よりは計一二一一石余の高持が転居した（右同）。

転居農民の数は不明である。しかし、彼ら新住民が新町へ移り、町並み立て添えの家並み整備が実施されることになった。移転した場は、主として町並みに続く街道沿いとなる。元戸破村の地である東町地区では、下条川の東岸の荒町がこの時に作られた。三ケ村の地を元にしてできた西町地区では、三石五斗高とされている屋敷地がある。これは寛文十二年に新町へ移住した頭振が拝領した屋敷地である（前同）。西町の同屋敷地は右門橋より東に散在した。右門橋のすぐ脇に同屋敷があるため、三ケ村の高持が移転した屋敷地は、水戸田往来の所より右門橋までの間ということになる。

三、小杉新町の空間構造と御郡所

新町の町並み形態を、前項に記した結果をもとに概略図にすると図1のようになる。

当初の町立て完了段階の小杉の町並みは、図1Aにみるように、東町の中程で曲がっており、鍵の手状の町並みとなっている。一般に町並みを屈曲させることは、軍事目的のための遠見遮断や、風が吹き抜けることをさえぎる防火のために実施される。小杉新町の場合は町並みが東西に連なるために、越中ではもっとも用心しなければならない南北の風対策に町並みを鍵の手にすることはない。それでは軍事目的となるのであろうか。軍事目的とするなら、東から入る敵を迎え撃つ兵を配置するための屈曲となる。金沢・高岡の防衛を考えると、たしかに東側は用心しなければならない地点となる。

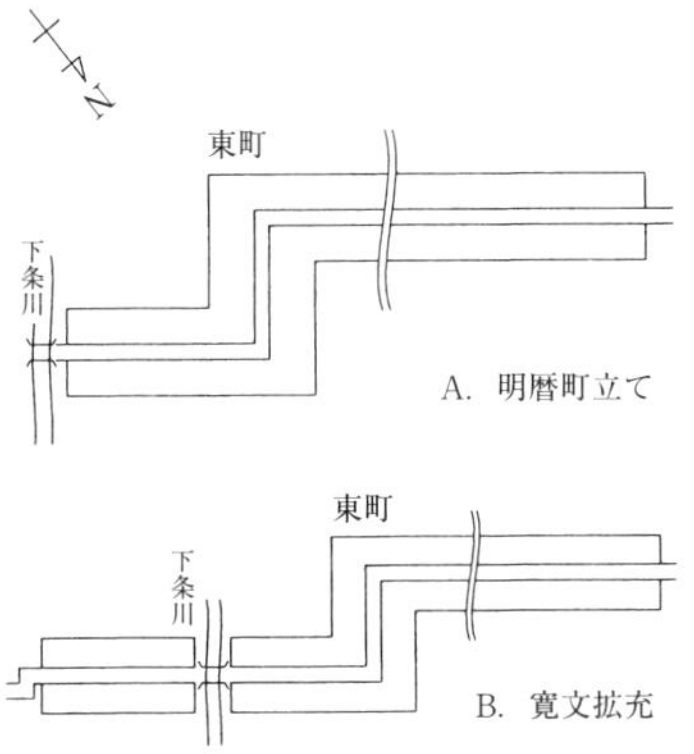

図１　小杉新町の町並み概略図

小杉と同じ時期に建設された、砺波・射水両郡の北陸道筋の新町

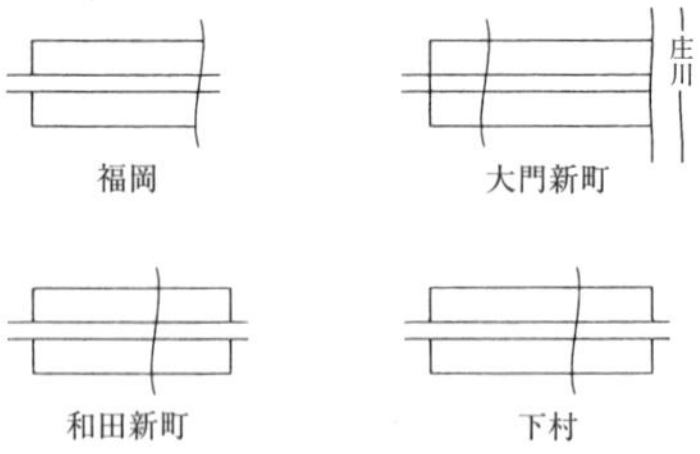

図２　改作法段階建設の砺波・射水郡在町の町並み概略図

町並みを、概略図に示すと、図2のようになる。

図によると、同じ北陸街道の在町でも、町並みに屈曲が設けられているのは小杉新町だけであった。同じく宿駅取り立てにより町並みとして整備した下村も町中に遠見遮断のための屈曲を設けておらず、ただ街村町並みとして建設されているだけであった。

同時期に建設された北陸街道の新町と比較すると、小杉は町並みに屈曲が設けられている点に大きな特徴があった。その理由が問題となる。足軽が小杉の町立てに際して配置されていたとするならば、藩による川西地域の郡方支配中心地として、特別な町作りが実施されたということで、理解がしやすい。もしそうでなければ、下条川との関係で地形上やむなく屈曲を設けたと考えるのが妥当となるが、それでも小杉新町は地形を利用して町並みに軍事的な配慮を施す必要があった町ということになる。

次に、寛文十二年（一六七二）の高持百姓移転後の小杉新町を概略図に示すと図1Bのようになる。図にみるように、東の町端となる荒町はここも町端が屈曲している。荒町が町並みを整備された段階は、御郡所設定より時期が下るので、荒町の屈曲は明らかに御郡所町としてつくられた遠見遮断と捉えられる。

さて、中期から後期については、小杉新町の空間構造・景観の特徴がつかめるようになるので、以下では中後期を対象に検討することにしたい。

同期の小杉新町は、街道筋の町並みに若干の脇道家並みと、御郡所周辺の裏家並みのほか、若干の所に裏通り家並みがみられた町であった。小杉新町の西町の嘉永絵図（斎藤家文書・富山県立図書館蔵）によると、北陸街道筋の本通り町並みの屋敷裏には、生活汚水を排水するための用水を流しており、町並みはこの用水により囲まれている。そして、用水脇には小路がめぐらされ、この用水と小路を隔てて所により裏家並みがつくられていたのである。また、西土寺などの寺院は町並み裏に設けられていた。

宿場町の町並みには、特別な家造りを許された本陣に加え、一般に旅籠屋が多数店を構える。小杉の本陣は、天保十一年（一八四〇）のころには、屋敷の前口は二〇間二尺にも及び、小杉の町並みのなかでも大きな屋敷を構え、旅籠屋とともに小杉新町が宿場町であったことを示す存在となっていた[12]。そして、町端には北陸街道でも名が知られた、旅籠も兼ねた茶屋の菊屋をはじめとする茶屋が存在した[13]。町端の茶屋の存在は、宿場町の景観を示すものの一つである。

以上のように、小杉新町の景観は街道筋の町並みを主とする宿場町としての景観をもっていた。しかし、小杉新町は純粋な宿場町ではなく、郡奉行所が設けられた、いわゆる陣屋町に類する町でもあった。このため小杉町には、本通り町並み裏手に設けられた御郡所の屋敷地区も存在し、小杉新町の町並み景観は二重構造となっていた。

小杉新町には御郡所が存在したために、砺波射水郡奉行の宿舎となる東西の御貸屋が新町の町並み北側裏手に設けられ、足軽屋敷も配置されていた。天保十五年の記録によると、御郡所は三つの建物からなり、一つは両郡奉行が入る東西の屋敷の御貸屋であり、他は御用所と御詮議所であった（「戸破邑記録帳」鶴森家文書）。これらの建物に足軽屋敷が付随することになる。

十村が詰める施設や牢屋もこの小杉には付属して建設されることになった。相談所は町並みが再編される前の寛文六年に建設されている。天保十五年に再建されているが、それは御扶持人十村中寄所と名付けられ、町並み内の水上屋次郎右衛門背戸に建設されている（右同）。また、牢屋も設けられていた。前出の嘉永絵図によると、西町の御郡所入り口小路の西側に面した今井屋伝助屋敷の裏手一部分が先年牢屋敷と記載されている。この御郡所と本通りとの間には、天明期には田町の裏家並みが存在するが、田町が記録に登場するのは元禄期であるものの、まだこの段階は町並みとして十分なものとはなっていなかったと考えられる[14]。このため御郡所設定からしばらくは、町並みと御郡所は離れており、その後田町の町並み成立により、両地区が一体化したと考えられる。

四、小杉新町の機能と地域

1　宿駅機能と御郡所

小杉新町は宿駅機能を担う町であり、宿送りの伝馬役負担を負った。前述のように、御郡所設置後には伝馬役負担者の拡充がはかられていた。宿駅としての勤めは、伝馬役以外に宿泊の御用もあった。藩主通行に際しての宿泊御用を勤める本陣だけではなく、様々な藩役人の往来に際して別の宿民の家が御用宿を勤めた。享保六年（一七二一）二月の触によると、小杉新町では、武士の宿を申し付けてもなかなか引き受けようとしない者がいることと、また御用宿勤めを避けるために、わざと家を見苦しくしている者がいることを記している（「諸留帳」伊東文書・富山県立図書館蔵）。享保ごろには藩役人らの御用通行が増大し、御用宿がしばしば賦課されたために、とりわけ小杉新町の住民は、同勤めを忌避する行動をとっていたことがうかがえる。

砺波射水郡奉行も御貸屋を利用できない時には、御用宿を使用した。郡奉行の宿舎として御貸屋二軒が小杉には建設されていたが、同貸屋の修繕が行われている際や、小杉へ郡奉行がきちんと引っ越しを終えていない場合には、小杉の有力な家を宿として利用したのである。開発屋太郎兵衛家では、元文元年（一七三六）以降にこの郡奉行宿を勤めていたことが判明する（「御郡奉行様小杉新町御旅宿私宅ニおいて相勤候日数等留帳」木倉文庫）。

なお、御郡所へ召しだされた管轄下の郡民が、詮議に日がかかる場合には、やむなく小杉新町の宿を利用することになった。つまり御郡所の所在が負担のみを町にしいたわけではなく、小杉新町の宿泊者を増加させていたことも忘れてはならない。

2　市場機能と地域農村・御郡所

江戸初期に戸破村に市が立てられ、同地は小杉周辺地域における商業上の中心地として存続してきた(15)。こうした背景を一つの前提として、戸破村と三ケ村の境に小杉新町の町立てが行われたのである。また、町立て後も戸破村での市立てについてはなんらの変更も行われなかった。

寛文十二年（一六七二）に町並みが拡充されてから、まだ年月がそうたたない延宝二年（一六七四）八月二日に、藩から小杉新町に対して、あらためて「毎月二日・五日・八日・十二日・十五日・十八日・廿二日・廿五日・廿八日に市可相立事」が認められ、また「一、所々より川船にてのほり、於当町売買すべき事」も命じる制札が下された（前出「小杉新町旧記留」）。

この制札が下されたのは、町並み拡充とのかかわり以外には考えがたい。藩は小杉新町の宿役維持のために、高持を町並みに移住させ、宿役を負担させていた。そして、これに加えて小杉新町の市商業の繁栄により、宿役負担者の経済を支えようとしたとみられる。また、制札で注目されるのは、下条川の水運に結びついた小杉新町の商業を発展させようとした点である。商品経済の動きはこのころ一段と発展しはじめ、下条川を利用した物資輸送も一段と盛んになってきたはずである。藩はこの動きを積極的に容認し、小杉新町の市を中心とした地域の市場関係は一層活発化することになった。

小杉新町の九斎市は、小杉の近辺で開催されている他の市と日を代えて結びついている。領内の六斎市から川西地域の六斎市圏をみると（「政隣記」加越能文庫）、ほぼ二つみられる。小杉の二の日の後は、三の日を中田、四の日を柳瀬、五の日をまた小杉、六の日は中田、七の日は戸出、八の日を小杉、九の日は中田、そして十の日を柳瀬へとめぐる小杉・中田・戸出・柳瀬の六斎市圏ができていた。この他に、砺波郡では井波と今石動の両町を中心にして、福光・福野・城端の市が六斎市圏をなしていた。

小杉の市は砺波の六斎市圏に組み込まれる形の、同市圏の補完的存在ともいえる。ただ、庄川以東の射水郡農村で、放生津や富山藩領の町場、四方・西岩瀬の近隣村以外の村々は、小杉の市場圏となる地域であった。

さて、御郡所の存在が小杉の経済に与える影響を考えた場合、小杉の御郡所は詰める藩役人の数が少なかった。藩役人が居住するといっても、彼らの居住が小杉の町に経済的に与える役割は小さい。市場町でもあった小杉新町が経済的に潤うには、地域の有力産出品の米を取り扱う必要があった。しかし、加賀藩は御郡奉行所所在地を対象にして、必ずしも年貢米の蔵を設けることはなく、小杉近在の年貢米は放生津や高岡などの蔵に送られていた。また、給人米を扱う蔵宿を小杉新町に指定することもなかった。つまり、小杉新町の場合は、御郡所町といっても地域の最有力商品の集散地としての機能を担うことができないという大きな限界があった。

近世に入って、城下町富山建設により、飛騨との関わりは放生津ではなく、神通川河口湊の東岩瀬・西岩瀬を窓口として、下条川ではなく神通川水系を中心とするようになっていた。このため、米穀の集散地としての機能を小杉新町がはたせなかったことは、その経済面に与える影響が非常に大きかったといえる。

3　御郡所・相談所の存在

御郡所の所在する町であったことは、当たり前ながら小杉新町が地域支配の行政機能をはたす町であったことを意味する。

小杉新町には郡奉行所と離れて、町並み内に郡内の十村の集まる場である相談所・寄所も設けられていた。前述のように、藩は寄合所の名前ではなく、相談所の名称を付けさせたように、藩は郡奉行の下命を受けて任務をはたす十村の役割のみを期待し、彼らの自主的な寄合所としての存在は当然ながら歓迎しない。しかし、相談所は改作奉行支配の下で郡内の諸事についての意見交換や相談の場としても使用される所であり、また十村配下の肝煎ら村役人などの地域上層農民の意見を集約する寄合の場として当然機能することになる。前述のように天保十五年(一八四四)に再建された際には、御扶持人十村中寄所と名付けていた。寄合所とは唱えていないが、その名称に近づいた名称が与えられるようになっていた。いずれにしても同所は、在方農民のいわば民意を結集する場としての役割を持つことになり、こうした施設を有する小杉新町は地域の民意結集の場としての役割を担うことになる。

相談所に集まる十村の交流の場に小杉が位置したことで、小杉新町は地域の情報交流センターとしての役割を持つことができた。また、相談所に詰める十村の存在は、小杉新町の上層住民の学芸・文化に対する関心を刺激し、より一層その関心を高めることになったであろう。

幕末の小杉新町では俳句だけではなく、他の在町と違って漢詩が盛んに行われた。川西地域で漢詩が盛んであったのは、同地の最大の都市である高岡であった。この高岡以外の都市では小杉新町ぐらいであった。小杉新町の住民が漢詩にも目を向け、さらに積極的に漢詩を嗜むようになった直接の要因は、京都の東本願寺の僧、木蘇大夢の影響があったとされているが、[16]やはり同地に相談所・寄所が存在したことに加え、郡奉行も所在する御郡所の町であったことも大いにかかわりがあろう。

五、御郡所町小杉の発展とその限界

小杉新町は初め一〇〇軒の家並みとして建設され、さらに寛文十二年（一六七二）には高持百姓を三ケ村・戸破村から移住させ、町並みが拡張された。この後の元禄期は順調に家並みの拡充・発展をみている。このため享保五年（一七二〇）の小杉新町は、家数が合計三二〇軒となっていた（「享保走り覚書」川合文書、富山大学図書館蔵）。その後の戸口動向を左に整理した。[17]

享保五年　三二〇軒（頭振一三二軒、高持百姓一〇一軒、屋敷高持八七軒）
安永七年十二月　四一二軒（百姓一五一軒、頭振二六一軒）
天明六年二月　四四九軒（百姓一八二軒、頭振二六七軒）、五〇二軒（うち借宅人など五三軒）
天保十一年　東町二一四軒（うち無家二三軒含む）
天保十五年　西町二〇二軒（無家除く）
文久二年　西町二五〇軒（うち三一軒無家）
明治八年　小杉駅四七八戸二一一五人
明治十二年　三ケ村三〇三戸一五一一人。戸破村三六〇戸一六五七人

享保から天明までは高持の百姓階層と無高の頭振階層はともに増加している。この天明段階には、借家人も相当

居住するようになっていた。しかし、江戸中期の天明期から明治前期まで戸口は増えていない。文化・文政期の、一般に商品経済が展開し、都市の一層の発展がみられるといわれる時期にも、小杉新町では戸口の増加をみるような発展はなかったことになる。江戸中期以降の小杉新町の経済は停滞的であったことになる。その背景には地域のもっとも有力商品となる米の流通拠点となるための町蔵・御蔵の設置が藩から認められなかったことがある。また、小杉新町周辺地域で地域経済を活発化させる特別な商品生産が発展することがなかったこともある。

小杉新町は、江戸後期に人口が増大するような発展はみられなかった。しかし、幕末と戸口の変化がそうない明治前期の段階をみると、小杉新町は他の砺波・射水地域の都市の中でも決して小規模な都市ではなかった。町奉行支配の都市は別にして、郡奉行支配の町立て・宿立ての町をみると、射水郡では別格の廻船業者と漁師の町、放生津に次いで大きな町であった。[18] 砺波郡では福光・井波より戸口は少ないものの、後期に桟留縞生産で栄えた福野と家数は変わらない。そして、両郡の北陸街道と上使街道の宿駅のなかでは最も大きな町であった。

小杉新町は、こうした都市規模の町として、すでに天明のころには成長していた。その背景には同町が下条川と北陸街道という水陸の交通要衝にあり、市立てが許され、地域の流通の重要な核となっていたことがまずあげられる。また、小杉新町には御郡所が置かれ、地域支配のための重要な町であったことも、その背景として考慮できる。しかし、発展の停止した町経済の動向を打開する動きが当然みられた。それは、地域物産の中心となっていた米の集散地化することであった。このため、幕末に小杉新町では宿御用増加を名目として、藩の御蔵と給人米の町蔵設置を願い出ている。すなわち、安政四年（一八五七）に、宿御用が一段と増大したために、小杉新町の町役人は宿駅を維持できないと藩へ訴え、藩の御蔵と給人蔵の設置を求めたのである（「小杉新町宿方永続仕法御貸米願御聞届一件」結城家文書）。これらの蔵ができれば、御蔵と給人蔵へ年貢を納める村々が小杉新町へ入り込み、諸商売など稼ぎ方もあり町の潤いになるとして願い出たのであった。しかし、その願いは認められることはなく、差し障りがあるとして却下されてしまった。

六、御郡所移転訴願と地域

先に紹介したように、小杉新町建設段階に砺波・射水両郡十村は公事の両郡分割扱いを請願していたが、その願いは却下されていた。そのすぐ後に小杉新町に置かれた砺波射水御郡所は、砺波郡の農民には通うのにきわめて不便な地にあるため、砺波郡の村役人・農民にとって都合の良い、砺波郡の中心地への御郡所設置が必要となってくる。郡奉行支配における砺波郡と射水郡の独立はもちろんのこと、砺波郡御郡所設置は砺波の農民には当然必要とされることであった。そして、砺波郡の地域全体をまとめることが可能な事柄の一つとしてこの問題は存在していた。小杉新町の御郡所の砺波郡への移転ないし、砺波郡独自の御郡所設置の運動は、砺波郡地域としての結合の深化をもたらすものであったが、一方では、川西地域内の地域利害の衝突をもたらす課題でもあった。

明暦以降の御郡所の砺波郡への移転や、砺波郡独自の御郡所設置の砺波郡農村による訴願は、天保期まで知られない。安永五年（一七七六）からごくわずかな期間、戸出へ御郡所移転が実施されているが、[19]その背景に砺波農民の訴願があったか不明である。その後の文政四年（一八二一）には、藩による郡方仕法により各郡毎の郡奉行支配が実施され、杉木新町への御郡所設置が行われている。[20]

杉木新町は砺波平野を南北に縦断する代表的街道の上使往来にあり、砺波地域の地理的な中心地ともいう条件を備えていた。この杉木新町には、早くより砺波郡の十村相談所が設定されていた。寛文五年（一六六五）には、各郡に一か所ずつ十村相談所が設定されており、射水郡は小杉新町、砺波郡はこの杉木新町に置かれていた。はじめ十村寄合所といったが、同八年に十村相談所と呼ばれるようになり、砺波郡は毎月一日、射水郡は三日が諸事相談をする相談日と定められた。このような杉木新町へ藩の施策として郡奉行所が設定されたのであった(21)。

ところが、天保四年（一八三三）には文政の御郡方仕法が廃止となり、郡奉行も旧に復し、砺波射水郡奉行となり、小杉新町のみに御郡所が設けられることになった。ここに砺波農民による杉木新町の御郡所維持運動が行われることになった。すでに長期間、相談所のある杉木新町を御郡所としていた砺波の人々には、地理的に便利な杉木と違って、かなり遠方の小杉新町へと御用のために出かけるのは大変不都合なことであり、藩の杉木新町御郡所廃止は認められることではなかった。

かくして砺波郡の村役人は、杉木新町の御郡所存続の嘆願を、十村の惣年寄を介して執拗に行った。

天保四年三月に惣年寄の石崎彦三郎らより郡奉行へ出された願書は次のように記載する（「御郡方御修補留帳」菊池文書）。文政四年以来杉木に出役所が置かれ便利になった。しかし、小杉新町では遠くなり、砺波郡の多くは庄川の西にあるために、出水のさいは差し支え、また宿泊費や飛脚賃も過分にかかる。浪人者が徘徊して出役所があれば狼藉者は少なくなるなど治安に良いが、小杉新町では砺波の村々では不安心のうえ、莫大の出費もかかる。このため「組々並町立之所々一統押達、私共〆組主付迄願」い、また杉木新町の者はなお迷惑の旨嘆き、小杉と杉木を半月交代で御郡所の役務を勤めることを願うが、それがだめなら小杉のかわりに砺波郡福田組市野瀬村（両郡境で中央）へ御郡所を移転して欲しい。もっとも同地も郡の端のため、たいていは組主付にて詮議し、口書を達すれば費えが薄くなる。私共・手付の溜まりも射水郡とは別にお願いしたい。以上である。このように記載された願書は、直接は惣年寄が出しているが、願書の中に記載されているように、郡内の村々が強硬に、杉木御郡所の維持を請願しているのである。

翌月には郡内各十村組の総代肝煎が連名にて郡奉行所あてに、直接杉木新町御郡所維持についての願書を出している（前同）。この願書では、小杉は遠いことに加え、御郡所での詮議は、「近頃御用方以前与ハ格別御多端ニ相成、自然日数相懸」り、耕作に差し支えることになると、杉木役所の維持を「百姓一統押立奉願上」るが認められないので、両郡境への御郡所設置も願うがこれも認められない。このため、小杉では入牢の負担が大きいことなど費用が大変なので、大抵の用は十村組の主付で詮議をし、重要な分だけを役所での詮議とすること、そして、砺波郡は小杉ではなく、根役所となる金沢の郡奉行所で取り扱って欲しいとの願いを記載している。

右願書は各組の総代肝煎が出しているが、その中で彼ら村役人だけの願いではなく、「百姓一統」が強く要望していることを記している。結局、砺波郡の百姓一統、村々肝煎一統の強い願いの下で、執拗に杉木御郡所維持のための運動が続けられたのである。そして、彼らの願いは、小杉新町の御郡所からの分離ないし、小杉新町からの御郡所の移転という点では、少なくとも小杉新町などの射水郡農民と利益を共有できるものではなかった。しかも、右の願いが通らないために、砺波郡農民が出してきた願いは、小杉新町御郡所付けではなく、金沢根役所付けとするものであった。

以上の出願の結果、砺波郡農村は金沢の根役所付けとなり、小杉御郡所へは手付のみ詰めることになった。しかし、一方では「賊難並不埒参会等相替品有之分ハ御役所江指出」すが、それ以外は十村組の主付による詮議とし、またこの分で各組にまたがるものは寄合所で詮議ということが認められた（右同）。砺波郡農民は御郡所・根役所ではなく、多くの用件は十村組内の取次所で用が済むようになったわけである。

もっとも、その後も砺波郡農村では杉木御郡所復活のための運動を続けた結果、天保五年四月には杉木相談所への奉行出張が認められ、同八年には実際に出張が行われるようになった。しかし、同十一年には藩の復元潤色により砺波郡奉行が設置されたが、同十四年にはまた両郡奉行は一体となり、小杉御郡所のみとなったため、御郡所建設・維持費用を郡負担とするとして杉木御郡所建設を願い出ている。同願いは認められないために、その後、杉木新町の出役所存続と同所への奉行出張を願い、その存続と折々出張願いが認められた。そして、定式出張を願うというように、砺波郡農村は郡内中心地の杉木新町への御郡所設置のための運動を続けていった（嘉永元年「御郡所願方一件」菊池文書）。

おわりに

地域支配を担う陣屋町を大きく分けると、小藩の領地支配拠点となる町と、加賀藩の御郡所の町も含む、幕府や藩の領地支配のための出先機関として設立された代官所・陣屋設置の町がある。前者の場合、糸魚川のように元城下町の場合は特にそうであるが、家臣団が江戸居住ではなく、領地居住となっている場合には、城郭はないものの、武家町が展開するために、小城下町的様相をもつことになる。大藩の重臣の居所となっている町の場合もこれに含まれる。後者の場合は、わずかな家臣　幕臣が居住するだけのため、武家屋敷の町々を欠いて城下町的様相はもたず、商工業者らの居住する町自体の機能による性格が強くなるが、御郡所町小杉新町もこの例に漏れない。

加賀藩の御郡所町小杉新町は、宿場町・市場町として町立てされた所に、御郡所が取り立てられたために、その空間構造は街道沿いの町並みと、御郡所地域との二元的構造をもった。また、後には両地区は接続してしまうが、初めは御貸屋・足軽屋敷と町並み内の牢屋・相談所は空間的に離れていたようである。御郡所の詳しい状況はわからないのであるが、郡奉行に貸与される、役所も兼ねる御貸屋と若干の足軽屋敷より構成される。御郡所町は、近世城下町のように城・武家地・町人地・寺町の各構成要素が一体となって設けられていない点と、当然ながら城郭を持たず、また寺町もない点が特徴となっており、さらに御郡所は中心街道から離れ、中心街道沿いに展開する町に随伴している形をとっている。ちなみに東岩瀬の御郡所も北陸街道の町並みからはずれ、小杉新町同様に東岩瀬に付随して存在している。[22]

小杉新町は、宿場町・市場町としての機能と御郡所町としての機能をもつが、後者の地域支配の拠点としての機能は、城下町の出先としてのものであった。御郡所町は、いうまでもなく城下町のように支配層が集結し、居住する場ではなく、赴任する若干の領主が彼らの支配の一翼を担う地域の十村を集め、地域支配の行政を担う場としてあったが、一方では御郡所町内の相談所・寄所の存在は、御郡所町が十村ら上層村役人が結集し、情報・意見交換、意志統一をする場であり、さらには地域農民の民意を結集する場ともなりえた所であることを意味した。

幕府や藩の陣屋は、地域支配のための様々な機能を担うが、加賀藩の御郡所の場合はこの点で制約がある点に特徴があった。すなわち、改作法実施以後の加賀藩の農村支配は、高方支配については改作奉行が担当するために、郡奉行が派遣される御郡所の役割は、幕府や他藩の代官所・陣屋よりも限定され、年貢関係の取り扱いなどは行わないなどのものであった。このため、御郡所町小杉新町は、経済的には宿場町・市場町としての機能に支えられた町であり、御郡所設置地としての機能が直接小杉新町へ与える経済的役割は大きくない。しかし、文化・情報面では御郡所の存在が小杉新町へ与える影響は小さくなかった。越中の各町々では俳諧が盛んであったが、後期の小杉新町では漢詩を嗜む人が多く、幕末となるが漢詩の結社が作られていたことがわかるのは、川西では高岡以外では小杉新町ぐらいであり、この背景には御郡所所在町であったために郡奉行や多くの十村らの影響を上層住民が受けていたことがあると思う。また、情報面でも設置される相談所・寄所に集まる十村らより、小杉新町の上層住民は多くのものをえられたはずである。

さて、御郡所の小杉新町への設置の地域的背景であるが、初期の氷見地域を除く川西地域は、小矢部川・庄川を中軸とした砺波・射水郡の地域的まとまりと、下条川を中軸とした射水郡の地域的まとまりが、北陸街道を軸として結びつけられ、前者の地域の中心地となる高岡町奉行が川西地域の郡方支配も扱った。藩は改作法実施段階に、高岡町奉行を高岡支配に専念させ、砺波射水郡奉行を設けるが、これは藩の行政簡素化となり都合の良い従来通りの砺波・射水郡を一括する広域支配体制をとったことになる。そして、郡奉行任地駐在化に当たっては、砺波郡農民のことを考慮せずに、下条川水系の中心地小杉新町に御郡所を設置したのである。御郡所設置自体は小杉新町の町立てより後になるが、寛文段階の町並み拡充の際はもちろんのこと、明暦四年（一六五八）段階の町立て時にも、小杉新町には同期の砺波・射水郡の北陸街道筋に町立てされた在町にはない、遠見遮断とみられる町並みの屈曲が設けられていた。

下条川水系は小矢部・庄川水系のような大きな水系ではなく、近世に入り城下町富山建設により飛驒とのかかわりもきわめて弱くなり、同水系の市場関係展開は、小矢部・庄川水系のような発展は望めなかった。しかし、小杉新町も元禄から享保期までは、地域の一中心都市として発展していくことができ、借家人もある程度抱える町場となっていたが、天明以降にはその戸口は停滞的となった。同じ御郡所町で港町の東岩瀬と異なり、小杉新町では藩の蔵の設定や町蔵設定が認められなかったために、地域の有力商品である米の集散地としての機能を持つことができず、この点が小杉新町の発展を制約していた。このため幕末に、御蔵・町蔵設定の願いが小杉新町より出されたのであるが、認められなかった。

庄川西の高岡の存在により、小杉新町の経済圏は前述のように限界のある下条川周辺地域に限定され、小杉新町は射水の一中心町として存在するだけで、当然ながら砺波郡を含めた川西の中心町にもなれなかった。こうした小杉新町の御郡所の存在は、農村経済が大きく発展し、小杉新町から遠い砺波郡地域の農村にはとりわけ不都合であり、当然ながら砺波地域の中心地に御郡所が存在することが望まれた。領主の地域支配の拠点で、行政上の中心地となっていた都市が地域経済の中心地でなくとも問題はないが、小杉新町のように地理的中心地を大きくはずれた場合には、地域住民に負担となった。城下町移転には幕府の許可が必要であり、領民の要望によりその移転が行われるものではないが、城郭を欠く御郡所の場合は、幕府の許可などいらず、また軍事的要害地に必ずしも位置する必要はないために、領主の都合により移転させることは可能であった。ここに地域農民による管轄変更・御郡所移転願いが実現する可能性が存在した。

砺波郡で御郡所移転訴願の動きが出るのは、遅く天保期となった。しかし、同訴願は執拗に実施された。明暦の十村による公事関係の両郡分割願いは、おそらく村肝煎と一般農民に基礎を置いたものではなかったために、単発的に終わってしまった。しかし、天保期の訴願は、村役人層に支えられていただけではなく、村肝煎総代による訴願が、地域農民の強い願いと、その支持にも支えられていたために、執拗に行われていたと考えられる。つまり、明暦段階と違い、後期の天保段階には、郡としての地域結合の深化がみられたのである。また、訴願の結果、砺波郡独自の御郡所設置は認められなかったものの、金沢根役所付けの時期には、賊難・不埒参会などの件以外の多くの用件について、十村組内の取次所で処理しても構わないことを藩に認めさせていた。ただし、この訴願は、砺波地域の住民の地域的結合を促し、その深化をもたらしたものの、射水郡の小杉新町の利益を大きく損なうものであった。また、領主側にとり都合の良い地域ではあったが、地域の川西地域としてのまとまりを阻害し、同地域を分裂させる内容をもっていた。地域内の結合強化が地域結合の全体的な強化を必ずしももたらすものではなく、地域内部の分裂をもたらすことがある点を忘れてはならない。残念ながら小杉新町や射水郡農村の、砺波郡農村の右動向に対抗する動きがわからない。それは御郡所の両郡境目や砺波郡内への移転よりも、小杉新町とは別に杉木新町へ御郡所設置を求めたことや、また金沢の根役所付けという、射水郡からの分離が主となっていたために、小杉新町以外の村には直接に不利益はなかったことも関係があるとみられる。

注

（1）中島義一「陣屋」（藤岡謙二郎ほか編『日本歴史地理用語辞典』柏書房、一九八一年）。陣屋町の論文には中島「一万石大名の城下町」（『新地理』一〇の二号、一三の一・三号、一九六二年・一九六五年）、中林保「近世鳥取藩の陣屋町」（『人文地理』二六の四、一九七四年）、矢野司郎「陣屋町の形態と構造について―近江高島郡大溝陣屋の場合」（『歴史地理学紀要』三一号、一九九一年）などがある。

（2）なお、筆者は北陸地域都市史の中で、地域と都市の観点から、「能登内浦湊町と富山湾岸地域流通の展開」（渡辺信夫編『近世日本の都市と交通』河出書房新社、一九九二年）「一八世紀以降における加賀藩港町の発達」（『歴史』六八輯、一九七八年）を書き、北陸地域は能登・越中・越後の富山湾岸地域と越前・加賀・能登外浦の地域に二分割でき、近世後期の富山湾岸地域の商品流通展開が同地域の港町・浦町の発展をもたらしていたことについて論じている。

（3）『高岡市史』中巻、高岡市、一九六三年、四四五頁。

（4）「小杉新町旧規之写」赤壁家文書、『小杉町史』（小杉町、一九五九年）七一頁所収文書写真。

（5）国会図書館蔵「幕府撰慶長日本図」。同絵図について、近年寛永図との説が出され、同説が定着してきている。しかし、越中の描写は明らかに慶長のものである。

（6）『高岡市史』中巻、四四五頁。

（7）・（8）拙稿「加賀藩改作法施行段階の町立てについて」（『地方史研究』二二九号、一九九一年）。のち『近世の地方都市と町人』吉川弘文館、一九九五年に所収。
（9）『小杉町史』小杉町、一九五九年、所収。同史料は町史編纂のために所在調査をしたが、残念ながら見出すことができなかった。
（10）『小杉町史』小杉町、一九五九年、一六四頁。『高岡市史』中巻、四四五頁。
（11）小杉新町の町立てについては、第一部第三章に概略を記した。
（12）『小杉町史』小杉町、一九五九年、二九七頁。
（13）十返舎一九『方言修行金の草鞋』、「文政八乙酉秋八月書記苞竹堂加賀金沢より武蔵江戸まで道中名所旧跡古城神社仏閣」松長家文書、「町方壱疋八歩余荷銀」松長家文書、「町方定成物余荷書上申帳」木倉文書。
（14）「小杉新町旧記之写」赤壁家文書、小杉町A寺院記録。
（15）なお、「慶安四年小物成之帳」（石川県立博物館蔵篠島文書）によると、砺波・射水郡の都市・在町からの小物成取立てにつき、中田などは出るが、戸出・水戸田などとともに戸破村は登場しない。これは当時、戸破に市が存在するとしても、そう町並みとして発展していたわけではないことを裏付ける。
（16）『小杉町史』小杉町、一九九五年、後編、二一三頁。
（17）「享保走り覚書」「草高村数家高寺庵等覚帳」川合文書、安永七年十二月「草高村数家高寺庵等覚帳」川合文書、「小杉新町旧記之写」赤壁家文書、「寛政元年巡検使答書」木倉文庫、『共武政表』明治八年版・同一一年版、『越中遊覧志』。
（18）『共武政表』明治八年版による。
（19）・（20）『戸出町史』戸出町史刊行委員会、一九七二年、四一八頁。
（21）「御用覚」川合文書・「河合録」（『藩法集六・続金沢藩』）。
（22）文政十一年「東岩瀬絵図」（東岩瀬中央公民館保管）。

第五章　城下町・在町と農村

——井波町の住民移動を通して——

はじめに

日本の都市の住民は二、三代遡れば出身地はほぼ農村となり、都市と農村が断絶していないのが特徴であるといわれる。とりわけ元禄時代の城下町などの諸都市は、同期に都市発展をみることになり、農村から多数の人が流入し、城下町の町域を拡大させ、人口を増大させたことはよく知られている。

さて、本章では近世藩領における都市と農村の関係を取り上げたい。具体的には、加賀藩を対象に住民移動の観点からこの点を検討することを、本章の課題にしたい。

筆者は先に、東海・東山・北陸の各地域における城下町の戸口動向を検討し、城下町の構造変化に加えて、農村からの農民の城下町流入を調べた。この結果、東海・東山地域の城下町も、北陸地域の城下町も、中期以降には戸口を停滞ないし減少させるが、化政期には戸口を増大させたこと、そして、越後・越中の主要な城下町では享保から天保の間にも戸口を減少させないことをみた(1)。

この戸口増加は新発田をみると、近隣農村の次、三男夫婦の、おそらく無高の細民や他の零細農などの流入によりもたらされていた(2)。東山地域の信州上田城下も、中後期には領内村から城下町続き地に入る方法での流入がみられ、このため後期には同地区の長屋建設が規制された。[3]このように東山地域や北陸の越後・越中の城下町では、領内の農民の流入により、後期にも戸口増をみていたのである。しかし、上田藩は中期以降は五万石、新発田藩も五万石に満たない小藩であった。これに対して、多数の在郷町・港町を抱えた大藩の場合の戸口移動を、上田藩などの小藩と同様に考えてよいか問題があり、大藩の場合のその具体的な検討が必要となる。

先に松本四郎氏は、城下町と在町・農村の関係を考えるために、住民移動の観点から加賀藩領井波の文化元年（一八〇四）・嘉永六年（一八五三）の人別帳を中心材料として検討し、[4]文化年間には城下町―在町―農村の関係が城下町を中軸に存在したが、天保以降には城下町と在町のかかわりが弱まり、農村から在町への流入も簡単ではなくなり、農民の農村滞留を招いたとする重要な指摘を行っている。また、井波と経済的な結び付きのあるべき経済都市高岡と港町伏木との戸口移動の関係が弱く、これに対して城下町との関係が強いのは、幕藩制という領国支配の枠組に強く規制されているためであることも指摘されている。

松本論文や先の拙稿では、もっぱら引越しの転出入の移動による農民層の城下町流入を問題にしたわけであるが、婚姻などの縁組みや奉公・稼ぎによる移動については取り上げていない問題がある。都市の経済的な発展のみが人を都市へ吸引するわけではなく、人の移動は文化その他の要因にもよる移動を考えねばならない。例えば、奉公による人の移動を考慮した場合に、奉公には家業を継ぐための見習い奉公や、女性の場合は一人前となる花嫁修業的な奉公も存在し、その場合などは武家の女中奉公や大都市の老舗への奉公などがもっともふさわしい奉公先となる。

そこで、本章では縁組みや奉公による移動も加えて、井波を中心にして住民移動のあり方について検討してみたい。幸い、松本論文発表後に人別帳などの井波町肝煎文書[5]の整理が行われ、その他の戸口関係史料も利用しやすくなった。このため本章ではこれらの史料を使用して、あらためて井波を中心にして、後期の城下町金沢と在町の関係、在町と在町、在町と農村の関係を右に記した諸移動より把握してみたい。

一、井波の概況と戸口状況

後期井波の概況についてふれておきたい。

井波は五ケ山山系の麓に位置する谷口集落として、五ケ山と井波周辺の砺波農村の流通の中心に位置し、また瑞泉寺の門前町としても存在した在町であった。井波が周辺山村へ供給し、また同地より井波に入る諸商品は、越中西部の窓口となる湊伏木と経済都市高岡を経由、移出された。井波は元禄時代に蚕種生産とその販売で栄えたが、後期には他産地の影響によりそれは衰え、代わりに化政期には絹織物生産を特産として発展させていったが、同生産は天保以降には停滞した。

井波の戸口は宝永七年（一七一〇）には二二八軒であったが、宝暦十一年（一七六一）・天明五年（一七八五）にはともに四八三軒へと増大し、文化三年（一八〇六）には家持五三八軒、借家など家なしの無家五二軒、合計五九〇軒へと順調に増大した(6)。この文化三年以降の戸口の内訳を整理すると左記のようになる(7)。

文化三年　家持五三八軒（百姓一八七・頭振三三九、他一二）・無家五二軒　計五九〇軒
天保七年　家持五〇四軒（百姓二〇一・頭振二九四、他九）・無家一四九軒　計六五三軒
嘉永六年　家持四三四軒（百姓一七六・頭振二五一、他七）・不持三〇六軒　計七四〇軒
慶応三年　家持四四一軒（百姓二〇四・頭振二二九、他八）・無家二〇七軒　計六四八軒

右によると、化政期から嘉永の間、おそらく天保の頃まで戸口は増加し、その後に減少し、天保期程度の戸口数となる。これは天保以降の農村からの流入の減少によること、化政期には階層として借家層が成立すること、また、借家などの無家層増加は頭振層の減少に代わってみられたことであり、これらの点はいずれもすでに指摘されている事柄である。

ただ、注意しなければいけないのは、井波の中心となる瑞泉寺が藤橋村・松島村にかけて存在したため、井波は右両村と北川村・山見村と家並み続きとして発展したことである。宝永七年の右井波周り村の合計家数は六七軒（北川除く）、寛政七年（一七九五）三四七軒、万延元年（一八六〇）四三七軒となっている。(8)この家数は百姓・頭振合計であるはずであり、後期以降に登場する同地域の借家数は除外されている。井波周り村々と井波を一体として考えれば、嘉永以降の家数減少を大きく考慮する必要はなくなる。そして、この点は嘉永の不持には借家・同居以外の他所居住者や走り人が相当含まれており、彼らが慶応調べではかなり整理されていることも加えて考える必要がある。もっとも福光など他の地域内在町の戸口動向(9)や、天保以降の井波の絹産業が停滞していたことを考慮するならば、天保以降の幕末井波に、農村からそれ以前のような多くの流入があったことは考えられない。

二、婚姻・養子

まず、井波住民の娘がどこへ嫁に出されているかを、残存する縁組み願い証文より調べてみたい。証文の残存をみると、天保前期以前のものには失われたものがあるとみられる。そこで、嫁に行く先についての時期的な変化は捉えにくいため、後期以降における井波の娘の嫁入り先のおおまかな特徴をうかがいたい。

はじめに指摘できるのは、村方へ出すのは井波周りの藤橋村などの村が中心である点である。井波周りの村は井波と町並みが一体になっている、町場といえる所のため、井波の娘は一般の村方へ、つまり農村の農家へ嫁ぐことは少ないといえる。第二には城下町金沢への嫁入りが絶えず確認できることである。経済的には井波とより重要な関係のある高岡への嫁入りも天保以降には確認でき、たしかに後期以降には地域経済でより重要度を増していた高岡と縁組みの関係がみられるようになったことは興味深いが、高岡への嫁入りは金沢よりも常に少ない。つまり、金沢は在町井波の娘の嫁入り先としては、その経済力が落ちても一貫してその地位を確保しており、高岡よりも重要であった。第三に指摘できるのは、金沢・高岡以外の在町・在郷町へも多くの娘が嫁に出されるが、近隣の砺波地域の在郷町・在町がほとんどであり、しかも近隣の杉木新町は見えず、また福野や他の郡奉行・十村支配の在町も少なく、かわりに町裁許支配の在郷町城端・今石動への嫁入りが多い点である。

先の村方や金沢との関係からみても、井波の娘の嫁入り先は井波とその町続き地以外の場合は、より都市的な場が選択されていることがわかる。つまり、町裁許支配の近隣の城端・今石動を主として金沢、また高岡も嫁入り先として選ばれるが、このほかに他の郡奉行支配の在町へも嫁に行くことがあるというものであった。

金沢などの都市的な所に嫁に出す階層は、送り状からはわからないが、富裕な階層が予想される。文化三年（一八〇六）と天保七年（一八三六）の「人別書上帳」では、嫁に出しながら人別送りを相手先に送らず、そのまま同人とその縁組み先を記載する事例が多くみられるので、両人別帳により階層を調べてみたい。文化三年は、金沢に嫁入りしていた女性は一四人であるが、その出身階層は百姓二人、頭振一一人、不持一人であり、天保七年も同一四人で、百姓四人、頭振四人、不持六人となっていた。百姓が少ないのは、嫁出しと同時に送り状を作成する関係も考慮する必要がある。ただ、いずれにしても金沢に娘を嫁に出す階層は、富裕な百姓身分に限定されるわけで

表１　送り状にみる嫁の出入　（単位＝件）

年　次	嫁入り先	嫁の出身地
1800〜09年（寛政12〜文化６）	0	5（福野１、井波周り３、他村１）
1810〜19年（文化７〜文政２）	2（金沢近郊村、井波周り）	76（福野５、福光１、杉木新町１、戸出１、井波周り32、他村36）
1820〜29年（文政３〜文政12）	6（金沢５、氷見1）	65（福野３、杉木新町２、戸出２、福光１、福光新町１、福町１、大門１、井波周り24、他村30）
1830〜39年（天保元〜天保10）	14（金沢１、城端１、放生津１、井波周り９、他村２）	50（福光１、戸出１、津沢１、井波周り24、他村23）
1840〜49年（天保11〜嘉永２）	72（金沢５、松任４、今石動16、城端27、福岡１、戸出１、福野１、高岡１、井波周り11、他村５）	68（福野４、城端１、大門新町１、井波周り27、他村35）
1850〜59年（嘉永３〜安政６）	37（金沢３、城端５、今石動１、高岡２、福野１、井波周り23、他村２）	103（金沢１、城端８、福野２、杉木新町１、福光１、戸出１、井波周り27、他村62）
1860〜67年（万延元〜慶応３）	28（金沢３、高岡１、城端２、福野１、井波周り17、他村４）	72（福野５、杉木新町４、戸出１、福光新町１、放生津１、小杉１、井波周り25、他村34）

（現存「縁組願聞届物」より）

はなく、頭振・不持の娘が金沢へ嫁に行くことも多いことがわかる。

頭振などの娘が嫁入りするのは、おそらく金沢居住の井波出身者や井波近辺の出身者に嫁ぐか、彼らの世話により嫁に入るケースではなかろうか。縁組み証文の中に、金沢奉公の際に金沢の家へ嫁に入った塩屋平右衛門娘まさの天保十四年の事例もあり、奉公の際にみそめられて金沢町人の家へ嫁ぐケースもあったことがわかる。

次に井波の家への嫁入り縁組み証文は、文化後期以降についてはよく残っており、表1にまとめた。これによると井波周りの村と他の村々から嫁入りする女性がやはり多いことがわかる。また、井波の娘が嫁入りする先の金沢やまた高岡、そして在郷町の城端・今石動から井波へ嫁に来る女性がきわめて少ない特徴がみられる。そして、

表2　「人別書上帳」にみる嫁の出身地（35歳未満）　（単位＝人）

	百　姓	頭　振	不　持
文化3年	75（城端4、今石動2、戸出2、福町1）	113（城端2）	1（0）
天保7年	71（戸出2、福野2、城端1、福光1、津沢1）	40（0）	10（福野1、福光1）
嘉永3年	85（京都1、城端1、福野3、戸出1、杉木新町3、福光1、津沢1）	70（城端2、福野1、氷見1、戸出1）	75（城端1、福光1、杉木新町1、戸出1）
慶応3年	77（今石動1、城端3、放生津1、戸出1、福光1、福野6、杉木新町1）	34（戸出1）	19（福野1）

注　（　）内は在町・都市出身者。

砺波郡の多くの在町と射水郡の一部の在町・湊町からはある程度嫁に来ており、その場合もっとも近い福野の女性が比較的多い特徴も見いだせる。

右の点の再確認のために、人別帳から三五歳未満の女性を取り上げてみた。

これによると時期的な変化はつかみにくいが、以下のようなことが指摘できる。やはり金沢や高岡から嫁に入る女性はいないが、城端・今石動出身の女性を若干は確認できる。他の在町出身の女性は証文と特徴が同じであり、福野がその中でもやはり多い。階層的な特徴をみると、百姓身分の家へ嫁に入る女性は、町場出身者が多いが、頭振・不持の家へはあまり町場出身女性は嫁に来ない。

いずれにしても、井波住民の家には井波と井波周りの村以外では、一般の村方から嫁に来ることが多く、町場からは百姓身分の家を中心に嫁に来る。そして、その町場は近隣の福野をはじめとして、他の砺波郡の在町や隣接射水郡の一部の在町と放生津から嫁に来る。これに対して、城端・今石動の在郷町から嫁に来る女性もいるが、この事例は少なく、また金沢はもちろん高岡から嫁にくる女性となるとほとんどいない。

養子については、嫁入りとその移動の関係が類似することが予想され

表３　養子送り証文にみる養子出入　（単位＝件）

年　次	養子出し先	養子出身地
1800～09年（寛政12～文化６）	２（井波周り１、他村） 婿０	８（井波周り１、他村７） 婿０
1810～19年（文化７～文政２）	４（金沢近郊１、氷見１、井波周り１、石川郡村１） 婿０	22（福光１、井波周り９、他村12） 婿11（福野１、井波周り３、他村７）
1820～29年（文政３～文政12）	７（金沢３、石川郡村１、河北郡村１、城端２） 婿１（金沢）	26（金沢１、井波周り２、他村23） 婿２（福野１、他村１）
1830～39年（天保元～天保10）	７（金沢４、新堀川町１、福光１、井波周り１） 婿０	22（福野１、井波周り７、他村14） 婿０
1840～49年（天保11～嘉永２）	16（金沢６、高岡１、城端５、杉木１、井波周り１、他村２） 婿０	30（金沢１、城端３、杉木２、井波周り４、他村19、庄新町１） 婿７（城端１、井波周り４、他村２）
1850～59年（嘉永３～安政６）	11（金沢４、高岡１、城端２、津沢１、井波周り２、他村１） 婿１（杉木新町）	24（金沢１、福野１、井波周り８、他村14） 婿８（井波周り１、他村７）
1860～67年（万延元～慶応３）	８（金沢１、城端１、井波周り１、他村５） 婿０	33（福光１、杉木１、井波周り11、他村20） 婿５（井波周り１、他村４）

るが、ここでもまず養子送り証文から検討してみたい。データが少ないので、時代的変化をきちんと把握はできないが、幕末でも金沢へ養子に出る者が多いことは注目される。この金沢に次いで城端もある程度見られ、また天保以降には高岡も確認できる。他の近隣在町へ養子に出ることはあるが少ない。村では井波周りが主のため、養子先は農家ともいいがたい。つまり一般の村方の農家へ養子に行くことはあまりなく、もっぱら金沢や近隣の在町でも都市的な所を主として養子先としており、やはりほぼ嫁に出す相手先と特徴を同じくしている。

次に井波の家へ養子を送り出す養子出身地をみてみる。井波住民の養子出し先とは違って村方の者が養子の主となっている。婿養子の場合も、件数は少ないがやはり村方の者がその中心となっている。他の町方から養子に来る者は少ないが、その一部に金沢から養子に入る者もおり興味深い。その他はやはり近隣の在町の人たちである。

以上のように、井波の住民が養子に出る先は、金沢や近隣在町が主であるが、反対に井波に養子に入る者には村方の農家出身者が多いのである。

三、引越し移動

井波をめぐる引越し移動について検討したい。

既述のように、天保・嘉永以降に戸口は減少するが、これは村方からの流入減少によるもので、この結果頭振は減少し、他方近隣村方からの流入による無家の増加がみられたという。

井波への実際の転入実態は、転入に関する送り状や同記録により検討されねばならない。このため残存する人別送り状を整理した。ただ残念ながら同史料は特定の年にまとめて作成されていたり、また特定の時期の送り状がなくなっているようなので、その時期的な変化をつかみにくい。そこで全体的な特徴のみを取り出すと、井波周りの村と、表に他村とした五ケ山も含む砺波郡村方を主にして転入してきている。他の近隣在町からの転入者がいないわけではないが、これは少ない。

なお、念のために「人別書上帳」にて引越し転入者の出身地を見ると、文化三年（一八〇六）は百姓三七件中に福光二件・杉木新町一件、頭振九一件中に杉木新町・福光新町各一件、天保七年（一八三六）は百姓三四件中に城端・福野村各一件、頭振五五件中に城端・福光・杉木新町各一件、慶応三年（一八六七）は百姓二七件中に杉木新町・

福野町各一件、頭振二三件は在町出身なしという状況である。

住民の中で当主が他所より転入していた家の総数が少なくなっていくのは文化以降であった。中期の井波の戸口は順調に増加していたため、この増加をもたらした転入者が文化段階には一家の当主となってかなり井波に居住していた結果である。しかし、文化以降に減少するのは村方よりの井波内への転入減の結果とみられるが、注意しなければいけないのは、井波周りの村は井波と前期より町並みが一体となって存在していたことである。中期の井波の家数増加、化政期の絹織物生産盛行化による井波の発展は、井波を農村からいきなり町内へ転入するような所ではなくしており、農村からの流入は松島・藤橋・北川・山見の井波周りの村へと変化していたことの結果であることも考慮しなければいけない。天保以降には借家などの不持増加がみられるが、その中に占める転入者の少なさは、右のことを示すとみられる。

井波の不持増加は村からではなく、町的発展が井波内に借家を増加させたことによるもので、井波の次、三男の独立は借家層として展開したことがわかる。しかし、井波の借家に直接入る他所の者も依然とおり、この借家に入る転入者の多くは井波周りの村の者ではなく、依然として他所の村の出身者であったこともわかる。そして、在町・在郷町からの流入は非常に少なく、やはり村方から主として転入していたこともわかる。

「人別書上帳」で注目されることは、頭振に引越し転入者が減るのに対して、百姓層には文化より慶応まであまり転入者の変化はみられないことである。嘉永六年（一八五三）の「人別書上帳」は職業を記載する事例が多いので、彼らの職業を見ると、中に鍛冶・ちょうちん張り・農業などもいるが、やはり糸絹商・太物商・古道具商・米批《へぎ》売商など富裕と見られる住民が多く、後者には二〇代の転入者もいる。例えば同年二七歳の権正寺村七左衛門は権正寺村より引っ越して絹商をしており、また同年二九歳の大門覚次郎は大門村より引っ越し、入百姓となって太物・

表４　送り状にみる転出入　（単位＝件）

年　次	転　入	転　出
1800〜09年（寛政12〜文化６）	高岡１、井波周り７（借家２）、他村44（借家12）	井波周り３
1810〜19年（文化７〜文政２）	金沢戻り１、福野１、福光１、井波周り10（借家２）、他村31（借家６）	井波周り１、福野１、他村１（戻り）
1820〜29年（文政３〜文政12）	井波周り１、他村３	井波周り１、金沢６、城端１
1830〜39年（天保元〜天保10）	他村２	井波周り１、金沢６、高岡１
1840〜49年（天保11〜嘉永２）	井波周り19（借家１）、福野２、福町１、他村68（借家14）	井波周り７、金沢７、高岡２、城端２
1850〜59年（嘉永３〜安政６）	井波周り８（借家１）、金沢１、小杉１、他村22	井波周り１、金沢２、高岡１
1860〜67年（万延元〜慶応３）	井波周り24（借家19）、城端２（借家２）、杉木１（借家）、他村86（借家63）	

注　（　）内は借家転入件数。

糞物商を営んだように、村方より転入し百姓となっている住民は村方の富裕な農家の次、三男や、あるいは井波の百姓階層となる前に井波その他の地である程度の蓄財をして、井波に入った人々とみられる。この点で零細な稼業や日雇いなどで暮らす転入者の頭振・借家人とは大きく違うし、彼らのような住民が絶えず井波に入ってきていたことは、幕末の井波経済をひどく悪く考える必要がないことを意味しよう。

続いて井波からの転出者について検討したい。この点は人別帳では検討できないので、表４に整理した送り状によりみることにする。それによると、引越し転出の送り状は少ないが、その転出先は金沢がめだつ。金沢以外では高岡、城端へ出ていき、井波周り以外の農村や、また城端以外の他の在町への転出も少ないのが大きな特徴である。

なお、幕末の元治元年（一八六四）には、井波より他村へ借家する者の稼ぎ送り状の差し出し人がまとめられているが、同年八月より年末までの送り状三六件は井波周り村へ三五件が出されている。

以上、転入は近隣農村を中心にし、他方引越し転出は井波周りの村は別として、後期でも金沢を主に、高岡・城端の町方への移動が見られ、同じレベルの在町間の転出入や村方への転出はみられない特徴があった。

四、奉公

享和元年（一八〇一）に井波では奉公人の調査が実施され、井波住民の奉公先、井波の家で雇う奉公人がわかるので、まずその奉公先を左に示す(10)。

百姓　男（井波四）　女（井波一）
頭振　男（城端三・井波一九・井波周り三・石川郡村一・村二・未定七）
　　　女（城端六・福野一・井波二九・井波周り一三・村三・未定一二）

右によると、百姓階層の者の若干が奉公に出るが、それはいずれも町内の家に勤めた。頭振も井波と井波周りが多いが、この他では城端への奉公が目だつ程度である。

右史料には奉公先未定者が多数いる。幸い、文化十二年（一八一五）の調査で、同一二年以後に郡奉行支配地以外の他所へ奉公している者が左のようにわかる(11)。

百姓　男（金沢一四・高岡二・輪島一）
　　　女（金沢一・八尾二・城端一）
頭振　男（金沢一四・松任一・八尾一・城端一）

女（金沢一・八尾三・城端二・今石動二）

右史料では先史料と違い、金沢・八尾奉公の者が登場する。郡奉行支配地以外への奉公先は男子は金沢が最も多く、高岡その他の町への奉公を圧倒している。女性は金沢へ奉公する者もいるが、八尾・城端・今石動という近隣の在郷町へ奉公に出る者が多い。そして、以上の奉公先の特徴は百姓・頭振ともに共通している。また、先の享和調査にあるように、当然ながら右他支配奉公よりも井波と井波周りへの奉公が多い。

右の金沢の奉公先は今町・袋町その他の本町への奉公が多い。また、彼らは皆青少年なので、井波から奉公に出る子弟は金沢のきちんとした商家で、丁稚・手代奉公をしていたとみられる。百姓身分の家の女性の場合は、金沢への奉公が少ないが、彼女らの場合は花嫁修業的な要素もある奉公であろう。一方、青少年男子の商家奉公の目標はいうまでもなく、独立した一人前の商人となることであろうが、後期でも越中西部の経済中心地高岡に奉公せずに、金沢の本町商家へ奉公したのは、金沢が藩内で商人を育成する点ではもっとも伝統がある都市であることと、城下の有力商家や藩役人らとのつながりをもっていた方が、独立後にはなにかと商売しやすいからではなかろうか。この文化三年に、郡奉行支配の住民は金沢へ罷り越すことのないように申しつけられたため、井波産絹織物などの運送を行う荷下稼ぎや金沢への懸け組商売の者は、金沢への通行を願う願書を提出したが、各十人組からともに多くの住民が願い出ており、[12]金沢と井波との関係の強さがわかる。

化政期以降の他所奉公については、「人別書上帳」によってみると、表5の通りである。同表をみると、文化とそれ以降の間では、他所奉公人の記載の精粗に差がある。残存する一紙の他所奉公願書によると、文化七年より文政二年（一八一九）は一人（金沢武家奉公、男一）、天保元年（一八三〇）より同十年は二人（金沢奉公二、男二）、嘉永三年（一八五〇）より安政六年（一八五九）は四五人（金沢奉公四四・城端一、男三六・女九）、万延元年（一八六〇）

表５　人別帳にみる奉公先と奉公人出身地

A　奉公先　　（単位＝人）

年　次	男	女
文化３年	48（金沢28、金沢武家奉公１、石川郡村１、高岡３、八尾２、福光２、井波周り２、婦負郡村３、他村６）	60（金沢18、富山１、八尾６、小松１、高岡１、城端13、伏木１、福光１、福野１、井波周り11、他村４、不明２）
天保７年	3（金沢１、高岡１、他村１）	37（金沢７、金沢武家奉公１、高岡１、八尾１、今石動１、伏木１、井波周り１、他村４、不明20）
嘉永６年	7（金沢５、高岡１、他村１）	13（金沢１、能登高松１、城端４、福光２、井波周り３、他村１、不明１）
慶応３年	2（高岡１、他村１）	13（金沢１、金沢武家奉公１、城端３、福光３、八尾２、福野１、他村２）

B　奉公人出身地　　（単位＝人）

	下人・下男	下　　女
文化３年	61（城端１、福野７、杉木１、福光１、井波周り11、他村40）	174（城端35、福野９、杉木１、今石動１、福岡１、井波周り25、他村102）
天保７年	26（城端２、福野１、杉木１、井波周り５、他村14、不明3）	79（城端３、杉木２、福光１、井波周り14、他村56、不明３）
嘉永６年	28（城端２、八尾２、福岡１、福野１、井波周り８、他村14）	83（城端３、放生津１、福光１、中田１、井波周り14、他村56、不明７）
慶応３年	20（戸出１、井波周り７、他村12）	12（福野１、井波周り１、他村10）

より慶応三年（一八六七）は四四人（金沢奉公四二・高岡一・小島村一、男二五・女一九）であった。

右のように金沢への奉公がそうとう見られたが、表の人別帳ではその記載がきちんとしていない。このため、ここでも人別帳については大まかな他所奉公の特徴のみを指摘したい。表によると、まず井波住民の他所奉公先は男女間にそう差はみられない。そしてその奉公先は町場が主であり、その場合、金沢が多く、砺波地域の経済中心地の高岡への奉公がそう多くないことが興味深い。金沢への奉公には一部武家奉公もあるが、その主は商家への奉公である。金沢・高岡以外には城端・福光などに加え、富山藩の八尾も奉公先に選ばれていることがわかる。八尾は井波と同じく蚕種販売を重要産業としていること、また距離的にそう遠隔地ではないこともあって、井波住民の奉公先に選ばれていたのであろう。

次に人別帳により入り奉公を検討する。

表5にみる、他所から井波に入る下人・下女は、やはりその多くが砺波郡の村の出身者であった。下女の多かった文化期には城端出身の下女が多かったが、その後は男女ともに近隣在町から奉公に来る者はいるものの、その数は決して多くはない。

在町井波は近隣村の青少年男女を奉公人として多数受け入れるが、井波の青少年男女や成人男女が奉公先に行く先は、商家奉公となるために町場への奉公となる。その奉公先は幕末でも金沢を主としていたのである。

五、井波近隣村の移動

念のために、井波の近隣の村における戸口移動についても調べておきたい。井波のすぐ南に位置する、前山村・杉谷新村（現南砺市）両村の人別を記載した文化六年（一八〇九）と文政十二年（一八二九）「人馬帳ひかえ」（南砺市立井波図書館蔵写）によると、続柄が妻・母（文化七人、文政六人）は近隣村に加えて井波から来た人たちである。しかし、金沢や他の在町から入った者はやはりおらず、この点は井波と違う。他所への奉公（文化四人、文政二人）には井波への奉公が存在するが（文化二人）、金沢への奉公（文化一人、文政二人）も目だつ。他所への奉公は砺波郡の在町近隣村でも、城下町が少なくないのは興味深いが、その中の一人は前山村一の高持の次男であり、彼は将来商人となるために城下へ奉公に出たとみられる。以上によると、砺波郡でも一般村方の子女には地域の在町・在郷町ではなく、金沢へ直接に奉公に行く者が少なくないことをうかがわせる。

前山村ほどの近隣にあるわけではないが、やはり井波に近い示野出村（現砺波市）には天保十年（一八三九）、嘉永七年（一八五四）、慶応三年（一八六七）の「人別書上申帳」（森松家文書）があるので、それにより判明する続柄が妻・母の出身地（天保一四人、嘉永七人、慶応八人）をみると、村外はいずれも郡内村方であった。前山村のような井波にごく近い村ではないために、井波から嫁に来るようなことはなかった。

最後に井波からは離れ、高岡により近く、かつ他の在町に近い村を取り上げたい。杉木新町（現砺波市）に近い太田村（同前）には幕末の嘉永六年よりの「人別送留帳」（太田村文書）があるので、同史料より戸口移動をうかがう。それによると万延元年（一八六〇）までの嫁入り人（二一人）の出身地はみな近在村方であり、また嫁出し（二七人）先もほとんど右と同じであるが、金沢と在町の福野が各一人みられる。記載される引越しは万延元年の金沢への一人だけをみるのみで、それは百姓階層の弟親子二人が金沢に家を購入し移転したものである。他に安政六年（一八五九）の「御町」への稼ぎ一人もある。こうしてみてくると、杉木新町との関係がなぜか登場しない不自然なものを感じるが、その点はおいて、以上から最も興味深い点を指摘するならば、幕末でも比較的近い経済都市高岡とではなく、戸口移動では金沢との結びつきがあったことである。先の前山村と同様に、村内の高持次、三男の独立の場として、幕末でも金沢が選択されていたことは、ある程度の規模を持つ藩の場合の、戸口移動面での近世を通じた城下町の重要性を教えてくれる。

おわりに

越中砺波郡の在町井波をめぐる、後期以降の諸種の人口移動について検討する中で、都市と村との関係、人別帳だけではなく、送り状その他の史料により、城下町、在町、農村の三者の関係について調べてきた。もちろん、対象地と異なる、口能登や加賀の城下町近域の農村をみるならば、在町は通り越し城下町と直接結びつくことになるし、また城下町よりたいへんに遠く、まして飛び地となっている新川郡の村では、城下との関係が弱くなろう。本章では、一般的な事例となりうる地域の在町井波を対象にした。

さて、文化以降の縁組みの移動は村から在町（郡奉行支配）の家、在町よりより都会的な在郷町（町裁許支配）、あるいは城下町の家へというように、より都市的な所の家との縁組みを指向し、その反対はなかった。奉公もほぼ同様である。都市的な場がより村的な場の出身者を引きつけ、その反対が弱いのは、稼ぎの場や機会が多いことと、都市住民と違って奢侈に染まらず、より素朴で勤勉な人が都市の商人の家維持に適切と考えられたからであろう。もっとも村方でも富裕な農家の次、三男の場合には、奉公や転入で直接城下をめざすこともみられ、またその娘の中には城下の知り合いや縁者の世話により金沢へ嫁ぐこともある。また、引越し、転出については、零細な層でも生業をえやすい土地ということで、城下町をはじめから指向するケースもある程度は想定される。

金沢が在町・農村の住民の移動において重要な位置を占めていた点は基本的に幕末まで崩れることがなかった。天保以降には金沢への引越し・転入は、藩による流入規制もあり減少するが、しかしながら、引越しによる転出入以外の諸移動における城下町金沢の位置は、天保以降に低下したとはとらえられなかった。

窮迫した農民などが生活のために職業・生業を求めて大都市へ流れこむような経済的な移動が人の移動の一中心であることは間違いない。ただ経済的な点だけではなく、また領国支配の枠組に規制されてということだけでもなく、それらに加えてより都市的・文化的な場を求めて移動することが、人の戸口移動の重要な要素となっているために、右のような結果となったのではなかろうか。

越中砺波郡の経済的中心都市として特に後期には一段と栄え、地域経済に重要な位置を占め、経済面では井波などの地域在町や農村に対して大きな影響力を持った高岡への井波住民の戸口移動は、幕末でも金沢と比較してみても強くない。引越しはもちろん、奉公先の選択でも高岡よりもより金沢が選ばれていた。そして、その結果、嫁入り先も高岡より金沢の方がより多く選ばれていた。この点は井波近隣の村だけではなく、杉木新町に近く、高岡にも近い村方の幕末期でさえ同じであった。

一般に住民移動は家族員の縁組み、奉公、独立により行われ、その移動は窮迫のためだけではなく、子弟が一人前となるために、またよりよい将来の生活がおくれるように、子供を奉公に出したり、嫁や養子に出したりする。この点は農村や在町あるいは城下町の住民でも共通するものである。将来独立のための奉公先は単に地域で経済力のある都市を選ぶのではなく、政治・文化の中心都市である金沢がより選ばれていた。

金沢は江戸につぐ大城下町であり、大家臣団が集居し、消費需要が大きい都市であるとともに、藩や重臣と結びつく特権的商人が強い力を後期まで維持し、彼らをはじめとする商人経営の比較的安定した商業経営が領内では最も多くの老舗を存在させ、それゆえに商人育成において地域の中で優位性をもっていたことも考える必要がある。また、藩府金沢で奉公をするならば、商人だけではなく藩の関係役人や要路との縁もでき、独立後の商売に大いに役立つこともあるという点が期待されていたのではなかろうか。さらに、城下町は藩内の学術・文化の中心地としての地位を絶えず維持していくが、加賀藩の場合は藩の政策として能・茶の湯の振興がはかられ、町人側も伝統文化に傾倒する指向の強い性行が育てられていたことにより、領内では文化都市的地位を最も強く保持していたことも縁組み移動で人を引きつけた要因になっていよう。それゆえに、城下町が戸口移動の重要位置を幕末まで占め続けていたということが、すべての城下町に当てはまるとは考えてはいない。特に三都近域の城下町や非領国的地域の小城下町の場合などには妥当しないであろう。しかし、北陸や東山地域の後期でも戸口を増加させるような城下町は、やはり金沢同様な位置を占めていたろう(13)。

なお、地域の農村から入り百姓として転入し、井波の重要な商売の絹商などを勤める者が、化政以降には幕末にも絶えず見られたことにも本章では注目した。在町の中でもこれといった産業を持ちえなかった所には天保以降の発展は望めないが、桐生その他のような織物生産などの加工業を発展させた所は、天保以降にも戸口を増大させ発展していく。周知のように井波の絹業発展は上方資本に抑えられ、天保以降にはそう順調ではなかったとはいうものの、当時の重要産業である絹織物生産地であったことが、幕末の井波への入り百姓転入を生んでいたのであろう。周辺地域農村の有力農家などの次、三男層で独立後に屋敷をもち、商売を営むことが可能となった者の中には、彼らに最もなじみのある縁の深い町場で、しかも町内に絹織物という重要産業を抱えた井波は、将来をかける場として選択する者が絶えずみられたのであった。もっとも流入した彼らや、また借家へ入った農民は、その後順調な生活が約束されているわけではなく、家業がうまく行かなければ、井波周りの村の借家へ転出したり、さらには農村へ再び戻ることになるのである。

注

（1）～（3）拙稿「城下町の住民構成と人口―近世中後期の東山・東海城下町を対象に―」（豊田武・原田伴彦・矢守一彦編『講座・日本の封建都市』二巻、文一総合出版、一九八三年）、「近世中後期、北陸城下町の戸口と町域拡大」（『日本海地域史研究』七輯、一九八五年）。

（4）（9）松本四郎「近世後期の都市と民衆」岩波講座『日本歴史』一二、一九七六年。なお、速水融『江戸の農民生活史』（NHKブックス、日本放送出版協会、一九八八年）は、美濃の大垣藩預領西条村を、成松佐恵子『近世東北農村の人々』（ミネルヴァ書房、一九八五年）は二本松藩の奥州安積郡下守屋村の人口史による分析を行うが、それは当然ながら対象の村を中心としたもので、また後者も藩領の在郷町と城下町、そして村の三者の人口移動について検討しているわけではない。

（5）南砺市立井波図書館蔵。以下、断りのない限り同文書である。

（6）（7）宝永七年・宝暦十一年・天保九年、各年町絵図。宇野次四郎『井波誌』上編、井波町立図書館館友会、一九四一年。各年「人別書上帳」。なお、寺内町井波の近世都市としての再建とその後の発展について、拙稿「近世井波の町づくりと町並み発展―町絵図を通して―」（『富山大学教育学部紀要』三九号A、一九九〇年）が取り扱っているので、あわせて参照されたい。

（8）前出『井波誌』上編。

（10）享和元年九月「来戌年奉公仕男女相しらへ書上申候」。

（11）「文化十二年亥正月当時他御支配ニ罷在候者共相調理書上申候」。

（12）「御郡方之者金沢江罷越一件願書」。

（13）美濃の西条村（大垣藩預地）では、奉公は一八世紀後期以降、名古屋に加え京都・大坂指向であった（註4速水文献、一二五頁）。これは同地域が非領国地域であり、また加賀藩のような領外他出規制が強くなかったためであろう。

奥州下守屋村（二本松藩）は中期以降の人別帳に他領都市は出ずに、都市では近在の在郷町郡山とともに城下町二本松への奉公が一八世紀は多いが、一九世紀には消えている（註4成松文献、一一二頁）。二本松のような東北の中小城下町と、名古屋や金沢や、また北陸の城下町と後期の人口移動の特徴を同様に捉えられるかは、他の東北の事例を加えて検討する必要があろう。

追記

本論文は平成四年度総合研究（A）「前近代巨大都市の社会構造に関する総合的研究」（代表吉田伸之）の分担研究の一部である。

付章2　湊町と門前

近世都市研究と湊町・門前町

中世後期の都市発展は中世的城下町の展開とともに、湊（港）・門前の中に自治都市を生み出させた。本章では、湊・門前の中でも、商工業者を居住させて都市開発を遂げた湊町・門前町の近世社会における問題について取り上げることにする。

近世都市研究の中で湊町は、城下町と異なり総町的共同体を生み出すものがあったり、また堀川の整備をした町づくりが行われている所もあるなど早くより注目されてきた(1)。近年も、建築史家の宮本雅明氏が、近世新潟を典型にしてみられる、水際線に並行して、均質性を志向して形成された町空間（マチとマチ屋敷地）を、市場経済社会に適合的な空間として高く評価し、また中世には一部の水際を問や寺社権力が管理したが、近世になってからこのような空間が生み出された、とする興味深い見解を出された(2)。

しかし、当然ながら近世前期に形成された湊町新潟には、それなりの空間的限界が存在したはずである。この点を考えるうえで参考となるのは、幕末開港により建設された横浜である。横浜の有名な絵図「御開港横浜正景(3)」をみると、運上所前には東西の瀬戸とされる突堤を設けて、その間で荷揚げでき、また荷揚げ場は広い敷地が用意されていた。このような空間を設定できなかったことが、新潟の限界といえる。つまり、町屋だけに限定するのでなく、湊町が保持する港湾機能の面から、貿易や外交使節の休泊などの機能を持つ湊町も加えて、再検討してみる必要があることになる。

そこで本章では、中世に貿易で栄え、近世にも中国使節を迎え入れ、朝貢貿易が継続された琉球の湊町那覇のあり方と、朝鮮使節の宿泊地となっていた瀬戸内の湊町の空間のあり方につき、とくに水際線部分となる港機能を検討し、そのうえで列島沿海海運の代表的湊町である新潟に加えて箱館も取り上げ、その港機能面での空間的特質に注意して見てみたい。また、中世湊町から近世湊町への転換およびその後の湊町形成について、加賀藩領を対象に取り上げてみたい。

次に、後期の湊町を考えるうえで、化政期（一八〇四～三〇）の商品経済展開が、北前船などの廻船を生み、諸湊町の発展をもたらした点が重要である。従来、湊町については、その主要な階層となる廻船問屋・廻船主など廻船業者や諸商人について検討されてきたが、廻船主や水主にもなり、また沖仲士などの労働力も供給する漁民に注目して、この段階の漁師町の浦町発展とその限界、また湊町の米価高騰時の打ちこわしについて注意して見ることにしたい。

最後に門前であるが、ここでは町的発展をとげた主要な門前町を対象にすることにしたい(4)。とりわけ江戸時代後期に寺社参詣展開のもとで多数の門前町が各地から数多くの参詣者を集めて賑わいをみせた。それを支える重要な要素となる稼業として、参詣者を受け入れる宿に加え、賑わいを演出する物売り、見せ物興行などの香具師《やし》の存在、さらに参詣を終えた人々のための遊所的な場があった。そこで、本章ではまず湊町に対応させて、寺内町などの近世的再編を空間を重視してその特徴を見たうえで、代表的な門前町について、その町並み形成に加えて、まず参詣者相手の主要な稼業であった旅籠屋、茶屋の営業展開をめぐる問題を見ることにする。そして、とくに一般の参詣者とともに増加した六部・偽巡礼など「異人」的存在の来訪者の受け入れの場や、香具師の居住、宿泊の場を検討したい。さらに、この香具師や六部の居住、宿泊の場とも関連させて遊所的な場の存在と、この遊所的様相についても若干ふれておくことにしたい。

近世湊町の景観とその特徴

那覇と朝鮮使宿泊、瀬戸内湊町

中世後期には外国船も日本の湊町へ入津していたが、いわゆる鎖国制の実施にともない、日本の湊町は長崎を例外として、列島沿岸を航海する国内廻船のみが入津することとなった。しかし、近年注目されるようになったように、長崎外での他国との往来も、琉球・対馬と北方を通じてみられた。このうち外国使節が往来するのは、琉球・対馬であり、前者は中国への朝貢貿易を幕府にも容認されて、中国から冊封使が琉球王の交代のつど来貢していた。後者は明暦以降に幕府の将軍代替わりごとに、通信使が朝鮮より江戸へ派遣されたために、彼らは対馬藩の藩府厳原から瀬戸内の湊町を経由して江戸へ向かった。

この那覇を描いた著名な絵画に、明治初年作成「首里那覇図」があるが、これに一七、一八世紀に来訪した中国冊封使の記録「中山伝信録」[5]や明治十年刊行『沖縄志』所収の「那覇港図」も参考にして、港の地域の特徴をみることにする。なお、嘉手納宗徳氏作成の復元図「那覇市街図」（宮城栄昌・高宮廣衛編『沖縄歴史地図・歴史編』柏書房、一九八三年）を参考のために示した。

　さて、注目されるのは、中国使節上陸の際の休憩所となる迎恩亭と、彼らの宿泊施設の迎賓館となる天使館が港に設けられていたことである。その港湾施設にも特徴があって、冊封使の船が停泊するドックの堀がとくに用意され、迎恩亭や堀周辺には荷揚げ可能な広い空間が存在していた。また、防波堤が港口から沖合の三重城に向けて築かれ、その奥での廻船停泊の便宜を与えている。さらに、「首里那覇図」によると、天使館前の市場に近い海岸にも廻船が停泊した絵が描かれているが、ここの水際も広い空閑地が取られている。ここはシキ場とされてる所で、材木などの置き場に利用されていた(6)。このシキ場の利用が実際にどのようになっていたか不明であるものの、湊の水際の利用が開放的であることを示す点で注目される。

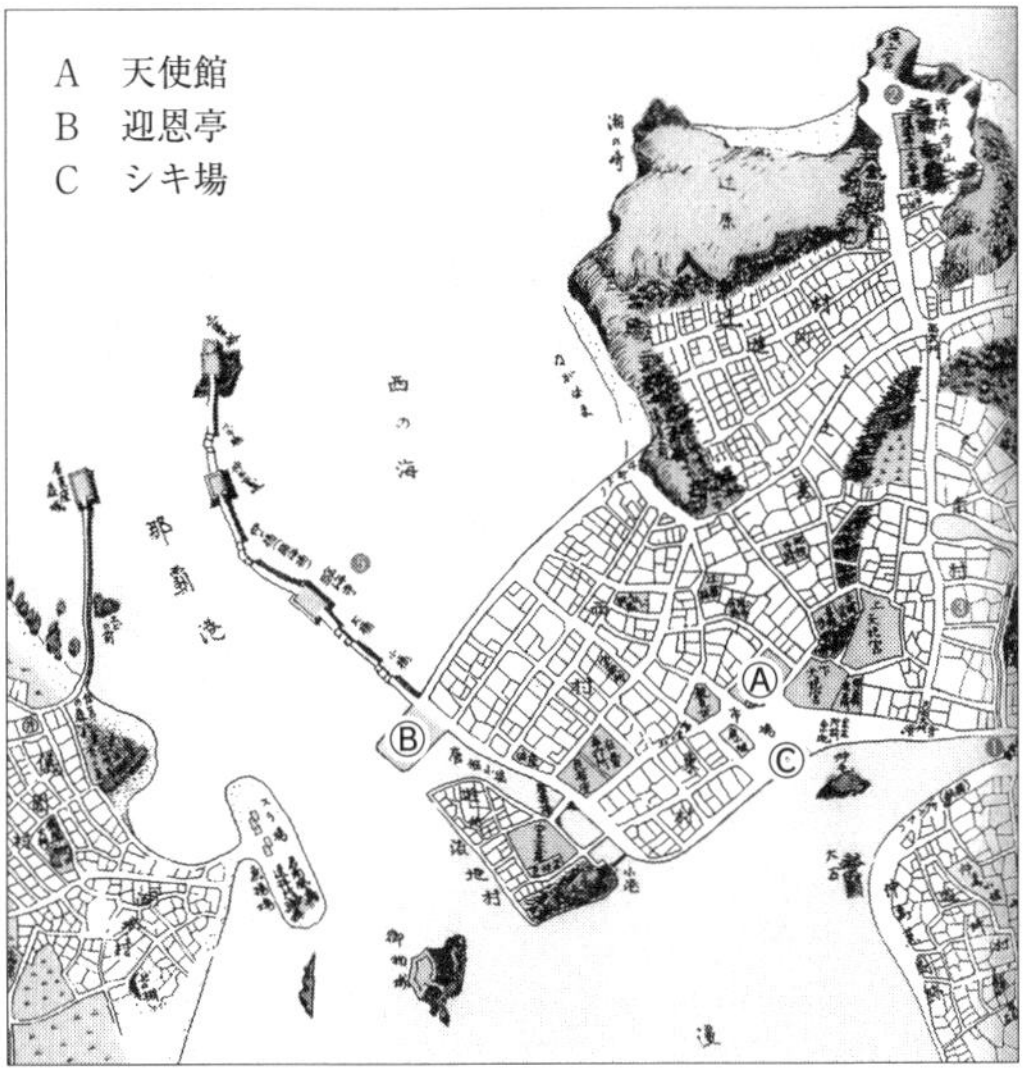

那覇市街図（明治初年）
嘉手納宗徳「那覇読史地図」（『沖縄歴史地図・歴史編』）

　以上のように、中世に貿易で栄え、近世には中国の冊封使を迎えた那覇は、その関係施設を存在させる点で特徴を持ったが、また那覇は港内の大船航行・停泊の施設が整えられているだけでなく、水際線利用で広い開放的な空間が、迎恩亭とドック周辺以外にも設けられていたことでも特徴的であった。

　那覇・長崎以外で開港以前に外国人にかかわる施設を用意した湊町となると、ほかに朝鮮使通行の際に宿舎を提供した、瀬戸内の湊町が考慮される。明暦（一六五五～五八）以来、朝鮮使節の宿泊地として利用された湊町は、赤間関（現在の下関）から兵庫の間の瀬戸内では、次の湊町がよく利用されていた。周防の向浦、室積、上関、伊予の津和、安芸の蒲刈、備後の鞆浦、牛窓、播磨の室津などである。(7)

もっとも、使節との間で貿易が行われるわけではなく、これらの瀬戸内の湊町では使節の宿舎として御茶屋・寺院などが提供された程度である。牛窓ではじめ寺院、天和（一六八一～八四）以降に御茶屋が提供されたが、同町の後期の景観を描いた挿し絵（『金毘羅参詣名所図会』）によると、岬口に船番所が設置され、その反対側に灯籠堂（「撮要録」(8)）が設けられ、湾内には元禄八年（一六九五）建設の波除け堤防の波戸（「牛窓旧記」）が存在していた。この年は朝鮮使節来訪と関係ないので、諸国廻船の入津する湊町として港湾整備されたようである。

町並みは湾内をぐるりととりまき、御茶屋辺までと、岬の反対側にも家並みが続くが、後者は船大工の町、東町であった。(9)挿し絵では御茶屋の辺の海岸線整備がわからないが、年不詳「牛窓御船着場絵図」には複数の船着き場の存在が描かれ、また正徳（一七一一～一六）とされる「邑久郡牛窓町筋絵図」や「延享五年（一七四八）朝鮮通信使宿舎船着場絵図」などの絵図から、使節上陸に利用される下行場の存在が知られる。しかし、ここは現在もバスの発着所に利用されている広場である。(10)このような空閑地が設けられていたことがこの湊町の特徴といえるが、いずれにしてもそこは基本的には御用の場としてのものであった。

新潟・箱館

牛窓などと異なり、近世の主要な湊町は、河川の河口に成立したものが多く、この上流には物資移出入の観点から城下町が建設されているために、その外港としての役割を担うものが多い。とりわけ、流路が長く流域の広大な

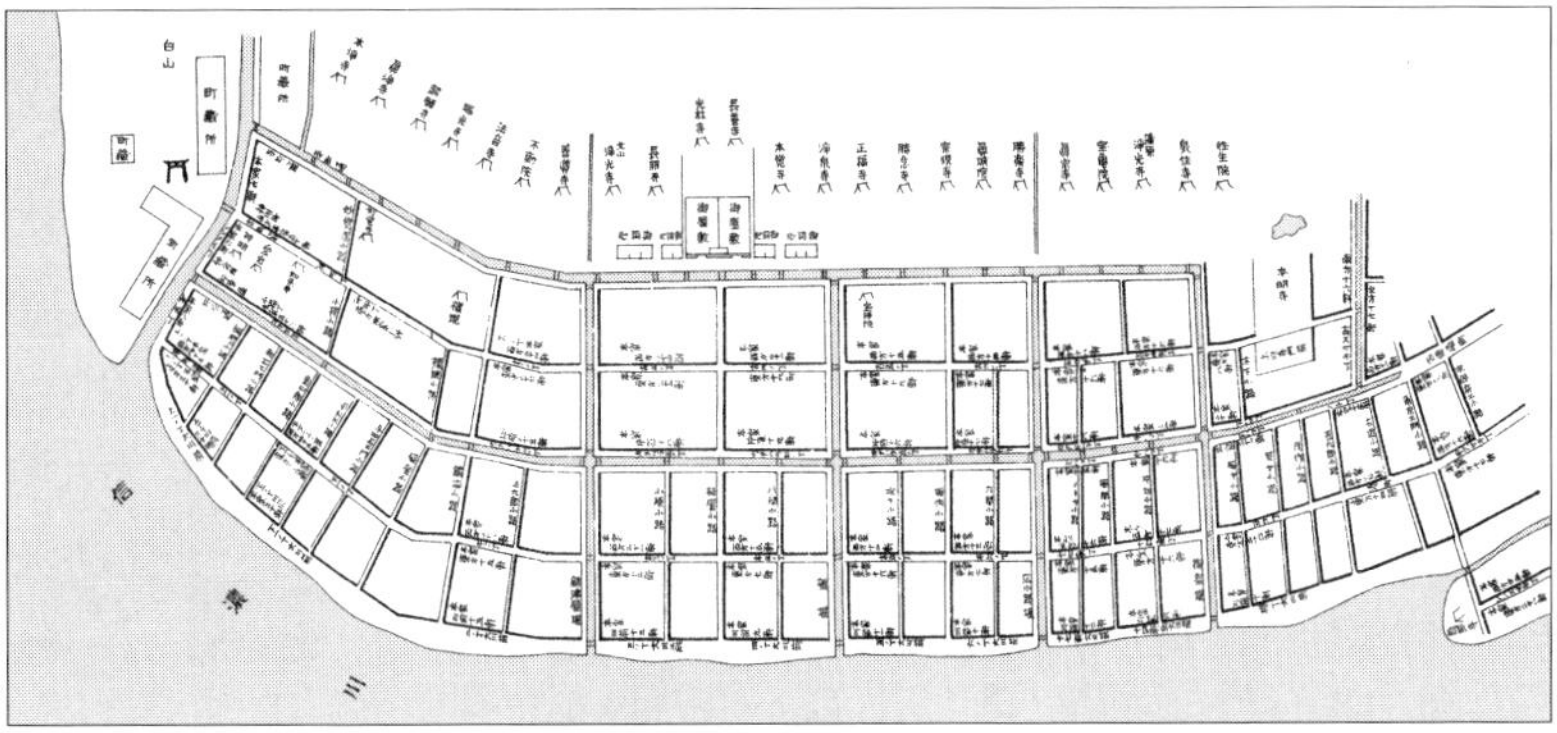

新潟町絵図（『新潟市史』上）

河川の河口港として成立したところは後背地が広大となるために、年貢米など大量の物資移出入で栄える大きな湊町が成立発展した。その代表的なものに新潟、三国、酒田などがある。外港などこれらの湊町は、東西両廻り航路の整備とその海運活発化により年貢米輸送をはじめとした廻船の出入りで発展した。そして、これらの湊へ年貢米を中継して送り出す湊も列島の沿岸には数多くあり、ここには年貢米収納の蔵が設けられた。そして、後期にはこのような湊が地域廻船の発展とともに栄えることになった。

さて、元禄段階に大きく栄えるようになった代表的な湊である新潟は、信濃川に沿って、町並みを碁盤状に整然と形成し、町内には堀割も通じ、山側に寺町地域も設けられている町であった。ただここは近世もある程度たった明暦期に移転し、藩の主導のもとに建設されたものであった（『新潟市史』上、一九三四年）。計画的に建設されたこの新潟の復元図をみると、川沿いの位置には大問屋とよばれた廻船問屋が居住する大町などの町が設けられ、また蔵など領主利用の場は、町の端の島に設けられていた。こうした水運の便の良い町として建設されることが、大問屋ら住民にとっても好都合なために、新潟町人にも負担の伴う移転建設が可能となったと理解できる。もっとも、前記の那覇と比較すると、川沿いに広い共用空間の波止場がつくられておらず、荷揚げなどに適当な広い空閑地は領主用として右の島に設けられていたのであった。いずれにしても廻船業者らのための広い共用の波止場が当初より計画されないというのが、この時期の町づくりの限界といえよう。

しかし、この長い水際線を持った新潟の町も、上流より流された土砂で延享期（一七四四～四八）ごろより埋まりはじめた。幕末の嘉永二年（一八四九）の新潟の鳥瞰図「新潟真景」によると、下三の町から川下方向には土砂堆積によりできた島が、町と川の間に存在していた。

次に、江戸中期以降に移住者も加えて発展した湊町の事例として、箱館を取り上げたい。箱館は元は漁業集落で、一七世紀末より近隣の亀田村の港湾機能劣化により廻船業者らが移住しはじめ、寛保元年（一七四一）に亀田番所もここに移転した。[11]そして、後期には蝦夷地の海産物を求める諸国廻船により繁栄することになった。

享和元年（一八〇一）の「分間箱館全図」と文政（一八一八～三〇）ごろの「箱館市中細絵図」により箱館の空間的あり方を見ておこう。箱館は、風波を避けられる山を後ろにした内湾の地形を利用した湊で、享和の絵図にみるように、海岸線に沿うように街路が設けられ、町人の屋敷地は直接、水際の海岸沿いに設けられるような形で発展していた。この町並み建設の具体的なことはわからないが、ここも海岸沿いに広い空閑地の共用の波止場はつくられていなかった。

藩の蔵は、後に台場となった、港湾の端の位置と、中心より少し南東よりの位置に設けられていた。また、そのさらに南東側の海岸は埋め立てが行われていた。しかし、この後の文政絵図によると、ここは築島として完成しており、埋め立て地域の屋敷地は海に面した元の姿に戻っている。住民の多数を海岸沿いの屋敷から立ち退かせることなどできず、築島を建設したのであるが、文政の絵図によると御番所から海岸への地域が整備され、役屋敷筋の海岸線には作事所が設けられ、ごく部分的な領主利用のための町屋立ち退きは可能であったことがわかる。ただ、いずれにしても藩の海岸利用は住民居住により制約されたのであり、そのことは、作事所から北西の位置にある沖の口役所が、海岸線より先に海を埋め立ててつくられたことからわかる。

近世藩領湊町の形成と湊整備

宮腰

海運が盛んで湊町を発達させた日本海沿岸の藩領の事例として、加賀藩を取り上げる。

城下町金沢への物資移出入の窓口で、外港となったのが宮腰であった。宮腰は中世以来の地域の重要な湊町であり、廻船業者や問屋なども当然に存在し活躍した湊町であった。藩もこの宮腰を重視し、元和二年（一六一六）には金沢から一直線に街道を建設し、また同六年に金沢に堀川を開削して浅野川を利用して金沢とを結んでいる。水路・街道整備を実施したものの、藩が初期に宮腰の町並み改変を行ったということは文書では知られない。しかし、その後の町発展が貞享年間（一六八四～八八）に町の改造をもたらしたという見解がある。町並み改造が実施されたとするならば、新潟のような湊町建設となったのかどうか、「元禄年中宮腰町絵図」を主に、文化四年（一八〇七）「宮腰地図」も参考にしてみると、概略図のような町として存在していたことがわかる。

宮腰は犀川の河口を利用した湊で、宮腰街道はこの湊からかなり離れた部分の町中心部を縦断して設定されたものである。初期からの町年寄中山家が居住する町は、犀川より直角に北東方向に伸びた本町の道筋であった。ここ

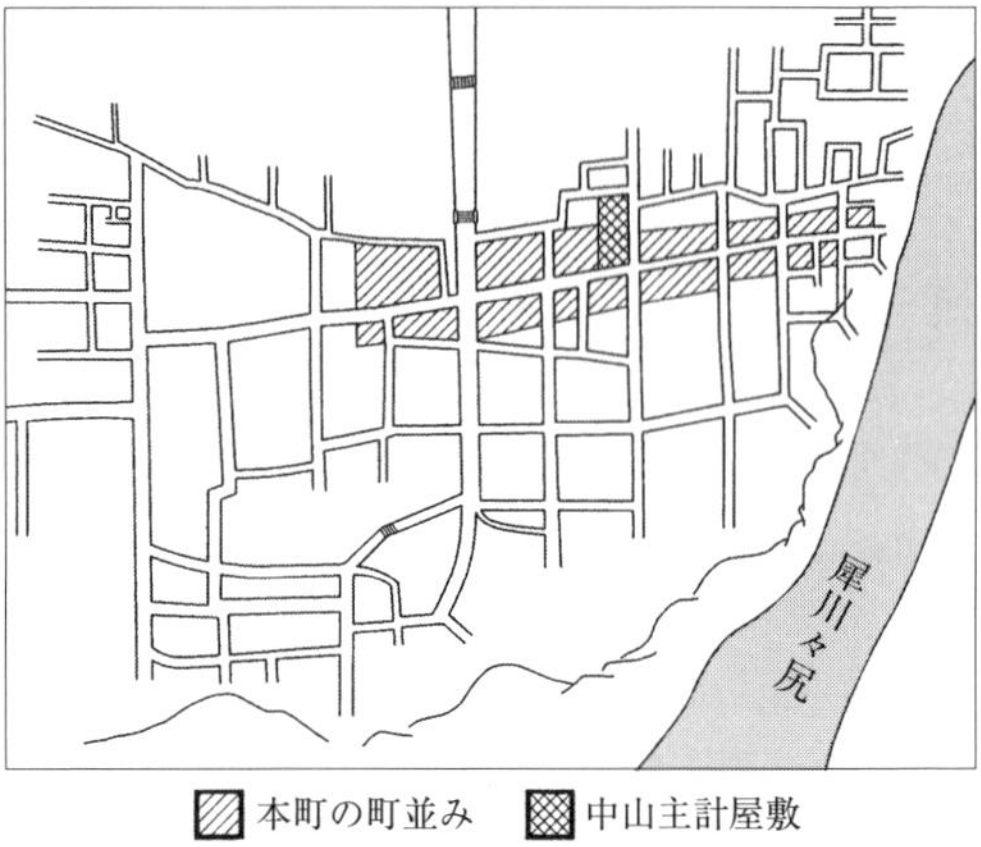

文化四年宮腰町の本町町並み概略図
(『事典しらべる江戸時代』柏書房、2001年)

の近世の湊は水際線が少なく、近世当初はもちろん元禄の段階においても、湊利用の観点からの、主要な町での大きな改造は考えられない。もし、改造されたとするならば、宮腰往還建設に際して同往還につながる本町筋が直線的町筋に改造された可能性が考えられる。しかし、町内の全体的改造は、貞享段階には町移転以外には無理で、これは住民掌握のための五人組再編が行われただけではないかとみられる。つまり、その中心部、本町筋においては中世以来の湊町のあり方が基本的には温存されていたといえよう。

　宮腰の大きな改造が近世初期に実施されなかったのは、一向一揆再発のような住民による強硬な反対を危惧したことと、宮腰の港湾機能が、城下町への対応を主としたもので、広域の後背地に対する物資集散機能を要請されていなかったためであろう。同じ理由から元禄以降にも湊町の大きな改造などが行われなかったのであろう。

東岩瀬

　加賀藩の湊町で、一七世紀以降に新たに湊町として地域で重要な役割を果たしはじめた湊町に、神通川河口の東岩瀬があった。ここは万治三年(一六六〇)に神通川の東遷により、対岸の富山藩領の西岩瀬に代わって東岩瀬が

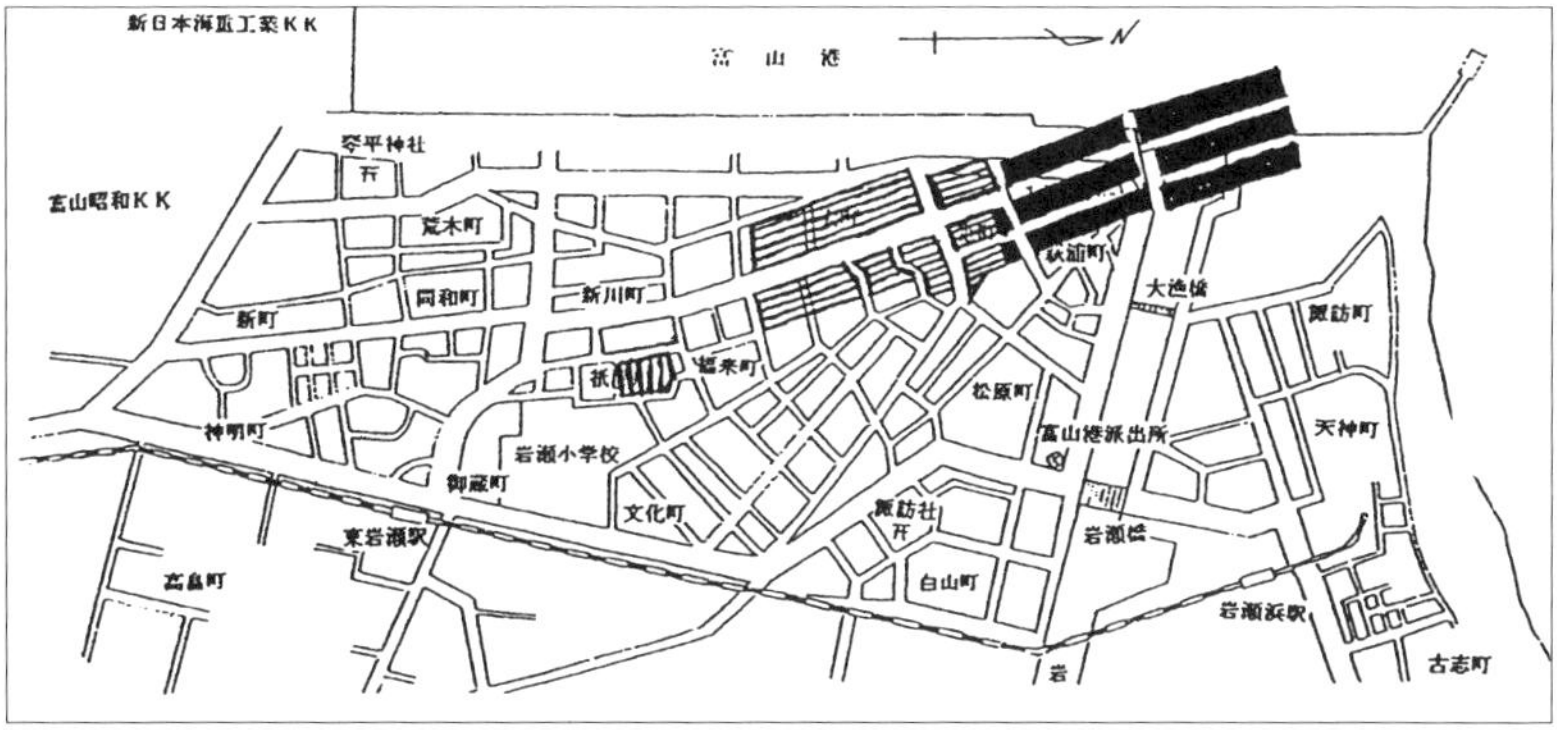

寛文三年以前の宿・浦銀納地　寛文三年宿方銀納地　寛文三年町蔵地

東岩瀬町並みの形成図（『バイ船研究』３集）

その河口港としての役割を演じるようになったためである。寛文五年（一六六五）に藩は新川地域支配に当たる御郡所を東岩瀬に建設し、同十年には草島にあった蔵を東岩瀬に移転しているが、この時期後、藩が新たな湊町づくりを試みたということは知られていない。

当初の家並みとその後の町並みについては、河上省吾氏らが地子地の成立過程をその面積をもとに比定を行い、すでに想定図を作成されている。(12)寛文期（一六六一～七三）に家立てが認められた大町・中町の町並みは、神通川沿いの地で、高波被害にあいにくい、河口から少しさかのぼった地に設けられていた。

新たに成立した大町は、後期には廻船問屋・廻船主らの町として繁栄した。宝暦と推定されている町絵図（東岩瀬郷土史会蔵）は、大町中心部でも川側の屋敷はみな広い間口の屋敷となっているが、これは買い増しの形でこのようになったものではなかろうか。この絵図によると、大町の屋敷裏は神通川の流れが沿うように描かれており、この時期には大町から川原町辺までは、屋敷地と川の間には特別な空間はなかったように考えられる。この川原町の南側の道は、藩の蔵へ通じる道で、この道の神通川にあたる地域は御塩・御材木揚場と記されている。この藩用の荷揚げ場が道路の延長として設けられている以外に、水際には共有の荷揚げに利用できる空閑地などはなかったが、この町並みの少し上流には自然に形成されたデルタがあったために、ここが浦方の船揚げ場や網場として利用されていたことが、宝暦（一七五一～六四）絵図に記載されている。

後の安政六年（一八五九）四月に同地の肝煎らが出した願書[13]によると、天保期（一八三〇～四四）以来、神通川縁の砂置き、草付き地となった所は、町で利用するために藩へ願い出て銀納地にしてきたが、川原町下手並び波止場下より大町麦屋六右衛門後ろの間の川縁が砂置き場になったという。このため年貢米積み出しや、諸廻船出入り荷物持ち運びの道筋に利用できるので、同地を銀納地にかえる願いが出されている。町屋敷の建ち並ぶ川沿いも、土砂堆積によりその裏手が天保以降には藩へ銀納を願い出ることによって利用できるようになり、幕末には川原町下手から大町中程の間が、蔵米積み出しだけでなく、諸廻船荷物の物資荷揚げ、運搬のための町の供用地として利用可能となったのである。

後期の湊町と抜け荷、浦町展開

浦町・湊町と漁師町

後期の商品経済展開は、北前船のような遠隔地間を航行する廻船や地域内の小廻し廻船の活動を活発化させた。この重層的な海運、商品流通の展開は、列島沿岸各地の湊町を繁栄させた。とりわけ、地域経済の発展の上に立つ小廻し船の活動活性化は、主要湊町以外の湊や、従来漁師町的性格の強かった浦方の湊も浦町として発展させていった点で、やはり重要である。

加賀藩領の越中の場合をみると、湊の多くが藩の蔵米積み出し地となっていた。寛政期（一七八九～一八〇一）に出版された「日本汐路之記」は、年貢米積み出し港が多いが、商用に通う船も多いと記しており、蔵米積み出し港が商船も通う港となっていたことを示唆する。そして、化政以降になると一段と廻船活動が活発化し、湊が町場として賑わいをみせていった。この結果、弘化三年（一八四六）には浦十村支配の無高所の浦で、宿駅となっていない所も家町立ての扱いとされている。具体的には、新川郡の水橋・生地である。水橋は、白岩川の河口に東水橋、西水橋の両集落が存在し、北陸街道沿いの渡船場で、間の宿的要素も持つ地であった。

他国船も入津する越中の主要湊町は伏木と東岩瀬であり、ここには廻船問屋が存在したが、この東岩瀬と水橋・生地については、安政五年（一八五八）の職業書上げなどの書上げ（杉木文書と加越能文庫文書）がある。これによると、東岩瀬は、湊町として一八世紀以降発展していただけに廻船問屋二〇軒・廻船主二五軒など廻船業者が多数おり、また、後背地農村相手の肥料商三〇軒をはじめさまざまな商職人も居住した。なお、漁業者の記載はないが、記載された多様な漁獲物からその存在がうかがえる。

東岩瀬に対して水橋は、商業では売薬関係者が多いほか多様な営業が存在し、町場として発展していることがうかがえると同時に、肥料商が三一軒と多いのが注目される。これは廻船により越後や蝦夷地から移入された魚肥を後背地農村に販売する稼業であり、水橋が後背地農村と密接な結びつきのうえで発展したことを示すが、彼らは肥料の前貸し販売により村方の土地集積を進めることとなり、農村との対立要因ともなった。一方、廻船業関係の船手商売も四八軒と相当に多いが、実質廻船問屋業を営む船宿が多いことは間違いない。

東岩瀬・東水橋の安政五年の移入品がわかるが（加越能文庫文書）、水橋は東岩瀬と異なり上方からの移入品がなく、それは蝦夷地からの魚肥と、隣国越後・佐渡からの魚肥その他の産物であった[14]。すなわち、浦町として大きく発展した水橋も、後背地に城下や飛騨を持つ東岩瀬と異なり、後背地に規定されて、農村へ供給する魚肥を主として扱うという限界があったのである。

湊町・浦町と騒擾

浦の漁業者集落が町化することをみたが、天保期の新潟・箱館の風俗書上げ[15]をみると、やはりともに漁民の存在が目に付く。また、遊女の多いことも特徴となっているが、当然ながら廻船問屋ら廻船業関係者も多く、その中には沖仲士などの日雇い労働者ももちろん存在していた。

湊町発展は廻船業発達を促し、水主やまた沖仲士としてこの漁民の家族を送り込むことになるため、湊町やその近隣居住の漁民の存在は重要である。越中の主要湊町、伏木・東岩瀬も漁民を居住させたが、伏木には小矢部川対岸近くに漁民集落で廻船業者や水主を多数出した六渡寺があった。このほかの湊町も、放生津町は漁業・廻船業が盛んで、氷見も一六町のうち五町が漁師町で漁業の町でもあった。魚津や滑川にもそれぞれ漁民の町が存在し、また後期には廻船業者も多く出すようになった。

これらの漁師町の住民は、水主に加えて沖仲士稼ぎなどの労働力も供給することで、その暮らしを立てることになるが、その食糧は販売米に依存した生活となっていた。浦町も無高の地が多く、同様で、凶作の際には米価騰貴により窮迫者も多数出すことになった。

凶作などで米価騰貴のときは、米移出地帯の湊町で津留（津出し停止）訴願が起きることはよく知られているが、とりわけ凶作の年に不漁が重なると湊町では騒擾が発生しやすいことになった。加賀藩内の凶作時の湊町の動向については、氷見の町役人の日記『応響雑記』[16]により詳細に知ることができる。冷涼多雨の気候により飢饉となった天保七年（一八三六）には、同日記によると、定置網の不漁に米価高騰も加わり、町内の漁民の生活が圧迫された。この結果、天保七年十一月には飢寒をしのぐことのできない者が多数出て、さまざまな訴願が町役人に出されている。この月には周辺農民五〇～六〇人が大声で空腹を叫びながら町内を通る事件が発生した。このとき氷見町人はこれに加わらなかったが、翌年正月二日に、「空腹の旨、高声に而呼」ばわり、町年寄方へ押しかけ、貸し米下げ渡しの件を実現しなければ打ちこわすといって、米商の蔵宿、田中屋権右衛門方では雪つぶてが投げつけられている。田中屋へ押しかけたのは漁師町の今町の人であったことが、同日記に記載されている。翌二月には一段と米価が高騰し、五〇～七〇人の者が米価引き下げを求めて、町年寄や米小売商など富裕町人の家の戸をたたいたり、打ちやぶったりしている。あわてて米価引き下げが行われたものの、困窮住民にはどうにもならず、その後、浜町漁師五〇人が集団で袖乞いに出ている。この後も不漁が続いたため乞食が増加したが、幸いにも三月七日ころから鰯が捕れるようになり、ようやく乞食が減ったという。

安政五年（一八五八）には米価高騰を契機に一揆が発生し藩全体に波及したが、大正の米騒動が富山県内の湊町その他の都市へも波及したように、このとき越中の湊町でも打ちこわしが行われたことが複数の地で確認できる。氷見では七月十六日、放生津町は同二十日、同月魚津（『新湊市史』『福野町史』）である。残念ながら新川地域の適当な史料がないために、水橋・生地の動向は不明である。

この安政期（一八五四～六〇）も、『応響雑記』によると、氷見地域は寒冷な時期で、鰯・鰤ともに不漁の時期であった。そして、この安政五年の春網は前年から引き続く不漁で、漁民を窮迫させた。三月には大鯖、五月には烏賊が豊漁で一息つかせたものの、越中など加賀藩領では夏の冷夏による凶作に見まわれ、米価が騰貴して、当然のごとく漁民の暮らしを困窮させた。このため七月十六日に前記の米津出し阻止を漁船四〇～五〇艘が行った。この後、打ちこわしが行われるが、先の津出し阻止行動をする人々の追い払いが漁師町五か町へ命じられていたように、騒擾発端での行動の中心は漁民にあったことは明白である。

近世門前町成立とその空間

中世後期には、門前町の一形態として、真宗寺院を主とした寺院が中核となって形成された寺内町とよばれる町が存在した。これは環濠都市の形態をとる自治都市として、畿内とその周辺地域で大いに栄えた。以下では、この門前町について取り上げたい。

寺内町の処置について、一向一揆勢力の強かった加賀・越中についてみておこう。本願寺の拠点、石山は後に大坂となったが、加賀の一向一揆の拠点、寺内町尾山も織田大名の城下金沢となった。元来、軍事的な観点からその拠点が構えられ、また商工業の地域の中心でもあったために、近世の城下町へと転換されることになったのである。加賀では寺内町が消滅したが、越中についてみると、織田の家臣、佐々氏は越中で寺内町の井波を灰燼に帰せしめたが、越中平定後の天正十二年（一五八四）末に越中の有力寺院勝興寺に寺領を安堵して、寺内町形成を認めたのであった。(17)しかし、この容認は、佐々氏が豊臣氏に反旗を翻した時期に行われており、一向一揆勢力との協力関係を築くためのものと考えられている。(18)

佐々氏後に越中をおさえた前田氏は、井波にわざわざ瑞泉寺を招致している。かつて地域の一向一揆勢力の中心にあった真宗寺院であろうとも、その力を利用するのが、地域住民の支配に最も有効であることを藩は理解していたのである。しかし、瑞泉寺にかつてのような寺内町再建は当然にも許さず、慶長元年（一五九六）にその還住を許した場は、元の寺地と無縁の、後に竹部屋敷と呼ばれる、町の中心から外れた所であった。このように近世権力は、真宗寺院であろうとも、その支配に有益な場合は利用したのである。

さて、代表的な神社である伊勢の両社は朝廷の神社であることもあって、幕府は神領を与えて保護をはかった。また、その門前となる宇治、山田の地域に対して、年寄衆による自治をそのまま容認した。幕府がその自治に規制をはかったのは、後の寛政年間のことであった（『伊勢山田市史』下）。この両町は両神宮の神官でもある御師の屋敷を中心に発達した門前町であるが、寺内町のような環濠都市ではなく、また寛保元年（一七四二）「山田惣絵図」からうかがえるように、整然とした計画的町割りが行われた都市とは異なる、自主的に発展、伸長した都市であった。幕府は町改造などを行ったわけではなかった。

中後期には遠隔地への旅が盛んとなりはじめ、門前町的発展をみせる所が増加するが、各地から参詣者を集める有力寺院の場合、その門前は一段と町並みの発展をとげていく。その代表的な町に琴平、善光寺、成田などがあった。善光寺はわからないが、その門前の町並みはとくに領主により整備拡張されたわけではなく、街道筋に沿って自然に町並み拡大をとげたものであった。

琴平は宿駅であるものの、宝暦五年（一七五五）「讃岐国金毘羅象頭山金毘羅神社絵図」や幕末の「金比羅全図」にみるように、同地へ通ずる諸街道にそってヒトデ状に町並みが発達している。一方、成田は成田街道（佐倉道）の始点となっていたが、宿駅は近くの村、寺台村に設定されており、成田が門前の旅籠屋・茶屋集落として発達したのは江戸中期以降であった。そのため、「成田山名所図会」の挿し絵「成田山全図」などにみるように、成田は自然の道筋をそのまま利用した町並みとして発展していくことになった。

「異人」の宿泊地と興行地・遊所

後期の門前町並み形成と宿泊・商売・興行の地

門前町発展には多数の参詣者を集める行事や興行が必要であり、実際に寺社にはそれらに力を入れるところがみられた。しかし、門前の町並み内に場所を用意することはできず、寺社の境内や、町並み裏がそのような場として利用されることになった。成田では興行が奥山の境内で開かれ、琴平では町筋の金山寺町の裏手に芝居興行の小屋が設けられた。善光寺でも興行は境内で行われていたことが『善光寺大地震図会』の「小市往還より善光寺を見る図」からわかる。門前の町並み内の往還筋では、特別の市以外では、香具師など他の商人による街路利用は制約され、彼らが平生営業をする場合には、やはり境内を借用することになった。

参詣者を集める寺社門前の町並みでの主要な営業は、参詣客への宿休泊、土産販売などになり、とりわけ宿休泊の旅籠・茶屋の営業が重要となる。善光寺は宿駅でもあったために、門前の大門町はこの伝馬役負担を根拠に、他の町での旅籠屋営業をたびたび差し止めさせ、営業の独占を実現していたことはよく知られている。(19)この町の茶屋も、『善光寺道名所図会』の挿し絵「善光寺宿駅繁華、茶店の図」をみると、道筋に床机を出して客に飲食させている姿を描いている。公の道を利用する営業の仕方が通常のものとされるような茶屋営業が、彼らにより実現されていたことがわかる。

一方、成田は宿駅でもないのに、天保十四年（一八四三）に三一軒もの旅籠を門前に生みだした[20]。しかし、宿駅との間で発生するはずの争論はみられない。本来ならば、伝馬役負担の代償として宿駅以外での旅籠経営は拒否されるのに、それが知られないのである。おそらく、宿の寺台村の住民が宿泊業に依存する度合いが低かったこと、領主佐倉藩の成田山に対する対応や、寺台村の成田山への配慮なども関係しているのであろう。いずれにしても成田での旅籠屋は他から差し止めをうけることなく営業ができ、門前に多数の旅籠が営まれることになったのであった。成田のような恵まれた所もあったが、善光寺のように門前町は、旅籠屋、茶屋が彼らの営業を維持し、より好ましい営業を可能とするように努めていたのであった。

「異人」滞在と遊所地化

寺社参詣者が増大すると、全国霊場に納経のため廻国する六十六部や巡礼に身をやつして、各地の人々から合力を受けて暮らす人々も増加するようになり、各地の門前町にも現れるようになった。一般の町人・農民は宿坊や、この時期には道者宿などと呼ばれた旅籠屋に宿泊するが、町では六十六部や巡礼・修験者などは木賃宿を宿とするようになっていた。

善光寺では宿坊以外に、門前の大門町が旅籠屋・茶屋を多数存在させたが、木賃宿は善光寺の東之門町にあった。嘉永二年（一八四九）の同町には二六軒（うち二軒休み）の木賃宿の株数が定められ、木賃利用以外の宿泊と逗留禁止、また巡礼以外の他国者は木賃利用であっても宿泊をさせないなどの請書が町役人に提出されている[21]。この文書によると寛政三年（一七九一）にも旅籠利用者の大門町宿泊が求められ、東之門町は木賃利用に限定されていた。以上により、一九世紀の段階のこの町の木賃宿は、巡礼・六部・廻国者の宿となっており、また取り締まりのために、特別な事情はともかく二日以上にわたる逗留などを抑え、彼らが滞留することを防ぐようにしていたことがわかる。

善光寺の東脇に存在したが、この東之門町には堂庭などで商いをする香具師も居住していた。天保五年（一八三四）に覗きからくり興行にでかける途中で同行者の居合刀持参により松代藩口留番所に捕らえられた幸太郎・金助が同町に居住していたことがわかっている。(22)彼ら香具師は、善光寺の堂庭での商売や興行のために善光寺町に多数居住したが、寛延四年（一七五一）「御堂庭御地代上納帳(23)」をみると、東之門町九人に対して、善光寺の反対側にある横沢町には一六人も居住していた。

しかし、後には水茶屋の設けられていた権堂町にも香具師が多数居住するようになり、善光寺町内居住の香具師・商人を脅かした。そのことが、宝暦十二年（一七六二）に横沢町の町役人らをはじめ善光寺町の寺領の人々が権堂町の香具師を襲撃した一件から知られる。(24)権堂町は、文政期に刊行された『諸国道中商人鑑』に、売女を抱える水茶屋の宣伝が一二軒も載っているが、ここは水茶屋の町として栄えた町で、幕末には大門町が同町の茶屋営業停止を幕府に訴えて、嘉永三年に旅人などの宿泊を停止させている。(25)

元来、参詣者確保のためにさまざまな興行などが許された多くの門前町の場合には、参詣を終えた宿泊客のために、宿にも享楽的な要素が必要になり、酌取女・飯盛女を置くことを宿屋経営者側から求められることが多かった。琴平でも文政七年（一八二四）には門前での酌取女を抱える茶屋営業が容認され、とくに芝居小屋の前にあった金山寺町にはこの茶屋が多数あった（『町史ことひら』三）。「編年雑記(26)」によると、江戸中期の代表的な大泥棒、日本駄右衛門のモデル浜島庄兵衛が逃亡していた際に琴平に身を隠し、ここの茶屋に居住していたとされる。実際に彼がここに居住したとは断言できないものの、彼らが逃亡した際に身を潜めるのに利用されるような所としてこの茶屋があったことを示すものである。なお、幕末にこの町の旅籠屋に宿泊した長崎奉行所役人初村氏が、旅籠屋に芸者が大勢出入りしていたことを「松前道中雑記[27]」に記しているように、旅籠屋も遊所的様相が強かった。

もっとも、酌取女などを抱えた茶屋がどの町でも許されたわけではなかった。しかし、水茶屋が許されなくても、後期に境内などで芝居興行を許されるような門前町では、門前の旅籠屋に芸者らを出入りさせて、遊所的な様相をみせる所が多かったと考えられる。

湊と門前の特質

近世湊町形成について加賀藩の場合をみると、その城下町外港の宮腰は、中世的湊町のあり方の大きな改変が実施されないままであった。他方、新潟は近世前期に画期的な近世都市として評価されるような移転改造が領主主導により実施されたが、それは広域の後背地を持つ湊町ゆえに求められた改造ともいえるものであった。しかし、新潟にも限界があり、那覇のように共用の広い波止場は町際の海岸線に用意されなかった。一方、朝鮮使節を迎え、休泊に利用された瀬戸内の湊町牛窓をみると、宿舎の御茶屋に加え、下行場とよばれる空閑地があった。しかし、ここも基本的には御用の場であった。

江戸後期に湊町として発展した箱館は、新潟同様に水際沿いに町屋敷を展開させた。しかし、ここも町方と共用の広い空間を用意した波止場がその水際に設けられたわけではなかった。もっとも、領主はその中心地の一部を領主用の作業場として接収しているが、結局、沖合に築島をつくり利用した。

また、先の加賀藩の場合でも、寛文期に新たに富山城下の外港の役割を果たすようになった東岩瀬では、川沿いの地に屋敷地を設ける町並みづくりが、移住した廻船業者らにより実施された。ここの波止場は初め、当藩の蔵への道筋突き当たりの空間を使用するものにしかすぎなかった。町並み形成後にその一部分を住民共用の波止場、埠頭空間として開放することはその後も実現されなかったが、信濃川と異なり神通川の土砂堆積がほどほどであったことにも恵まれ、東岩瀬では波止場として利用できる住民共用の土地が天保以降に屋敷地裏手に生み出され、住民の廻船業者の荷揚げその他の便が図られることになったのであった。

江戸後期の商品経済展開は、地域の漁師集落的な町をはじめ、多数の浦方の浦町、湊町への発展を生みだしていった。しかし、こうした町も結局その後背地のあり方によって、商品経済上の役割を規定されたことが重要である。飛驒をも後背地とした東岩瀬に近いものの、わずかな後背地しか招来しない白岩川の河口湊であった水橋は、幕末の移入品をみると、蝦夷地などの魚肥も後背地農村のために大量に扱うものの、都市などの需要に応える上方商品などは、東岩瀬と異なりほとんど扱えなかった。この東岩瀬・水橋と同様、天保期の新潟・箱館に漁民が居住したように、発展していた湊町でも漁民の存在は無視できない。とりわけ、都市漁民は販売米に食糧を依存したために、米価騰貴を引き起こす凶作が冷涼の気候によってもたらされる場合には、漁業も影響を受けて不漁になり、彼らの困窮化と、さらに騒擾を招く点で重要であった。

さて、門前町であるが、寺社権力を抑えた近世領主権力は、幕府が伊勢の年寄衆の自治を認めたように、一向宗寺院の力を利用するために前田氏も地域の有力寺院を還住させた。しかし、当然そこには制約があった。こうした寺社は門前に全国から多くの参詣者を集め、町並みを拡大させていくが、門前は自然の町並みに沿うように発展したものである。門前町の繁栄は旅籠屋・茶屋の繁栄をもたらす。善光寺の旅籠屋の町である大門町は、同町の営業を脅かす他町の営業をたえず規制しようとしたことが知られるが、茶屋も店前の街道利用を彼らの都合のよい状況にしていた。一般の参詣客に加えて、門前町へは多様な人々が入り込むことになると、とりわけ問題となるのは、その日暮らしで合力を得ながら旅して生きていく階層で、彼らは当然に大きな門前町へ集まってくるが、善光寺では彼らを同寺脇の町に認めた木賃宿に、長期滞在禁止の条件で宿泊させた。この木賃宿のある町には、町賑わいの支え手でもある香具師も居住し、境内などで物売りや見せ物興行などをして暮らした。一方、この時期に町内や町近在に遊所・興行の場を生み出した町もあり、これらの町には新たに香具師その他さまざまな人々が入り込んで宿泊ないし居住するようになり、旅籠屋や従来から住む香具師などの人々の稼業を圧迫し、騒動を引き起こすこともあった。

注

（1）豊田武「封建都市の変容と都市共同体」（『一橋論叢』三三―一、一九五五年）、同『日本の封建都市』（岩波書店、一九五二年）。

（2）宮本雅明「港町と公権力の一元化」『国宝と歴史の旅』五（朝日百科日本の国宝別冊）二〇〇〇年。

（3）文書と異なり大型の絵図・絵画の現物利用は難しく、このため公共図書館などに所蔵されている複製写真や刊行された絵図集など刊行物の掲載図版や複製絵図に掲載されているものがある。横浜・新潟が大戸吉古編『日本の古地図』7湊町（講談社、一九七六年）、箱館が吉村博道編『函館の古地図と絵図』（道映写真、一九八七年）、牛窓が『牛窓町史』資料編1美術・工芸・建築（一九九六年）。宮腰は『金沢市史』絵図・地図編（一九九九年）、伊勢山田が伊勢文化会議所発行「山田惣絵図」、善光寺が長野放送編『善光寺かいわい門前町』（銀河書房、一九九一年）、琴平が『琴平町史』。本章で参照した名所図会は角川書店刊行『日本名所風俗図会』（一九七九～一九八八年）所収。

なお、享保二十年（一七三五）ころの「新刊長崎大絵図」（江戸東京博物館『世界の中の江戸・日本』一九九四年）

によると、長崎も波止場が町の中心で出島の斜め対岸、奉行所前に設けられていたが、これは当然ながら領主用のものである。また、海岸線が領主用に多く使用されているために、同地の町屋敷の町並み形成が弱いのも幕府掌握の貿易港長崎の特徴とみられる。

（4）門前町の概略は原田伴彦「近世の門前町」（『講座日本の封建都市』二、文一総合出版社、一九八三年）、藤本利治『門前町』（古今書院、一九七〇年）参照。
（5）『日本庶民生活史料集成』二七、三一書房、一九八一年。
（6）嘉手納宗徳氏が古老などの聞き書きも加えて作成した、明治初年「那覇読史地図」（宮城栄昌・高宮廣衞庸編『沖縄歴史地図・歴史編』柏書房、一九八三年）と嘉手納宗徳「敷場」（中山盛茂編『琉球史辞典』琉球文教図書、一九六九年）。
（7）辛基秀・仲尾宏『大系朝鮮通信使』三、明石書店、一九九五年ほか。
（8）「撮要録」「牛窓旧記」は『牛窓町史』資料編2（一九九七年）による。
（9）（10）谷沢明『瀬戸内の町並み』未来社、一九九一年、七章。
（11）『函館市史』一（一九八〇年）と「函館」（『角川日本地名大辞典』北海道上、角川書店、一九八七年）。
（12）河上省吾「解説『文政絵図』」（『バイ船研究』一集、岩瀬バイ船文化研究会、一九八七年）、同「解説『推定・宝暦絵図』」（『バイ船研究』三集、一九九一年）。古くは佐藤磯五郎『東岩瀬町の歴史』（東岩瀬史料保存会、一九三六年）六八頁の復元図。
（13）東岩瀬史料保存会編刊『東岩瀬史料』一九三三年、一三五頁所収文書。
（14）「湊ケ所家数人数など御所調理ニ付書上申帳」など加越能文庫文書。
（15）『日本庶民生活史料集成』一五（一九七一年）、『川村文書』八（『新潟郷土資料館調査年報』九集、一九八五年）。
（16）『応響雑記』上・下、桂書房、一九八八年・一九九〇年。
（17）岫順史編『雲龍山勝興寺古文書集』桂書房、一九八三年、二一一号～二一三号文書。

(18) 正和勝之助『越中伏木地理志稿』桂書房、一九九一年、第二部二。
(19) 小林計一郎『長野市史考』吉川弘文館、一九六九年。善光寺町については同書を参考にした所が多い。
(20) 石井文書『成田市史』近世編・史料集５上、一九七六年。
(21) 西条家文書、『長野県史』近世史料編第七巻（三）一九八二年、二〇一八号文書。
(22) 今井家文書、『長野市誌』資料編一三巻。
(23)『長野県史』近世史料編第七巻（二）一二四〇号文書。
(24)（25）『長野市史考』三部、五章と四二三頁。
(26)『日本都市生活史料集成』四、学習研究社、一九七五年。
(27) 初村文書、大村市立史料館蔵。

第二部　環境・災害と都市

第一章　天保飢饉期、氷見町の漁況と漁民
――環境史の視点から――

はじめに

地球の温暖化やまたオゾン層の破壊といった地球規模の環境問題が、今後より深刻な社会問題となってくるのは間違いない。気候異変を引き起こす自然環境の変動は、作物の生育に打撃を与えることになるが、食料確保を他国へ依存する度合いの高い日本のような国に生きる人々の生活を一段と脅かす。自然環境の変動が人々の生命を脅かす代表的な事例として、近世の三大飢饉がある。三大飢饉を引き起こした気象異変は、農作物の生育に直接影響を及ぼし、農民に大打撃を与えたが、食料自給不能な都市でも食料値段高騰により住民の生活が大きく脅かされた。前近代の都市と環境という問題を考える場合には、都市と気候変動についても考える必要があることになる。この点で、通常関心がもたれるのは気象異変下の都市の米騒動であろう。

周知のように近世都市の米騒動の研究は多数あり、その中で凶作・飢饉下の米穀高騰の際に、他領への廻米を行う湊町で、米の津留を求める住民の運動が発生することが明らかとなっている(1)。湊町というと、問丸・船問屋・船宿や沖仲士などの海運関係の稼業の人々に目が向き、問丸・船問屋などの研究となってしまい、ともすると漁民の存在が無視されがちである。一方、漁民研究は漁村を主として対象にするため、都市の中の漁民が取り上げられに

くい問題もある。また、食料問題や飢饉というと稲作と農民にばかり目がいくが、近世越前の過去帳の研究により、天保飢饉の際に越前で死者を一番出したのは漁村であり、とりわけ天保八年（一八三七）の漁村の被害がひどかったことが明らかにされている。[2] となると、環境史の視点からは食料資源としての魚の漁獲状況、すなわち漁況（以下、水産研究のこの用語を使用）を決定する自然環境要因の解明が問題となり、またその視点から都市を問題にした場合には、とりわけ漁民を抱える都市を対象とした、飢饉時における漁況とそれに規定された漁民の動向が問題となる。

近世社会での漁況を規定する自然環境要因につき考えさせられるのは、周期的に繰り返す鰯（マイワシ、以下同）の大漁期を外房沖で迎えていた天保飢饉期の天保四年においても、東京湾内の漁村のなかに不漁に見舞われた所があったことである。[3] また、前述の越前漁村の事例からみると、大きな気候変動は漁民の暮らしを支える漁業にも無関係でないことがうかがえる。[4] 実際に一九九三年の冷夏は、日本海など日本周囲の海水温を低下させ、また一九九四年夏の猛暑は反対に海水温を上昇させた。[5] 当然ながら内湾の海水温変化は外洋より大きく、こうした海水温変化は漁業に影響を及ぼすことになる。また、多量の降雨は、内湾の場合に海水上層の塩分濃度にも影響するなど、魚の餌となるプランクトンの棲息状態を左右することになるなど、気候変動は漁況を大きく左右するといえよう。[6]

さて、本章では、自然環境でも気候異変と都市の問題について取り上げることにし、気候異変については特に天保飢饉時期に焦点を当て、また都市については飢饉時に打撃の大きいことが予想される湊町の漁民を検討したい。そして、検討対象地としては、富山湾岸地域に所在する年貢米積み出し湊で、町奉行（町裁許）支配の越中氷見町を取り上げることにしたい。

氷見はその隣接地の灘浦とともに、近世より現在にいたるまで定置網による鰤漁の日本の代表的地域である。幸いこの氷見には、文政後期から安政年間までの気候・漁況その他の出来事を詳細にまとめた町役人の日記「応響雑記」[7]がある。そこで本章では、「応響雑記」をもとにして、氷見地域における天保飢饉とその前後における気候の実態を明らかにし、そのうえで氷見における天保飢饉前後の漁況の実態を明らかにしたい。そこでは、とりわけ氷見漁業の柱となっており、日本海地域漁業の重要な漁獲対象の鰤・鰯の漁況を中心に調べ、あわせてその漁況要因についても気候との関係でふれてみたい。氷見のこの検討は単なる一事例の解明にとどまるものではない。鰤・鰯は回遊魚であり、同地が代表的漁場であることは、氷見で明らかになる鰤・鰯の漁況要因は一般化が可能であり、また具体的な漁況の実態は、氷見と気候を同じくする周辺地域の漁況も示唆するものである。なお、従来の近世漁業史研究は、漁場の権利や漁法、漁村構造・水産物流通の研究などは行っても、水産の専門研究者のように漁況検討や漁況要因の環境史的研究などをすることはなかった[8]。現在の水産研究の最大の課題の一つは、食料確保にかかわる漁況要因の解明となっているが[9]、本章はこうした水産研究の課題にも寄与できると考えている。

また、本章では、米穀が高騰する凶作・飢饉下における氷見住民の状況と動向を、特に漁民に焦点を当てて、漁況との関連のもとに検討したい。天保飢饉下の氷見では、たびたび不漁となる一方で、打ち毀しなど騒擾も頻発しており、この打ち毀しをはじめとする諸騒擾についての漁民の関わりについて、漁民と他の階層との結びつきについて注意しながら検討してみたい[10]。

一、近世後期の氷見町と漁民

本章が取り上げる氷見の町の理解と、天保期の凶作・飢饉下における氷見漁民の行動を理解する前提として、まず初めに氷見の町方構造と漁民の階層構造の概略をみておきたい。

氷見は年貢米の積み出し湊であり、また氷見地域の経済的な中心となる町場であり、さらに漁民なども多数暮らす漁師町をも抱える湊町であった。氷見の町は、本町と散町の区分・格付けがあり、後期の本町は南上町など七か町、散町は上伊勢町など九か町より構成された。氷見地域の中心的町場のために、氷見は元禄五年（一六九二）に一一六四軒の家数が天保七年（一八三六）には一七六四軒に増大している[11]。

町支配は、氷見町と同じ越中西部に位置する今石動町・城端町とともに一人の奉行が裁許し、奉行の下に配された足軽もすべて今石動に居住していた。町役人は町年寄を頂点に、各町の町肝煎や算用聞・組合頭が存在した。「応響雑記」を記載した田中屋権右衛門は町年寄を務めたが、彼の家業が蔵宿であったように、最有力の町役人には富裕な階層の者が就任していた。氷見の場合は、越中内で氷見近隣の灘浦に次ぐ鰤の好漁場を持つために、漁業が第一の産業となっており、鰤その他の漁獲物を扱う四十物商や、また漁場経営者の船元も上層住民として位置づけられる。問題となるのは、漁師により構成される個々の町の町肝煎・組合頭であるが、当然ながらこれらの町内の町役人は、住民の漁師の上層に位置した船元らが務めることになる。また、右の記録には天保六年六月十日に「猟師頭・船元」が町年寄へ猟師除銭方のお礼に出かけたことを記載しており、右の個別町の町役人とは別に、氷見では漁師頭というものが設けられていたことがわかる。漁師頭は船元・水主らの氷見漁民全体を束ねる者である。

藩は氷見町の漁業を重視し、年貢の免率増加と引き替えに、寛永十四年（一六三七）に氷見浦の台網（定置網）設置の漁場権利を氷見町へ与えている[12]。天明年間には網卸しをする町が今町・湊町・浜町・南下町・川原町の五町に固定している[13]。町内の中心街道筋の町々には、蔵宿や小売りの米屋の批屋、四十物商その他の商人などが居住し、漁師は浜に近い町に居住することになるが、右の五町のあった位置は中心街道に面する町並みの裏側となる場所にあった。この五町は、浦方五町と呼ばれる漁師町であったが[14]、全一六町のうち三分の一ほどを占めるように、氷見住民の中での漁民の占める比率は非常に大きいことがわかる。

氷見の漁民は漁業専業者で、主として台網に従事した。文化四年（一八〇七）の鰤台網従事の漁師は、今町一九九人、湊町八四人、浜町八〇人、南下・川原町八五人、計四四八人となっている[15]。ちなみに台網は一年を通して設置される定置網で、右の人数は鰤網に従事可能な漁師数であり、この他に五町の中にも台網に従事しない漁師もいる。今町漁師には一本釣りを行う者が多く、また五町以外にも地曳網を行う地蔵新町の漁師もいた[16]。台網を核とした多数の漁民の存在は、漁獲された魚の加工だけでなく、販売と運送に関わって多くの住民の暮らしを成り立たせ、また漁師へ漁業用物資や生活物資を供給する商売・職人なども必要とさせ、当然ながら氷見町の経済に及ぼす漁業の影響が大きくなる。このため、例えば、安政元年（一八五四）の春網不漁の際に町は不景気となり、町の日用稼ぎも難渋することになった。

氷見住民の中核を占める漁民の凶作・飢饉下の行動を理解するには、彼らの階層構造についてふれておかねばならない。氷見漁業の中心となる台網経営を行うのは船元であり、船元は水主の漁夫を雇って操業した。天明以降に漁場の権利の入札が行われるようになったが、入札を行う漁師を鬮頭と呼ぶ。浦方五町から出る鬮頭はほぼ固定しており、十数名ほど存在した[17]。船元と鬮頭が同一人といえるか不明であるが、いずれにしても鬮頭が確保した網場を経営するのが船元となるので、鬮頭と船元はほぼ同じ人々とみられる。網場は一二か所からなるので船元も鬮頭も当然にその数が多くないが、船元は一網一人でなく、四人となる場合もあった。例えば、安政元年五月十五日に鯨がかかった網は、小豆屋市兵衛・宇波屋弥四郎など四人の船元の網という。いずれにしても近世後期の氷見漁民社会では、船元・鬮頭から選出されると考えられる漁師頭を頂点に、一部の船元・鬮頭が上層部分を形成して、彼らの下には一本釣りや地曳網の零細漁民に加え、船元に経済的にも従属した多数の水主漁師が存在したことになる。

飢饉の際に窮迫した漁民が出れば、彼らを掌握する船元・鬮頭が面倒をみる必要があることになる。この点で船元の経済力が問題となるが、これは氷見町の台網に対する問屋の浸透も関係することになる。台網は前述のように一部の鬮頭が掌握しており、彼らがこの台網経営をもとにして、水主漁民を経済的にも従属させるだけではなく、価格の高い鰤をはじめとする漁獲物販売により氷見町内でも経済的に大きな力を有したことは間違いない。ところが天保六年に、春網に浦方五町外の下伊勢町太田屋又六が網卸しの権利を得たために、氷見町漁師との間で争いが起こっている。翌年三月に網仕入れ銀半分と水主一六人を漁師が引き受けることでこの争論は落着し、商人資本による台網への直接の進出は排除された。しかし、この一件から問屋の資金貸与による進出自体は進んでいることがうかがえる。また、不漁続きの場合に、藩への助成出願だけではなく、商人からの資金援助による網仕入れ銀確保が当然考慮されるので、後に詳しくみるように度々の不漁をみるようになった天保期には、商人資本が直接網場経営に手は出せなくとも、彼らに支えられた網場経営がこの天保ごろには遅くとも行われるようになったとみられる。つまり、この天保期は船元・鬮頭の氷見上層漁民の、氷見町内における経済的地位が弱まってきた時期と捉えられ、このことは不漁が打ち続き、船元経営も苦境となり、しかも凶作も発生して米穀値段が騰貴した場合には、生活が悪化した多数の水主漁民の行動を船元や漁師町の町役人が押さえにくくなることを意味することになる。

二、氷見の気候

氷見の漁況を左右すると考える気候についてまず調べることにするが、氷見の対象時期の気候理解の前提となる越中全体の気候については十分な史料がないために、これまでその詳細な検討は行われていない。天保期の越中の気候については、凶作・飢饉に関連してふれられた史料が多数残されているので、その間の特定の時期によっては気候の特徴がつかめ、氷見の気候理解の参考にもなる。そこでまず、これらの史料により当該期の越中の気候を簡単に整理しておきたい。なお、その際には、後に検討する氷見漁民の動向理解のためにも彼らの暮らしに影響を及ぼす越中の凶作と越中の飢饉の状況も把握しておく必要があるので、ここでこの点もあわせて簡単にふれておくことにしたい。

記録から判明する天保期の越中の気候を、作柄、飢饉の状況も加えて簡単に整理すると次のとおりとなる(18)。天保二年（一八三一）は、越中諸河川が氾濫するほど、夏の霖雨が続いたと記録されているので、越中のこの夏は冷涼であったことが予想される。天保四年は、四月から五月の旱魃の気候が一転して、六月から七月にまた雨が降り続いた。この結果、東北同様に越中でも凶作となり、十二月には餓死者が多数出ることになった。「年々珍敷事留」という史料によると、能登・越中では所により食物にもならぬ物を食べていると記載しており、能登に隣接する氷見地域の場合は、当然ながら凶作・飢饉をもたらす気象の悪化が考慮される。翌年の天保五年春に貧民は増大し疫病が大流行したが、幸いにも六月以降の天候は良く豊作となった。しかし、天保七年の六月は不順な気候で、土用中も雨が降り続き、また東北同様に凶作となり、十二月には飢饉により餓死者を多数出した。天保八年九月は大北風で晩稲が大被害を受けたのに、天保九年の六月も不順な気候で極めて寒く、その結果凶作となった。以上によると、天保初年から天保九年の越中は、夏期の気候は弘前同様に全体に冷涼であった(19)が、天保十年代にその気候を持ち直した。天保十年に蝗害により凶作となっているが、それは気候の悪化とは関係なく、関係記録にも気象は特別問題にされていない。また、その後の天保十二年五月や翌年八月に越中諸河川の出水がみられるように、一時的に大雨が降ることはあったようである。しかし、天保十一年から同十四年の稲作が豊作となっているように、この期間は少なくとも稲作に重要な時期については全体的に順調な気候であった。

さて、越中全体の気候と違って、氷見の気候については詳しく検討できる。そこで、この時期における各年の漁業期間を主にして、氷見における気候の実態を詳細に調べることにしたい。このため天保以降についても取り上げることにし、文政末から安政年間までの気候を「応響雑記」の毎日の天気記録をもとに、自然地理学の気候学研究により試みられている復元方法により表1にまとめた。気候学研究により、冬期は降水日（降雨日と降雪日）の中で降雪日の多い年、すなわち降雪率の高い年が厳寒、夏期は総日数に対する降水日の比率である降水率の高い年が冷涼多雨の気候と把握できるとされている[20]。表1には寒冷・冷涼度把握のために、「応響雑記」の寒冷表現記載日の出現率の寒さ出現率も加えた。

表1より、一月（この項のみ新暦）からの冬期の気候をみると、文政末から安政の間は降雪率が五割を超える年が多い。寒さ出現率も五割を超える年が多いので、この時期は全体的に寒さが厳しく雪の多い時期と評価できる。前述の弘前のように氷見の冬期も寒冷であったことがわかる。ただし、寒さ出現率で六割を超えるのは、天保八年以前の天保前期と、天保九年より同十四年までの天保後期であり、弘化以降にはみられない。降雪率が六割を超える年は、天保前期と同後期に多いので、天保前期だけではなく同後期もともに厳寒多雪期といえる。天保八年で多雪期の終わっていた弘前と違い、氷見では後期も多雪期であったわけである。また、氷見では安政年間も降雪率が高いので寒気の強い多雪期であった。

次に、漁業の夏網の関係で四月から六月の期間をみると、文政末から安政年間の寒さ出現率は二割を超える年は少なく、弘化から嘉永の期間に若干目立つ程度である。しかし、全体的に降水率は高く、四割を超えている年が多いので、やはり全体に冷涼な気候といえる。

夏期の気候は、やはり六月から八月をとって整理した。文政末から安政の時期は、降水率が四割を超す年が多く全体に冷涼多雨であった。天保初年から同九年の越中の夏期が冷涼であったことは先にみたが、そのことは、全体的にはその後も継続したことがわかる。文政末から安政の時期の中で寒さ出現率の高い年をみると、天保期では天保七年と天保九年の夏がやはり冷涼の年であったことが判明する。また、寒さ出現率で注目されるのは、氷見では北方の弘前とは違って、弘化から安政の期間に冷涼の年が多かったことである。

最後に、新暦十月から十二月についてみると、文政末から天保末の期間は、寒さ出現率が五割を超える年が多く寒冷であったが、弘化以降も五割を超える年は少ないわけではないので、文政末から安政年間までのこの時期は全

表１　氷見の気候

	降雪率	降水率	降水率	降雪率	寒さ出現率			
	（1～3月）	（4～6月）	（6～8月）	（10～12月）	（1～3月）	（4～6月）	（6～8月）	（10～12月）
1827年	欠	50%	36	11	欠	1	12	54
1828	52	42	54	2	54	14	9	64
1829	82	32	40	欠	63	12	12	欠
1830（天保元）	55	44	42	20	38	16	11	61
1831	57	45	46	11	68	13	14	58
1832	42	39	40	11	53	13	8	51
1833	69	35	49	10	63	13	15	53
1834	44	41	34	27	53	16	11	53
1835	64	44	47	19	73	14	14	54
1836	65	47	59	21	63	20	30	43
1837	55	33	41	2	50	19	14	70
1838	69	27	43	8	67	13	24	64
1839	63	53	43	19	71	18	9	57
1840	62	37	35	19	63	10	10	47
1841	75	45	54	2	58	20	13	59
1842	26	38	43	12	39	4	11	62
1843	64	39	37	17	64	10	12	55
1844（弘化元）	52	47	40	7	41	16	23	41
1845	44	34	48	31	39	20	24	46
1846	57	48	35	28	58	13	13	48
1847	54	40	53	15	47	25	36	46
1848（嘉永元）	60	44	37	0	51	16	12	52
1849	42	44	45	0	31	30	25	24
1850	52	45	53	20	48	19	21	53
1851	54	欠	29	28	20	欠	7	49
1852	79	49	46	16	53	13	14	50
1853	82	欠	欠	欠	49	欠	欠	欠
1854（安政元）	37	39	50	20	26	11	24	59
1855	66	45	42	16	36	16	28	53
1856	73	37	34	9	56	20	23	41
1857	62	46	44	11	40	11	17	60
1858	59	47	61	18	51	9	13	10

備考１．降雪率＝降雪日数／（降雨日＋降雪日数）
降水率＝（降雨日＋降雪日）／総日数
寒さ出現率＝寒冷表現記載日／総日数
２．月は典拠史料から新暦に直したものである。
３．数字は％を示している。

体的に寒冷といえる。天保期では降雪率が二割を超える年は天保八年以前に多く、天保八年以後の後期にはみられず、そして弘化以降に二割を超える年がある程度みられるようになる。つまり、この期間の気候は、天保前期が寒冷で、後期は若干寒気が緩むも、また弘化以降に寒冷化するという結論になる。

以上により、一年を通した氷見の気候の特徴を整理すると、天保四年、同七年の飢饉の年を含む、文政末から天保八年まではやはり寒冷気候の年であった。しかし、その後の天保十一年から同十四年の越中では気候が悪くないとされていたものの、長期的にみると天保後期から安政年間までの氷見の気候は、天保八年以前に引き続く寒冷な時期であったことが特徴として指摘できよう。

三、漁獲状況と気候

氷見漁業の中心となる台網の、その主たる稼ぎとなるのは秋網の鰤漁であるが、秋網の次の春網では鰯を獲り、またその後の夏網は鮪を主漁獲物とした。秋網は九月ごろより小寒まで、春網は寒入りから春土用の三月初めごろまで、夏網は春網を上げてから夏土用の六月中ごろまでの期間となっていた[21]。なお、以上の中心的台網のほかに、近世中期ごろから麻苧小台網が行われ、秋冬にはイカ、春に鰯、夏に鰯・イカなどを獲ったというが[22]、このほかイカは釣りによる漁も重要であった。台網の各漁期における氷見の気候を先に明らかにしているので、ここでは対象時期の気候と漁獲状況の漁況の関係を明らかにしたい。

「応響雑記」には氷見の漁業の状況も詳しく記載され、鰤漁や鰯漁などに豊漁や不漁の変化があれば必ずといってよいほど記載されている。豊漁の場合は「過分」「仰山」とか「沢山」「よほど」という表現が使用され、不漁の

表２　氷見の漁況（付、米相場）

	秋網（鰤）		春網（鰯）		夏網（鮪他）	氷見米相場（天保期）（１石当たり銀高）	
1827年	○		欠		欠	欠	７月 48匁5分
1827	○					１月 50匁5分	７月 48匁
1829	×	—	○	—		１月 68匁5分	７月 57匁
1830（天保元）		↑	○	↑		１月 67匁5分	７月 54匁5分
1831	×		○			６月 76匁8分	７月 62匁5分
1832	×				○	１月 69匁5分	７月 76匁
1833		凶	×	豊		２月 69匁6分	７月 68匁
1834	○				×	１月 97匁	７月 58匁
1835	×	↓		↓		１月 58匁	７月 64匁5分
1836	×	↓ —	○	↓ —		１月 73匁	７月 70匁5分
1837		↑	×	↑		２月1升147文	８月 73匁
1838	○		×		×	１月 73匁	７月105匁
1839	○	豊		凶	×	１月118匁	７月 57匁6分
1840	○		×		○	１月 72匁	７月 65匁1分
1841	欠	↓	○	↓	×	１月 50匁	６月 46匁5分
1842	○	↓ —	×	↓ —	×	１月 82匁	７月 45匁6分
1843			○	↑		１月 54匁5分	７月 53匁
1844（弘化元）	×		○		×	（以下略）	
1845					×		
1846	○						
1847	○		○				
1848（嘉永元）	×	— ↑		豊			
1849			×		×		
1850	×						
1851	×	凶	欠		欠		
1852	×						
1853	欠		欠	↓	欠		
1854（安政元）	×		×	— ↑			
1855			×		○		
1856	×		×	凶	○		
1857	×				○		
1858		↓	×	↓	○		

備考１．○は豊漁年
×は不漁年
欠は欠本
２．「応響雑記」による

場合は「不漁」の記載がある。そこで同記録の漁業状況を表２に整理した。表では、各漁期の豊漁・不漁の総括的表現以外でも、「過分」「仰山」などの記事がたびたび登場する年を豊漁の年と判断し、「不漁」がたびたび記載される年を不漁年と判断して記載した。

表2に明らかなように、秋網の対象魚の鰤は、文政十二年（一八二九）から天保七年（一八三六）までが不漁期といえる時期であった。飢饉のまっただ中の天保八年に幸いにも鰤の豊漁期へと転換し、天保末ないし弘化末までは鰤豊漁期に位置したことも表から窺えるが、その後安政期まで再び不漁期となっている。

興味深いのは、春網の対象魚、鰯漁の場合には、文政末から安政の期間に鰤と豊漁・不漁が逆になっていることである。鰤不漁期の文政末から天保七年は春網の鰯豊漁期であった。そして、鰤豊漁期の天保八年から天保末までは鰯の不漁期となった。しかし、弘化末から嘉永末年までの鰤不漁期に鰯の豊漁期となり、安政年間に鰯の不漁期となっている。この安政期は鰤も不漁であり、不漁期が重なっているが、文政末以降をみる限りでは、鰤と鰯の豊漁期・不漁期がほとんど重なっていないことがわかる。

夏網の場合、豊漁とされるのは鯵・鯖のときが多い。夏網の豊凶の特徴としては、鰯の不漁期とも重なる天保九年から弘化二年（一八四五）に不漁期があったことである。また、安政期は夏網が豊漁であった。なお、イカについては表に示さなかったが、イカは不漁年といえる時期がないようであり、連年コンスタントに漁があるのが特徴である。また、豊漁の年もあるが、豊漁期といえるようなものはない。ただ、天保期の春網鰯不漁期にイカ豊漁年が多かったことは、漁民の生活上、大いに意味を持ったことは後にふれたい。

さて、佐渡の冬鰤の漁獲が好調となる重要条件は、佐渡周辺が本州沿岸からの暖水域で覆われていることであり、不漁条件は、本州沿岸に暖水域がなく、佐渡が暖水域に覆われていないことであることが指摘されている。(23) 鰤は暖流回遊魚なので、冷水を嫌うのである。このため富山湾の鰤豊漁の条件には、湾内の水温が高いことがあげられることになる。このため海水温を低下させない気温が必要となる。実際に氷見の鰤不漁の文政末から天保七年の期間、そして弘化以降は、漁期の気候が寒冷であった。一方、天保八年から同末年までは鰤豊漁期となっていた。この期間における気候は、夏期は天保前期と変わりなく冷涼多雨であるが、それでも鰤の漁期には降雪率が天保前期より若干低下し、寒気が若干緩んでいた。冬期は厳寒期であったにもかかわらず、鰤の漁期に寒気が緩んでいたことが、おそらくこの時期に鰤豊漁がみられた要因となっていたのではなかろうか。

次に鰯であるが、日本近海の産卵場は関東沖・足摺岬沖・薩南沖・北九州沖・能登沖の五か所にあるという。近年の鰯研究によると、日本列島に時計回りに主産卵場が移動し、七〇年周期で各漁場の漁況豊凶を繰り返すとされている。(24) 外房沖で漁獲される太平洋系群は天保から増加し元治年間に豊漁のピークとなるというので、氷見で漁獲する日本海系群はこの時期に鰯減少期に入っていたことになる。日本海側地域では、全体的に不漁期に入っていたと推定されるわけであるが、文政末より安政期の氷見で豊漁の期間がみられたことになる。全体的に不漁期であっても、特定の漁場で豊漁がみられることもあるわけである。

気候と鰯の不漁・豊漁との関係をみると、文政末から安政の漁期は全体的に寒冷期であるが、鰯豊漁期よりも不漁期の方が漁業期間の寒気が厳しかった。房総沖の近世における鰯の豊凶動向と、杉の年輪からみた日本の気候状況につき水産研究者が検討し、気候温暖期と厳寒期は一般に鰯の凶漁期となっているとの指摘がある。(25) 本章では年輪より信頼性の高い気象データをもとにして検討してみたが、やはり厳寒期の不漁を確認できた。

四、天保期の氷見漁民の暮らしと行動

凶作ではない年でも不漁となれば零細漁民は窮乏化するが、凶作に伴う飢饉の時は農民や飯米購入に依存する零

細町人だけではなく、本章が扱う飯米購入者の都市漁民の暮らしも窮迫する。しかし、農民と違ってこの凶作の年でも豊漁となれば、なんとか漁民が生活を維持できると予想できる。しかし、気象異変が凶作だけではなく、不漁も招来することをこれまでの検討で明らかにしたが、前節でみたような漁獲状況の下で、はたして天保期の氷見の漁民の暮らしはどのようになっていたのか、とりわけ窮迫した漁民の行動についてここで取り上げることにしたい。その場合、騒動・打ち毀しの際の彼らの行動とその背景について、凶作により直接に生活への打撃を受けた農民の行動との関係・連携についても注意しながら明らかにしてみたい。

天保期の氷見ではたびたびの不漁にみまわれたが、不漁は町の景気を大幅に悪化させることになるため、不漁のたびごとに氷見町として豊漁を願う恵比須祭りを実施した。しかし、当然ながら祭礼により豊漁が可能となるものではなく、不漁により貧窮した漁民により騒擾などが引き起こされることになった。

さて、天保四年（一八三三）から同九年にいたる飢饉期に米価は当然高騰し、飯米を購入していた氷見漁民の生活を圧迫したが、この時期に不漁となれば一段と漁民の生活が困窮することになる。先述のように氷見漁民の漁業経営の柱となっていた鰤漁は、文政末から天保七年の間は不漁期になった。しかし、幸いにもこの時期は春網の鰯が豊漁のため、漁民の生活はなんとかしのげたのであった。越中だけではなく近世農民の多くは稲作依存により稲作凶作が農民生活窮乏を招いたが、漁民の場合は各時期により異種の魚を漁獲して暮らしをたてるために、特定魚のみの不漁が即漁民の生活破綻に直結するものではなかった。

しかしながら、「応響雑記」によると、天保三年にはこれまで記されたことのない、漁民の袖乞いなどの記事が登場する。文政末年から天保期の一石当たりの米相場は前出表2に付記した。この天保三年の米価も文政末年からみると、かなり高くなっている。同年は天保四年に始まる飢饉期の前年ではあったが、浦方の町々も相当被災した天保二年の大火と、打ち続いた鰤不漁が漁民の生活を一段と圧迫し始めていたことに加え、米価値上がりが天保三年の漁民による袖乞いという事態をもたらしたのであった。

凶作になる直前の天保四年の春網も不漁となり、前年の秋網から不漁が続いた。これまでは秋網不漁でも春網豊漁で漁民は救われていたのであり、当然ながら秋網・春網の連続した不漁は漁民の暮らしを直撃した。このため同年二月十二日には、前年秋以来の不漁のため青ぶくれに飢えた者が出ることになったという。青ぶくれが出現するのは栄養失調のためであり、こうした人が出現したことは、病人や健康でない老人・幼児の中に死去する者が増大していたことを示唆する。

天保四年の凶作以降に米価高騰による飢饉が始まるが、氷見漁民の場合は、同年の凶作にさかのぼる、前年の秋網不漁から飢饉的状況がはじまっていたのである。四年の凶作は米価を高騰させるが、幸い夏網も秋網も不漁でなかったために漁民の暮らしは守れた。しかし、天保七年の凶作の際には鰤不漁に見舞われた。同七年十月末には不漁に加えて諸色高直のために漁民が窮迫していたと「応響雑記」の同年十月二十九日の条に記載されている。

不漁と米価高騰により窮迫した漁民の生活を守るために、彼らを束ねる漁師頭や船元なども務めたとみられる漁師町の町役人は、氷見町の町役人へ救済のための訴願を行うことになるが、天保七年十一月十四日の場合などは、不漁のため飢寒をしのぐことのできない者が多数いるために、色々の願い方で混雑したという。色々の願いということで、救米はもちろんのこと、漁民の暮らしの基礎となっている漁業経営への補助にかかわる様々な請願が行われたことが推測できる。天保七年の十月十七日には、町役人寄合で上伊勢町・下伊勢町・高町・地蔵新町・仕切町の住民の困窮と救済が問題となったが、これらの町以外も同様ということで、様子をみることになった。[26] 漁師町では、町役人上層への請願だけではなく、船元層が彼らの下にいる水主漁民に対して援助することも当然必要となる。しかし、船元の経営を支えた鰤漁が不漁続きということになれば、船元経営も揺らぎ、水主漁民への援助はもちろん、一般漁民への助成などはできなくなる。この結果、水主漁民らの救済を求めた行動は、先の袖乞いからさらにエスカレートしていく可能性があった。

一方、飢饉は氷見町だけでなく、周辺農民の生活も窮迫させており、小売米が一升一一〇文に騰貴した、翌月十一月二十九日の夜には「百姓と見え」る者五、六〇人ばかりが「高声ニ而空腹抔と申し」町方を通行し、大変な騒ぎとなっていた。すなわち周辺農民による救済を求めるデモンストレーションが行われたのである。秋網は不漁であり、漁民も米価高騰に苦しんでおり、この月の半ばに前述のように氷見では困窮住民救済訴願が多数出たとされているが、月末のこの騒ぎに漁民や氷見町人が加わったということは知られていない。

その後、天保八年正月二日には、夜四つごろ過ぎに、人数一〇〇人ばかりが蔵宿の町年寄田中屋権右衛門宅へおしかけ、「空腹の旨、高声ニ而呼ハり」、貸米がまだ渡されていないので、「此訳、相立呉不申時ハ、家打潰シ可申抔、雑言至極ニ而、蔀等へ雪礫打付」けたという。困窮を訴えて貸米下げ渡しを要求し、要求を容れない場合に打ち毀しに及ぶと脅迫し、さらに雪礫を投げつけたが、実際にはこのとき打ち毀しにまで及んでいない。しかし、その後他町年寄方へ行き、同様なことをしていたというが、押し掛けた人々は「町方浦手の者」と「応響雑記」に記されている。実際、翌日に漁師町の今町では貸付米を割符しており、「応響雑記」によると、町年寄宅へ押し掛けたのは「多く、今町の人々かと相察」したと記す。年初の騒動的要素も持った町年寄への貸米の早急下げ渡し訴願は、今町の漁民らを主にして行われたのであり、訴願内容からみて漁師町以外の住民の参加はなかったと考えられる。

ところがその後二月に米価は一層騰貴し、十四日に一升一六二文となり、翌日の夜半に、「人気騒立、批屋（注、米小売商）等、分限の者、仲間（注、町年寄）の内等の戸部を叩き、中には、打破候分も御座候」という事態が発生した。人数は五〇から七〇人ばかりで、「米直段、下直ニ致候様の悪口、雑言」を投げつけたという。このとき中村屋徳左衛門・上庄屋六三郎は戸蔀をかなり破られ、また桶屋仁右衛門・太田屋又六郎・間嶋屋茂左衛門らも「いため申」すというが、打ち毀しにまでいたらず、戸蔀を毀す程度ですんだようである。この結果、翌日に米小売り値段を一升あたり五文値下げし、極困窮者には救い銭を貸与し、さらに十七日にも値下げを断行したので、「下々一統」喜んだという。米価騰貴が一段と進行し、浜方では不漁が続いているため、打ち毀しとはならないものの、米価値下げを要求し一部の商家の戸を毀したりしているが、この結果値下げの要求は実現した。残念ながら実行者については不明であるが、この時期最も町内で困窮し、また行動力のある人は漁民であり、彼らを主としていた行動である可能性が高い。

米値下げの要求が通っても、購入できる蓄えがない者にはどうにもならない。このため、二十四日には浜町漁師五〇人が新町・中町辺へとうとう集団で袖乞いに出る事態となった。船元層も経営が悪化し水主漁民の暮らしを助けることはできなくなっていたため、個人的にではなく集団で町内の漁師が袖乞いにでる事態が生じたと考えられる。追いつめられていた漁民は暴発して、高岡からの煎餅売りをつかまえて、煎餅や銭を奪い取るという事件を発生させている。他所者の行商人の行動が、おそらく彼らにとっては暴利をむさぼるように受け取れたために、制裁としての商品や銭の略奪行為に及んだもので、最初から略奪だけが目的ではなかったと考えられる。

この後も不漁は続き、三月初めに乞食が町内で一段と増大し、言語に尽くしがたいほどの多さという。しかし、三月七日ごろから鰯が獲れるようになり、「乞食等相減し、よほど豊かに相成」ったという。これまでの乞食増加が漁民を主にしていたことがはっきりわかる。不漁さえなければ、飢饉時でも氷見町内の困窮者は大幅に減るのである。また、漁の収入により、町内の商売もよくなり、町が豊かになるという大きな変化があった。

藩が許した質方取り戻しでも騒ぎが発生している。質屋による質物返却をめぐって天保八年七月十六日夜半に、五〇人から七〇人ばかりが下伊勢町神明辺に集まり「高声」を出し騒ぎ、また、十八日にも庚申塚に四〇人から五〇人ほどが集まり、質方の件で笛を吹くなどして騒いでいる。翌月、八月二十一日夜半過ぎにはとうとう打ち毀しが発生した。「応響雑記」には次のように記載されている。

二十一日夜半過、人数六七十人斗、湊町浜手より高声にて罷出、批屋・質屋等潰シ方仕候躰、……

打ち毀しの対象は批屋と質屋が主であったが、参加者は六〇人から七〇人とそう人数が多くなく、しかも彼らは湊町浜手から現れたというので、湊町の漁民の可能性がきわめて大きい。先ほどの貸米一件は今町の漁民ら一〇〇人が、また袖乞い一件は浜町の漁民五〇人が引き起こしており、これらの一件の参加者数からみても、湊町漁民による打ち毀しと考えられる。「応響雑記」によると夏網が不漁であった記事はなく、また豊漁の記事もないので、夏網は平年とそう変わらなかった。しかし、打ち毀しが批屋と質屋を対象に発生したところをみると、この年の春網まで不漁が多かったことが漁民の生活を疲弊させていたうえに、米価が非常に高騰していたことと、質屋による質方返却が質入れ人に対して大きな不満を残していたことが、湊町漁民らによる批屋・質屋の打ち毀しを誘発したのであった。残念ながら打ち毀しの詳しい状況は右の記録以外にはない。年初の春網不漁が続き、三月にもし鰯がとれず、また夏網も不漁となった場合には、当然ながら湊町だけではなく他町の漁師も加わり、打ち毀しがもっと大規模なものへと発展していたであろう。

翌年の天保九年も飢饉の年であったが、氷見では騒動・打ち毀しが発生していないようである。この年の春網は不漁であったが、前年末にイカが豊漁で漁師の懐を潤していた。また、閏四月にも鰯やイカが獲れた。さらに氷見漁民にとり大変に幸いなことに、九月十九日から鰤がかなり獲れるようになり、十月後半はたびたびの鰤豊漁をみることになった。しかも十月後半から十一月半ばまでたびたびのイカの豊漁をみている。加賀藩でも不作となった天保九年の秋冬の時期は、氷見漁民にとって豊漁にわいた時期となっていた。このため当然ながら騒動などは発生しなかった。翌十年も不作の年で、年末の十二月十五日から十九日にかけて農民による騒ぎが発生している。十五日・十六日は竹筒を吹き、十村折橋善兵衛の悪口を唱え、空腹・渇命などの雑言をはきちらし騒いだとされているが、十五日は一三〇人から一四〇人ほど、翌日は少し増えたという。十七日から十九日にかけても同様の騒ぎがあったが、参加者は少ないという。人数からしても近隣の農民による騒ぎとみられるが、この年の秋網が豊漁のため、右騒ぎに漁民が合流することはなかった。

おわりに

本章では、自然環境の変動・異変と都市について、湊町の漁民と漁業に焦点を当てた。直接には、食料不足により人々の生命をも脅かす凶作・飢饉の時期における漁況と漁民の動向について、天保期の気候変動との関わりの中で検討してきた。

天保期越中の夏期の気候は、凶作で大打撃を受けた東北の弘前同様に冷涼であったが、氷見の気候をみると、夏期冷涼の気候は文政末から安政年間まで（一八二九～一八五九）引き続いたものであった。この文政末から安政年間の氷見の気候は、一年を通した全体的な評価をすれば、飢饉の時期の天保前期が寒冷なだけではなく、その後も安政年間まで寒冷気候が引き続いたといえる。文政末から天保八年（一八三七）の天保前期と天保九年から同末年の天保後期は、ともに冬は厳寒多雪であり、夏は冷涼多雨であった。しかし、秋網期の気候は、天保前期の寒冷気候が天保後期になると若干緩んでいた。ただし、弘化以降はまた寒気が強くなっていた。

この天保期における氷見の定置網の主要漁獲物となっている鰤と鰯の漁況をみると、豊漁・不漁が不定期にあるのではなく、ともに一定期間継続し、豊漁期・不漁期が交代して現れていた。鰯の豊凶七〇年周期説が水産研究者により支持されているが[27]、周期内でも豊凶の短期的変動が鰯ではみられる。また、鰯などに比べて資源変動が少ない鰤も、豊凶の短期間の変動がみられた。そして、対象時期の鰤と鰯の豊凶期交代は、気候の変化に対応していた。鰤豊漁の天保八年から同末年までは、夏期は冷涼、冬期は厳寒の気候であったものの、漁期には寒気が緩んでいた。鰯の場合は、文政末から安政の漁期が全体的に寒冷であったものの、豊漁期よりも天保八年から同末年までの不漁期の寒気が厳しかった。すなわち、鰤豊漁には漁期の海水温を低下させない暖かな気候が必要であり、反対に海水温を低下させる厳寒な気候は鰤不漁を招くのであった。鰯の場合は、やはり厳寒期は不漁期となり、豊漁期はほどほどに寒冷な時期であったといえよう。もっとも、気候が漁況をすべて決定づけるわけではないが、直接・間接に海に影響を及ぼす気候が漁況を決定する重要な要因であることはまちがいない。氷見で鰤漁と鰯漁の不漁が必ずしも重なっていなかったことは、両者の漁期がずれるためでもあるが、この点は、佐渡から富山湾沖にいたる海域の海流変化も原因として考えなければならないのである。ただし、残念ながら富山湾沖の海の状況の海況についての史料はえがたく、この検討は難しい。

いずれにしても天保飢饉の発生した時期には、鰤網・鰯網がともに豊漁となる時期がなかった。漁民の場合は米穀自給度が低いが、とりわけ都市漁民の場合は低く、凶作は漁民の暮らしを圧迫する。鰤・鰯の連続した不漁の際に、凶作となれば漁民の暮らしはどうにもならない。漁況と気候変動は関係しており、気候変動によりもたらされた凶作の時期は不漁をも伴うことがあった。このため天保飢饉で漁民も大変な災厄を被ったのであり、気候変動が不漁を伴うことがある点は、漁村や都市における漁業集落の漁民の暮らしと生命について考えるうえで忘れてはならない点である[28]。

前期のような寒冷気候下の夏の冷涼化が生み出した稲不作のために、加賀藩でも天保四年・同七年に飢饉に見舞われたが、米価騰貴は農民や零細町人だけではなく都市漁民の氷見漁民の生活も著しく脅かした。もっとも、漁民の場合は凶作でも主要な漁獲物が豊漁にさえなればなんとか暮らしは維持できた。しかし、氷見漁民をみると彼らの窮迫は、凶作となる天保四年の前年に始まっていた。それは、天保二年の大火による被災に加えて、同三年の鰤漁が不漁であったためであり、しかも翌春の鰯網も不漁となり、漁民の暮らしが窮迫したためである。このため天保三年に漁民が袖乞いに出た。また、天保四年に春網の鰯網不漁で漁民が窮乏し、青膨れの者が多数出る事態となったが、幸いにも秋網の鰤豊漁に救われた。たびたびの不漁に際して氷見では、豊漁を願い恵比須祭りを氷見町として実施したが、祭礼により豊漁が可能となるものではない。天保七年から同八年には、氷見内でたびたび、漁民や周辺農民による騒擾が発生した。とりわけ越前漁民に多数の死亡者を出した天保八年は、氷見でも米価騰貴と不漁が重なり、漁民の生活が一段と窮迫し、彼らによる打ち毀しも発生した。また、天保十年末に救済を求める農民による騒ぎが発生したが、氷見住民の参加はなかった。

以上の氷見内の騒擾は近隣農民と漁民が主として引き起こしたが、近隣農民と氷見の漁民が一緒に加わった騒擾は発生しておらず、また漁民の騒擾に他の氷見住民が加わることもなかった。気候異変によりもたらされる凶作は農民を困窮化させ、都市漁民の暮らしも圧迫したが、このようなときにも豊漁となれば漁民の暮らしは維持できた。ところが気候異変は台網が対象とする回遊魚の不漁を伴うことがあるために、凶作にこの不漁が重なった際に都市漁民の暮らしは貧窮に陥り、漁民による騒擾・打ち毀しが発生することになった。しかし、天保期の氷見の騒擾・打ち毀しで漁民と農民が共同して動いていないのは、農民が困窮した凶作の際に豊漁の場合があったことがまず要因としてあげられる。このほか生活文化・意識面で両者間に異なる点があるため、共同して行動しがたい点が理由として考えられるが、この点は現在の富山県内の浦方地域居住の方々のお話からもうかがわれることであるが、詳しい検証は今後必要と考える。次に、氷見の騒擾主体が漁民であり、漁民以外の住民でなかったのは、氷見内でもっとも行動的で、しかも集団としての組織的行動をとれるのが漁民であったということに求められる。袖乞いも、貸し米要求も町単位で漁民が行動したことが明らかであるが、個別町が住民の活動の単位となっていることだけではなく、氷見漁業の中心となる定置網漁業が、浦方五町の各町を漁場経営の枠組としていることの反映でもある。

さて、「はじめに」で記したように、日本史研究者の場合は、漁況や漁況の要因について研究することはなかったが、都市や浦方の漁民の生活や漁法開発などを考えた場合、本章で扱えなかった海況に関する史料収集は難しいものの、富山湾以外の各地の鰤・鰯などの回遊魚の漁況データを今後は広く収集し、検討していく必要があるのではなかろうか。(29)

註

（1）松本四郎『日本近世都市論』東京大学出版会、一九八三年、一章。
（2）佐久高士『近世農村の数的研究』吉川弘文館、一九七五年、一章。
（3）坪井守夫「本州四国九州を一周したマイワシ主産卵場」一〜三（『さかな』三八〜四〇号、一九八七・一九八八年）。平本紀久雄『私はイワシの予報官』草思社、一九九一年、一章。

（4）『鋸南町史』鋸南町発行、一九六九年、八二六頁。
（5）気象庁編『平成七年版・今日の気象業務』一九九五年。この点、富山湾を学ぶ会にて、気象学研究者や漁業研究者の方に教えていただいた。
（6）気象と海況・漁況の関係については、日本海洋学会・沿岸海洋研究部会編集委員会編『続・日本全国沿岸海洋誌』東海大学出版会、一九九〇年、総説編第四章なども参照のこと。
（7）「応響雑記」は越中資料集成の七・八巻（桂書房、一九八八年・一九九〇年）にて活字化されているが、本稿では原本はみられないので、同資料の複写本（氷見市立図書館・富山県公文書館蔵）に依拠した。
（8）近世漁業史研究の動向は、伊藤康宏『地域漁業史の研究』（農山漁村文化協会、一九九二年）所収の文献目録などを参照。なお、歴史地理学の分野に菊地利夫「九十九里浜イワシ漁業の豊凶交替と新田・納屋集落の成立との関係」（『新地理』七巻二号、一九五八年）がある。
　環境史的視点からの日本史学の研究は始まったばかりである。代表的な研究として取り上げられるのは、国立歴史民俗博物館による一九九一年に実施されたシンポジウム「日本史のなかの環境破壊」であるが、同博物館は一九九六年に共同研究をスタートさせ、発行雑誌『歴博』七五号（一九九六年）で「農耕社会と環境」を特集している。同号には、近世では深谷克己「近世の開発と農村景観」が掲載されているが、近世では環境史となるとどうしても農村が問題にされる。なお、近世の飢饉については菊池勇夫『近世の飢饉』（吉川弘文館、一九九七年）参照。
（9）例えば水産海洋学会の会誌『水産海洋研究』などを参照のこと。
（10）本章では、環境史的視点から自然科学で扱う気候や漁況という問題の検討を土台にして、その上で凶作・不漁時期の都市漁民の動向という問題を検討することになる。このため本章は、古気候復元を行う気候学の成果や、また漁況研究を行う水産学の成果も取り入れることをめざし、歴史学専門の深井、気候学研究者の田上善夫が協力し、さらに富山県内外の多くの水産学研究者の意見をも参考にしてまとめた。なお、「応響雑記」に依拠した本文の記述は、紙幅の関係上いちいち典拠史料として同記録を注記することは省略したい。注記のない事実はすべて「応響雑記」によったことを断っておきたい。

（11）（15）「憲令要略」（高岡市立伏木図書館蔵）。のちに『氷見市史4』資料編二別冊（氷見市、二〇〇三年）に翻刻された。

（12）『氷見市史』氷見市、一九六三年、八四九頁。

（13）（14）（17）（21）（22）氷見高校歴史クラブ編『氷見漁業史』氷見高校歴史クラブ、一九五九年、第一編。

（16）『氷見百年史』氷見市、一九七二年、四六九頁。

（18）本章で使用する天保の越中気候の史料は、「年々珍敷事留」「珍事留書」「丙申救荒録」「文化より弘化まで日記」「飢饉記」（以上、『加賀藩史料』第一四巻の対象年度記事。なお、みな金沢市立玉川図書館加越能文庫架蔵史料である。）、「前田氏家乗」・石碕記録（以上は『越中史料』二巻）、京都市伏見区松長家文書「年譜」による。

（19）弘前の気候は、前島郁雄・田上善夫「日本の小氷期の気候について」（『気象研究ノート』一四七号、一九八三年）、田上善夫・深石一夫「『小氷期』の気候復元に関する検討」（『地学雑誌』一〇二巻二号、一九九三年）を参照。

（20）気候復元方法とその妥当性については、田上善夫・深石一夫「『小氷期』の気候復元に関する検討」（註19）参照。

（23）黒岩護「佐渡定置網漁業におけるブリ漁況予報の仮説」（『水産海洋研究』一四号、一九六九年）。

（24）註3坪井守夫「本州四国九州を一周したマイワシ主産卵場」一～三。

（25）註3平本紀久雄『私はイワシの予報官』九五頁。なお、友定彰「水温の長期変動とマイワシ漁獲量の長期変動」（『東海区水産研究所研究報告』一二六号、一九八八年）によると、マイワシ資源が増加する時期は産卵場が高温期、漁場が低温期で、資源減少期はその反対となっているという。

（26）天保七年十月・十一月「御用日記」氷見市立博物館編『中村屋文書その一』（氷見市近世史料集成）氷見市立博物館、一九九二年。

（27）註3坪井守夫「本州四国九州を一周したマイワシ主産卵場」三。註3平本紀久雄『私はイワシの予報官』も参照。

（28）後の安政期は本文で指摘したように、鰤・鰯がともに不漁期であったり、「応響雑記」によると、安政五年（一八五八）は二月の大地震被害と夏の冷夏による凶作により米価騰貴がもたらされた。安政五年の春網は前年からの不漁が打ち続くもので漁民が疲弊したが、三月には大鯖が、五月には烏賊が豊漁で漁民は一息ついたものの、凶作による米価騰貴にみまわれた。この結果、七月十六日の米津出し阻止の騒擾を端緒にして打ち毀しが行われた。右史料によると、津出し阻止に漁船四、五〇艘が出ていたり、阻止しようとした人々を追い払うよう浦方五町へ申し付けられていることから、少なくとも発端の騒擾は漁民により引き起こされたことはまちがいない。

（29）漁況の要因については、水産庁中央研究所・富山県水産試験所の研究員の方や富山湾を学ぶ会の水産研究者の方にご教示・ご助言いただいた。末筆ながらあつく御礼申し上げたい。また、基本史料の「応響雑記」については、地元の研究者の指摘を踏まえて、複写本・写真本を直接利用したことを断っておきたい。利用を許可された陸田家と富山県公文書館・氷見市立図書館に対して御礼申し上げたい。なお、本章は深井・田上他による共同研究（富山大学特定研究・一九九四年度、代表深井）の成果の一部である。

追記

なお、共著者の気候学の専門研究者、田上善夫（富山大学教授）は氷見の気候データを、歴史気候データベースより得て、今回共同研究にあたりその点検・整理をした。田上が整理したデータの分析と第二節・第三節執筆については、田上の助言をえて深井が行った。

第二章　湊町西岩瀬の移転と構造

はじめに

現在の西岩瀬は四方と町続きとなっており、四方地区の一部という状況を呈している。しかし、古く歴史を遡ると、西岩瀬は中世後期に三津七湊に数えられた、日本海の代表的な湊の岩瀬を源流に持つ町である。

近年、中世の日本海の湊町研究が盛んとなっており、発掘の成果により七湊の一つの十三湊の実態も明らかになりつつある。[1] 中世岩瀬湊についてはほとんど史料がなく、その研究は極めて困難な状況にあるが、近世初期の段階でもほとんど同様である。これは同地が神通川の河口湊で、この神通川のたびたびの氾濫や流路の変更、さらに高波被害により、移転をしいられたことも関係がある。中世の場合はわからないが、近世初期、慶長十四年（一六〇九）の神通川の流路変更、そして寛文前後の同川氾濫とその結果の寛文期の二俣川となる流路変更は神通川の主流を東岩瀬側へ移したとされている。[2] 廻船業者の中には水量の多く廻船の入津しやすい東岩瀬へ転住する者が出たとされている。[3] 西岩瀬の湊町の役割が大きく低下するのは享保以降とされているが、[4] いずれにしても寛文以降に湊町としての地位は低下し、東岩瀬が神通川の河口湊として発展していくことになったのである。

古代の国府は現在の伏木の地にあり、また中世の政治中心地の守護所は伏木に近い放生津に長い間存在した。この放生津の湊が当然に中世前期には越中随一の湊として存在しておかしくないが、七湊には岩瀬が数えられた。四方町の南西の近世打出村の地区と近世西岩瀬町の南側にあった窪村・荒屋村の地区で富山市による発掘が実施され、打出遺跡（一三〜一五世紀）・四方北窪遺跡（一三〜一五世紀）・四方荒屋遺跡（一四〜一五世紀）の遺構が明らかになり、神通川が一三世紀から一五世紀には分流してこれらの遺跡の脇を流れていたこと、そしてその後に神通川が東遷したことが明らかにされた(5)。

これが正しければ、古くは神通川の河口湊として栄えていたといわれる打出湊(6)に代わり、とりわけ北窪遺跡・荒屋遺跡の遺物が見られなくなる一六世紀に神通川の流路が東遷して岩瀬湊が栄えたことになるが、記録では慶長以前となると天正八年（一五八〇）の流路変更以外はよくわからない(7)。天正以前の一六世紀に入った段階で、神通川の河口辺での流路が変更したことになる。この東遷した湊の土地は近世の窪村や荒屋村の土地ではなく、近世に西岩瀬・東岩瀬村の地内となる所で、この移転の土地につくられた湊こそが岩瀬湊の名にふさわしい。北窪・荒屋も神通古川の流路変更前の同左岸近くにあるので岩瀬湊の一部であったとする考えも成立するが、廻船式目の七湊に数えられた湊の中心部分としてよいかとなると問題がある。近世と異なって、戸口の移動の自由なこの時代には、湊町関係者は神通川の流路変更により新たな河口湊へ移転することができたので、北窪・荒屋遺跡時代の湊町居住の廻船業者は新たな町へ移転していたとみられる。

このように神通川の流れがたびたび変動し、これに伴い少なくとも近世以前の段階は住民とともに湊町も移転する。そして、この中世後期には政治変動から守護所が守護町へ移り、守護代神保氏も守山城に依拠したといっても、放生津が湊町として存続しており、ここは上杉支配下となった天正四年に伏木浜とともに船の「用所」を申しつけられるとともに、十楽の市が認められていた湊町であった(8)。

本章で扱うのは、発掘で対象となった時期の神通川河口湊ではない。すでに河口湊が岩瀬に移転した時代の、近世の岩瀬湊が湊町として栄えた時代を対象とする。そこでは、近世初頭の神通川の流路変更による岩瀬の移転地を検討したうえで、予め岩瀬こと西岩瀬の都市規模を見ることにする。西岩瀬が七湊に数えられたことは、大きな都市として存在したことを当然にイメージさせることになるが、前記のように放生津の存在も考慮するとそのように単純に把握はできないことになる。そこで、実際のその都市規模はどの程度のものであったか家数・人口面から検討する必要がある。また、近世初期の西岩瀬の人々の暮らしがどこまで船宿・廻船業に依存できたものかも問題となる。つまり町の人々の生業のあり方、さらには住民構造についても把握しなければならない。その上で近世に入ってもたびたび移転を繰り返した西岩瀬がどのような町として建設されたかを明らかにする必要がある。(9)

右の最後の点については絵図を主に利用しながら明らかにしてみたい。そして、その場合に住民構造把握の点からも町並み内部の屋敷地のあり方についても目を向けることにしたい。また、絵図利用により元の所在地と移転地の把握ができる。この位置把握は遺跡発掘のために欠かせないためでもあるが、本章ではまずこの点から先に検討を行うことにしたい。

なお、二〇〇四年九月十一日に実施された富山市教育委員会主催「日本海文化を考えるゼミフォーラム」（於富山市四方コミュニティーセンター）にて、富山市の埋蔵文化財センター関係者を中心にして構成された中世岩瀬湊調査研究グループが富山商船高等専門学校の千葉元氏の協力により実施した足洗・四方漁港沖での音波探知による海底探査の成果が紹介された。これによると足洗沖は四五〇メートル沖に幅一〇〜一五メートル、延長三〇メートル、四方沖は一五〇メートル沖の海底に幅三〇メートル・延長二三〇メートルの帯状に礫群が存在し、また四方沖には切石とみられる八〇センチから一二〇センチの四角い石六個の点在することを確認されたこと、さらに四方漁港沖三〇〇メートルには五輪塔らしき物体や樹根らしきもの複数が確認されたことが報告されている。[10] もっとも、この成果についてコメントを求められていた富山湾の研究を地質学の観点から研究を行っている藤井昭二氏（富山大学名誉教授）は、前記報告の後にこの海底調査の結果を安易に岩瀬湊の遺物・遺構と結びつけることを批判され、また現在考古学が年代判定で使用している調査法なども含まれることになる科学的実験・観測も実験者・観測者により異なる結果が出ることが普通であることに論及され、さらに現在の西岩瀬・四方沖は海岸浸食が無いところで、この沖に中世から近世の岩瀬湊が存在することなどないことを主張された。

藤井氏により、海底探査の成果も岩瀬湊の遺構・遺物と認定するには不十分である点が指摘されただけではなく、前記の打出遺跡など岩瀬湊関連遺跡の遺物の年代判定が三か所以上の機関による判定でないためにその年代を研究資料として使えないとの重要な問題提議が行われたことになる。[11] しかし、前記最後の点は西岩瀬の海岸浸食関係の記録を氏が知らないために出された見解であり、これは本章の中で取り上げることになるが、いずれにしても本章では古文書・絵図を使用して、近世の側から岩瀬湊について検討する。しかし、本章の「おわりに」では藤井見解をあらためて取り上げて、岩瀬遺跡関連の海底調査の問題についてふれることにしたい。

一、神通川の流路変遷と西岩瀬

1　慶長の流路変更と移転前の位置

中世後期では天正八年（一五八〇）の流路変更以外わからない。この時の変更のあり方やそれ以前の流路が具体的にどのようであったか文献や絵図からは明確にならない。史料で明確となるのは慶長十四年（一六〇九）で、この年に岩瀬が移転することになったことが知られている。これはまず慶長十四年八月二十四日の次の利長書状を典拠にしている。[12]

小　左　ひ
七　左

一、いわせの六郎左へもん、たい一折くれ候、よく心へ可申候
一、いわせこんとの水にくつれ申候由候、いへをたて申候所の事申候、よき所をみたていへをたて可申候由、可申候
一、いへ下ハけんちを出し可申候、かしく

八月二十四日

岩瀬町が今度の「水にくつれ」たために移転を申し立てたので、良き所を見立てて家並みを立て、またその際に屋敷地の検地をするということを利長が命じたことを記載している。この文書により当時の西岩瀬は単に岩瀬とも呼ばれる所であったこと、また六郎左衛門という有力住民がいたことがわかる。この移転については慶長十六年十月二十日、西岩瀬住民連判状[13]に次のように記載されている。

東いわせよりせんせん無御座事申上候間おそれなから申上候
西岩瀬之物成之儀、御田地一円無御座候付而ハ、前々代物四貫文相たて申候所ヲ
上様御入国被成候御とし、おかしま備中殿・かたやま伊加殿、御地きやうニ御とり被成、御田地も無御座候村ニ付而、浦役地子ともニ米九拾俵に被成候て御座候、伊加殿御はて被成候て、其あとをよこち小兵衛殿・林新

右衛門殿御代官被成候時も、其分ニはかり申候、慶長拾年のとし、さゝしまおりへ殿御代官被成候時より、うミ川ゐ屋しきとも二百五拾弐俵余つゝ御とり被成
上様江御あけ候、然者慶長十四年八月西岩瀬川ニなかれ申候て、いつれも有所御さなく候ニ付て、御理申上候得ハ、近所くほ村と申ところニおり申候へと　御書をいたゝき、いまにおり申候、彼やしきハいなかき殿御ふんにて御さ候ゆへ、すなわち御ねんくいなかき殿へはかり申候
右之御米さし引仕候て、田地も無御座候へとも、うミ川あミ御座候付而、百八俵ヲ御かねてニ仕、まいねん銀子六百目つゝさゝしまおりへ殿へあけ申候、此ほかれう舟御先ちやう十二そうニ
高岡様御まかないの御さかなやく中十日ふん、にしいわせのあたり分壱年ニ銀子弐百六拾四匁つつ、まいねんあけ申候、出来舟十二そうニまいねん百四拾七匁つゝしらはま源旦と申ものとり候て、これも
高岡様江上申候、大舟拾二そうニハ、秋田・松まい・つるか御米舟一切之御役義仕候御事
一、たうねん五十目ニ申上候御役のあミはまへ、富田平左衛門　上様より御印を申請候て仕候へハ、去年平左
　衛門はてられ候ニ付而、地下ニ其あとあミ仕候御事
一、（中略、かわら銭ます役）
一、（中略、東岩瀬網一件）
一、ひかしいわせハ田地おゝく御さ候、ことにひきあミてくりあミ、弐拾たうあまり御さ候間、御役儀ハおゝく御さ候、并ちわらさきニわたりたち申候へハ、ひかしいわせハかいたうニ成申候て、上下のたちん人あし御さ候、にしいわせハ川くつれわたりもあかり申候て、人あしも無御座候て、めいわく仕候、彼かわへひかしいわせよりあミひき申候事ハ、さきの御だいにも御さなく候を、いまさらかやうニ申かけ候儀、に

しいわせをたゑし可申との御事ニ御さ候や、此等之旨御披露被成候而被下候ハヽ、ありかたく可奉存候、

以上

慶長十六年十月廿日　　　　　　　　にしいわせ
　　　　　　　　　　　　　　　　　六郎左衛門　判（ほか一二名略）

中少様御中

この史料の第四条は「にしいわせハ川くつれ」としており、西岩瀬は高波ではなく、川の流れが変わり、町側へ流れ入り町並みが崩されたので移転することになったことを示す。そして、「いつれも有所無御さなくて候ニ付て、御理申上候得ハ、近所くほ村と申ところニおり申候へと御書をいた丶き、いまにおり申候」ということで、利長より良い所を見立てることが許されて転住した土地が窪村の土地であったことが記載されている。ここは前記のように検地のうえで居住することになった土地である。

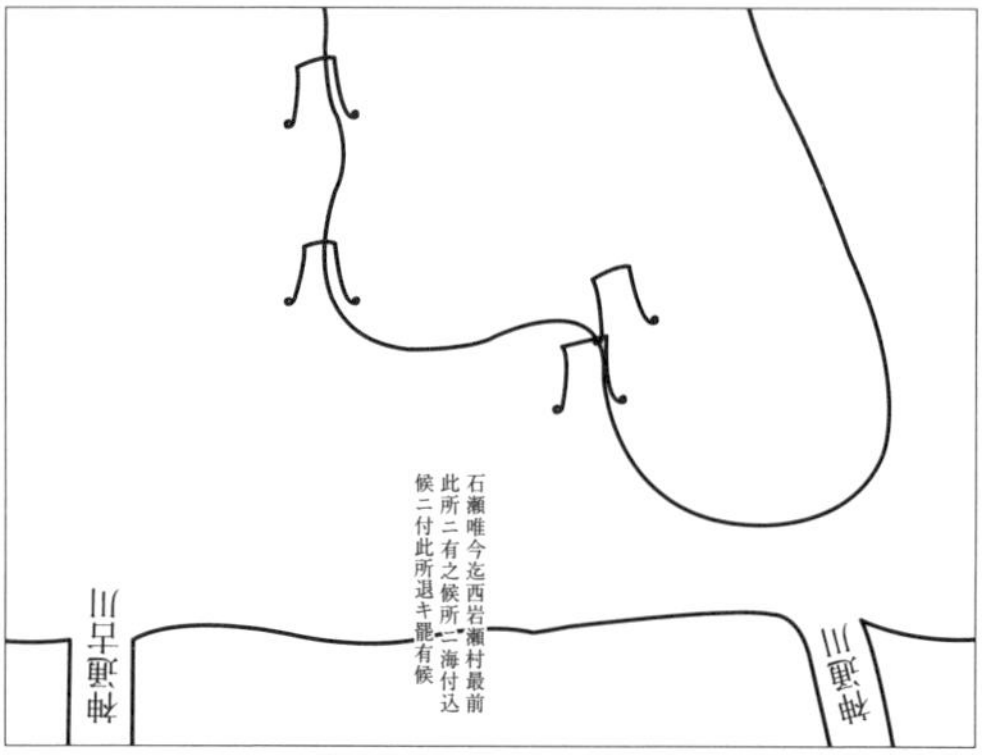

A　「西岩瀬網場絵図」部分略図

問題は窪村転住前の元の西岩瀬がどこに当たるかということであるが、ここについては宝永二年（一七〇五）十二月「西岩瀬網場絵図」（図1A参照。手彩色・六三×八五センチ、富山県立図書館蔵）が記載している。この絵図には、現在の神通川と古神通川のほぼ中間の海岸線に「石瀬唯今迄西岩瀬村最前此所ニ有之候所ニ海付込候ニ付此所退キ罷有候」と記載している。石瀬とよばれるこの土地が元の岩瀬町で、伝承とはいえ移転から一〇〇年しかたっていないので、荒

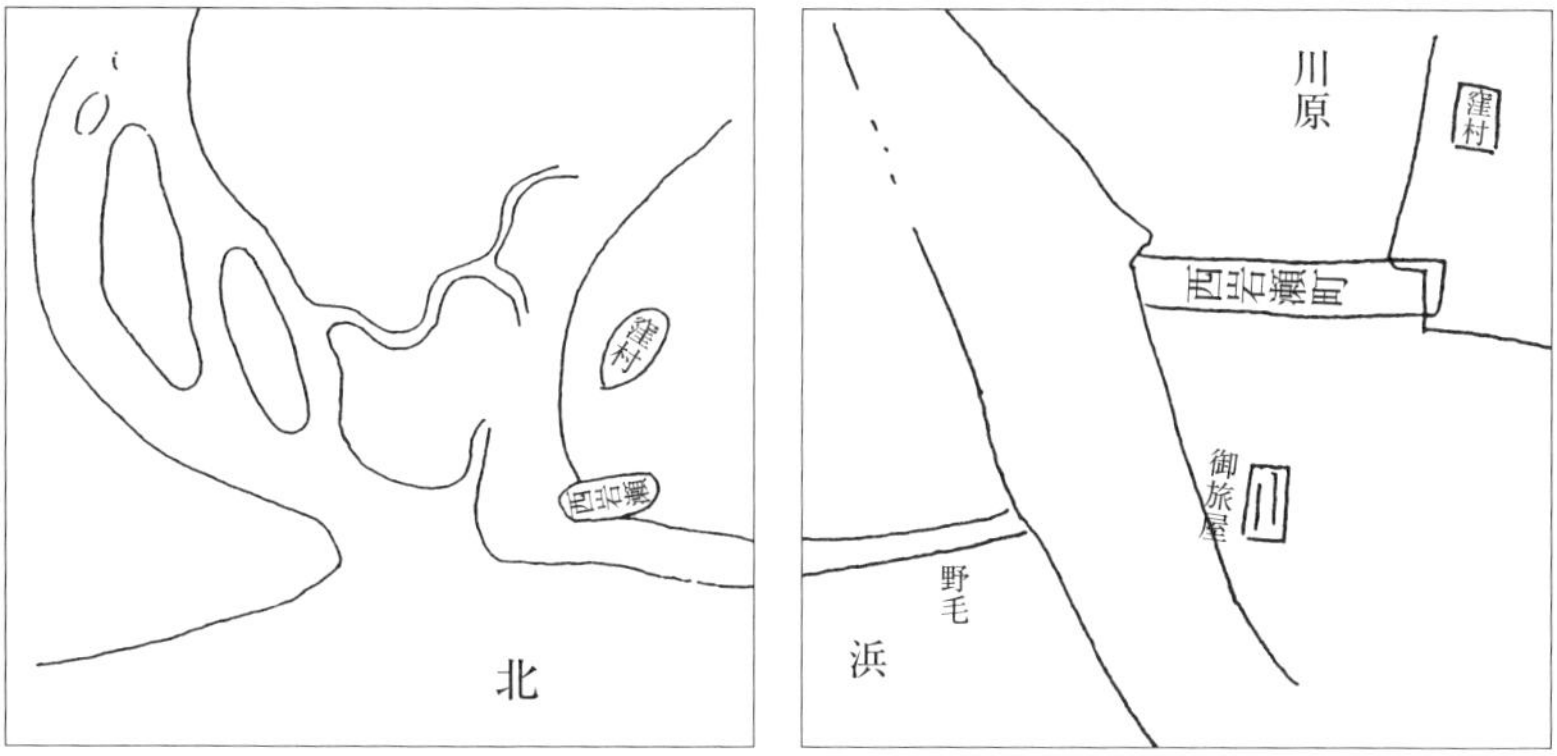

C　「富山境新開地之図」　　　B　「神通古川除絵図」部分略図

図１　西岩瀬を描いた絵図略図

唐無稽とも断定できないが、伝承の限界がある。なお、前記文書により絵図が海進とするのは明白な誤りである。

当時の神通川の流路が東岩瀬以東ということはありえない。また、慶長度の移転先は窪村ということであったことが示すように、窪村領やその西の四方村の土地とは別の、四方より東、窪村より東ないし北に岩瀬湊と村の土地があったことは間違いない。そして、石瀬と宝永期に呼ばれていた場はその該当地となるので有力候補地であるが、一〇〇年前のことという限界もある。いずれにしても、湊の場は当然ながら神通古川の左岸にあったが、後に見るように、貞享・元禄以降に海蝕が進むので、現在は神通古川の海近くの部分がどのように流れていたかは具体的にわからないので、慶長移転前の岩瀬湊の場を明確にしにくい。

2　神通川東遷と慶長移転後の西岩瀬

慶長移転後の洪水による移転については、万治以来の神通川の洪水が度重なり、寛文期に流路が現在の神通川へも流れ入り、二股となったとされている。[14] 寛文八年（一六六八）の洪水前の寛文二年に東岩瀬が新宿指定を受け、町蔵が移転し、また加賀藩の御蔵移転が寛文十年にみられた[15]。この間の寛文三年に田地方の土地が新たに宿方銀納地として許されている[16]。以上の事実は加賀藩が東岩瀬を年貢米積み出し湊として位置づけるような条件が万治以前からできはじめ、これが寛文期の神通川の変動により確定していったことを示すものである。

この二股となった神通川の姿は加賀藩が延宝六年（一六七八）に作成した藩用絵図の越中国絵図[17]（手彩色・四五七×五二七センチ・加越能文庫蔵）に描かれている。これは元禄期に作成され幕府へ提出された越中国絵図の下図ないし写図（手彩色・三九九×五二七センチ・石川県立図書館蔵）にも同様に描写されている。

二股となったことは西岩瀬の町並みに被害をもたらすものではなかったが、東岩瀬の方へ入り込んだ神通川がその後の西岩瀬と東岩瀬の地位を逆転させる重要な事件であった。すなわち、本流が以後は東岩瀬側となったのである。

それではこの西岩瀬は現在のどこに比定されるかを次に取り上げたい。

貞享年間の西岩瀬を描いた著名な絵図「貞享年中四方岩瀬浜絵図」[18]（図2参照）がある。この絵図は明治年間に四方の栂野氏が所持していた絵図を写したものであるが、その図は享保十九年（一七三四）に写した貞享年中の絵図であることが記載されている。この享保の写図は幸いにも『四方町沿革誌』に写真が収録されているが、若干小さい写真なので微細な点がわかりにくいので図2をそのまま掲載した。ここでは両者をあわせ使用して検討してみたい。

この絵図は享保年間に写されたために、貞享絵図について補訂している。すなわち、西岩瀬の左斜め下に、「此所窪村定へ立替り申　いわせ」の記載があり、その後の移転先が記載されている。慶長に転住した西岩瀬町が高波被害を受けてまた移転することになったものである。

西岩瀬が受けたこの高波被害は布目久三『西岩瀬郷土史話』(19)が紹介しているが、この典拠となったのは富山藩の十村文書である大場文書などである。この大場文書の「(覚書・五)」に記載されている分について主要な記事を示すと次の通りである。

○万治三年「西岩瀬浜田新開出来」。「宝永元申年右浜田年々海付込砂浜ニ相成」

○貞享四年十月、「大波立夜中御旅屋より殿様庄九郎方へ御入り御泊」。「元禄元年閏十一白玉屋五兵衛屋敷へ御引上け」。「此時ニ而三度御引被遊候、初メ之御旅屋より弐百間余御引上(明暦二年)」、その後に一四五間引く。そして、宝永三年に御旅屋際まで海付け入り、その後富山へ引き取り。その後「御旅屋引き上げ」

○元禄五年、「海善寺医王寺越料被下屋敷替被仰付」

○宝永五年、御蔵屋敷跡検地のうえ海善寺へ渡し、「次手に浦辺海付入之所永引ニ御竿入」

○(享保四年)十月大波にて土屋庄九郎家際まで波崩れ、屋敷替の願いを申上るところ、翌年に願通り仰せつけられ、町家五軒を立てることになり、二月より普請。

○享保十年海付け入り

○寛延二年より両年海付け込み、新町家立てと汐除土手(一八〇間)を願い許される。

明暦・貞享からさらにその後にたびたび海岸浸食を受けて、寛延にはとうとう汐除土手を築いて予防としたのである。そして、岩瀬の町並みは元禄から享保にかけて少しずつ移転し、最終的には寛延二年(一七四九)に新町を立てて移転することを許されていた。

さて、この移転前の、すなわち慶長年間に移転した西岩瀬が図2の西岩瀬である。ここは絵図にみるように古川とされた慶長に流れを変えた神通川の西側に位置して、しかも少し川から離れた位置にあった。また、海岸までの

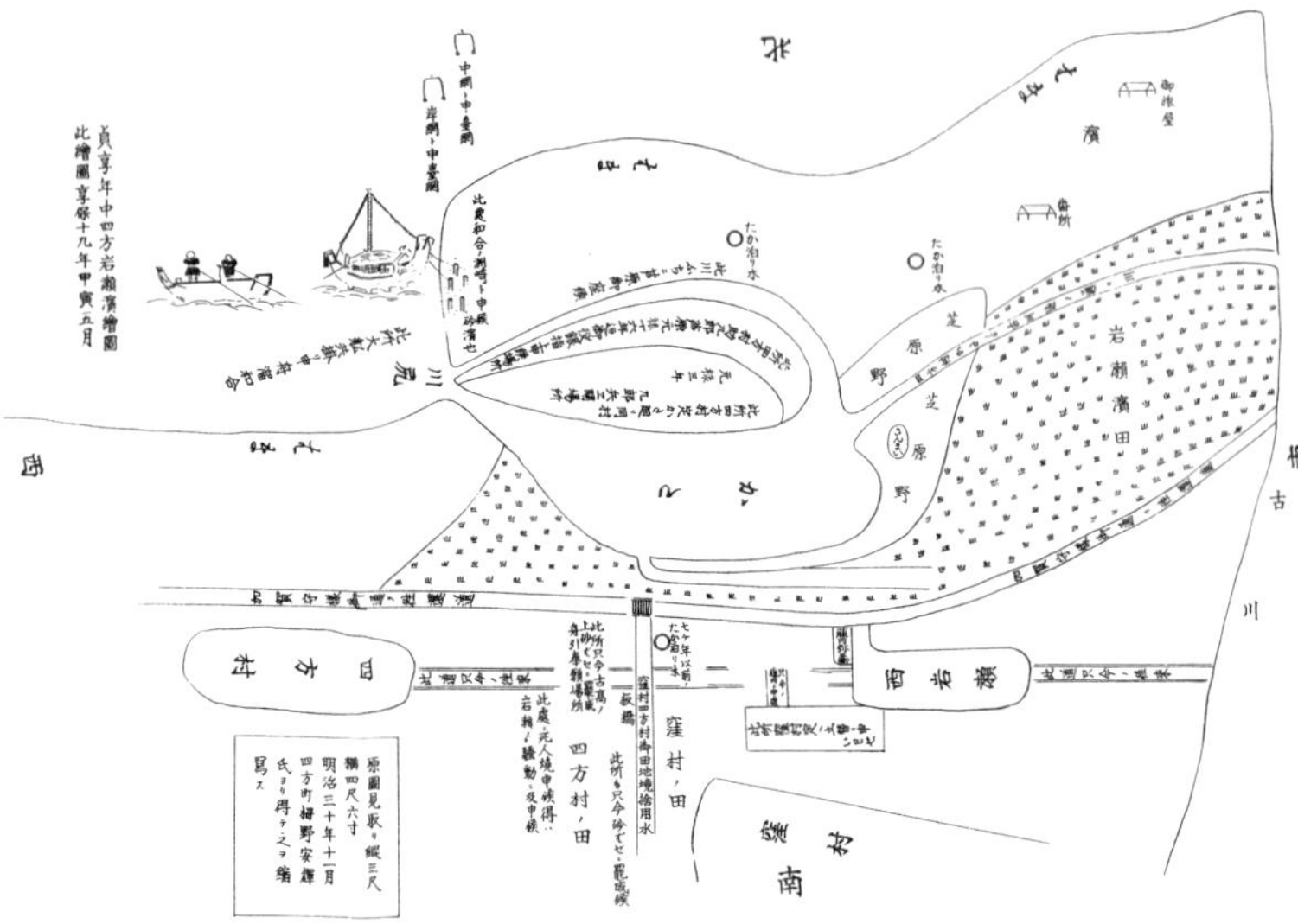

図２　「貞享年中四方岩瀬浜絵図」（『東岩瀬史料』）

間に田や潟、そして御旅屋のある浜が存在し、海岸から相当に内側へ入った所に西岩瀬は移転していたことがわかる。

この慶長移転後の西岩瀬は十村金山文書の貞享元年（一六八四）「神通古川除絵図」[20]（彩色・一四九×七六センチ・前掲図1B参照）と元禄八年（一六九五）以前の海禅寺蔵の西岩瀬町絵図[21]（後掲図4参照、彩色）にも描かれている。また、富山県立図書館所蔵の年不詳「西岩瀬宿内御通筋之仮絵図」（手彩色・三五×七七センチ）もこの西岩瀬を描くが、その場所は貞享絵図が示すようにすぐ西南側への移転であり、全体の移転ではなく、諏訪社などはそのまま残ったままである。貞享絵図は移転部分について享保末年の書き込みとみられる前記した記事の「此所窪村定へ立替り申　いわせ」がある。享保から少しずつ移転して、住民は最終的に享保末年には移転を予定した土地としてこの地区を考慮していたとみられる。

移転したのは専林寺の北側の町並みとそこに直行して東へ向かう町並みである。図3のEにこの町並み推定地

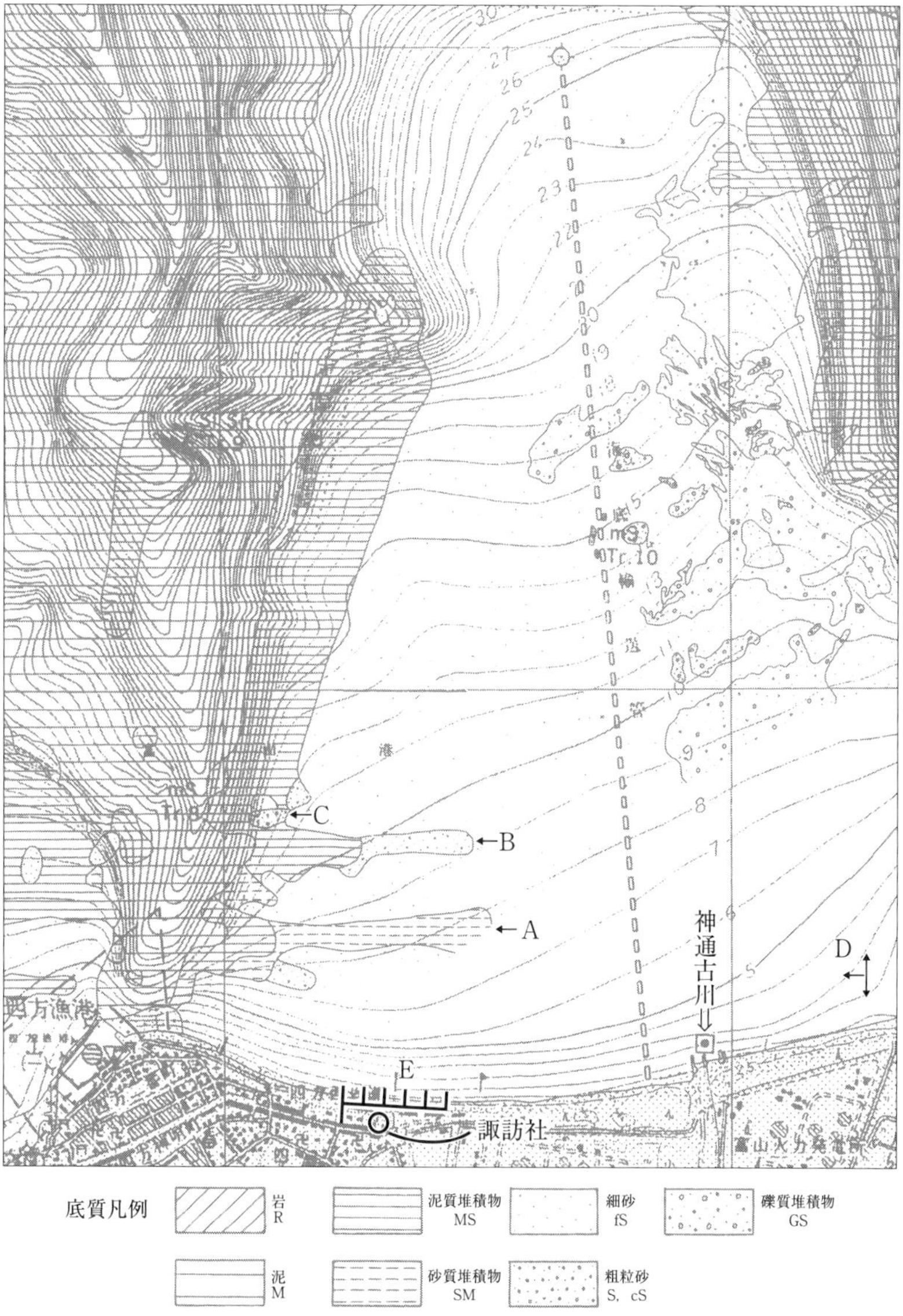

図３　西岩瀬沖海底地形並岩瀬湊所在推定地

典拠：「沿岸海域地形図・富山」（２万5000分の１）1981年発行と海上保安庁水路部編刊『本州北西岸富山湾海底地形・底質調査記録集』Ⅰ（1982年）を合体させた図

を描いてみた。寛文期西岩瀬の東西の長さは大場文書の「(覚書・五)」によれば三二二間（約五八〇メートル）とする。現在の町並みから考えてこのような長さがあったとは思えず、町並み外の部分も含まれているのではないかとみられる。海禅寺絵図（後掲図4）によると、富山道から専林寺の間とほぼ等間隔の富山道より東側の町並みが移転したことになる。この距離は三〇〇メートル程にしかならないので、絵図が西側町並み部分の長さを縮めて描いている可能性もあるが、図には絵図より推定で示した。この位置については、先の慶長以前の町並みの伝承地とともに、海上保安庁水路部の海底調査の既存の成果も踏まえて、「おわりに」の項であらためてふれることにしたい。

二、西岩瀬の都市規模

移転を重ねた西岩瀬町が中世後期にどの程度の規模であったか、西岩瀬の中世の都市規模を理解するうえで、当然に近世初期、前期のそれが参考になる。しかし、それが判明するのは前田文書の寛文七年（一六六七）六月の「三ケ国之内珍儀書上」（富山県立図書館蔵）であり、これに「一、百六拾三軒　家数」「一、八百五十人　人数　内四百三十七人男　四百十三人女」と記載され、小物成銀一貫一一五匁八分三厘の記事もある。また、大場文書の「(覚書・五)」に「寛文年中頃」の家数一九三軒、人数八六〇人ともある。その後時代が下った慶応四年（一八六八）の文書「郡方人別書上帳」（前田文書）には、家数一六二軒、人数七九五人と記録されている。

以上のように、西岩瀬の都市規模は寛文以降にほとんど変化がない。しかし、その代わりに隣の四方が町として大きく発展していた。[22] これは窪村内に移転した西岩瀬町には町並みを拡大する土地がないために、代わりに隣接の四方が町並みを拡大させることになったものである。

寛文期の一九三軒という家数が判明する家数の最多であるが、これは神通川東遷により家数が減少した段階ののであろうか。東岩瀬側では西岩瀬からの住民移転ということが伝承されているが、これは正しいのであろうか。

東岩瀬は寛文三年に田地方の土地が新たに宿方銀納地(23)として許された。また、寛文十年の村御印には地子銀高六〇四匁二分出来とあり、石高三六石一斗二升五合が同三年に宿方銀納地となっている。つまり新住民の居住地になる土地がこの年に確保されている。

これは、寛文初年に神通川の東岩瀬側への流入により東岩瀬が河口湊としての機能を持つようになったので、川沿いとなった田畑をつぶして新町立てが実施されたことを意味する。しかし、問題なのはここへ移る住民である。すなわち、富山藩領民である西岩瀬の住民が勝手にこの土地へ移転できるかである。西岩瀬は富山藩にとり唯一の湊町であり、この住民が東岩瀬へ転住することを藩が許すはずがないし、藩に無断の移住であれば逃散となり、本藩加賀藩との間で激しい対立が起こるが、そのようなことはなかった。

西岩瀬は少なくとも享保期までは湊としての役割が大きかったことが指摘されていることは先に記しておいた通りである。初期以来の住民は神通川東遷後も踏みとどまっていたはずである。しかし、本流が東岩瀬側となった寛文年間以降に西岩瀬の船宿や廻船業者にはより良い条件の場での営業を目指す者が出るのは当然である。すなわち、西岩瀬の船宿らは次・三男らを出したり、また出店を出す形での移転をしたことが考慮されるし、新天地での稼ぎを求めて出た西岩瀬の次・三男層の廻船関係従事者などは当然に存在したであろう。東岩瀬の伝承の対象となるのは彼らと考えるのが妥当であろう。

寛文十年の東岩瀬の村御印を見ると、外廻船櫂役銀は九七匁で明暦二年（一六五六）の御印から三二匁増えただけであった(24)。寛文期に移転住民がいても、多くの廻船業者が西岩瀬から東岩瀬へ移ったということは外廻船櫂役銀などから考えられない。やはり出店や次・三男の転出がみられたとしても、富山藩により家持ち・屋敷持ちとして把握されている船宿や廻船業者自体がこの時期に移転することは考えられない。

以上のように、寛文期の西岩瀬の町規模は東岩瀬転住による減少した結果の数値ではない。つまり、寛文の西岩瀬の家数は中世後期と大きく変わらないもので、同期でも二〇〇軒を超えない規模のものであったことになる。

三、西岩瀬の生業と湊機能

それでは中世末の段階を知るうえで重要な近世初期西岩瀬の町住民の生業と湊町の機能はどのような状況にあったのであろうか。このことを知る史料として先の慶長十六年（一六一一）十月の史料が役立つ。

第一条から第四条は漁業にかかわる条項である。この一条は富田平左衛門が利家より御印を頂戴して網を経営していたこと、彼が亡くなってから地下、つまり西岩瀬の一般の漁民に網の権利が譲られたことがわかる。地下に対する富田は土豪的存在の者と見られ、近世初頭の西岩瀬の漁業の重要な網場は彼が押さえていたが、彼の死後に加賀藩はこの権利を西岩瀬の漁民に開放したことになる。

第二条から四条は神通古川での漁業についてである。二条は川原銭と鱒役を「よこち兵部」へ「毎年あけ申候」という内容で、川猟の生業の存在を知ることができる。第三条は一〇年前に「彼かわへひかしいわせはしめてあみを引申」して西岩瀬と争論になり以後はこの神通古川では西岩瀬が独占的に猟をしていることを記載する。第四条は先にも取り上げた西岩瀬の川崩れに加えて、東岩瀬から神通川へ網を入れると西岩瀬が絶えると訴えており、これは西岩瀬の神通川の河口および川での漁業権を守るための条項で、西岩瀬の生業で神通川の河口から同川での漁業が重要であったことを示すものである。

さて、「西岩瀬之物成之儀、御田地一円無御座候付而ハ、前々代物四貫文相たて申候」、「上様（利家）御入国被成候御とし」「御田地も無御座」と記載する。前田家が越中国を領有した当初は、岡島備中・片山伊賀が西岩瀬を知行地として与えられていたことも記載する。つまり利長領になった当初の西岩瀬は直轄地にされていなかった。この片山伊賀が死去したのは慶長四年閏三月であるが、[25]その後は横地・林が代官となったというので、この時に直轄地にされたようである。

知行地の時は浦役・地子負担が米九〇俵であったものが、慶長十年に篠島織部が代官になると「うミ川ゐ屋しきとも二百五拾弐俵余」ということで増徴がはかられている。田地がないので、西岩瀬の住民負担は漁業・廻船業・商業関係などの小物成となった。慶長十四年の移転後は「うミ川あミ」一〇八俵、銀子六〇〇目の負担と、漁舟「御先ちやう十二」艘・高岡様こと利長への御魚役が一年に銀二六四匁の負担を負った。このころの「出来舟十二そう」には一四七匁の負担があり、かわら銭ます役も納入していた。この出来船に当たると見られる「大舟拾二そうニハ、秋田・松まい・つるか御米舟一切之御役義仕候御事」となっていた。大きな渡海船一二艘が建造されたが、その役銀は白浜源旦が利長へ納入しているという。白浜源旦は西岩瀬ないし婦負郡の浦方を抑えた土豪的存在とみられる。

これらの廻船について秋田・松前へは材木輸送、敦賀への米輸送の役負担を務めたこと、大舟というが櫂役銀からみて当時は櫂三枚役に当たる舟で大船とはいいがたいことがすでに指摘されている。[26]ただし、注意しなければいけないのは、この二点の理解でおおよそ問題はないものの、役儀を務めるのと日常松前へも航海していたこととは同じにはならない点である。主は年貢米売却のために松前・秋田・敦賀へ輸送に従事するためのもので、松前・秋田からはこの当時の都市建設に必要な材木輸送にも当たったと見られる。この一二艘は前田支配となってから、しかも藩御用のために一斉に建造されたところからすれば、おそらく加賀藩の援助もあって建造されたものである。前田支配に入った段階の岩瀬の廻船業者は加賀藩の御用に立てるような十分な廻船を所持していなかったところからこれらの廻船が建設されたとみられる。

以上によると、慶長期の西岩瀬は無田地で漁業・海運・湊関係稼ぎの町であった。前田家領有以前の廻船業は脆弱であり、このため松前・秋田・敦賀への御用輸送にあたる廻船が前田家領有により一斉に藩の助成により建造されたとみられる。そして、そのような当初の西岩瀬を前田家は直轄地に組み込まなかったが、その後慶長四年ごろに直轄地としたことがわかった。

このような初期の西岩瀬はまだ他国廻船の出入りが盛んで活発な湊町とも捉えにくく、漁業への依存が大きい町であり、しかも初めは土豪的住民が海の網の権利を握っていたが、この住民の死去を契機に加賀藩は網の権利を西岩瀬漁民へ開放している。しかし、土豪的住民の下にいた岩瀬湊住民の間でも階層性がやはりあった。それはこの連判状に名前を連ねた住民が一三名しかいないことでわかる。彼らはもちろんみな何右衛門・何兵衛と名乗る人々であるが、岩瀬湊の有力住民で、この中には船宿や前田家の求めにより大船を建造した廻船業者ももちろん含まれるとみられる。

さて、こうした西岩瀬は加賀藩支配下で年貢米輸送の湊町として、また慶長十年に再建、整備された城下町富山の外港としての役割を果たしていくことになり、大きく発展する機会をえることになった。しかし、富山は慶長十四年に大火で被災して、城主利長は同十六年に高岡を拠点として新たに城下町建設を行った。このため大きく発展する機会を失った西岩瀬であるが、それでも年貢米積み出しと富山町や飛騨へ送られる物資輸送で役割をはたすことができた。そして、さらに寛永十六年（一六三九）に富山藩が設立され、寛文以前の段階までは加賀藩から富山を城地として借用ということであったが、まがりなりにも富山藩の城下町の外港としての地位を再び確立でき、ここに再び大きく発展する契機をえたのであった。

こうした富山藩の領地となった正保四年（一六四七）の西岩瀬について、幕府へ提出された「道程帳」が記載する。この写しの「御領内諸方道程記」（加越能文庫蔵）には次のように記載されている。

一、岩瀬湊　此間上荷取候へハ四五百石積之船何風にても五六拾艘程も湊へ入申候、小石浜にてはへ無御座候、但から船にてハ弐百艘程も入申候

これによると、東岩瀬がまだ湊町となっていないこの段階の西岩瀬は岩瀬湊と表現され、四〇〇から五〇〇石積みの廻船も上荷をおろせば神通川を遡航でき、五〇から六〇艘も入ったという。また、空船であれば二〇〇艘も入津できたという。

四、絵図にみる西岩瀬の都市空間と構造

この西岩瀬の町がどのような空間と構造を持った町として建設されていたかを見ることにする。このために使用する史料は当然に絵図となるが、これは主として先に紹介した貞享絵図と海禅寺絵図である。

1　貞享絵図に見る西岩瀬

西岩瀬の北に潟を描く絵図として著名なのが、前記の『東岩瀬史料』などに取り上げられている貞享の絵図（図

2参照）である。貞享の絵図といってもこれは享保年間に写されたものである。これと同じ享保年間写しの絵図が天保年間に写されており、これも富山県立図書館に現存するが、ここでは享保写しの写真版を主にして検討する。

この貞享絵図の描く西岩瀬は神通川が二股川となり、本流が東岩瀬側となった段階のものである。このため西岩瀬の脇の川は古川、つまり神通古川とよばれるようになっていた。この西岩瀬は海岸からかなり入った土地に移転しており、これは高波被害を避けるためで、このような土地に移転しても慶長ごろの神通川は上荷を降ろせば四〇〇から五〇〇石の船でも入れたからである。しかし、絵図によると、大船は和合の洲崎という所に繋留して描き、「此所大船共掛り申舟溜和合」と記載されている。すなわち、岩瀬町は川とこの間に建設された、港を二つ持つ湊町である。しかし、正保の書上げが記載する港機能は川湊についてのものであった。これは入津する廻船の主が中小船であったために、こちらに湊機能の主があったためであると見てよい。

和合の洲崎と西岩瀬の間には潟があり、元禄年間にこの一部が干拓されている記載もこの絵図にある。しかし、未干拓の潟の部分は当然に川船を利用して米穀その他物資を輸送する水路となっていたとみられる。つまり、西岩瀬はこの絵図によると、町端西側の北の部分が潟方面への出入口となることで、海運と結びついていた。また、神通川とは町端東端方面から結びつくようになっていた。つまり、いずれにしても町並みの北側の長い部分、ここでは海側の部分が全体として水運と結ぶ利用にはなっていなかったことがわかる。

この町並みは先の金山文書の貞享元年（一六八四）「神通古川除絵図」では図1Bのように町並み東端を神通川に接して描いている。しかし、加賀藩の享保十四年（一七二九）「富山境新開地之図」（彩色・一〇六×二〇六センチ・加越能文庫蔵）では西岩瀬町は丸の中に町名を記載（図1C）しただけである。享保の時期には川の流れが若干東へ移り、町並みは川から離れたのかもしれない。先の貞享の西岩瀬絵図が町並みを川から離して描いているのは、享保の訂正の際のもので、元の貞享の絵図では金山文書の絵図通りの可能性がある。この点は今後さらに検討したい。いずれにしても西岩瀬町の町並みは古川に対して直角方向に展開している。

なお、潟と町の間には浜田が広がり、とりわけ潟東部にそれは大きく広がり、また海と田の間には浜地が広がっていた。浜には貞享年間には富山藩の御旅屋が設けられており、番所も設置されていた。この番所は海運を把握するためのものとみてよく、西岩瀬に分割された湊機能からその中間点となるような位置に設置されていた。また、浜の先に網場があったこともわかる。

2　海禅寺絵図に見る西岩瀬

町並み内のことはこれまでの絵図では判明しない。しかし、この点についてうかがうのに参考となるのが海善寺所蔵の著名な「西岩瀬町絵図」（図4）である。

この絵図によると、すでに浜や潟が高波により失われ、しかも西岩瀬の町並みも波害にあっている様子が描かれている。この絵図は主題が災害図のために、波害の状況を描いているとみてよい。海禅寺はこの絵図に描かれた西岩瀬の町並み内に現在ははずれて存在している。これは移転したためであるが、元禄八年（一六九五）に移転している。[27]つまりこの絵図は元禄八年の移転前の絵図となる。

この絵図によると、慶長移転建設の西岩瀬は神通川へ向かう道筋に一直線に町作りが行われていたわけではなく、寺社の存在から見て町の西側で屈曲が大きく付けられ、ここに一部街区がある町として建設されていたことがわかる。また、富山道のある突き当たりより東側には海側へ家の建ち並ぶ四本の小路がある。この小路にすむ人々はおそらく漁民や水主の人たちであろう。

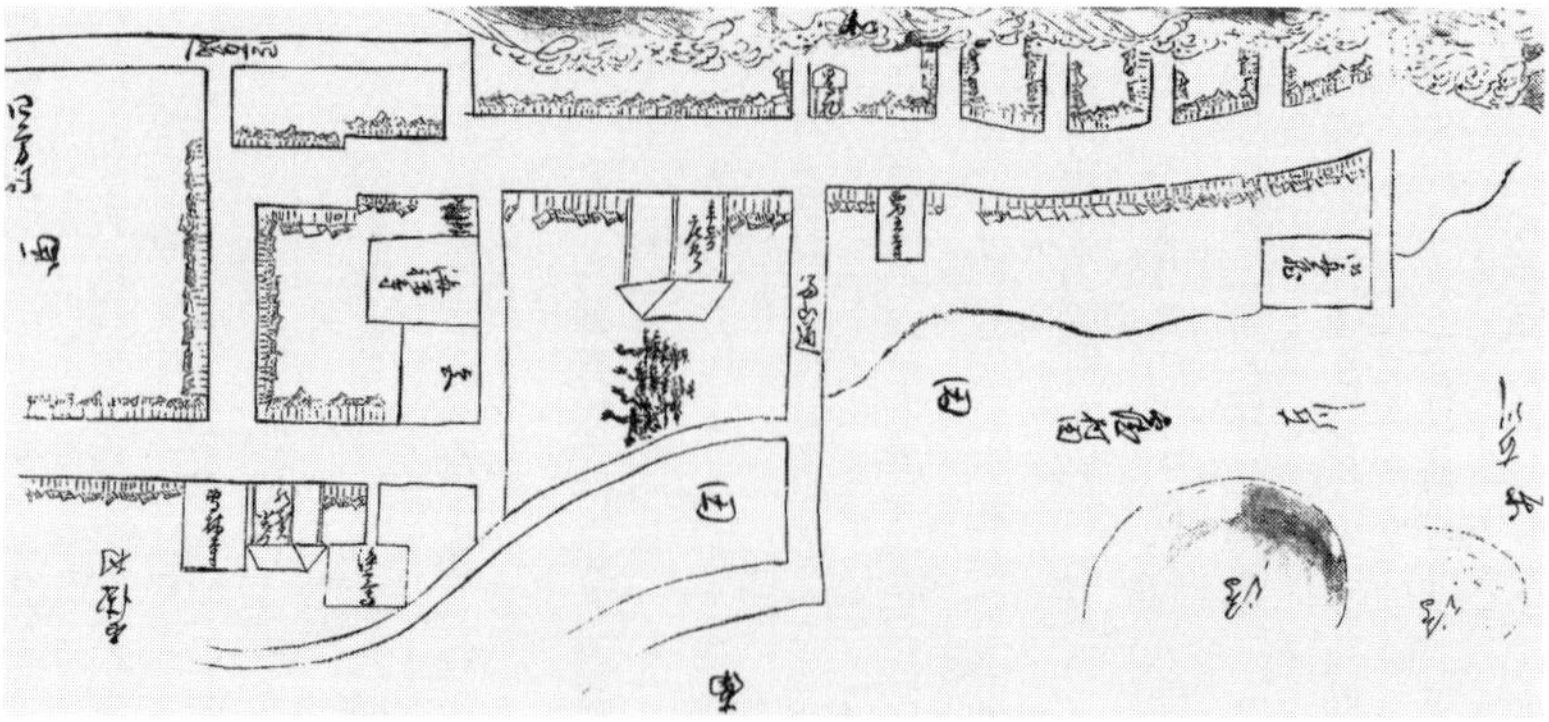

図４　海禅寺蔵「西岩瀬絵図」

絵図によると、高札場は富山道への辻の所に立てられていたが、ここは神通川へ向かう直線の町筋となっていた。家並みには寺社が大きく描かれているが、これに加えて年寄庄九郎と肝煎小右衛門の屋敷が寺社並に描かれ、特に年寄庄九郎家は一段と大きく描かれている。小右衛門家は専林寺から浄土寺にかけての屋敷であったように描いている。先の土豪富田家と彼らの関係は不明であるが、年寄・町肝煎の両家は西岩瀬でも有力な住民で、この絵図のような大きな屋敷を構えていた可能性がある。

この町並みの家は屋根が年寄・肝煎家と同じ家と草屋根的に描いたものと二区分される。つまり、草屋根以外は板屋根ということになる。板屋根の家は高札場より東側に多く八軒描かれている。船宿・廻船持ちはこれらの家であったとみられる。つまり、高札場より東側の神通川に近い部分が廻船業関係者の居住地であったことになる。そして、この絵図では町並み裏の川端に御船蔵が記載されているが、これは神通川の書き入れがこのような斜めとなったための町並み裏描写であり、実際には西岩瀬から神通川へ向かった道筋の端、川端に富山藩の御船蔵が設けられていたものとみてよい。

おわりに―海底調査をめぐって

本章で検討した限り、前田氏が越中西半分を佐々氏より譲り受けることになった天正十三年（一五八五）のころには、岩瀬湊はそれほどの規模の湊町ではなかったといえる。しかも年貢米輸送などに必要となる大きな廻船が少なく、つまり佐々氏の支配となってからも佐々氏の湊町育成が十分なものとなっておらず、当初は廻船業もそれほど盛んでなかったとみられる。こうした湊であったために、初め加賀藩はこの岩瀬湊を直轄地にせず、家臣へ知行地に出していた。なお、住民は廻船業だけでなく漁業への依存度も高く、土豪的住民が居住するような湊町であり、さらに町並み空間も中世的なあり方を持った湊町といえる。

さて、海底調査により四方以西の海底から遺構・遺物とみられるものの存在が明らかになり、その一部は潜水調査で確認された。本章の対象となる海域の調査はこれから実施される。現在の調査で明らかになったとされる重要な点は「はじめに」に示した通りである。しかし、これについては藤井昭二氏が全面否定したので、この藤井見解を取り上げ、その上でこれまでの海底調査の成果を見直して今後の研究課題についてふれたい。

まず、藤井見解の第一は特定の自然科学研究者の観測データを全面的に信頼することは間違いであり、三人の観測者、実験者がいれば必ず三様の結果が出ることを具体的事例をもとに指摘された。この見解は近年、考古関係者が年代測定の絶対的基準としている放射性炭素の年代測定が多数の機関によるものでなければ信頼できないという重要な指摘として受け止められるものである。第二は、近世の海岸線が沖合一〇〇メートルとする見解はまず気候変動からみて成りたたないこと、また現在、滑川市高月地区で浸食がみられるのに西岩瀬地区でみられないから中世・近世の四方・西岩瀬地区の海岸浸食も考えられないことを指摘された。さらに、見いだされた切石とされる石も後に投棄された可能性を考える必要にもふれられた。残念ながら確認された二か所の帯状の礫群の存在についてはふれられなかった。砂地の海底に帯状に不自然に存在する二か所の礫群は人為的投下以外により出現したとは考えがたいが、石柱とともに今後検証の必要があることは当然である。

このように氏の見解に学ばなければならない点が多いものの、氏の見解を全面的に受け入れることもできない。例えば中世・近世の四方・西岩瀬地区には海蝕がないとする見解である。しかし、これは氏がかつての地学研究者の研究を見落としていたことから生じたものである。戦後すぐに富山県は海蝕の対策のために調査を実施しており、田山利三郎・佐野義久氏らにより打出・四方から西岩瀬の海岸が大きく海蝕により少なくとも近世より後退していたことが、本章で使用した海禅寺の絵図や打出の沖の樹根により明らかにされている。[28]本章では他の絵図や大場文書の記録なども加えてこの点を明らかにしている。

右の打出沖の樹根の調査によると、四方湊から二〇〇メートル西側の所から六五〇メートル西までの間の四地点で沖合一〇〇〜二〇〇メートル位の所に杉ではなくブナなども含む樹根があることを報告し、しかもこれは枝などが海底に突き刺さる転覆状態や、また木の根が露出する状態で見つかっており、大津波に加えて海蝕による結果と指摘されている。岩瀬湊調査研究グループの調査はさらにこれより沖合に樹根を見つけたことになる。また、四方沖の礫群が三〇〇メートル沖にあって、ここが近世前期の海岸線とするが、実は海上保安庁水路部がソナーを使って一九八二年に海底調査を四方・東岩瀬沖で実施しており、これにより興味深い結果を報告しているので、[29]一九八一年の「沿岸海域地形図・富山」（二万五〇〇〇分の一）に載せて先の図3に示している。また、これには本章で取り上げた岩瀬湊の近世初期からその後の移転地を示した。なお、この地域は本章執筆（二〇〇五年）時にはまだ岩瀬湊調査研究グループが海底調査を実施していない地域である。

前掲図3に見るように、四方・東岩瀬間の大陸棚は大半が砂地ではあるが、礫質堆積物や粗砂粒がかなり沖合にも散在してみられる。また、注目されるのは西岩瀬町の諏訪社沖八〇〇メートル辺のB地区に東西に七〇×三三〇メートルの粗砂粒がみられることと、その手前A地区に砂質堆積物の帯状の地域が見られることである。B地区の二二〇メートル程西に離れたC地区には礫質堆積物のある所がみられる。A地区は潟の跡地のなごり、B地区はその北に展開した貞享の西岩瀬絵図に見る浜で、C地区は和合洲崎のような大船停泊地となるような所であったのであろうか。大場文書の「(覚書・五)」には寛文年中に「北ノ町端より海際迄四百間斗」としており、概略Bの地点が海際となる。しかし、現在岩瀬湊調査研究グループの実施している音波調査や潜水撮影調査のレベルではこれらの点の解明は残念ながら無理ではなかろうか。A地区は堆積物のさらなる地質調査、B・C地区は発掘調査が必要であるが、それは費用や遺跡保存の観点から軽々に実施できるものではなく、難しいのではなかろうか。

なお、慶長期以前の岩瀬湊の位置とその後の移転地であるが、前掲図3に示したように、慶長以前の段階の岩瀬湊は神通古川と現在の神通川の中間ほどのD地点が伝承地であった。図では単に中間ほどの地に、当時の海岸線と概略想定される場に示したもので厳密なものではない。Dに町並みがあるならばその西側に町並みが展開することになる。いずれにしても窪村の地であった現在の西岩瀬よりも東北か場合によっては北のB地区周辺にあることになる。しかし、慶長の移転は川崩れで発生しているので、海岸線に湊があることはないので、B地区は当てはまりにくい。また、西岩瀬の西側の海底谷へ古川が流路をとるならば、現在の古川河口から東北方向へ流路が向かうので、D地区とはならずとも現古川河口の北東に位置していた可能性は大きいとみられる。もっとも、この点は今後の海底調査により明らかにされねばならない。

慶長移転後の西岩瀬は町並みのかなりの部分が移転することになった。この移転跡地の町並みE地区は海岸部分から、小路部分の家並みは海中に位置する部分もある。この部分は高波被害により屋敷の遺構は跡形もないとみられる。しかし、浜側に位置する部分は浜の下に遺構がまだ残っている可能性があり、ここの調査は必要である。いずれにしても海中となっている部分は浪害のために大きな期待はできないとはいえ、当時の遺物・遺構がまったく消滅したともいいがたい。このため地質学者など自然科学者の納得するような完全な研究成果をあげるのは無理とはいえ、今後その痕跡にかかわる調査の必要がある。

註

（1）国立歴史民俗博物館編刊『幻の中世都市十三湊』一九九八年ほか。
（2）（3）東岩瀬史料保存会編刊『東岩瀬史料』（東岩瀬郷土史編纂会復刻版、一九七八年）二四頁。なお、『富山県史』通史編Ⅲ近世上（一九八二年）六六九・六七〇頁（高瀬保執筆）、保科斉彦「越中交通史点描」（『故郷』一号、一九七七年）参照。
（4）『富山県史』通史編Ⅲ近世上、六七三頁（高瀬保執筆）。
（5）古川知明「考古学が明らかにする中世岩瀬湊の実像」（二〇〇三年十月二十六日、日本海北前シンポジウム「西岩瀬湊を水中考古学で調査する」於西岩瀬海禅寺）の研究発表。
（6）四方町編刊『四方町沿革誌』一九一九年、三・四頁。
（7）富山市史編纂委員会編『富山市史』第一巻、富山市、一九六〇年、天正八年条。ただし、これも明確な史料をもとにしているわけではない。なお、同十二年にも神通川の部分的な流路変更があったとの指摘がある（『越中史料』一巻、天正十二年月条）。

（8）『富山県史』通史編Ⅱ中世、一九八四年、一〇四〇～一〇四一頁。

（9）筆者は湊町の港湾機能の点も重視して、加越能の主要湊町の宮腰・東岩瀬を対象にして具体的に検討した「湊と門前」（林・青木編『事典しらべる江戸時代』柏書房、二〇〇一年、第一部付章2として本書に収録）を執筆している。そこでは宮腰が近世においても中世以来の湊町のあり方を継承しているのに対して、寛文期に新たに神通川の湊町として成立していった東岩瀬は、水際線を町屋敷地居住者が共有する町並みとして建設された近世湊町の空間構造を持つこと、ただしその町並みの荷揚げ場機能の限界のあることも確認した。この湊町の中世と近世の空間構造の特質に関しては、建築史研究者の宮本雅明氏による「湊町と公権力の一元化」（『国宝と歴史の旅』朝日百科日本の国宝別冊、二〇〇〇年）を参考にしている。

（10）この点は同時に配布された『富山市日本海文化研究所報』三三号（二〇〇四年八月三十日付刊行）に中世岩瀬湊調査研究グループ「『海中から中世岩瀬湊を探る』十五年度海底探査報告」にて活字化されている。なお、切石の詳しいことや帯状の礫群や切石が近世の海岸線の護岸が崩れた可能性のあることはフォーラムにて報告された。

（11）『朝日新聞』二〇〇四年九月十六日文化欄に「弥生の始まり　歴博と九大で論争」の記事が載った。これによると加速器質量分析法（ＡＭＳ）による炭素一四年代測定で、国立歴史民俗博物館は弥生の始源を紀元前一〇世紀と判定したのに対して、九州大学グループは同じ方法によって弥生初期の遺物をＡＭＳで調査したところ紀元前五世紀となったことを学会発表して現在その始期について論争となっているとのことである。これについて資料を交換して検査する必要があるとの金関恕氏の談話も記載する。この論争は考古学遺物の年代判定のＡＭＳ分析なるものを特定一か所で行うことの問題を示す。ＡＭＳ分析などの炭素一四年代判定がどこまで正しいのか、確実に証明されているのであろうか。批判的な研究者の存在があったり、学会の特定グループだけが正しいと主張していることはないのであろうか。近年の判定がかなり狭い年次誤差で出されて歴史考古学でも利用されている現実を見ると、日本史学研究者は一遍、この点をどこかで確認する必要があろう。もし、検査法として正確なものとしても、どのような実験・観測でも人により、また実験・観測条件により違った結果が導かれる可能性があるとの藤井見解に従えば、これからの日本史研究では三か所以上の機関で判定を受けた結果でないものは資料として利用しないようにしなければならないことになる。

(12)(13)「東岩瀬西岩瀬猟場争論之義ニ付詮議書」『三州地理雑誌』(金沢市立玉川図書館近世史料館蔵加越能文庫)。なお、この史料はこれまで諸書に引用されてきたが、直接出典に当たらずに『四方沿革誌』や『越中志徴』などに依拠したために重要なところで脱字や誤植のまま引用されているので、利用に当たっては出典に当たるように注意したい。

(14)保科斉彦「越中交通史点描」(『故郷』一号)。

(15)(16)前出『東岩瀬史料』二六頁、前出『富山県史』六六九・六七〇頁。

(17)『氷見市史8』資料編六(絵図・地図)収録図版および深井国絵図解説参照。

(18)前出『東岩瀬史料』所収。

(19)自刊、一九八七年。

(20)二〇〇二年秋期に新湊市博物館の特別展「金山家の絵図展」で展示された。保科館長の許可によりガラス越しに写真撮影させていただいた。

(21)残念ながらこの絵図は前出『四方町沿革誌』『西岩瀬郷土史話』に収録された写真にてみるしかない。

(22)この点は前出『四方町沿革誌』や『富山県史』通史編Ⅲ近世上、四章三節六・七参照。

(23)(24)『東岩瀬史料』二五頁・一八八・一八九頁。

(25)「片山延高」日置謙『改訂増補加能郷土辞彙』北国出版社、一九七九年。

(26)高瀬保『加賀藩の海運史』成山堂書店、一九九七年、七頁。

(27)前出、大場文書(覚書・五)。

(28)田山利三郎・佐野義久「富山湾の海底地形と底質の調査の一部」(富山県海岸対策協議会編刊『富山湾海岸浸食調査報告書』一九五二年)。また、山口良三「打出浜の海底調査に就いて」(富山県海岸対策協議会編刊『中間報告』第一号・

一九四九年）も参照。田山論文は航空写真により神通川流路復元図をすでに掲載している点で注目される。

（29）海上保安庁水路部編刊『富山湾海底地形・底質調査記録集』Ⅰ、一九八三年。

追記

本章は二〇〇二年八月に福井大学で開催された北陸都市史学会大会で発表したものであるが、若干題名を替えている。この報告の段階では岩瀬湊関連遺跡の発掘成果を知らなかったが、前出註5の古川知明報告に接してその現状を理解し、また本文「はじめに」にも記したフォーラムで海底探査の成果を知りえた。また、これについて藤井コメントが極めて重要なので「おわりに」で若干取り上げた。なお、他の史料は金山文書の絵図以外はすべて大会発表で報告したものを取り上げている。論旨もほとんど変えていないが、新たに藤井コメントにより富山湾の海底調査のこれまでの成果を調べ直し、これを「おわりに」のところで取り上げたことを断わっておきたい。なお、本稿は四方の北陸銀行支店が組織する教養サークルでの講演を同地のなまず温泉にて実施した際に招かれて講演した際の話をベースにしたものである。

第三章　宿駅在町泊の移転・再建

はじめに

幕藩制下の都市は中世都市そのままの発展線上にあったのではなく、近世的に改変されたり、あるいは新たに建設されたものとして成立したと把握され、在町もその例に洩れないという[1]。その在町の中で重要な位置を占める宿場町・宿駅在町も五街道の場合、丸山雍成氏によれば近世に入り、「交通政策の整備と相まって漸次、街道筋の部分的変更・宿場聚落の移動がおこなわれ近世的宿駅が成立していった」とされ、その具体例として中山道の蕨・浦和・大宮・上尾・鴻巣・熊谷などを挙げている[2]。

さて、本章で取り上げる加賀藩の場合、その宿役負担の宿駅設定はともかく、直接その初期の宿駅在町建設の問題について論じるには現下の史料状況では不十分である。ために残念ながらその点をここでは論じることができない。ただし、領下の宿駅在町の越中新川郡泊町は一七世紀中ごろより一八世紀前期の間に二度の移転を実施しており[3]、幸いこの町の移転・再建を通じ、加賀藩がどのような宿駅在町づくりを計画したのか、さらにまたその町建設における手続き、方法が明らかとなる。こうした町造りの実態がわかる事例は少なく[4]、この点で以上の検討は興味深いものがあると思う。また、この宿駅在町再建設の問題を一方的に藩の施策・方針のみに焦点を当てることなく、この新たな町建設に住民がどのような形でかかわるのか、特にその新町をどのような町として再建を考えたのか、できる限りの範囲ではあるが明らかにすることにも本章では努めたい。

なお、この泊町の現地移転が行われた享保三年（一七一八）以前の移転位置とその年次につき、和倉（古泊ないし元泊）→元和三年（一六一七）の大火による元屋敷（中泊）移転→寛文八年（一六六八）以前笹川左岸移転という新説が木下良氏によって出された。[5]元和火災による移転説は金森文書の伝承を典拠としたとみられ、[6]他に関係史料もないので、ここでは論じられないが、笹川西岸への移転年次についてはは本章で検討できる。[7]同移転は本文で明らかにするように改作法下に実施されており、同期を中心に進められた在町建設の問題を中心とする改作法実施期の藩の当該政策を考える場合、考慮しておくべき一事例でもあるため、右移転年次についても検討しておくことにしたい。[8]

ところで越中の東端地域の海岸部に位置する、泊町の享保期までの概要について簡単に指摘し、本論に移りたい。金森文書[9]が伝えるところによると、泊は漁業と農業外に茶屋・旅籠屋や駄賃取を行う宿場で、同町は特に生産米を越後・信州へ輸送して販売もしたという。横尾浜への移転後の明暦二年（一六五六）には、一七石の手上高設定など過分の草高設定と、三分の手上免、そして伝馬役銀設定などで負担重圧に苦しんだという。その後凶作により走り百姓も出、田畑が荒れ、結局貞享元年（一六八四）に一七五石余の少ない引高が許され、近辺の百姓の入植や走り百姓立戻りがみられるようになったという。[10]泊の戸口は延宝四年（一六七六）に一一〇戸、その後の享保十八年には百姓五九軒、頭振二三九軒その他を加え三一一軒となった。[11]

一、泊町移転

1　笹川西岸移転

現在の泊町への移転年次が享保三年（一七一八）であったことは史料的にも確認され、論者全てが支持するところである。[12]一方、古泊から中泊（元屋敷）への移転、あるいは中泊から笹川西岸への移転のいずれかを、金森文書が記す元和三年（一六一七）の大火を契機とする移転と把握できるか、その点は他の史料で裏付ける必要のある点である。そこでここでは笹川の東岸にある元屋敷より笹川西岸への移転を問題にする。

前述のように木下氏は寛文八年（一六六八）以前のその移転を考えるが、金森文書[13]の泊町開闢の由来を記した執筆者は、その本文割注で「正保四年ニ横尾村下ヘ屋敷替仕」と記すように、正保四年（一六四七）説をとる。木下氏の論拠は寛文八年「加越能三箇国絵図」である。同図は泊が笹川左（西）岸にあること、一方、正保四年「加越能三箇国絵図」は泊を笹川右（東）岸に記すことも論拠とする。[14]この正保絵図のもとになった調査の正保四年十二月「越中道程表[15]」は以下のことを記す。

一、泊町より赤川村迄　道幅弐間　弐拾四町

笹川深サ壱尺五寸幅拾間歩渡リ（下略）

また、同年十二月「加越能三州道程記・完[16]」や同年の「越中道記[17]」もほぼ同文で、泊町から西方の赤川村の間に笹川のあることを記す。これらの記録が正保四年十二月時点の泊の状況を正確に反映するならば、同年にはまだ移転

が行われていないことになる。

金森文書の正保四年移転説は割注で示された執筆者の見解である。しかし、その本文では左のように記す[18]。

正保四年一同談合之上出作方も手遠且畢竟海も近寄可申後年にいたり家々も相増申候而は失脚も相懸り申義に付横屋（マヽ）村下浜手之方へ屋敷替いたし新田仕候は丶可然と右引越造用相働罷在所元和三年正月廿四日夜上町端かじ彌惣と申者出火いたし（以下同火災関連記事、省略）其後追々横尾浜へ引越家建仕候、就夫夜中は嵐有之故自今以後上町端にかし屋商売不相成義町中之定に候（下略）

右記事の中にはさまる火災の年次があっているのか、誤って正保移転関係記事に交えたのかは不明である。しかし、右記事によれば割注の記す正保四年は住民による移転の相談が行われ、その準備が進められたことを示すにすぎない。実際の移転は「其後追々横尾浜へ引越家建」をしたというのである。なお、その移転に当たっては火災の経験から町中の定めとして、上町端に火を使う鍛冶は置かぬこととしたという興味深い記事が記されている。

さて、明暦二年（一六五六）の村御印[19]をみることにする。

新川郡泊町物成之事

壱ケ所草高内拾七石明暦弐年百姓方ゟ上ニ付無検地極

一、五百六拾七石

免五ツ弐歩内三歩明暦弐年ゟ上ル

内

四拾七石五斗壱升弐合　新地子高

免弐ツ四歩五厘

一、八拾七匁　　　　　山役
一、百八拾九匁　　　　傳馬銀
（他、小物成銀省略）
本米五拾石
一、拾石　　　　　　敷借利足

この村御印写によると泊町は新地子高として四七石五斗一升二合が設定されたという。一方、金森文書は泊に浪人者が集まり漁業とその魚類販売や宿休泊業で発展し始めた記事に続き、「屋敷高四拾七石五斗壱升弐合之地子御改承応三年に御印被為仰付」とある[20]。これによると右新地子高設定前に、既に同じ地子高が定められていたことになる。しかし、同年のその御印は残っていないため、承応三年（一六五四）に移転が終り新地子高が設定されたものか明確にはできない[21]。

右の明暦の村御印により地子米・地子銀を課された在町は当然みられるが、「新地子高」（傍点、筆者）として課されたものは少なくとも越中には見い出されぬ[22]。このことは泊町でこの時に全く新たな地子高設定の必要があったことを示すものといえる。すなわち、移転による新泊建設に伴う屋敷地の地子高決定を示唆するものと判断できるのではなかろうか。

先の金森文書は正保四年の移転決定後、直ちに移転したとはせず、追々と移転したという。また、移転先の横尾村では明暦二年検地が左のように行われている[23]。

新川郡横尾村御検地之覚

先高

一、六百石　　　　　　　　　　　　　　横尾村
　此御検地歩数
　拾弐万弐千五百八拾九歩四厘　田方
　壱万四千弐拾四歩八厘
　但　上畠田成其外弐つ折・三折ニ〆
　　〆拾三万三千拾四歩弐厘
草高
〆五百五拾四石弐斗弐升六合　当御検地高
四拾五石七斗七升四合　　不足
　以　上
明暦弐年十月十八日　　　　中村二郎右衛門
　菊池大学殿　　　　　　　高橋作右衛門

右覚によると検地の結果、四五石余が先高の不足となったという。そして、この年の村御印は左のようになっている。(24)

　越中新川郡横尾村物成之事
壱ケ村草高　外四拾五石明暦弐年引高
一、五百五拾五石
　免四つ五歩内八歩五厘明暦弐年ゟ上ル

（下略）

つまり、明暦二年検地の不足分が村御印ではその一石未満の分を除き引高となっているのである。この引高四五石が実は明暦二年泊新地子高四七石余とほぼ同じ高となる。横尾村領を割いて新泊建設が実施されるならば、その代償が横尾村に与えられねばならない。それが代替地の付与ではなく、引高として藩に認められることもありうることである。右の若干の高の違いは、町移転が往還付替えなども必要とし、田畠の往還化、旧往還の田畠化が実施されるなかで生じる高変更とみることもできる。

以上よりするなら、泊の笹川西岸への移転が明暦二年に終了したものとすること、場合によってはそれに先立つ承応三年に終了したものと把握することが可能となる。現在の史料では明暦二年の可能性が高いが、承応三年ではないと断定するには史料が足りない。ただいずれにしても笹川西岸への移転が、まさに加賀藩政確立に重要な改作法が実施されたさなかに進められ、新泊町が完成したことは重要なことである。

2　享保移転の候補地決定

この項では、泊町維持・再建に関する藩の意志と住民の対応を明らかにするためにも、あらためて享保移転の経緯をみておくことにする。

前項でみた笹川西岸の移転地は海岸に近く、高波・津波の被害に依然として無縁の所ではなかった。すでに正徳三年（一七一三）の高波被害により所替えの願書が提出されていたが[25]、享保二年（一七一七）の高波によって泊の状況は、「泊町総家数二百七十八軒御座候、此内年々高波にて八十九軒は、町並に居住難仕、山手方へ立退小屋懸仕罷在、只今町並家数百八十九軒之内、潰家・半潰取除居成に罷在可申体の家六十家許も御座候[26]」というものであった。

さて、「新川御郡奉行旧記日記之内抜書」によると、享保二年九月二十二日の高波被害の泊からの注進に対し、新川郡奉行高畠源蔵は同二十五日に泊の調査に向かったことを記し、次に左の記事を記す(27)。

右十右衛門山廻境村源六手代藤兵衛肝煎両人相談人与合頭等呼出申渡候ハ所之者共不便ニ存候ハ二段三段末之事ニ候、第一宿役不為致候而ハ御外聞も如何ニ候間、宿役急度相勤可申候、尤飢人等之為當分御米四拾石拙子了簡ニ而貸渡申候、是ニ而為続可申、是ニ而ハ不足ニ候故追而御貸米奉願申候、所替之儀も四年已前ゟ願置候、此儀も御帰城已後追付罷登り願可遣由申渡候、宿役之儀肝煎小沢や助右衛門相断候得共其儀ハ色々なだめ申候而相勤候様ニ申渡候（下略）

史料によると、高畠が最も意を尽くしたのは宿役を維持させることであったことが、如実に示されている。そして、それは「外聞」のため、すなわち藩の宿駅伝馬が単に加賀藩のみのものではなく、他藩領主や幕府役人にも利用される公的性格を持つことを意識したものである。このため泊の肝煎が宿役を断っても、住民の「不便」は二の次として簡単に退けられているのである。

翌十月二十八日に高畠は重臣前田近江守より呼び出されるが、その時に命じられた書立て写し(28)を左に示そう。

（前略）

○貸米《（ママ・一カ）》可相渡候員数は、算用奉行等吟味次第ニ候

○町《（ママ）》立替之儀ハ、委細之絵図を以僉義尤候、兎角道ヲ山手ノ方へ付替以来風波之難決而無之所、是又町並之心得可有之候。

○沼《（ママ）》田埋申儀、殊之外手間入、堅マリ兼可申、其上不考成詮議与相見へ申候、勿論只今ノ町ゟ五、七町遠近之儀者、指而旅人之障ニ成間敷候事

十月二十七日

右によると往還を山手へ付替え、風波の難のない所に移転し、再建に当たっては「町並之心得」が必要とする。また、沼田の地を移転地とするのはよくないと退けている。

このため高畠は見分のうえ、絵図を添え新たな建設予定地につき左のような願書(29)を十一月十三日に出した。

（前略）

一、今般願置候泊町新屋敷ニ可罷成地泊町領ノ内道下村領大屋村領へ懸浅沼ニ而地形も少高ク御座候ニ付後年ニ至リ風□（虫クイ）之難決而無御座地与見立申候間此所新屋敷ニ奉願候

一、右屋敷ニ可罷成地随分相尋候所横尾村領之内少々堅固御座候得共海へ近ク御座候、其外半里程も山手へ引退候得者堅田御座候得共海江遠罷成猟業指支其上入膳往還道之方江不手寄ニ罷成申ニ付右之外屋敷ニ可仕相應之所ニ堅田も無御座候

一、只今迄泊町屋敷東西長三百四拾七間六歩弐厘南北幅三拾三間八歩壱厘四毛御座候、今般願上候も右間数ニ仕候、此所ゟ海迄三丁四十五間御座候、最前願上候地ゟ山手へ壱丁十一間引為登申候

（後略）

右願書は近隣の堅田の地で、高波にあわずに済む所は漁業に不便な地として、結局は浅沼の地を選び出している。浅沼の地は埋立てが必要で、このような所は手間がかかる上に、固まらぬとして先の書立てでは退けられていた土地である。にもかかわらず浅沼のこの海寄りの地を高畠が出願した背景には、漁民を始めとする泊住民の強い要望が一方にあって、それを高畠は無視できず、右出願に及んだのではなかろうか。この案は前回提出された案よりは壱丁余海より離れるのだが、これも結局はうけ入れられなかった。

高畠源蔵は享保三年三月に宮腰町奉行へ転任となり、泊移転は同じく新川郡奉行の松田左兵衛が中心となり進めることになった[30]。享保三年八月に松田左兵衛物語として記す「享保年間之記[31]」に次のようにある。

（前略）當戌二月、左兵衛義、泊町江罷越見届候へハ堅田之所有之候故、最前此所願上不申儀ハ如何之子細ニ候哉と致吟味候へハ、所之者共申候者此所は海へ遠く手廻悪敷故、相願不申由申ニ付能々致見分間敷相見届候へば指而不遠、最前願申候所ハ却而又波ニ危き所ニ候間、其品致詮議候へハ左兵衛見立申堅田之所一段と手段も宜候故、其品委曲絵図ニ記幸其所ニ相極候へハ過分沼埋申人力御入用も懸リ不申候間、品々様子書付を以左兵衛相願候所一段宜筋ニ候由、年寄衆并御算用場奉行も被申候へ共、願之通被仰出無之、前々も戌七月御参勤之砌境御旅泊ニ而右品々則左兵衛被召出、委曲御尋有之、前後之様子委曲申上候処、畢竟左兵衛願之通ニ泊町所替被仰付候（下略）

この松田談話によると、松田は実地見分の結果、海からは遠いが堅田の地を見つけ、何故この地を出願しなかったのか泊の者に問うと、「海へ遠く手廻悪敷」と答えている。このことは先の高畠による移転地選定が、泊住民の意向を強く受けていたことを示してくれていると思う。さて、松田は同地が漁師には不便な土地であることも承知して候補地として選んだ。彼の提案は年寄衆・算用場奉行も良しとしたが、すぐに承認を受けたわけではなく、結局藩主の承認を得られることにより認可されている。この住民の意向を無視した移転地決定は、沼田埋立に伴う経済的問題のみではなく、前述のように泊が被災の際に、藩当局が最も重視したのが外聞の問題でもある宿役の維持であったことにかかわるのではないかと思う。

二、宿駅在町・泊再建

1　改作法下再建の泊町

笹川西岸に移転し、改作法施行下に再建された泊町の町造りのあり方をまず見ることにする。幸いこの町を書き留めた略絵図写しを見ることができたので図1に紹介したい。同図は「越中国新川郡泊町高波破損の図」[32]であり、同図左に次の朱書記事が付されている。

右ハ正徳三年高波破損ノ図也

（中略）

右泊町転地以前ノ道程ニテ其以前ハ泊駅ヨリ横山駅ヘ継キタリト云傳ヘリ〇境奉行和田釆女言上書ニ當九月廿二日申刻時分ヨリ翌廿三日巳ノ刻迄大波ニテ泊町波付泊町惣家数弐百七拾八軒ノ内八拾九軒八年々大波ニテ家潰山ノ方ヘ退キ小屋懸罷有残百八十九軒町並ニ罷有家数ノ内二軒流レ九拾五軒潰家三拾三軒砂入損家同廿五日岩瀬ヨリ高畠源蔵罷越蔵宿米等四拾石借渡云々別紙絵図奉入御覧候十月十日和田釆女判トアリ其絵図ハ則此図ナリ

右に和田言上書とある内容は、前節でふれた享保の高波被害や救済内容と一致し、また同記録にある町並家数や裏手家数も同様に裏付けられる。さらに収納蔵が図では町の裏手に書かれているが、これも享保二年（一七一七）十一月の新川郡奉行の前述願書で裏付けられる。同図は正徳三年（一七一三）の図とされているが、享保初年をあ

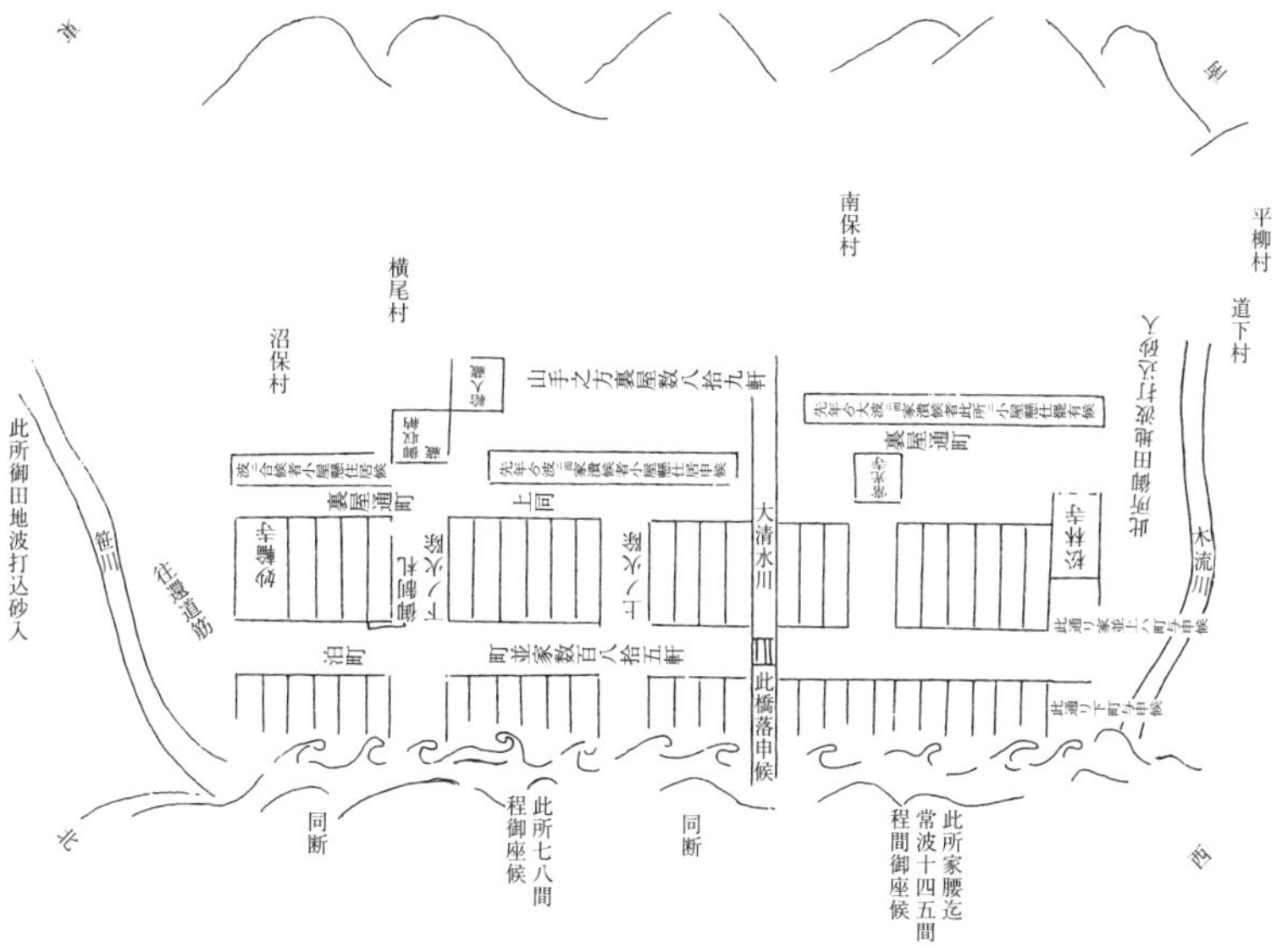

図１　「越中国新川郡泊町高波破損ノ図」

まり遡らぬ時期の絵図の写しであることは右で明らかである。

図1によれば本来の町並みは北陸道を挟み両側に家並みが続く景観をとる。その町並みの規模は享保二年十一月の新川郡奉行よりの移転に関する願書によれば、「只今迄泊町屋敷東西長三百四十七間六歩二厘南北幅三十三間八歩一厘四毛御座候、今般願上候も右間数に仕候」とある。[33] 移転前の泊は東西三四七間六歩二厘・南北幅三三間八歩一厘四毛の規模をもったことになる。

泊の町屋敷のうち往還の北側の町並みを下町といい、南側を上ハ町と唱えた。町の東側を笹川が流れており、西方には木流川が流れ、町中を大清水川が貫流し、橋が掛けられていたことも図1よりわかる。上ハ町の妙輪寺の町屋敷の続きのブロックに高札場が設けられていたことも同図よりわかる。さらに注意されるのは、この高札場の西側にまず下ノ火除として幅広と考えられる道が町を南北に縦貫し、

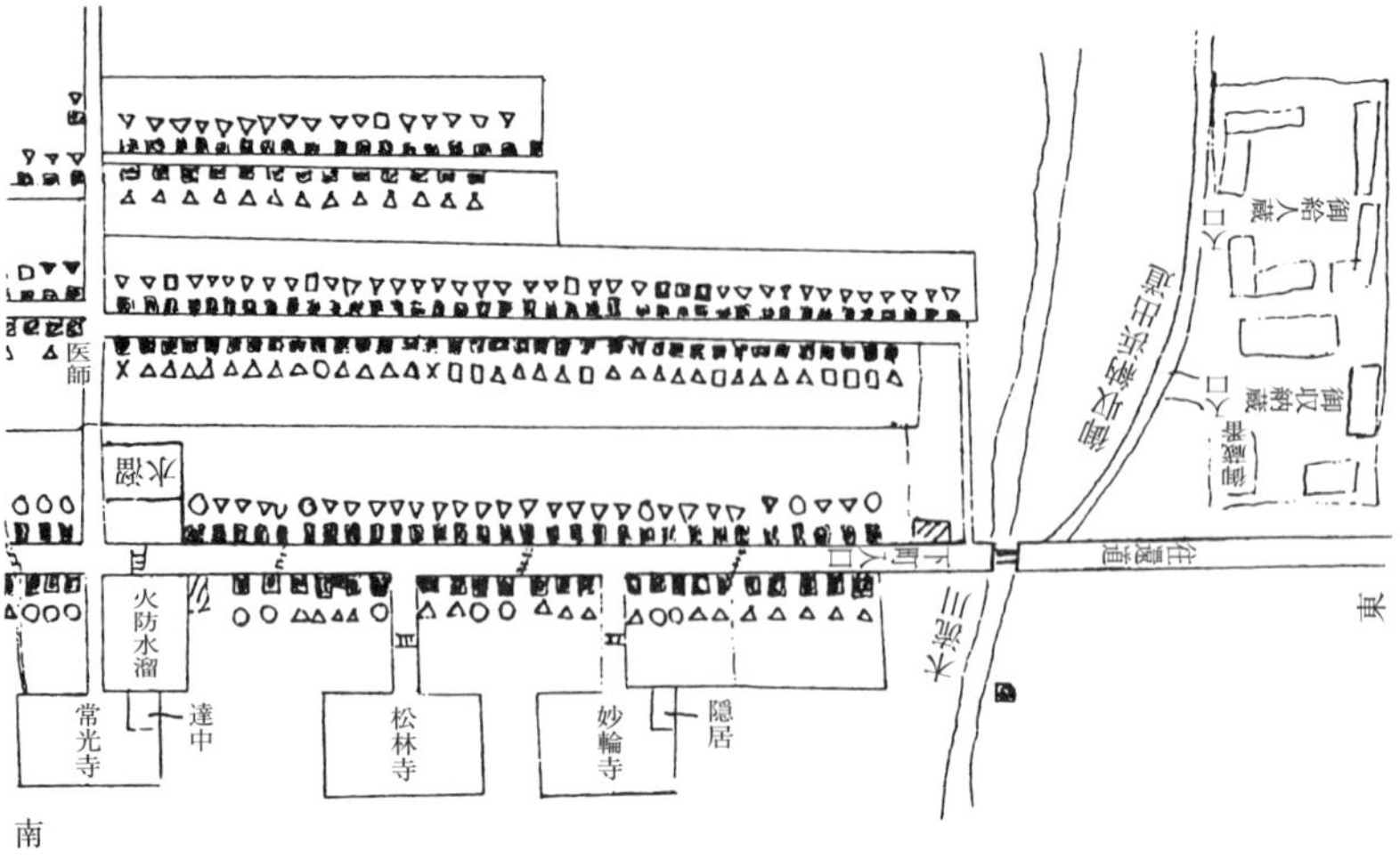

注：○百姓、×山伏、△頭振、▲ごぜ、▨番所、▤土橋・板橋に略記、人名は略。

さらにまたその西側の町屋ブロックの脇にも上ノ火除が町を南北に縦貫していることである。また、往還に沿って家並みがほぼ連続していたとみられる。寺院は妙輪寺が上八町の東端に建設され、一方上八町の西端を若干引っ込めて松林寺が造られ、常光寺は町並みから一段下った南の地に建てられているように描かれているが、町端に升形はない。

以上のことが改作法下で再建された泊町のプランに関してわかるにすぎぬが、中でも二か所の火除地が多いに興味関心をそそる点である。先の金森文書はこの移転を元和《ママ》の火災と関連させて記載し、「横尾浜へ引越家建仕候、就夫夜中は嵐有之故自今以後上町端にかし屋商売不相成義町中之定」（傍点、筆者）とする。[34] 笹川西側移転を元和火災を契機とするのは誤りであるが、火災以後の町中の定めとするものが全く存在せずに記録されるわけはなく、長い間伝承される性質のものゆえ、右町の定の存在は信頼できよう。こうした上町端に鍛冶屋を置かぬという町中の定を継承する泊住

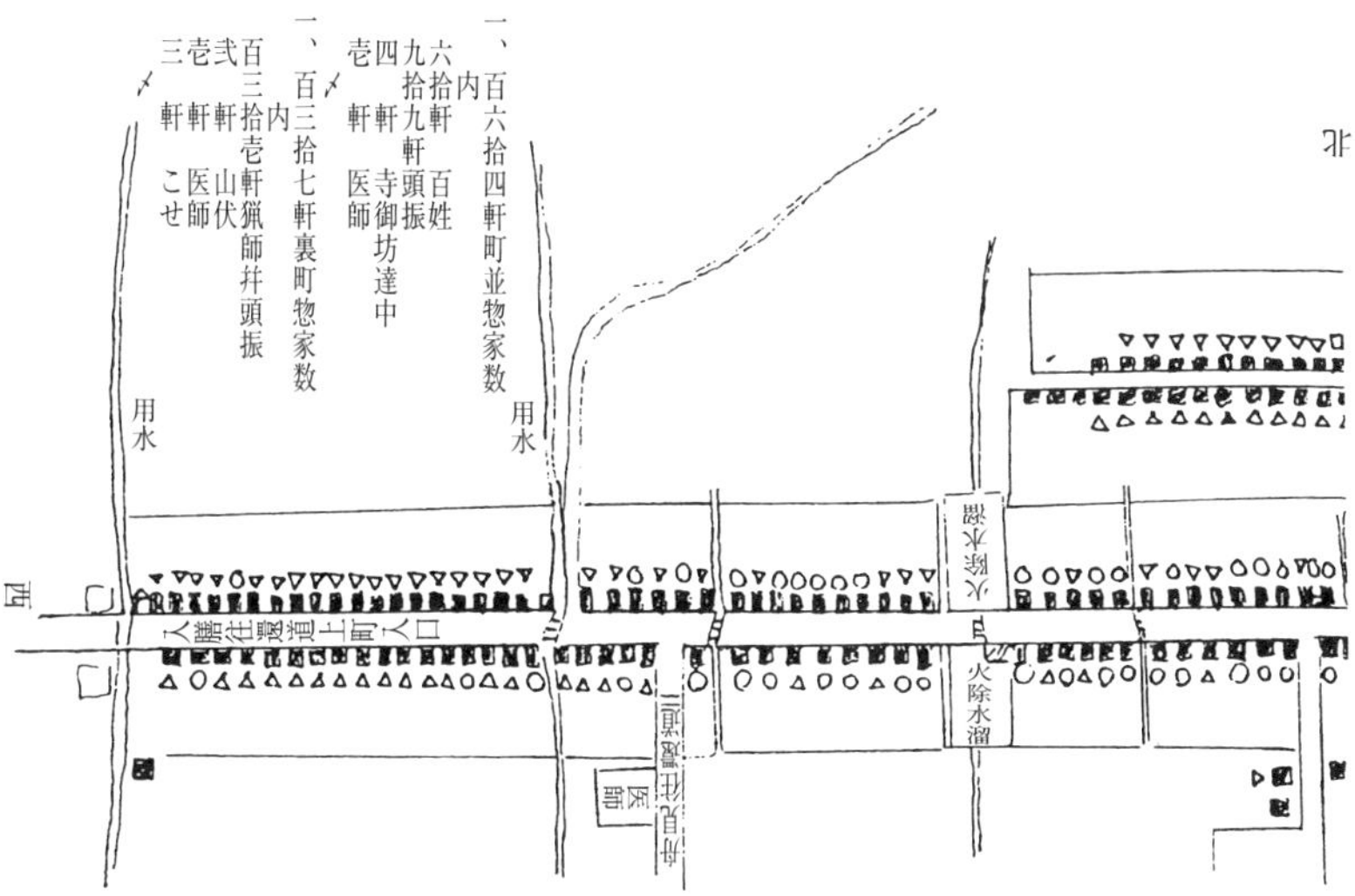

図２　享保期の泊町図

民の火災への用心が、この笹川西岸への町移転再建に当たっても十分発揮され、防火対策が考慮されていたと考えることは不自然とは思われぬ。上ノ火除・下ノ火除の設定はまさに右対策の一環として取られた措置であろう[35]。また、この火災への対応に加え、寺院の町並み両脇、並びに裏手への配置は、泊移転・再建がやはり一定の計画性のもとに町割りが行われていたことを示すものといえる。

なお、笹川西岸移転後の高波被害により、享保初年には町並みに一八九軒を残すのみとなり、上ハ町の裏手に被害者は小屋懸の家を三か所にわたって建設したようであり、これを裏屋通町と呼んだ。その裏屋敷は八九軒であったことも図1よりわかる。

2　享保移転の泊町

享保移転後の享保期のものとされる泊町図を図2に示した。同図によれば総家数三〇一軒、うち百姓六〇軒、頭振・猟師二三〇軒、医師二軒、山伏二軒、こせ三軒などとある。[36]泊は既述のように延宝期に一一〇軒、享保十八年（一七三三）に百姓五九軒、頭振二三九軒、医師二軒、その他計三一一軒であり、図2の絵図は延宝～享保十八年の間のものであることがわかる。同図を享保三年のものとする見解もあるが、[37]享保十八年以前の同年に比較的近い年のものであることは、その総家数・百姓数・頭振数から窺える。この享保に移転・再建された泊は、奉行の手により計画的に造成されたことは次節でふれる。

藩の奉行の指導の下で建設された享保の町は、やはり火災への対応を重視している。すなわち図2で明らかなように、町の中心部には広いスペースをもって火除水溜が建設されているのである。上町、下町あい対して二か所ずつ建設されており、これは改作法下で再建された泊町の火除二筋の代わりで、しかも路としてではなく、防火用水池としてその機能をさらに強化させる方向で建設されているわけである。藩側の町建設に際しての防火対策も考慮されるが、「元和大火」の経験と防火への注意の定を継承する泊住民の防火に関する強い意志が反映したことも考えねばならぬであろう。

図2によると北陸道沿いに主の町並みは建設されるが、裏手にも二筋の小路に沿った町並みが建設されている。上町・下町の中心街は移転前の上町・下町であるが、その裏手にあった仮小屋の裏町が、今度は北側にきちんと建設されたことになる。寺院はいずれも南側の町裏手に移転再建された。また収納蔵・給人蔵は火災を考慮してか町並みと離して、泊町の東側に移建されていることもやはり無視できぬ点である。なお、番所が下町入口に一か所、町中心部の火除水溜脇に二か所建設されているが、その町端に升形はみない。

この町屋建設に当たっては、その屋敷の割当てが大きく変更されることになれば、住民の間で少なくない問題が引き起こされることになるが、そうした記録は見当たらない。既述の享保二年十一月の新川郡奉行の前述願書によれば、「泊町屋敷、東西長三百四十七間六歩二厘、南北幅三十三間八歩一厘四毛御座候、今般願上候も右間数に仕候」[38]とあるように、移転の一原則として既存の町並み屋敷総面積を変更させぬことがあったが、個々の屋敷についてもそう言えるのではなかろうか。町並みの住民をみると百姓・頭振が混在しており、移転前の町並みにおける居住地関係を崩さず、各住民は新屋敷地を割り当てられたと考えられる。また、裏町をみても同様に、猟師・頭振の混在がみられ、従来の居住関係を崩さなかったと考えられるのではなかろうか。ただ裏町住民は高波被害により移転時は仮宅していたので、その仮宅時の屋敷関係か、元々の屋敷地の関係かの問題であるが、この点は推論が強くなるので、他の史料の発見をまつまで結論を急がぬ方が良いと考える。

なお、中心の町並みからは猟師・山伏・医師・ごぜらが排除されていることも、この屋敷割の特色といえる。猟師はその稼ぎの関係で、商業地に立地する必要はなく、逆に海側の地に家を構える必要があるが、他の山伏・医師・ごぜらは町並み居住は問題がない。ただ資力の問題も考えねばならぬが、鍛冶の居住屋敷同様に特別な配慮が町割に当たって働いていたのか一考を要する。残念ながらこれも史料の関係で結論が出せぬ。

三、享保の町移転計画と建設

享保の町移転地は住民の漁師らの意向を無視する形で決定され、新たな町を海辺でなく海岸より遠い地の沼保村・荒川新村の一部をつぶし建設することになったが、その建設は藩が大きく関与した。

新屋敷地の打立に関する史料によれば、例えば「泊町新屋敷并新往来道一巻」[39]は、「泊町新屋敷沼保村荒川新村領ニ而御検地御奉行福岡八郎左衛門殿・田辺七兵衛殿御打立惣長間」などの記述をもち、町割を定める役人の検地奉行には福岡八郎左衛門・田辺七兵衛が任命され、新屋敷地の打立に当たっている。

この検地の経緯も含めて、新町割の実態を伝える泊町の請書(40)を左に示そう。

覚

一、泊町屋敷替地荒川新村沼保村御高之上被仰付、今般青田為御苅被成候ニ付、両村中稲田双方立合各并山田村庄助黒崎村小右衛門東尾崎村次郎左衛門横水村太郎左衛門相見を以歩数打立沼保村弐千八百拾八歩荒川新村五百三十七歩五厘御座候、此分両村作人方江苅取申度旨申候ニ付、勝手次第ニ可仕旨納得之上作人江為苅取申候、且又晩稲之儀者類作之毛稲を以相返シ可申旨被仰渡候并右肝煎中相見を以歩数御しらへ双方作毛位委細御見分之上を以御指図之通無異儀取遣り仕少も申分無御座候

一、御蔵屋敷御検地之上泊町引高ニ被仰付候、以後地送を以沼保村江相返シ可申候、且又給人蔵屋敷之儀双方立合歩数相改地送リ成共請地ニ成候共納得之次第ニ可仕候。

（第三条～九条は省略）

享保三年（月日欠）

泊町肝煎　助左衛門　印

同　九郎兵衛　印

（他組合頭、沼保・荒川新両村役人、略）

天正寺村　重右衛門殿

小摺戸村　孫兵衛殿

津幡江村　宅助殿

紙幅の関係で三～九条は省略しなければならなかったが、一～二条と共に以下でその要点を示そう。

第一条によると建設予定地の田地を、荒川新村・沼保村立会いに山田村庄助・黒崎村小右衛門・東尾崎村次郎左衛門・横水村太郎左衛門の村役人をも相見に加えて、歩数打立の検地を実施した。この田地の稲を苅らせるが、晩

稲についてはまだ実っていないので類作の毛稲をもって返却することが命じられている。第二条は蔵屋敷は検地の上でその分を泊町引高とするも、その分は沼保村へ泊町より土地を返し、また給人蔵屋敷分は泊・沼保村立会いのうえ歩数を定め、土地返却あるいは請地にするか双方納得次第とされた。

第三条は沼保・荒川新両村へ返却する田地の米を当年貢米より引いてくれるが、当年分のその損失は泊住民の屋敷歩数に応じ負担することを命じられている。第四条は検地打渡しの屋敷以外の請添地については各村間で相対で決めること。第五条は寺屋敷地は相対で地送り、土地交換すること。第六条は屋敷や蔵の建方・植木の植え方についての規制で、建造・植栽により日陰を生むので、日表は一間、日裏は二間の通りを指除けとするように命じ、寺方は日表二間・日裏四間も命じた。第七条は屋敷建設にともない田地用水が不自由となることもあるので、そうならぬように命じ、掘り替えの必要のある時は泊町が負担することにした。第八条は新町建設により往還付け替えとなるため、今までの往還＝古往還は道幅二間五歩のうち浜通りの道三尺分を残し、田地に潰すこと。最後第九条は横尾村にある泊町の神社を先年より泊町の者が買請け持来ったが、以後は持主へ代銀を返し、泊町中持ちとすることである。

以上で明らかになる点は、藩の実施する検地打渡しに際しては関係村の者の立会いに加え、おそらく争論防止のために他村の村役人も立会いに加えていたことが第一である。次には土地移動に伴い原則として、関係村の間で土地の地送り＝交換をし、現状を損なわず、関係諸村に損失のないようにすることである。このため建設対象地の苅り取る稲や用水掘り直しの負担なども同様に配慮されているのである。しかし、こうした町移転は移転候補地の村に大きな負担を与えるのは言うまでもなく、当然ながら権力の介入によらねばならぬもので、その際も争論を発生させぬような、前述のような配慮が施されているわけである。

こうして検地が実施されたが、この時定められた新屋敷地の建設計画をみてみよう。(41)

一、三百五拾四間壱歩弐厘　泊町新屋敷西東御打立惣長間

内

弐間八歩　沼保村領ニ而用水江六筋南北相通り候歩引

三間七歩　荒川新村領用水幷はき江弐筋舟見往還道南北相通り候歩引

残而

三百四十七間六歩弐厘　町屋敷ニ相定申長間

三十三間八歩壱厘四毛　同断相定申幅間

歩〆壱万千七百五十四歩

内八千六百八拾三歩　沼保村領長弐百五十六間八歩幅三十三間八歩壱厘四毛歩数

三千七拾壱歩　荒川新村領長九十間八歩弐厘幅三十八間壱部四厘数歩数（一本九拾間八歩幅三十三間八歩壱厘四毛歩数ニ作ル）

〆

右地送リ返リ歩

弐千九百八十九歩　泊町領田坪から豆（から豆相渡）

弐千五百三十八歩　同領田坪代官作り

三千百五十六歩　同領地ひろ

〆八千六百五十三歩　沼保村江相渡

四百八十四歩　泊町領惣免

弐千五百八十七歩　　同領田坪石田

〆三千七拾壱歩　　荒川新村江相渡

右私共屋敷波崩ニ付所替奉願候処沼保村荒川新村領ニ而新屋敷被為仰付右歩数検地御奉行御打渡被成候（下略）

これは享保三年九月四日に、泊町肝煎・組合頭・長百姓より出された、新屋敷検地と地送りの請書である。同請書によれば新屋敷は東西長間三五四間一歩二厘のうち、沼保村領と荒川新村領の用水の長間六間五歩を除く三四七間六歩二厘が町屋敷で、その幅は三三間八歩一厘四毛で、面積は一万一七五四歩である。このうち八六八三歩は沼保領の土地で、残り三〇七一歩は荒川新村領の土地である。これらの地を泊町の土地から返却するが、沼保村へはかい、から豆、代官作り、地ひろの地域をもって宛て、荒川新村へは惣免、石田の土地にて地送り、返却することとなった。なお、右の町幅は予め町中の往還道が四間除外されている。

新たにつくられる蔵屋敷は沼保村の地に、長さ一四間・幅一三間、面積五五二歩をもって宛てられ、この土地も泊町より返却される。[42]また、幅一間の浜出道が造られるが、それは古道四歩を除く分と長さ三七三間八歩、面積二二四歩である。[43]この浜出道分と蔵屋敷分は新屋敷の地の中で無地となっている五〇〇歩が差し引かれ、残り二七六歩についても泊町の土地より引高とし、領主側の負担として処理している。[44]また、沼保村分の長さ五二間五歩・幅六歩、面積三一歩の浜出道も同村より高一斗二升九合の引高として処理されている。[45]

以上による泊町の草高・免付・引高は、左のように定められている。[46]

草高

一、三百四十三石五斗七升壱合　泊町

免五つ弐歩

内壱万千七百五十六歩　町屋敷長三百四十七間六歩弐厘幅三十三間八歩壱厘四毛

高〆四拾八石九斗七升五合　　地子高分

免弐つ四歩五厘

泊町の草高は三四三石五斗七升一合、免五つ二歩の定めで、そのうち町屋敷一万一七五六歩、高四八石九斗七升五合の地子高分を含み、地子高分の免は二つ四歩五厘とされた。この他に史料の続き省略分で、蔵屋敷五五二歩、浜出道二二四歩の計七七六歩のうち五〇〇歩は新屋敷地内の請無地があり、その残り二七六歩と泊町領の笹川よりの新往還道分三八二歩の合計六五八歩・高二石七斗四升二合も地子高分と共に引き、泊町草高分より引くべき分とされている。(47)

新たな町建設に伴い往還の付替えも行われた。新道は笹川東岸の神明鳥居近くより、西は君島村まで新設されることになった。同鳥居よりのその距離は一里二四町五八間五歩＝三六五八間五歩で、旧道が二里三町であったので一四町程距離は短縮された。神明宮鳥居より横尾村の田畠六二七歩（長さ三二一間余・幅不同）、沼保村田畠二五九歩（長さ一〇三間・幅二間五歩）、泊町田畠三八二歩（長さ一五三間・幅二間五歩）が往還となり、その分は各村引高扱いとなった。この外どの村にも属さぬ無地川原三三四間五歩も往還に造成された。新町より西側は荒川新村の田方（長さ四九間五歩・幅二間五歩）、道下村の田地（長さ三六間八歩・幅同上）、沼保村の田地（長さ一二間五歩・幅同上）、東草野村の田地（長さ二三一間・幅同上）、前又新村の田地（長さ一七間・幅同上）、西草野村の田地（長さ二二四間・幅同上）、古黒部村の田地（長さ三六間・幅同上）、藤原新村の田地（長さ八四間五歩・幅同上）、田ノ又村の田地（長さ六七間・幅同上）、椚山新村の田地（長さ一一間六歩・幅同上）、横山村の田地（長さ一八六間一歩・幅同上）、椚山村の田地（長さ七四間五歩・幅不明）、君嶋村の田地（長さ三六間・幅二間一歩）が潰され新往還となり、以上の潰し田の分は各村引高扱いとなった。この他に無地川原長間一一二七間も新道となっている。[48]

さらにまた、舟見往還は移転前の泊町より大屋村までの分が不明となり廃道となった。このため新屋敷北側分長さ一六間九歩七毛・幅五歩のみ残され、泊町に五五六歩（高二石三斗一升七合）、沼保村に二〇四歩（高八斗五升）、他村に一五三歩（高六斗三升八合）が各々編入されることになった。[49]

結び

これまで泊の移転・再建についてみてきた。享保の事例をみると、いうまでもないが移転・再建は藩権力の主導の下に実施されている。ただその移転地選定や移転決定は郡奉行や藩の年寄衆によって全面的に行われるものでもなく、最終的には藩主自身が決定した。

この享保の宿駅在町・泊の維持と移転再建は宿駅制維持を主とした目的として行われた。しかも宿駅制維持を支配郡奉行は外聞の問題でもあると把握していた。このため享保の移転地の選定は、住民の意向を無視しても高波被害にあいにくい、災害にあわず恒久的に宿役を負担できる地を対象地とすることになった。

享保の移転をみると、検地奉行の検地打立をもってまず町割が行われる。享保の具体的な再建についての基本方針は、これまでの町の長さ・幅・面積を変更せず、また移転対象地の村々の草高変更や余分な負担の賦課をせぬことであり、それは移転にともない発生する可能性のある関係諸村間の争論防止をも当然ながら配慮したものとみられる。また、既存の年貢地・草高をできるだけ減少させぬように考えてもいたであろう。町の縦・横の長さ、面積をそのままにするだけでなく、町内の住民の居住屋敷の位置・規模もおそらく変動させることはなく移転させたものとみられる。ただし、享保の具体的な町割に当たっては、寺院の町裏手への移転や、火防水溜建設などにより若干の町割変更がなされた。また、移転候補地の村に対しては、対象田畑相応の田畑が泊村の土地より割いて与えられるなどしている。なお、町移転にともない往還の付け替えが行われるが、新道とされた田畑はその対象地の村に対し、その分の引高が許される。一方、もとの街道で不用となった道はそのまま放置せずに、最小限必要な幅のみを残し、他の分を耕地に転換させている。

さて、前述のように享保移転に当たり藩は高波被害にあわず、宿役負担を永続して負える地を住民の漁師の意向を無視して選定した。しかし、その決定は簡単に下されたのではない。住民の恐らく強い要望もあって、当初の担当奉行高畠源蔵は彼らの意向をある程度反映する地を選定していたことも忘れてはならない。また、全く泊住民の意向を無視した町造りが行われたものとも考えられない。泊住民は元和三年（一六一七）と伝える大火を大きく意識しており、笹川西岸の横尾浜移転に当たっては「夜中に嵐有之故自今以後上町端にかし屋商売不相成義町中之定」としていたのである。この横尾浜移転後の泊はその町割に当たっても上ノ火除、下ノ火除という防火のためのスペースを用意していたのである。勿論、この両火防設置は藩によって行われたものとみられるが、右にみる住民の意志の存在からみて、泊住民の防火対策への強い配慮も大きく関係していたように思われる。こうした点は享保の移転にもそのままみられ、享保の再建新町はさらに火除地に水溜を設けた防火設備を一層充実化させていた。

最後にあらためて笹川西岸への移転が、明暦二年、場合によっては承応三年の改作法実施段階に終了したことを指摘しておきたい。加賀藩政を確立させた改作法の実施段階には特に越中砺波・射水両郡では新町建設が少なくなくみられ、その意図が問題となっている。(50) 同期間の藩の在町政策は、他都における在町など諸都市への政策検討を必要としており、今後は泊の所在する新川郡地域の当該期の在町、その他都市への施策を検討することで、さらに改作法期の加賀藩都市政策の把握、ひいては改作法の理解を深めてみたいと考えている。

註

（1）松本四郎『日本近世都市論』東京大学出版会、一九八三年、第二章。
（2）丸山雍成『近世宿駅の基礎的研究・一』吉川弘文館、一九七五年、一一一～一一三頁。
（3）この点は本文で明らかにするところでもある。
（4）尾張藩領の木曽の、中山道須原宿の享保初年における移転、建設の問題が生駒勘七「近世における宿場町建設の一事例」（『信濃』一七巻八号、一九六五年）で取り上げられている。この五街道宿駅外では、小村弌「後進地在郷町の町建てと商品流通」（『地方史研究』七二号、一九六四年）が、正保二年まで小城下町で、その後在町となった越後国蒲原郡保田町の大火による延宝四年の新町割りと、同じく貞享三年の再建の際の火除土手建設についても論及している。また、小村弌『幕藩制成立史の基礎的研究』（吉川弘文館、一九八三年）第三編三章は元禄期の在町亀田の町立てが藩によって行われていたことを指摘する。管見の限りでは以上のような論考をみる。
（5）木下良「宿駅『泊』の移転をめぐって」『富山県地学地理学研究論集』八集、一九八四年。
（6）この金森文書にもとづく元和三年移転は憶測として断わって述べられているものである（註5木下論文）。なお、金森文書とは『泊町沿革史料』第一編（一八九七年）に採録されている、泊の沿革に関する史料である。
（7）木下良「宿駅『泊』の移転をめぐって」（註5）は、特に旧泊の位置比定に重点を置いた興味深い論文であるが、笹川左岸（西岸）への移転年次を寛文八年以前とする一方、憶測と断わりつつも正保四年移転とも述べている。
（8）筆者は先に「近世前期における加賀藩の町・町役・町人」（『富山大学教育学部紀要A』三二号、一九八四年。のち『近世の地方都市と町人』吉川弘文館、一九九五年に収録）の三節で、改作法下における町立てにつき従来の中央研究者と当地域のこれまでの研究を批判的に整理し、この問題につき若干考えてみたが、まだ結論づける段階でもなく、これからも当該問題を考えるための作業を進めねばならぬ。本章はそのための作業の一つでもある。

（9）註6参照。

（10）明暦二年の手上高・手上免・伝馬役銀は寛文の村御印（『泊町沿革史料』一編）により裏付けられ、貞享の引高も「越中国高物成帳」（加越能文庫）によって裏付けられる。

（11）『富山県史』通史編Ⅲ（近世上）五七〇頁。

（12）『下新川郡史稿』下巻、一九〇九年、四九二～四九五頁。『富山県史』通史編Ⅲ（近世上）五六九頁。註5木下論文など。

（13）（18）『泊町沿革史料』第一編所収（前出）。

（14）註5木下「宿駅『泊』の移転をめぐって」。

（15）『入善町誌』七二〇～七二二頁。

（16）加越能文庫蔵（金沢市立図書館）。

（17）『富山県史』史料編Ⅳ・付録、一頁。

（19）（22）（24）「越中村御印之留」（加越能文庫蔵）。

（20）『泊町沿革史料』第一編。

（21）承応三年に村御印が発給されていることは『富山県史』通史編Ⅲ（近世上）二九五頁（坂井誠一執筆）参照。

（23）『富山県史』史料編Ⅲ、三一八号。

（25）～（29）「新川御郡奉行旧記日記之内抜書」（加越能文庫蔵）による。なお、『下新川郡史稿・下』に泊の高波被害や移転に関する史料として利用されている「新川御郡奉行旧記」の原本は不明であり、本章は加越能文庫本を使用した。

（30）『下新川郡史稿』下、四九三～四九五頁参照。

（31）加越能文庫蔵。

（32）石川県立図書館蔵。

（33）「新川御郡奉行旧記日記之内抜書」（前出）。
（34）『泊町沿革史料』第一編（前出）。
（35）享保再建の木曽路須原宿は、木曽の宿にしては幅広の往還をつくり、その宿中心部の小路を広小路と称し、また宿場用水の完備などが行われ、防火対策が実施されていた（註4生駒「近世における宿場町建設の一事例」）。また、越後の保田町は貞享三年に再建の時、火除土手を設ける（註4小村「後進地在郷町の町建てと商品流通」）など、一七世紀後半以降に再建される宿駅など在町では、その防火対策が特に留意されていたようである。
（36）朝日町・個人蔵。同写と写真を同町史編纂室で見せて頂いた。なお、『富山県史』通史編Ⅲ、五六九頁、富山県土木部建築住宅課編『住まいと街なみ百年のあゆみ』（富山県建築士会、一九八三年）一九一頁にも同写真が収載されている。
（37）富山県土木部建築住宅課編『住まいと街なみ百年のあゆみ』富山県建築士会、一九八三年、一九一～一九三頁。
（38）「新川御郡奉行旧記日記之内抜書」（前出）。
（39）～（44）「享保三年沼保村荒川新村領江泊町屋敷替被仰付候砌定書等旧記写」『越中古文書・十六』（加越能文庫蔵）。
（45）右同史料と「享保三年七月泊町新屋敷替長見改留帳」（共に前出『越中古文書・十六』所収）。
（46）～（49）以上、「享保三年七月泊町新屋敷替長見改留帳」（前出）による。
（50）註8参照。

第四章　小杉新町の災害史料と災害認識

一、苦難の記録

人々の暮らしを脅かす事柄はさまざまであるが、そのなかで重要なものは災害・病気と死であった。とりわけ家族の死去は最大の悲しみであり、葬儀以降にも故人を偲び、弔うためにたびたびの仏事・法事を行い、またそのためにもそれぞれの家では過去帳を作成し、現代までとぎれることなく、亡くなった家族を過去帳に記し続けている。

有力な家では、藩の求めにより由緒書を作成しているが、なかにはさらに家の歴史を年譜として作成する家もあった。開発屋太郎兵衛家では文化年間（一八〇四～一七）に家譜が作成されているが、家譜は歴代当主の事蹟のいちいちを記すものではなかった。家譜とは別に作成されている年譜には、まず先祖代々の当主や主要な家族の死去年月日を記し、その他の記録もたどることができるようになっている。宝暦二年（一七五二）以後、三代目太郎兵衛からは、地域を中心とした藩内におこった出来事を簡潔に記すようになった。他所の火災についても丹念に書き留めたために、同記事のほとんどは災害や疫病・飢饉についてのものとなっている。他所の火災記事を省いたとしても、彼の年譜はまさに家族と地域におこった苦難の出来事を書き留める記録となっている。

宝暦から文化年間にかけて、地域にどのような苦難の出来事がおこったかを知るために、関係記事を表1に整理してみた。宝暦末から文化年間までをみると、小杉地域では火事以外にも大雪・地震・大風・大水・干害・虫害とそれによる飢饉、また疾病などさまざまな災害・災厄をたびたび被っていたことが分かる。大雪・地震・大水などの災害でどれだけの被害をうけたか分からないが、ほぼ毎年のように何らかの災害が発生しているといってもよいほどである。もちろん毎年なんらかの災害が発生するとしても、その災害は一時的なものであり、平穏な日々も決して少なくはない。

災害のなかで注目されるのは、意外に地震の記事が多いことである。天正と安政の大地震が越中で大被害をもたらしたことはよく知られているが、この記録からもたびたび地震が発生し、安永三年（一七七四）、同九年などのように大地震も多く発生していることが分かる。

二、火災

「年譜」は三都や領内のほかの町の火災も記載しているため、災害記事の多くは火災の記事となっている。他所の火災についていちいち記すのは、いかに火災が人々の暮らしを脅かすものであったかを示している。

当地でも当然ながらたびたびの火災を経験しているが、これまでのところ町並みの相当の部分を焼失するような大火の記録は、みつかっていない。宝暦末から文化年間までに町内で火災は発生しているが、意外に少ない。村方については、「年譜」に記載された若干の火事について分かる。宝暦十二年（一七六二）に寺林家の別棟の火災がおこっており、安永元年（一七七二）には村方で一一戸が焼け、同十二月には水上の竹内家が罹災している。

火災は家並みの密集した町場地域では大変な災厄を住民にもたらした。住民が所持する田畑以外の資産のすべてを無としてしまうために、経済的な大打撃を与えた。このため火災にあった人を、親類だけではなくつきあいのあった家が手助けをした。弘化二年（一八四五）五月に、火災で全焼した乗舟町の喜太郎家の損失は三〇〇両余もの額となった。喜太郎は家再建のために持高一〇石八斗余を手放しているが、知りあいなどによる二貫目余の頼母子が行われ、それを手がかりにしてこの年中に家が建て直されている（「家譜」鶴森家文書）。

延宝の二日読み定目では、灰の始末や宿々、村々の火の用心を堅く申しつける条項があるほかに、わざわざ宿駅については、春二月より番小屋をかけ、番人が昼夜見回ることと、家々も水を張った天水桶を用意しておくことが定められていた。享保六年（一七二一）二月には、火の用心の触れが藩より郡方へ出されている（「諸留帳」富山県立図書館蔵伊東文庫）。雪が消えると風が強く乾きやすい時期となるので、郡方でも火の用心をするよう命じられた。また村々では灰から出火することが多いので、灰の始末に気をつけるように申しつけている。さらに特に小杉新町を取り上げて、御旅宿があるので、とりわけ火の用心が大切として、水溜桶二つを用意しておくように命じている。ただ、実際にこのときに常備するようになったという水溜桶がどの程度の規模のものかは分からない。

小杉新町への水溜桶設置を命じた条項には、つけたりとして、住民に武士の宿を申しつけた際に、なかなか引きうけようとしない者がいること、また宿引きうけを避けるためにわざと家を見苦しくしている者がいることを記し、そのようなことがないように命じている。以上の点を考えると、藩役人らの通行も多くなり、宿確保が重要となったために、とりわけ郡奉行所所在地で彼らの宿確保が切実で重要となった小杉新町について、防火対策を講じる必要もでてきた。そのためにこのような触れがだされたのであろう。

小杉新町のそれぞれの町では、宿仕法が定められる前は、防火のために、夜番・亭主番勤めが行われていた。ところが、天保十二年（一八四一）には、藩より小杉宿に対して宿仕法を定めることが求められた。宿仕法では、御用宿余荷の負担のあり方を定め直すことに加えて、わざわざ防火にかかわる夜番・亭主番の仕法設定が要請された。これに対応して、小杉宿としても東町・西町それぞれが夜番・亭主番の勤め方を決めることにした。

なお、住民は防火のために、家内での火の用心や、共同して夜番・亭主番を勤め、火事の発生を防ごうとしただけではなかった。火の用心を願って、火難よけの神である、秋葉明神などが各地で広く信仰されていたことはよく知られている。小杉新町でも善立寺には、熊谷三郎兵衛が招来したという火鎮めの地蔵尊が祭られ、地域の人々の信仰を集めていたといわれる。

三、風水害

強風は火災発生の際には大被害を住民に与えるが、火災が発生しなくても、家屋へ甚大な被害を与える。「年譜」によると、明和元年（一七六四）八月、寛政八年（一七九六）二月、文化十年（一八一三）四月に大風が吹いたことが分かる。ただしその被害は不明である。

寛政三年（一七九一）八月二十日に暴風による被害をうけたことも知られる（「政隣記」加越能文庫）。記録には暴風雨ではなく、暴風による被害のみを記載する。高岡以西は風はたいしたことはなかったようであるが、越中でも小杉以東が暴風にみまわれた。全壊の家に加え半壊の家も多数でたが、幸いにも火災が発生せずに、小杉新町などの町場では大火が起こらずにすんだ。しかしこの暴風では死者も出ている。被害は作物にも及び、稲の被害が草高八万石に及んだとされる（「越中旧事記」富山県立図書館蔵）。

越中は日本のなかでも急流河川の多い地で、それだけに水害による被害が人々の暮らしを絶えず脅かしていた。射水郡では庄川の氾濫が最も大きな打撃を川西地域に与えたが、小杉地域ではやはり下条川の水害が、ごく近年まで、地域住民に多大な被害を与えていた。

小杉新町のほとんどが水につかるような大水害は、安永三年（一七七四）六月に発生している。この月の十七日夜より大雨となり、青井谷村堤や諸所の堤が切れた。このため大出水となり橋下条村の大橋の中程が流され、伊勢領の神明宮から裏手の村々はみな水つき状態となった。小杉新町では西端の茶屋茂兵衛のところから、東端の網屋太兵衛の所までのほとんどが水につかり、西町・東町の家々は板敷きの上まで水をかぶってしまうほどの事態となっている（「諸事聞覚書」松長家文書）。この前年三月にも大水害があったようである。さらに天明三年（一七八三）

年	月	災　難
享和2年(1802)	春	堺住吉神社火事
3年	春	麻疹流行
	冬	飢餓
文化元年(1804)	2月	岩瀬火事
	3月	富山火事（3,500戸焼失）
	夏	五箇山崩
	秋	螟
2年	夏	旱
	秋	大水
3年	春	無氷
	3月	放生津火事（30戸焼失）
		江戸火事
	冬	大雪
4年	3月	奈呉火事
	冬	飢餓、賑米10万石
5年	正月	金沢城火事
	3月	夜盗
	6月	大水、富山人家500戸潰れる
	閏6月	東町金胎寺火事、旱
	9月	高岡火事（60戸焼失）
	冬	大雪
6年	2月	西町兵四郎家火事、四屋河原村火事（30戸焼失）
	8月	稲積村火事
	冬	大雪（50年中ないほどの）
7年	正月	大地震
8年	冬	大雪
9年	4月	放生津火事（1,400戸焼失）

表１　宝暦から文化にかけての苦難の記録

年	月	災　難	年	月	災　難
宝暦11年	３月	東老田火事	５年	３月	今石動火事
(1761)		放生津火事（600戸焼失）		秋	螽
	４月	滑川火事		冬	大雪（飢民年貢を納めず）
	冬	大雪	６年	正月	大門火事
12年	２月	大雨雪		10月	雷
	４月	井波瑞泉寺火事	７年	２月	地震
	６月	今石動火事		４月	砺波郡国倉火事、干旱
	９月	大地震		７月	長雨
	11月	下条村寺林別棟火事		冬	大雪
13年	正月	地震	８年	正月	放生津火事（900戸焼失）
	３月	金沢火事	９年	３月	地震
	秋	螽（いなご）		４月	大地震
	冬	大雪、飢饉		５月	大地震
明和元年	夏	旱		９月	城端火事
(1764)	７月	大地震	天明２年	２月	地震
	８月	埃風	(1782)	４月	雨雪
２年	４月	大雨雪	３年	７月	大地震（浅間山噴火）
	秋	螟（ずいむし）			大水
この年		飢饉	４年	12月	郷方長久家火事
３年	６月	新川郡大水	７年	３月	城端火事
	８月	所口火事		７月	東岩瀬国倉・人家火事
	12月	大雪（十有余日、北陸道人馬通らず）	８年	春	京都火事
				２月	増山村火事（70戸焼失）
４年	正月	高岡火事（130戸焼失）	寛政２年	２月	滑川火災（300戸焼失）
	７月	放生津火事（105戸焼失）	(1790)		福町火災（60戸焼失）
５年	２月	天徳院火事		３月	今石動火事国倉・人家及び道林寺700戸焼失
	秋	螟			
７年	夏	干害		冬	大雪
	６月	鳳至郡地震	３年	冬	飢饉
８年	夏	干害	４年	秋	螽
安永元年	２月	江戸火事		冬	無氷
(1772)	３月	郷方火事（11戸焼失）	７年	正月	霜雷
	12月	水上竹内氏火災		８月	大水
２年	３月	大水	８年	２月	大風
３年	春	疫病流行、江戸火事		夏	長雨
	６月	郷方大水		秋	雨降らず（32日間）
	11月	大地震		冬	大雪
４年	夏	旱			

注「年譜」（京都市松長家文書）によって作成。

七月と寛政七年（一七九五）八月、文化二年（一八〇五）秋、同五年六月にも大水が出ている（表1）。このように小杉地域ではたびたびの水害に見舞われたのである。

四、凶作と救済

江戸期には、気候の変動により領内ではたびたびの不作・凶作に見舞われた。「年譜」が作成された宝暦末年から文化年間までは天明の飢饉が発生した時期であり、日本列島の気候は不順で、稲作にはむかなかった。このため同記録には、たびたび飢饉や干害・虫害関係の記事が登場している。干害は明和元年（一七六四）、安永四年（一七七五）、同七年、文化二年（一八〇五）、同五年に記載されている。寛政八年（一七九六）には旱の記載はないが、秋に三二日間も雨が降らなかった記載がある。害虫発生についてもたびたび記されており、明和五年秋、そして安永五年秋、寛政四年秋、文化元年秋に記載がみられる。

農民は日照りや冷夏、また害虫の発生などにより不作が予想される場合には、雨ごいや虫送りの祭りなどを行い、不作や凶作とならないように願った。明和五年七月には射水郡では害虫が発生し、稲に損害を与えたため、村々では十村へ願って、七月十四日から三日三夜、太鼓を打って虫送りの祭りを行っている（「諸事聞覚書」松長家文書）。

雨ごいや虫送りなどの祭りを行っても、当然ながら解決にはならず、不作や凶作にもなった。宝暦末年から文化年中の間に、小杉地域で飢饉とされたのは、宝暦十三年（一七六三）をはじめとして、明和二年、寛政三年、享和三年（一八〇三）、文化四年（一八〇七）、同十年とこれもたびたびのことであった。また飢饉とは記されないが、安永五年の冬は飢民が年貢を納めなかったことを記している。

もちろん飢饉の年ばかりではなく、飢饉ではない年は、平常の作柄であったことになる。これに対して、安永六年や文化九年のように豊作の年があったことも「年譜」に記されているが、豊作とされた年は少なく、大豊作とされたのは、文化九年だけであった。

藩は領民よりできるだけ多くの年貢を取り立てることをめざしていたが、年貢を納入する農民が不作・凶作を契機にして没落することは、藩自体の基礎を崩壊させることになるため、年貢を納入できる農民の維持をはかる必要があった。藩は改作法により、手上免・手上高実施による年貢増徴を行い、また年貢を完納する農民を「律儀百姓」として、彼らが農業を続けられるように、窮迫した際には作食米貸与などの実施により農民経営の維持をはかろうとした。

表２　凶作時の戸破村への助成

年	助成内容		助成の対象
		石斗升合	
文政５年	作損御償米	53.7.3	虫付による根腐り
８年春	御貸米	72.6.9.5	文政７年秋の風損
８月８日	御貸米	229.8.3.2	風損・洪水
９年４月	御貸米	4.0.2.5	同上による家半潰・洪水被害者
11年春	夫喰御貸米	18.9.4.0	文政10年秋の風損
11年夏	作損御貸米	66.0.7.6	夏中雨天にて作損
13年春	夫喰御貸米	26.4.3.0	文政12年７月の風損
13年春	作損御貸米	99.4.0.0	文政13年夏中雨降による出来劣り

注　「戸破邑記録帳」（金沢市鶴森家文書）により作成。

藩は耕作期間中の食料を必要とする農民に貸し与えるための米を備蓄する作食蔵も設けた。小杉地域の村々が所属する下条組の作食蔵は、寛文三年（一六六三）に三ケ村に設けられた。同蔵のために三五〇歩の地が割かれ、四間に一五間の規模の蔵が建てられた。作食米の収納や蔵の維持には下条組があたることになっていた。しかしそののち廃止となり、享和三年に入札により作食蔵は廃止となった（『小杉町史』一九五九年）。

作食米の貸与でも不足する場合は、貸米が藩より与えられている。明和の凶作に際しては、射水郡で一万五六〇〇石の貸米が与えられ、そのうち下条組では三四九三石貸与されている。明和に続いて、安永四年には日照りに加え、北大風に見舞われて凶作となり、村々は米貸与をうけている。その後の安永期にもたびたび不作となったが、若干時期が下った文政期（一八一八～二九）になると、連年の凶作となった。この度重なる不作に対して、戸破村では表2のように、何度も藩より助成をうけている。

貸付をうけた米は返済しなければならないが、大至急返済する余裕などは、村や町にはなく、藩もきびしく返済を迫ったわけではなかった。射水郡で享保から天明に貸付をうけた米はつぎのように返済されていた。射水郡では享保八年（一七二三）より同九年・同十二年・明和六年・安永元年・天明七年（一七八七）に貸付をうけた分は、総高一万五三一九石余となっている。この分の返上高は文政五年（一八二二）まで八五一三石余であり、その残高を七〇年賦にして、そののち天保十年（一八三九）まで毎年一一三石余ずつ返した。さらに同十一年よりは五〇年賦返却として、毎年九四石余の返済を続け明治二年（一八六九）にいたったが、このとき二〇〇〇石近くの未返済高があった（「越中三郡延払米取立根帳」加越能文庫）。

凶作に際して、村を救おうとしたのは、何も藩だけではなかった。村内の富裕な農民が窮迫者を助成するのはもちろんのこと、加賀藩の浄土真宗の寺院には、信徒の住民を救済するために、村民が借金をするための担保として宝物の絵像や仏像などを提供する寺院が一部にみられた。小杉でも安永四年の凶作では、年貢納入に困った戸破村の農民や、戸破村に高をもつ東町の住民が、寺の宝物の質入れを西蓮寺と久証寺へ願い出て、住職の快諾をえている。幸い久証寺の親鸞聖人の御影ならば金を貸すという人物を探し出せたために、同絵像を質入れして戸破村は年貢を納めている（久証寺文書）。また同六年・同九年にも久証寺は、三ケ村と戸破村に対して宝物の絵像や梵鐘を借金の担保のために貸し出しており、小杉新町の真宗寺院のなかでもとりわけ久証寺の住職は、地域の住民、信徒の救済に熱心な人物であった。

五、天保の凶作と備荒倉

天保の飢饉は、東北地域で多数の餓死者を生み出す悲惨な事態をもたらした。冷害による打撃は稲作の北限地に最も過酷な事態を生み出したが、加賀藩でも天保四年（一八三三）から飢饉に見舞われている。幸い天保五年は豊作であったが、その後また凶作による飢饉となった。

天保四年の凶作を契機に、藩は飢民対策として同六年に新たに備荒倉を設置している。設置された所は、領内の主要な一三か所の地であったが、射水郡では小杉新町と下村に設置された。小杉新町の場合、乗国町（現乗舟町）の西端に建設されている。備荒倉は間口七間に奥行四間の規模で、敷地まわりには竹を植えた。支配は郡奉行が担当し、建設に際しては法内組の村々が普請を行ったが、その後の修復費用は改作所が支出した。蔵番には給銀七五匁で農民二人が雇われている（「射水郡御蔵ヶ所しらへ一件等」折橋家文書）。

天保飢饉の状況と藩の対応については、小杉の住民により書き留められた興味深い記録がある（松長家文書）。これには、記載した当人の意見も加えて書かれているが、その概要はつぎのとおりである。

前年の天保七年には雨が降り続き、出水などもあり、ついに五穀は実らず、とうとう今年は飢饉となった。米一石の代金は、四月に京・大坂などでは銀三〇〇匁となったが、越中でも二二〇匁余になった。諸品は高値となり、比類ない金額となった。街道筋では飢えて行き倒れとなる人も数知れずという。去年九月ころから今年の八月二十日まで、宿々村々の困窮人には粥を食べさせるようにしたが、富裕な人や藩が彼らの救済にあたった。

五月の麦秋となり、藩から村々に対して麦買い入れの申しつけが行われ、一石に銀一五〇目の買い入れとなり、麦は手付代官へ納めた。この麦納入は無理なことと人々は申している。もっとも結局は無駄となり後に麦は下値となった。この麦は食用に下げ渡しもなく、どのようになったのかといっている。

当二月十五日まで米値段は銀九八～九九匁より一二〇匁位のところ、にわかに一五〇匁に命じられ、誠に人々は困窮している。このような時節には下値に決めて下されば、人々は喜ぶのにと思う。

七月になり、質屋の取っていた質物を、本銀一〇分の一にて渡すように仰せ渡された。質屋はのこらず質物を返却したので困り、質屋の大半はつぶれてしまう。このほか借用金もすべて差引なしに命じられた。右両方ともに誠に無益のことで、領内の銀銭は風が吹いたように散りじりになり、損をした人々は困窮し、恐るべきことである。富山出雲守様は利保公の「荒歳を何か罪せん餓人を救ふは我をすくふ也けり」という歌を色紙にして、お救いのために米銭などを出した長町人へ下されたという。

この記録を残した開発屋は、質屋を経営していたために、藩による質物返済命令で経営に大打撃をうけた。このため、質屋に対する藩の施策への批判はもとより、藩による飢饉対策に対する批判も厳しいものであった。

付　史料「年譜」（京都市松長家文書）

年譜

家祖

庚申　延寶八年岐出自今開發村松永氏家於小杉居焉　萬治中上新闢

官道小杉當驛且置官堂焉然編戸甚少於是郡司津田氏召我因家焉居之

辛酉　天和元年

壬戌　二年

癸亥　三年

春二月鹽氏女歸于我

甲子　貞享元年

乙丑　二年

丙寅　三年

丁卯　四年

戊辰　元禄元年

己巳　二年

庚午　三年

辛未　四年

壬申　五年

癸酉　六年

甲戌　七年

乙亥　八年

丙子　九年

春正月十四日休圓卒　諱市右衛門今開發村松永家五世主我家祖之考也

丁丑　十年

冬十一月二十一日妙念死　家祖之女

戊寅　十一年

己卯　十二年

秋九月二十六日妙正卒　○家祖之妣也

庚辰　十三年

辛巳　十四年

壬午　十五年

癸未十六年

冬十月三日幻光死家祖之亞子

甲申寶永元年

乙酉二年

丙戌三年

丁亥四年

戊子五年

秋九月二十三日雷光死家祖之次息

己丑六年

春正月十日鹽氏三五郎死家祖之子為鹽氏之嗣子謚理性智開

庚寅七年

辛卯正徳元年

壬辰二年

癸巳三年

甲午四年

乙未五年

丙申享保元年

丁酉二年

戊戌三年

夏五月七日道祐死家祖之子

冬十二月十二日妙受卒家祖之妻鹽氏也

己亥四年

庚子五年

辛丑六年

壬寅七年

癸卯八年

甲辰九年

乙巳十年

丙午十一年

丁未十二年

戊申十三年

夏六月九日戸出報恩寺内方死○寺門謂妻之内方○謚受清家祖之外孫笠間氏女我三世之姉也

己酉十四年

春寺林氏女歸于我

庚戌十五年

夏五月二十日了意死家祖之子

辛亥 十六年

夏四月二十四日家祖源了卒（諱正次□太郎兵衛年七十）

秋九月十六日了山卒（二世之妻寺林氏之女）

二世

壬子 享保十七年

癸丑 十八年

甲寅 十九年

乙卯 二十年

丙辰 元文元年

丁巳 二年

戊午 三年

己未 四年

庚申 五年

秋閏七月五日笠間七右衛門死（諡正善我三世之考也）

辛酉 寛保元年

壬戌 二年

癸亥 三年

甲子 延享元年

乙丑 二年

丙寅 三年

春三月二日西福寺内方死（諡妙休我三世之妹也）

丁卯 四年

秋七月己丑朔日有食之

戊辰 寛延元年

九月戊午晦六渡寺邨彌三右衛門妻死（諡還剛智栄家祖之女）

己巳 二年

庚午 三年

辛未 寶暦元年

夏五月癸未二世了應卒（諱豊祐家祖之長男年五十八）

三世

壬申 寶暦二年

癸酉 三年

夏四月戊戌知榮死（野寺村与右衛門女我家祖之継室年七十九）

甲戌 四年

乙亥五年
　春二月乙巳朔日有食之既
丙子六年
丁丑七年
戊寅八年
己卯九年
庚辰十年
　夏五月甲辰朔日有食之
辛巳十一年
　春三月丁巳東老田火己未家母之京師
　　放生津火人家六百戸焚
　夏四月己丑滑川驛火五月己亥朔歸自京師
　冬大雪服部氏女歸于我
壬午十二年
　春二月戊子大雨雪
　夏四月癸巳晦井波瑞泉寺焚
　　六月乙巳今石動火
　秋九月甲戌大震

　冬十一月甲戌下條寺林別莊焚
癸未十三年
　春正月己巳震　三月癸酉金澤火
　秋螽
　冬大雪　饑
甲申明和元年
　夏旱
　秋七月壬戌大震　八月壬午埃風
　　甲午笠間七右衛門死諡正栄我三世之兄
　冬十二月　服部氏之妻死諡嶺性院妙澤日厚我三世之外姑
乙酉二年
　夏四月辛亥大雨雪
　秋螟
　冬十二月己酉庶女妙休死
　　年饑
丙戌三年
　夏六月新川郡大水
　秋八月能州所口火

冬十二月大雪官道人馬不通十有余日

丁亥四年

春正月癸未高岡火人家百三十戸焚

夏四月庚子太吉生

秋七月己巳放生津火人家百有五戸焚

　修社神祠

戊子五年

春二月金澤天徳院災

秋螟

冬十二月乙卯朔日有食之

　上　賑米十二萬石於三州貧民

己丑六年

春古國府勝興寺入金澤

秋七月辛卯與五郎生

庚寅七年

夏旱　五月乙丑朔日有食之既

閏六月能州鳳至郡震金佛像湧出

辛卯八年

夏旱

冬十二月丙午女清生

壬辰安永元年

春為巷伯　二月江都火　三月戊午郷火人家十一戸

焚

夏遊行巡國

冬十二月丙子水上竹内氏家焚

癸巳二年

春三月庚寅朔日有食之　大水

秋為補主保　七月　服部傳兵衛死（諡體具院道實日性我三世之外舅）

甲午三年

冬十月丙戌朔妙證死（二世継室高岡増山氏之女年七十七）

春疫癘行　江都火

夏六月郷大水

冬十一月壬戌大震

乙未四年

夏旱

冬十二月丙子庶子到岸死（諱伊祐年二十有四）

無冰

丙申
五年

春三月今石動火

夏四月甲辰文祐生

秋螽

冬大雪　年饑民不上貢

丁酉
六年

春正月甲戌大門火

夏六月　鳥取村三之助母死諡妙祐笠間氏女我三世之妹也

冬十月庚戌雷　有年

戊戌
七年

春二月乙卯震

夏四月礪波郡國倉災　旱

秋七月　笠間氏母死諡妙正我家祖女三世之妣也年八十八

自丁酉至己卯雨

冬大雪

己亥
八年

春正月乙卯晦放生津火人家九百戸焚

秋八月營家於白銀街名日西亭全門皆徙焉

故居名東亭與五郎居之

庚子
九年

春二月戊辰太七郎生　三月癸卯震

夏四月甲戌大震　五月丁未大震

秋九月甲午城端火

辛丑
天明元年

夏五月盗墜高岡開發氏棚田氏松村氏尾張氏平田氏

井波氏關氏米氏之家

秋九月　西蓮寺内方死諡證心笠間氏女我三世之妹也

冬十二月太吉冠字太四郎

壬寅
二年

春二月戊辰朔震

夏四月甲申雨雪　戊子女多代生

癸卯
三年

秋七月丙申丁酉戊戌大地震　信州淺間山頽

（冬十二）辛丑大水十三日

秋九〇月丙子七郎生

甲辰
四年
春無冰
秋七月甲寅朔日有食之
冬十二月己酉郷長久家災
乙巳
五年
秋七月戊申朔日有食之
冬女清歸于南氏　小谷又七訟間田
丙午
六年
春正月丙午朔日有食之
夏六月國君薨
冬上取間田税
丁未
七年
春郷人略田疇　三月己酉城端火
秋七月庚午東岩瀬國倉災及人家
己亥服部傳平死
九月癸酉女多代死諡妙貞年甫六才
戊申
八年
春京師火　二月戊申増山村火人家七十戸焚

夏五月壬戌朔日有食之
己酉
寛政元年
夏五月五十嵐氏女歸于我
冬十月癸丑朔日有食之
庚戌
二年
春二月滑川火人家三百戸焚　福町火人家六十戸焚
三月庚子今石動火國倉五人家七百戸焚引及道林
寺
夏六月太四郎詣立山
秋八月庚申文祐死諡善入我三世之子為笠間七郎右衛門嗣子年十五
冬大雪
辛亥
三年
夏五月甲午笠間與右衛門死
乙未太四郎如京師
秋七月辛巳至自京師
九月丙子佐一郎生
冬饑　致仕

四世
壬子寛政四年
春為補主保
秋螽
冬無氷
癸丑五年
春造別荘名夢一庵家君居之
冬十月遊行巡國
甲寅六年
秋八月使太七郎為廣上村武内氏之嗣子
冬十月善光寺彌陀佛像巡國
十二月甲申朔日有食之
乙卯七年
春正月霖雷
三月甲子家君家母如京師
新築園池
夏四月辛卯太三郎死　乙巳家君家母至自京師
秋七月乙亥堀門首巷路護古錢一千枚
八月大水
冬十二月戊寅朔日有食之
丙辰八年
春二月丁亥大風
夏六月乙亥朔日有食之自己卯至庚子雨
秋自戊申至己卯不雨
冬大雪
丁巳九年
春二月辛巳四世浄信卒諱太四郎号草湖三世之長男年三十一
秋家妻嵐氏如于内島遂不還
冬十二月乙巳三世浄意卒諱多由字呂本享年七十
庚申十二年
辛酉享和元年
壬戌二年
春攝州堺住吉祠災
癸亥三年
春麻疹行
冬上取重税

甲子　文化元年
春三月癸巳富山火人家三千五百戸焚
夏五架山崩
秋螟
乙丑　二年
夏旱
秋閏月大水
冬古國府勝興寺如江都
丙寅　三年
春無氷　二月晦大聖寺君之喪還自江都
三月庚申奈呉火人家三十戸焚
江都火　吾郷坐平右衛門以有孝於寡母明府
賜之錢三千枚米三擔
夏松永孝叔讓家於鷲宗
秋八月古國府勝興寺歸自江都　初勝興寺攻異端寺
門起争國内騒亂故公下之獄勝興當罪然以本願寺
故得免而歸
冬大雪

丁卯　四年
春三月呉海火
冬饑　上賑米十萬於下民
戊辰　五年
春正月壬子金澤國城災牙城羅城角樓廐倉皆焚　為
國城罹災我上銀百錠
夏六月大水富山人家五百戸潰
閏月　東街金胎寺災　旱
秋九月　高岡火人家六十戸焚
冬大雪

東亭年譜
（享和三年以降のみ収録）

癸亥　三年
春麻疹行
秋八月甲亥池淵九左衛門死

上取重税
冬饑
甲子文化元年
春二月我如于加州山中温泉　岩瀬火
三月癸巳富山火人家三千五百戸焚
至自山中
夏五架山崩　墜舊倉遷西倉而置于舊倉之趾
秋螟
乙丑二年
夏旱不雨三十有五日
秋閏月大水　我北圃堀井獲大古木數十皆梁材也
冬古國府勝興寺如江都
丙寅三年
春無氷　二月晦大聖寺君之喪至自江都
三月庚申放生津火人家三十戸焚
小幡明府□于我十有五日　江都火
吾郷坐平右衛門以者孝於寡母明府招而賜之錢
三千枚

夏五月東隣孝叔讓家於鷲宗
秋七月修家井　八月古國府勝寺歸自江都　初勝興
寺攻異端寺門争國内騒依之公下之獄勝興當罪然
以本願寺故得免而歸
冬大雪有年
丁卯四年
春三月奈呉火
今茲造家廟及西廂
冬饑　上賑米十萬於民
戊辰五年
春正月壬子金澤國城災牙城羅城角樓廄倉皆焚　為
國城蘿災我上銀十錠
藤田明府在于我十有八日
三月　夜盗入倉取去於脱粟米四擔
夏六月　大水富山人家五百戸潰
閏月　東街金胎寺災　旱
秋七月造北椽
九月　高岡火人家六十戸焚

冬大雪

己巳六年

春二月丙申西街兵四郎家焚丙辰四屋河原邨火人家

三十戸焚

三月乙酉寺林八左衛門死名章字佳吉年五十九

夏六月乙午使市次菊茂嘉六聘戸出大木氏

秋七月癸亥笠間七右衛門祖母死年八十四我考之娉

八月庚丑朔大木氏女死六月所聘也赴故書

甲丑稲積村火

冬十二月宗家西亭佐一郎見挙補主保

大雪五十年中所無大有年

庚午七年

春正月朔大震庚甲四日南兵左衛門死年七十九矣

乙丑國君相公薨諡太染院殿

秋八月甲辰廿二日圓屋弥左衛門死名希学好俳諧年七十九矣諡快翁慈眼居士

九月丁卯　帰自西亭　庚未家人池淵氏疾病如久

保邨　辛巳晦使匠五喜六長平聘新川郡森村吉田

氏

冬十月辛丑　招富山官醫高江元亮使如久保村見家

人池淵氏疾

辛未八年

春正月丙寅森村源三郎来修好也

二月國城落成有猿樂　閏月寺林文（久）左衛門死

三月先人所□与於七郎之田百七十石皆我取之

夏四月使家弟七郎為嗣子

廿日吉田氏帰于我

秋彗星見

冬大雪

壬申九年

春二月十一日吉田氏如森村帰寧也晦帰自森村

夏四月十三日放生津火人家千四百戸焚

秋

付　越中高波・寄り廻り波被害年表

深井甚三
山岸　亮

これまで越中の近世都市研究を行う中で、「近世宿駅在町泊の移転再建」（『交通史研究』一三号、一九八五年）や「近世前期、湊町西岩瀬の移転と構造」（『北陸都市史学会誌』一一号、二〇〇五年）の論文を執筆してきた。これらは、富山湾沿いの町における寄り廻り波などの高波災害の被害と、被害に対しての住民や領主の対応などを検討するものであった。このため寄り廻り波についての関心を持ち続けていたところ、同僚の人間発達科学部准教授の林衛氏が代表になって、理学部と人間発達科学部および富山商船高等専門学校に所属する理系の先生方の参加による、寄り廻り波の原因解明と予報、最終的には予報システム開発を目的とする共同研究「富山大学寄り廻り波プロジェクト」を二〇〇九年に実施した。この折に歴史的検討も必要ということで深井は本稿の共同執筆者である山岸亮とともに参加した。

この共同研究で取り組んだ課題の一つは、寄り廻り波災害の新たな資料発掘に努め、吉田清三氏が作成した『富山湾災害総覧』（富山商船高等専門学校、一九八七年）をベースにして、寄り廻り波など高波災害の年表を作成することであった。それは災害史研究および災害をめぐる歴史教育のために充実した資料を提供することを目的とするものである。また、この共同研究では寄り廻り波など高波災害によりもたらされた富山湾の海蝕にて削り取られた土地について、海底地図や絵図を利用した検討も行った。さらに、具体的な寄り廻り波災害に対する藩や住民の研究を実施するとともに、寄り廻り波被害関係の絵図についての研究も同時に進めた。

共同研究の成果の一部である、寄り廻り波の予測については、総合情報基盤センターの数学者、奥村弘准教授が、高度な数学を駆使して、東北沖に発達した低気圧により生じた波が、日本海を西進し、富山湾にて増幅され湾岸に押し寄せる過程を再現され、これがテレビ番組にて紹介されるなどしている。

今回、地域史研究者および歴史担当教員など多くの方に役立つと思うこの年表を本書に収録することにした。この年表は近代もそうであるが、特に古代・中世など前近代についてはまだまだ不十分といわざるをえない。この不十分な点や補充する災害をご教示いただければ幸いである。なお、年表の典拠文献・史料の記載はベースにした『富山湾災害総覧』に従っている。これは同総覧が地域は能登、災害は高波外の多様な災害も含めているので、この年表に連結できるようにするためであることを断っておきたい。

越中の寄り廻り波など高波災害年表（1945年まで）

＊本表では富山湾での漁船・廻船などの被害は省いている。
＊古代については伝承の資料も加えている。
＊対象となっている波被害は寄り廻り波だけでなく、津波とされるものも含む高波と捉えられる波災害である。

年月日	高波被害
天武２年（673）夏または 天武13年（684）夏	夏、越中国内大風雨にて海岸一帯に波濤起こり大いに陸地を浸食（北国俚伝記）［越中の水害（２）］［水害資料］
天平６年６月 （734）	越海大に荒れ波入川（今の滑川）、打出の浜、奈呉の浦に高波起こり陸地欠損して民家を洗えり（北国俚伝記）［越中の水害（２）］［水害資料］
承和元年６月 （834）	大風雨ありて人畜を害す。北海あれて土地を浸食す。（北国俚伝記）［越中の水害（３）］［水害資料］
貞観５年（863） ６月17日または夏より秋	越中越後の地大いに震い海浜一帯津波にかかり土地を浸食し民家を洗拭す。（武内七郎誌）［『富山県災異史料』］（北国俚伝記）［越中の水害（３）］［水害資料］
天徳２年 （958）	打出の浜の海禅寺、海岸の波崩れ浸食により岩瀬の石の鳥居と称する所、現在の西岩瀬諏訪神社の北隣へ移転［『四方郷土史話』未典拠］
久寿元年８月10日 （1154）	10日午刻より11日卯刻に至り海嘯あり。（生地小学校報告）［『富山県災異史料』］
久寿年間 （1154～1156）	新川郡新治村が海溢のため、海中に没したという。（大日本史）［県史年表］
安貞２年８月 （1228）	放生津に津波起こりて浜端総崩れ、たちまち民家うせ浜納屋失せて須田村（伏木出島は其の跡なり）大方崩れ、この村の者とも大方利波に引っ越す（栗山氏蔵願事覚帳）［越中の水害（４）］［水害資料］
嘉元２年 （1304） ４月または７月または２回か	越海に大波濤が起こって小津、打出の浜、奈古の浦、須田の浦なども浸食して多大の損害を与える。須田の浦の村民は高団又は遠所に移る（和泉屋権六旧記）［越中の水害（５）］［水害資料］
嘉元３年６月上旬～８月上旬	夏６月上旬大風雨始まり、秋８月中旬頃までも続

(1305)	きければ田畠より取入るものとて更になし海岸は時に高波ありて民家をこわし或は押流されしがのみならず網を破りたれば漁師共大に困り果てけり、此年国内除免の御仰ありける。(和泉屋権六旧記)［越中の水害（5)］［水害資料］
文安5年8月 (1448)	8月より地震、大雨のみあり、放生津の海に津波あり、浜かけ流れ、家納屋取り去られ、放生津より東の方海浜にも津波あり、家、土地流出の由。(願事覚帳、今村旧記、渡辺文章)［越中の水害（6)］［水害資料］ 放生津・氷見浦には津波ありて民家を洗い去る(武内七郎誌)［『富山県災異史料』］
長享2年9月9日 (1488)	越中加賀に大風雨あり、當国小津、滑川、海老江、放生津等の海に津波有之地面おかし民家流失人馬溺死多く有りしは4、5日前より海水大に減少しける程に人々高波の前兆に相違なしとして道具類をば山牛に運び難をさけ居る矢先に起りたるもの故人の死、割合に少なかりき。(和泉屋権六旧記、和泉家旧記)［越中の水害（7)］［水害資料］(武内七郎誌)［『富山県災異史料』］
大永3年7月または8月 (1523)	多度の洪水あり、此時、滑川、小津、岩瀬森の海に津波あり、民家多く損し、土塊もかけたる事あり。(願事覚帳、越中古事記)［越中の水害（7)］［水害資料］) 魚津、滑川の海岸に津波起こり大いに民家を損なう（武内七郎誌)［『富山県災異史料』］
天文11年夏 (1542)	越中の海岸一帯津波起り土地の欠損あり、民家の流失あり、人馬の溺死あり、中にも打出の浜は元の姿無く此村は去る子の年（天文9年）にも津波ありて難海に及び遠所へ引越する輩多く有之。(願事覚帳、今村旧記)［水害資料］(武内七郎誌)［『富山県災異史料』］ 打出の濱は大部分缺損して海と化った其後村民が燕野に移転して居宅を構へ村名を打出本郷と改めた。［越中の水害（8)］

天文21年7月 (1552)	氷見、放生津、海老江等の海岸に高波ありて民家を除き土地を崩しける。右高波は築城中に起りたるものにて云々…略…。(願海寺城の事留書)［越中の水害（9)］［水害資料］
寛永5年 (1628)	滑川せは町「居屋敷海に成る」ため同年より引高(「桐沢旧記」)［『滑川町誌』上76頁］
寛永6年1月 (1629)	滑川狭町下に高波起り人家を害せしにより民家移転せり。［『滑川町誌』上564頁］
寛永20年 (1643)	東水橋高波被害（平野家文書）［『水橋町郷土史』1巻205頁］
正保元年秋 (1644)	東北海に大波濤が起った。越中では入善、泊、宮崎等（越後に入っては市振、竹ケ花、外波、郷津など）の濱岸が餘程侵蝕せられた。此時泊（元宮崎野の内和久良ケ浦を泊と云ったものである）全部が引き浚はれて海となった。其浦人が長野（原野の名）の内、草野（原野の名）の一部に移転してまた泊と命名した。［越中の水害（12)］ 東水橋も高波被害。（平野家文書）［『水橋町郷土史』1巻205頁］
正保2年 (1645)	東水橋3年続きの高波被害にて家屋敷損ず。(平野家文書）［『水橋町郷土史』1巻205頁］
正保4年2月9日 (1647)	春2月北海大に荒れ放生津、海老江、魚津、泊の海岸大に欠損し民家多く洗ひ去らる。放生津は姫野に移り、泊は横尾村、下濱手に移ると云う。(今村文章) 津波にて放生津辺の家納屋流失死人多くあり、海老江は人3人流れ、魚津も10人程流れ泊は大方家が流れたる由。(藤井能三旧記、土山旧記) ［越中の水害（12)］［水害資料］
正保4年 (1647)	新川郡泊波浪浸蝕の為め移転す。泊は最初宮崎村の西方海岸和倉にありしものなるも、海岸は波浪の為め年々欠壊し去らるるを以て、正保4年横尾村下濱手に移れり。(下新川郡泊尋常高等小学校

	報告）［『越中史料』２巻306頁］
承応３年３月17日 （1654）	海濱に高波立ち中にも放生津にて家７軒濱小屋11軒流れ、堀岡にて家３軒流れ、魚津にて家１軒ばかり流れ、又家17～8軒もこわれ、滑川に海岸甚度欠け失せ、泊りも海岸欠損あり。（三右衛門覚書）［越中の水害（13）］［水害資料］
承応３年５月	大雨ありて川の水漲り海濱に高波起り此月西廣上村の者荒地を開いて西広上新村と村名をつけ十村へ申上げたり。［水害資料］
明暦元年４月17日 （1655）	北海荒れ、滑川より越後境まで大津波起り海岸少きは６町多きは22～3町欠損仕、其間之人家悉流失致此時早速境の関守長谷川宗左衛門御検分有入膳午前より古黒部を通り道筋御付替仰付候由。（今村手覚帳）［越中の水害（13）］［水害資料］ 入善付近大津波で諸村水中に没し、田畑砂礫となり家屋人畜の被害が多かった。翌２年も大津波がつづき惨状を呈した。（下新川郡入善・上原・横山各小学校報告）［『越中史料』２巻346～347頁］
明暦元年11月 （1655）	滑川に海嘯ありて人家13軒流失した。（滑川町誌研究資料）［『滑川町誌』上564頁］
明暦２年夏 （1656）	夏も亦北海に大津波があって今度の損害は前年以上であった。入善辺では吉原、赤川、横山の３ケ村に於て草高3,600石を荒地にし400石ばかりが海と化った。（今村手覚帳）［越中の水害（14）］［水害資料］［『越中史料』２巻346～347頁］ 註　1655年９月９日、1656年10月２日及び10月９日に風水害あり［『富山県気象災異誌』８頁］
万治２年２月13日・14日 （1659）	東岩瀬に大波、家屋敷損ず。水橋中村領25石東水橋屋敷に（平野家文書）［『水橋町郷土史』３巻205頁］
寛文元年10月24日 （1661）	新川郡海岸に高波ありて人家多く流失、前田綱紀、滑川に宿泊す。［滑川町誌研究資料］ 滑川高月もまた高波強し。［『滑川町誌』上564頁］

延宝７年10月 (1679)	19日より21日迄大波打上げ此時東水橋家138軒損す居屋敷石浜となる。亦11月21日高波にて町中打通す（平野家文書）［『水橋町郷土史』１巻205頁］ 高波被害で新川郡東水橋が、水橋御蔵・民家138軒を水橋館村に移す（『富山県史』通史Ⅲ555頁）［県史年表］ 東水橋は古は東の川端に有之候。津波にて流れしに依て、延宝の頃今の地に移す。［越中志徴］
延宝８年 (1680)	東岩瀬（西宮出合）波崩れにより205石余引高［『東岩瀬史料』25・190・213頁］
貞享４年10月 (1687)	西岩瀬、にわかに大波立ち、夜中に御旅屋より殿様西岩瀬庄九郎方へ避難。その後引き上げの計画で元禄元年閏11月に白玉屋五郎兵衛屋敷へ移転（大場文書「覚書」五）
元禄元年 (1688)	新川郡黒崎村、波崩れの検地引き高488石［『東岩瀬史料』221頁］
元禄３年頃 (1690)	激浪あり、水橋町人家流失。［『気象雑篇』１巻12頁］
元禄７年 (1694)	西水橋、大怒濤にて居住地決壊。波付けしやすく危険なために新川郡辻ヶ堂村への所替の伺書を10月４日に出し、６日に許可される（加越能文庫「高畠厚定旧記帳」）［県史年表］［『富山県史』史料Ⅲ352号］
元禄８年 (1695)	西岩瀬の海岸崩壊［『四方郷土史話』351頁、典拠なし］
元禄11年 (1698)	東岩瀬宿方浦方銀納の屋敷地波崩れ［『東岩瀬史料』９・25・213頁］
宝永元年 (1704)	西岩瀬浜田新開（万治３年成立）年々海つけ込み砂浜になるため新開高永引きになる（大場文書「覚書」五）

宝永２年10月 (1705)	海嘯あり人家を多く破壊せり。(滑川町誌研究資料)［『滑川町誌』年表］ 東岩瀬浜筋田地、近年度々大波打ち上げ石砂入り［『東岩瀬史料』194・195頁］
宝永３年７月15～17日 (1706)	７月15日の晩方から17日の晩方まで２日２晩の間と云うものは餘程甚しい暴風雨であったと見えて放生津、海老江辺から出た漁業船の20幾艘が全る切り難破したと云っている。(土田宗右エ門覚書)［越中の水害（21)］［水害資料］
宝永３年９月９日 (1706)	９月９日大地震終って間もなく大風雨が起った。11日の明方まで続いたが、その間に大波濤が起って打出本郷や魚津浜では浜岸が侵蝕されたばかりではなく民家の破壊も多かった。(土田宗三郎手帳)［越中の水害（21)］［水害資料］
宝永３年 (1706)	西岩瀬御旅屋の御椽際まで海付込む（大場文書「覚書」五)
正徳２年９月21日 (1712)	泊町海嘯、人家230を漂わす。［『気象雑篇』１巻12頁］
正徳５年秋 (1715)	暴風雨があって大に北海が荒れた。此時東岩瀬、生地辺は餘程海岸を缺損した。［越中の水害(22)］［水害質料］ 註　６月18日、７月４日に風水害があった模様［『富山県気象災異誌』16頁］
享保元年９月 (1716)	横山村高波被害にて40石程不納高。御収納蔵も被害［『入善町史』近世166号文書］
享保元年10月１日 (1716)	朝、大海嘯のため泊町全戸流失す。当時泊町は横尾村浜手にありしも、同３年現今の処に移転せり。(下新川郡泊町役場調査、泊尋常高等小学校報告、五個庄尋常小学校各報告)［『越中史料』２巻757頁］ 冬10月朔日津波にて泊町皆流失仕、東岩瀬も半分ばかり流失仕同月５日加賀藩主様より御見舞御蔵

	米290被下。（享保年中覚書）［水害資料］
享保元年11月29日	巳の刻より東岩瀬付近の海中に海嘯起り、約12時間許の間に於て、家屋91戸を倒壊せり。以後、町は南方に移転し、元の東岩瀬町の所在は、今や海上半里余の所に在り（上新川郡東岩瀬尋常高等小学校報告）［『越中史料』２巻757～758頁］ 大津波あり、此時東岩瀬にて100軒ばかり流失仕150軒程破損仕、地面20町程欠け海に相成。（享保年中覚書、越中旧事記）［越中の水害（23)］［水害資料］ 29日巳の刻より翌晦日辰の刻まで大波。海岸被害の者、東岩瀬の西宮村領内御旅屋地へ移転「『東岩瀬史料』10、109頁］ 滑川高月海岸大波あり、人家に多く浸水す。（『滑川町誌』上546頁）
享保２年９月22日 (1717)	越中の海大いに溢る。就中泊駅は逆浪闔駅を掃蕩し惨状最も甚し。水難損害の覚。潰家127軒、損家114軒、流失舟・損舟26艘　以下略。（下新川郡史稿）［『富山県気象災異誌』17頁］
享保３年 (1718)	横山宿、海辺にて波濤に崩れ行、家居なりがたくして、今の地へ転地［越中志徴］ 泊宿、沼保村荒川新村の地に移転再建［越中古文書］
享保４年10月 (1719)	西岩瀬大波にて十一屋庄九郎家際まで波崩れ。屋敷替え願いにより翌年許され町家５軒建てる。（大場文書「覚書」五）
享保７年10月 (1722)	横山村高波被害にて20石程不納、元年の被害もあり御収納蔵屋敷替え［『入善町史』近世166号］
享保10年 (1725)	西岩瀬海付け込み永引き願い償地仰せつけられる（大場文書「覚書」五） 東岩瀬村波崩れなどにより引高［『東岩瀬史料』25頁］
享保11年	東岩瀬村下町段々川崩れ波崩にて下町波付けの者

(1726)	などへ請地に仰せつけられ御旅屋跡銀納居屋敷地になる［『東岩瀬史料』204・205頁、233頁］
享保13年９月 (1728)	東岩瀬中橋下より田地方まで北風(と前月の洪水)による波崩れによる波除・川除願［『東岩瀬史料』112～113頁］
享保14年12月	越中海溢る。(可観小説)〔護国公世家〕［『越中史料』２巻805頁］［越中の水害（24)］［水害資料］
享保15年１月４日 (1730)	正月４日滑川辺の海岸に高波起り77軒の人家に侵水。北海に大波濤があった。此時、放生津、堀岡にては流れ家32軒、潰れ家57軒土地の缺損もあった。東岩瀬は民家の過半数が浚はれた。滑川では流失はなかったが床の上まで浸した民家は77軒と云って居る。(滑川町誌研究資料)［越中の水害(24)］ 海上大に荒れ、滑川高月大波の為めに、人家77軒水漬になり、波除見分（松村覚書）［『滑川町誌』上564・565頁］
享保18年11月10日～15日	水橋へ高波［『水橋町郷土史』１巻206頁］
享保20年 (1735)	滑川高波被害にて元文２年波除普請奉行お越しにつき願い（桐沢旧記）［『滑川町誌』上458頁］
元文元年10月６日 (1736)	伏木・放生津など高波被害で民家を流失、境では浜関所番屋流失する（国事雑抄）［県史年表］ 暴風雨、越中能登竝に海溢る、伏木放生津民家毀壊する者80、溺死する者17人（護国公世家）［『越中史料』２巻810頁］ 伏木・放生津、津波打、伏木50軒海中へ引入、人17人行衛不知、放生津家30軒崩れ［政隣記］ 北海に津波起り、放生津伏木損害を受け此時人家80軒濱33棟倉６棟男３人女14人水害にかかり申候此の北大風吹、又大雨同日海老江打出、本江練合も水害にかかり人家破損流亡人も有りし由。(一切覚帳、土田手帳)［水害資料］ 近年稀れな高波で濱岸の土地が12万歩許も海に化け民家の流れたことは121軒、溺死者が19名も

	あった。[越中の水害（26）]
元文元年10月 （1736）	横山村高波にて同年より寛保年中まで屋敷替え。田地への移転。同年75石程不納。給人蔵高波にて同４年屋敷替え［『入善町史』近世166号］ 水橋も高波打つ。[『水橋町郷土史』１巻206頁]
延享２年１月 （1745）	海嘯ありて人家及び土地を流失す。[滑川町誌研究資料][『滑川町誌』上565頁]
延享４年10月24日 （1747）	越中・能登海溢れる（謙徳公世家）[『富山県災異史料』] 泊駅被害［『気象雑篇』１巻12頁］
延享４年12月24日	大北風其上大雨有し海荒れ能登境より越後境まで地面欠損無き處なし、伏木は10間ばかり放生津20間ばかり海老江56間ばかり魚津30間ばかり泊、滑川、境は地面欠損無きも民家沢山流失仕候。（金井留帳）[水害資料]
寛延元年 （1748）	東岩瀬往還道洪水高波により破壊「『東岩瀬史料』220頁]
寛延２年10月24日 （1749）	高波のため、境関所建物付近の百姓家20軒が被害を受け、また塩釜屋が残らず流失する（国事雑抄）[県史年表] 越中能登海溢る（謙徳公世家）[『越中史料』３巻２頁] 海に大津波あり放生津地面欠損民家流失仕。（今村旧記）[越中の水害（29）][水害資料] 横山村10月に高波被害。街道松も根返り［『入善町史』近世166号］
寛延２年11月21日	越中海溢れ、境、泊両駅竝新川郡、民屋数戸を壊る（謙徳公世家）今の放生津新町は、元と海岸に瀕せる町立なりしを、寛延２年海嘯のため陥落し、今の所に移転せるなり（射水郡新湊町小学校報告）[『越中史料』３巻２頁] 横山村11月に高波被害。前月とともに35石程被害。街道松が根返り前月共に18本、少々残る分も

	波端に［『入善町史』近世166号］
寛延２年	海嘯あり。放生津の海岸は700余間陸地へ浸食せるを以て人家の流失押して知るべし。放生津の海に陸地より８丁許距りて堂の後という字あり。このところ同地の寺院大楽寺の跡なりと伝う。（武内七郎誌）［『富山県災異史料』］ 西岩瀬、寛延二年と翌三年と両年に海付け込み窪村に新町28軒家建て（大場文書「覚書」五）。
宝暦６年９月16日 （1756）	放生津波打浜辺小屋20余軒引き潰れ（森田文庫「変異記」乾）
安永４年 （1775）	東岩瀬、近年浜辺筋田地に度々大波打ち込み、石信砂子入永不納地多し［『東岩瀬史料』229頁］
天明５年12月12日	12日より14日にわたり伏木浦波浪高く、一宮村田地流失の被害を受けた。（堀家文書）［富山湾浪害誌］
寛政３年９月３日 （1791）	越中放生津へ津波打ち磯際にて180軒有之一村不残打崩し、内20軒海中へ引入れられ、人損多く有り。（政隣記・付記）［『富山県気象災異誌』28頁］［『日本気象資料』］
寛政４年７月13日 （1792）	西岩瀬より放生津にかけて津波あり、放生津の家400軒ばかり引行かれる（越中旧記）［県史年表］ 大北風にて、御回米1,310石岩瀬沖にて破船、同所近辺白枯に成り、中稲見立草高2,000石計の由、其節西岩瀬家10軒計り、放生津は家400軒計り、津波にて引行かれる由。（越中旧事記）［『越中史料』３巻198頁］ 12日海水急に減り申候、然るに明13日大北風起り大津波にて放生津は民家438軒、堀岡２軒、足洗５軒、西岩瀬８軒引去り海濱地面放生津は５間より14〜8間も欠損有之能登通６艘失せ其の外漁師舟数10艘有損害。（松原覚帳）［水害資料］ 海水が急に減ってきた。当時老人共の云ふこれは近日必定天津波の起る前兆なりと其の翌13日果して一大波濤があった。以下略［越中の水害（47）］

	７月、滑川海岸海嘯あり［『滑川町誌』上565頁］
文化２年２月９日 (1805)	夜九つ時（今の12時頃なり）西北より大風吹き起り、間もなく怒濤天を衝て来り、忽ちにして海水町中に上ること尺余、字阿弥陀堂町の浦にて、家屋納屋数棟を捲き落せしのみならず、死亡及び負傷のものをも生じ、実に久壽元年以来の大荒なりしという。（下新川郡生地尋常高等小学校報告）［『越中史料』３巻235頁］（坂田今村覚書）［越中の水害（48)］［水害資料］ ２月、海岸大風海嘯起こる［『滑川町誌』年表］
文化３年正月２～４日 (1806)	八幡村・入膳村・吉原村・神子沢村・下飯野新村・五十里村・荒俣村高波被害。吉原村は家18軒波付け、居屋敷など岸崩れ、五十里村の家３軒波付け［『入善町史』近世168号］
文政11年８月24日 (1828)	大風雨諸所に被害、伏木村、波浪のため家屋倒壊。［『富山湾浪害誌』］
天保２年 (1831)	浪害で浜手の収納道が破損し、入膳村に11貫500文、吉原には２貫800文の修理費が入膳組から出される。［『入善町史』228頁］
天保12年 (1841)	風濤頻りに起り、伏木浦の提防を破壊し激浪襲来して貨物揚卸場、船舶碇繋場を崩壊し陸地を侵蝕し民家を洗ひ去り殆ど一港の過半其災害にかかり和船の出入を妨ぐるに至れり、伏木村三右エ門云々略。［水害資料］［「伏木港之沿革史」天］
天保15年２月２～４日 (弘化元年)(1844)	滑川高月辺に高波ありて人家害う。（高月村曲淵屋平右エ門書類）［滑川町誌研究資料］ 大つなみ「山淵書類」［『滑川町誌』上565頁］ ２月滑川高月高波あり［『滑川町誌』年表］
弘化元年２月２日 (1844)	越中に大風、大津波がおこる。新川郡入善など６か村で100軒余が壊れる（『加賀藩史料』15）［県史年表］
弘化２年12月23日	12月23日より３日間、海面怒濤起り、滑川海岸人

	家33戸流没す。字山王町濱町の幾分、南方に移転して今の堺町を創む。（中新川郡滑川町役場調査）［『越中史料』３巻532頁］［『富山県災異史料』］ 打出本郷、東岩瀬、海老江などにも民家の流失或は破潰があった。（金井文章）［越中の水害（57)］［水害資料］
嘉永２年８月２日 (1849)	巻汐にて損壊（伏木）。また、２日、15日にも富山湾浪害。（藤井家文書）［『富山県気象災異誌』34頁］
嘉永２年11月13日 (1849)	高波おこり伏木村、国分村高岸波除所大破。（藤井家文書）［富山湾浪害誌］
嘉永５年 (1852)	四方東の浜は波に崩れまたは浸食により５月19日に中坪に恵比寿神社移転［『四方郷土史話』346頁、典拠なし］
安政３年９月３日 (1856)	越中放生津へ津波打磯際に而180軒有之、一村不残崩れ内20軒者海中引込候。而人損多有之。（政隣記）［『富山県気象災害誌』35頁］
安政５年 (1858)	水橋海岸激浪、建物30棟流失。［『気象雑篇』１巻12頁］
安政６年２月３日 (1859)	滑川高月高波甚だしく人家浸水［『滑川町誌』上566頁］
安政６年11月２日 (1859)	新川郡西水橋町、海岸怒濤の為め崩潰す（杉木御触留帳）［『富山県災異史料』］ 新川郡西水橋高波のため６軒全潰、16軒半潰し、31軒波付となる（『越中史料』）［県史年表］ 大北風ありて津波起る。西水橋町に波により半壊の家多くありしか同月９日夜８ツ半に又津波あり、半壊の家全壊となる。（羽根屋手覚書）［越中の水害（89)］［水害資料］ 潰家６軒、半潰家16軒、高波付41軒（９日分も含む)。（杉木御触留帳）［『越中史料』３巻672～676頁］

元治元年８月９日 (1864)	寄廻り高波にて伏木浦新波除御普請所川之内竹篭損所御手入大綱見図り御入用銀高書上申候。（藤井家文書）［『富山湾浪害誌』］ 註　寄り廻り波の名称の記載はこれが最初である［『富山県気象災異誌』36頁］
慶応元年４月８日 (1865)	寄廻高波。（藤井家文書）［『富山湾浪害誌』］
明治11年12月31日 (1878)	伏木浦この日より翌１日にかけて怒濤海岸の家屋に浸入、大なる被害を受けた。［『富山湾浪害誌』］
明治13年11月27日 (1880)	南西の暴風雨にて、夜滑川高月東岩瀬沿岸に高波起り、家屋破壊多数、浸水家屋50余戸、船舶５艘破壊。（滑川警察署調査）［『越中史料』４巻314～315頁］［越中の水害（97）］［水害史料］他
明治14年11月 (1881)	水橋、大高波の襲来あり、家屋の被害あり［『水橋郷土史』１巻353頁］
明治16年９月11日 (1883)	高波のため、下新川郡生地海岸で波除工事30間破壊浜納屋27棟倒壊、市街家屋浸水（『越中史料』）［県史年表］ 南暴風雨のため、下新川郡生地町海岸に高波起こり波除工事30間破壊、浜納屋27棟倒壊。復旧工事に初めて石材を用ゆ。（三日市警察分署調査）［『富山県災異史料』］［『越中史料』４巻396～397頁］［越中の水害（97）］［水害史料］
明治18年７月１日 (1885)	暴風雨のため、伏木・魚津・水橋・東岩瀬各港で多数の船が難破。庄川・神通川・黒部川などの諸河川出水し堤防破壊（『越中史料』）［県史年表］
明治18年11月25日 (1885)	夕刻より婦負郡練合村海辺は非常に波強くして６尺以上にも登りしが、浜辺の納屋２棟を破壊し又た外に小船１艘を流失せり。「中越新聞」（27日３面４段）（註、富山県の新聞記事としては最初である）
明治20年11月18日 (1887)	18日夜に入りしより、俄然海波怒濤猛烈なる為めに東水橋町の人家崩壊。「中越新聞」（22日３面１段）

明治21年6月3日 (1888)	激浪人家を破壊す　上新川郡東水橋町浜海は3日午後7時頃より潮波大に荒立ち山の如きの激波怒濤来りて海岸を打ち人家、波切合掌枠を破壊した。「中越新聞」（7日3面1段）
明治22年9月11日 (1889)	怒濤波除けを砕く　午後8時頃より上新川郡滑川町海岸は波濤高く起り同10時頃に至り西風強く加はりて濤勢益々募るにつれ波除の羽取石を吹き飛ばし工事の過半破壊せり。「富山日報」（13日3面3段）
明治23年10月5日 (1890)	伏木水害の詳報　5日午後7時頃に至り忽ち屋を仆さん許の暴風となり、水勢愈々猛烈を極めたるに寺畑橋（伏木六渡寺間の橋）の墜落せし。汽船崇敬丸は逆浪のため伏木浜へ打揚げ船休はみじんに打砕けたり。6日の朝5時頃に至れば暴風愈々烈しく怒濤天を衝いて渦き来り。破壊せし船舶は大小凡そ70餘艘の多きに達せり。寺畑橋の落ちし時30人程は橋と共に流れゆき、各破船の乗込水夫40～50人餘行方不明。古来、未曽有の水害なり。「富山日報」（10日7面1～2段）
明治24年9月30日 (1891)	暴風雨のため庄川出水し、新湊町六渡寺及び放生津町の堤防約204間・放生津潟廻りの堤防445間決壊（『越中史料』）［県史年表］ 暴風雨あり。同時に庄川出水し新湊町海岸字六渡寺町及放生津町領堤防約204間欠壊し又放生津潟廻り堤防中字放生津町、法土寺町、荒屋町の領445間欠壊。（新湊警察署調）伏木：最大風速19.2m/s NE　10時00分［『富山県気象災異誌』45頁］ ［越中の水害（104）］［水害資料］
明治26年10月14日 (1893)	暴風雨のため新湊海岸で激浪起こり、家屋55戸全壊、50戸半壊、61戸浸水、道路34間・海岸堤防901間決壊。氷見・伏木・滑川の各町でも被害（『越中史料』）［県史年表］ 14日、午前6時より強風微雨を交へ暴風雨となり、時に間断することあるも、漸次風勢を増し、翌15日午前2時に至り、海岸一帯に激浪起り、之に沿ひたる家屋55戸を全潰し、半潰のもの50戸、

	浸水するもの61戸に及ひ、宅地欽壊８反３畝、道路の欽壊34間、海岸堤防突堤等欽壊約901間、此被害額１万4,744円余に達せり（新湊警察署調査）［『越中史料』４巻622頁］ 10月15日午前1時半颶風起り、海岸に高波ありて新湊、伏木、氷見等甚しく其害に罹る。（明治記録）［水害資料］［越中の水害（105）］「北陸政論」（17日５面４段、19日３面４段） （伏木：最大風速24.8m/s　NNE）［『富山県気象災異誌』47頁］
明治26年11月18日 （1893）	津波のため、上新川郡滑川町で家屋43戸全半壊、60戸浸水、道路14間・波除堤防420間決壊（『越中史料』）［県史年表］ 11月18日富山県海嘯の状況左の如し、上新川郡滑川町海嘯被害の状況（中略）同17日は暴風の警報ありしも唯降雨のみにて風勢は左まで強烈ならざりしが滑川町は同日午後12時頃より海上波濤穏かならず。翌18日午前３時頃に至り激浪山の如く襲来し堤防を破壊し陸上に打上げ沿岸の人民は常ならざるを察し力を極めて之を防禦せしも其勢猛烈にして殆ど当り難く遂に家屋に浸入し………負傷せし者12人に及べり。同日午後に至り、稍く鎮静せり、右の如く当時風勢猛烈ならざりしに斯る暴濤を起せしは蓋し沖合に於て颶風の起りしに因るならん。家屋全潰21戸、家屋半潰22戸、浸水家屋60戸、波除堤防欠壊420間。右の外同町に接近したる水橋町、早月村、加積村、西加積村の被害。堤防破壊398間……。（官報）［『富山県災異史料』］［『越中史料』４巻623頁］ （伏木：最大風速6.9m/s　N）［『富山県気象災異誌』47頁］［水害資料］［越中の水害（106）］
明治26年11月30日 （1893）	本町海岸に高波起り、山王町下国道を欠壊し波除堤防を多除去せり。（滑川役場口述）［水害資料］
明治27年９月11日 （1894）	20時30分より暴風強烈を極めて下新川郡三日市町付近……船舶樹木等損害多し。（三日市警察分署調）（伏木：最大風速21.4m/s　WSW）［『富山県気象災異誌』48頁］［『越中史料』４巻642頁］

	11日暴風の餘勢海上に怒濤を起し来り13日午前10時上新川郡水橋海岸の納屋２棟を掠め去り同１棟を半潰し沿岸40間を缺損。同郡滑川町大字高月村の海岸波除も崩壊した。「北陸政論」（15日３面５段）
明治27年12月12日（1894）	12日、暴風雨のため滑川沿岸に高波起こり、家屋12棟、他の建物24棟など破壊（『越中史料』）［県史年表］ 暴風雨夜滑川沿海高波起り、滑川町大字西町の海岸に沿ひたる箇所に於て家屋12棟その他建物24棟を破壊し突堤３ケ所枠74ケ流失。（滑川警察分署）［『富山県災異史料』］［『富山県気象災異誌』48頁］［水害資料］
明治27年12月13日（1894）	富山湾に激浪起こり、四方町で家屋20戸浸水、道路24間破壊（『越中史料』）［県史年表］ 有磯海激浪を起し、四方町に家屋３戸、納屋１棟破壊し、浸水家屋20戸、道路24間、波除枠３個を破壊したり（四方警察分署調査）［『越中史料』４巻655頁］
明治29年１月１日（1896）	寄廻浪襲来し、沿岸被害あり。（伏木測候所災異記録）［富山湾沿岸浪害資料］
明治29年１月11日（1896）	激浪に伏木被害あり。（伏木日用便覧）（伏木：最大風速11.3m/s　SW　10日９時00分）［『富山県気象災異誌』49頁］
明治29年２月11日（1896）	暴風のため、富山湾沿岸で寄り回り波が起こり、婦負郡四方町で家屋21戸倒壊、堤防852間決壊、救助船遭難、死者５人（「富山日報」）［県史年表］ 上新川郡滑川町大字高月村の沿海は従来波濤の激しきこと県下第一の聞えある所なるが去11日夜も怒濤天を衝て至り。石堤50餘間、国道30餘間欠壊。婦負郡四方町沿海に於ても大波あり暴風も亦激しかりし為め同町白石某の所有船が激浪のため遭難。関係者の救助活動にもかかわらず乗組員３名救出したが残りの５名は行方不明である。射水郡伏木沿海でも漸次高浪起り、凡そ６尺計りも昂

	騰し為めに沿岸家屋15戸納屋11棟浸水した。「北陸政論」（14日３面４段、16日３面５段）
明治29年７月７日～８月２日（1896）	７月７日、同21日、８月２日県下谷川の水害甚し［水害資料］ 暴風雨起り海岸は高波し、又庄川出水して川口提防を破壊又は欠壊し新湊町内川の南西は庄川洪水のために市街の過半浸水し又内川の南東は海岸高波のために海岸波除堤防を欠壊せらるる。浸水家屋1036戸、浸水田地144町２反19歩、波除堤破損300間。（新湊警察署調）［『富山県気象災異誌』50頁］
明治29年８月30日（1896）	県下各地の風害続報　射水郡新湊地方にては去30日午後３時頃より北風猛然として吹き起り、為めに海老江、打出本江の海岸は一時に怒濤を捲き波除提防を破壊し人家に浸水した。家屋全潰12、同半潰５、納屋全潰17、………。又同郡伏木地方にても、30日午後３時より北東の暴風吹き起り、同７時頃より風威漸次増加したる。家屋全潰６、同半潰33、納屋全潰６、船舶沈没４、同破損33。氷見郡氷見地方は、30日朝来暴風ありし處31日午前０時頃より風位西南に変転し其勢ひ頗る猛烈を極めた。家屋全潰22、同半潰１、納屋全潰７、………。略。「北陸政論」（９月３日２面４段）
明治30年４月11日（1897）	怒濤の被害　去る11日午後11時頃より、烈しく吹き荒みたる北風の為め中新川郡浜加積村大字浜四ツ屋村沿海は非常の波濤を起したる。浸水家屋13棟、石堤８間、堤防２間欠壊。「北陸政論」（16日３面５段）
明治30年12月３日（1897）	波除堤防の破壊　婦負郡草島村字八重崎海岸波除堤防の両端は去る３日の暴風怒濤によりて長30間計り破壊し目下海水田地に侵入し居れり。「北陸政論」（７日３面５段）
明治30年12月（1897）	四方海岸の怒濤　婦負郡四方町なる海浜は此程俄かに激波怒濤を起し益々猛烈を逞ふし、忽ち堤防、石堤破壊、人家浸水したが家屋の流失、人畜

	の死傷なし。「北陸政論」（9日3面5段）
明治32年1月31日 （1899）	滑川沿海の激浪　中新川郡滑川町の海岸には過般来屡々激浪ありしが31日も亦午後より大波起り為めに高月村の国道線も往来甚だ危険にて行人は何れも寒心したりといふ又其附近人家も多少の被害ありしとの報あり。「北陸政論」（2月2日3面5段）
明治32年7月26日 （1899）	波除石堤の破壊　婦負郡草島村大字草島村海岸字八重崎波除石堤中3～4ケ所去る26日夜来、激浪の為め破壊した。「北陸政論」（29日3面4段）
明治32年12月15日 （1899）	石堤の破壊　去る15日午後3時頃激浪怒濤のため婦負郡四方町海岸字川西下石堤延長30間、同宮下同25間、同四方新同20間各破損し外に家屋2戸、納屋2棟破壊したり。「北陸政論」（17日3面5段）
明治32年12月23日 （1899）	津波のため、下新川郡生地町で家屋2戸流出、37戸破壊、108戸浸水（『越中史料』）［県史年表］ 下新川郡生地町に浪害あり。家屋2棟を流失し、家屋納屋等37棟を破壊し、圧死者を出せり。浸水108戸に及べり。（三日市警察署分署）［『越中史料』4巻752～753頁］［『富山県災異史料』］（伏木：最大風速26.8m/s　NNE　17時00分）［『富山県気象災異誌』52・53頁］［水害資料］
明治33年9月20日 （1900）	波除の顚覆　去る20日夜、中新川郡滑川海岸における波濤高く為めに波除コンクリート1個顚覆したりと。「北陸政論」（26日3面4段）
明治33年11月17日 （1900）	暴風の被害　去る17日の暴風にて監獄署板塀43間は吹倒され又た高岡市にて、家屋が破壊し滑川町西町浦海岸突堤先のコンクリート桶傾斜した。「北陸政論」（20日3面5段） （伏木：最大風速　16日18.7m/s　NE、17日025.5m/s　NE、18日15.1m/s　NE）［『富山県気象災異誌』53頁］
明治33年12月7～9日	12月7日、午後2時より暴風雨となり、引続き同

(1900)	9日夜、滑川高月沿海にて高波起り、山王町より高月村に至る道路を破壊す。尚電柱8本、加茂神社境内の松木1本を倒し、上梅沢村に於て家屋1棟を倒潰せり。(滑川警察署調査)[『越中史料』4巻753頁] 浸水家屋20、納屋15、破壊家屋3、石堤被害大、突堤頭部全体破壊、中にも尤も甚しきは西町下突堤にして漸く突堤の根跡を残せしのみその損害凡1万5～6千円なりと云ふ。「北陸政論」(13日3面5段) [水害資料][越中の水害(120)] 伏木測候所高波の為め被害を受けた。[『富山湾浪害誌』]
明治34年8月26日 (1901)	伏木、滑川激浪あり、被害大なり。(日用便覧)『富山湾浪害誌』
明治34年9月9日 (1901)	滑川浦の大波　昨日午前9時中新川郡滑川浦に於て大波ありとの電報、県庁及び県参事会に打電し来りしか、右に付谷井第二課長及び浅井技手は実地視察の為め急行出張したり。「北陸政論」(10日3面6段)
明治34年11月25・26日 (1901)	伏木滑川の高波　25日夜10時半、伏木測候所に高波の為め尺餘構内に浸水し器械の損害少からず。26日午前1時中新川郡滑川町高波の為め家屋破損5戸、浸水20戸あり。波除けの破損多し。「北陸政論」(27日3面5段)[『富山県気象災異誌』53頁] 激浪(寄廻波)あり、沿岸被害大なり。(伏木測候所災異記録)[富山湾沿岸浪害資料]
明治34年12月3日 (1901)	滑川浦の大波　3日夜、中新川郡滑川町の海岸に又たもや大波起り家屋数十戸浸水国道及び波除突堤等破損したり。「北陸政論」(5日3面6段、6日3面4段)
明治35年9月28日 (1902)	滑川海岸の高波　去る27日夜12時より28日午前4時に至る迄、中新川郡滑川海岸に高波起り同町大字高月村組枠7個埋石20坪同領家鬼枠埋石2坪を

	流失した。「北陸政論」（10月１日３面６段）
明治35年12月２日 （1902）	滑川海岸の欠壊　去る２日午後５時頃より海上風波起り中新川郡滑川町の海岸なる大字高月村に於いて鎮石堤欠壊した。「北陸政論」（７日３面６段）
明治35年12月23日 （1902）	滑川海岸の大波　中新川郡滑川町長より県庁への来電に滑川大波の為め波除破壊多し出張を乞ふとありたり。「北陸政論」（24日３面６段）
明治36年１月７日 （1903）	草島海岸、１丈５尺余の激浪、海岸波除10組、田地１反歩余、用水150間破損、その他の損害１千円以上「高岡新報」（14日）
明治36年10月２日 （1903）	滑川海岸高波の電報　滑川警察署長より其筋に対し滑川高波の為め同町大字山王町国道長10間巾３間欠壊、宮前道路長５間余全部破壊西町１間余高月１間余石堤欠損す。「北陸政報」（４日３面６段）［『富山県気象災異誌』55頁］
明治37年９月16日 （1904）	海岸突堤の破壊　去る16日婦負郡四方町並に氷見郡氷見町海岸60間激浪の為め破壊した。「北陸政報」（21日３面５段）
明治37年11月６日 （1904）	海老江村の破堤　６日午後６時射水郡海老江村の海上高波の為め堤防破壊し納屋１棟も破壊した。 四方町の被害　６日暴風荒浪の為め四方町より新湊町間の道路一部欠壊、白石某他５名所有の角網流失した。 滑川海岸の高波　７日午前11時頃より中新川郡滑川町大字高月村の海上荒波の為め家屋危険となり海岸人民は家財を取り片付け避難の準備中なり。「北陸政報」（８日３面６段）
明治38年７月29日 （1905）	伏木浪害、暴風のため漁船400隻遭難、その他沿岸被害あり。（伏木測候所災異記録）［富山湾沿岸浪害資料］
明治39年１月19日 （1906）	高波襲来し、滑川沿岸被害あり。（富山日報１月22日）［富山湾沿岸浪害資料］

明治39年２月18日 (1906)	波止場枠の流失　中新川郡滑川町大字高月村の波止場は18日夜来の海波の為め枠３本流失せり。「北陸政報」(20日３面６段)
明治39年12月９日 (1906)	滑川海岸激浪被害あり。(「富山日報」11日)［富山湾沿岸浪害資料］
明治39年12月24日 (1906)	波濤の被害　24日夜10時頃より同11時迄の間に於て射水郡伏木町大字湊町63番地先海浜堤巾５間長30間許は波濤の為め欠壊。舟小屋1棟半壊せり。「北陸政論」(27日３面６段)
明治40年２月22日 (1907)	水橋、激波。字久保下防波堤破壊、民家浸水。［『水橋町郷土史』１巻560頁］
明治40年６月14、15日 (1907)	滑川海岸の高波　14日午後５時より中新川郡滑川町沿海に高波起り15日午前５時頃に至る間に於て大字領下村下の波除合掌枠３間１組も流亡せりといふ。「北陸政報」(16日３面５段)
明治40年10月22日 (1907)	滑川海岸の被害　22日中新川郡滑川町海岸高波の為め高月村下海岸丸太合掌枠10間流失、他各所で損害が発生した。「北陸政報」(24日３面５～６段)
明治40年12月21日 (1907)	伏木浪害　伏木湊町灯台下空地欠壊。その他波除堤50間、幅５～６尺欠壊する。(「富山日報」23日)(伏木：最大風速12.4m/s　SW　10時00分)［『富山県気象災異誌』56頁］
明治41年３月19日 (1908)	滑川海岸の高波　19日午前３時より午後12時に至るまで中新川郡滑川町大字高月村の沿海に高波あり。その損害は負傷者１人、納屋２棟全潰、仝１棟半潰、石堤全壊延長89間、仝欠壊延長90間。近年稀れなる怒濤なりしか當日晴天なりしゆゑ仝町雪島神社前怒濤襲来の模様を写真となしたるか一見悽愴を極めたりと。「北陸政報」(21日３面６段)

明治41年11月27日 (1908)	高波のため、経田海岸で被害　11月28日、生地町芦崎海岸・伏木海岸・滑川海岸で被害（『富山県気象災異誌』）［県史年表］ 海岸の暴風雨　県下に空前の高波あり、被害も極めて多大に上りたる由。生地海岸　27日午後12時頃より既往20年間にかつて見ざる大激浪起り被害大。滑川海岸　28日午前３時頃より漸次に高波となり被害大。海老江海岸　人家10戸は高波のため破壊し損害最も多大。伏木海岸　28日午前１時俄然激浪起り被害大。経田海岸　27日夜10時頃より高波となり被害。「北陸タイムス」（30日２面７段） 28日、寄廻波襲来し、沿岸被害甚大なり。（伏木測候所災異記録）［富山湾沿岸浪害資料］
明治43年８月10日 (1910)	午後７時頃より北海に高波が起って、伏木海岸の護岸堤、海老江海岸の防波堤が破壊された。［越中の水害（192）］
明治44年12月12日 (1911)	滑川海岸の高波　去る12日午前10時頃より山の如き高波襲来し、海岸波防８ケ所破壊。「北陸タイムス」（15日３面２段）
明治44年12月21日 (1911)	滑川海岸の暴波　21日夜滑川海岸に暴波襲撃し同町大字大町高月領家の石堤根固め枠等の流失多大に上り損害甚しき由。「北陸タイムス」（22日３面５段）
明治45年２月 (1912)	滑川海岸に高波あり、人家を破壊す。知事以下来滑。［『滑川町史研究資料』］
明治45年３月18、19日 (1912)	県下沿岸に激浪あり、滑川（163間）、水橋（120間）、伏木、新湊、四方等で護岸堤防破壊され特に滑川、水橋、新湊でひどく300間を洗い浸水家屋も多し。［『富山県気象災異誌』59頁］「北陸タイムス」（20日３面２～３段） 因に云ふが海嘯の再襲を俗に「寄り廻し」と云って居るが四方附近は３度の寄り廻しがあって、それは午後の３時過ぎと同５時過ぎ、同９時頃であったと云って居る。他の海岸にもあるには決っ

	て居れど克く覚えて居るものが無いか記録に残って居ない。[越中の水害（219～223）] 寄廻波襲来し、沿岸被害あり。（伏木測候所日用便覧）[富山湾沿岸浪害資料]
大正３年４月14日 （1914）	高波のため、下新川郡沿岸で漁船が大量遭難、死者11人。４月16日、四方沖で漁船２艘転覆、死者10人。（「富山日報」）[県史年表]
大正５年１月19日 （1916）	富山湾一帯に波浪高く、横山村海岸で２丈余に達し、被害多少あった。[『朝日町誌』317頁]
大正５年12月27日～30日 （1916）	27日、水橋、稀有の大暴風にて怒濤来襲し、浜町被害多大なり。[『水橋郷土史』１巻353頁] 28日～30日、水橋、数十年来に見ざる激波。人家の被害大。[『水橋町郷土史』１巻560頁]
大正５年12月29日 （1916）	高波のため、滑川郡高月海岸で防波堤295間決壊、家屋12戸全壊、他の沿岸部にも被害（『富山県気象災異誌』）[県史年表]
大正11年３月15日 （1922）	強風・波浪のため富山湾内で漁船８隻遭難、漁夫44人行方不明（『富山県気象災異誌』）[県史年表]
大正12年１月２日 （1923）	水橋、暴風雪、未明より海岸に高波襲来、未曾有の惨害を被る。夜間に入りて一層怒濤の勢を増し、護岸堤防全潰、人家の倒潰流失、波浪町を洗う惨状を呈せり。[『水橋町郷土史』１巻560頁]
昭和２年12月24日 （1927）	寄り回り波のため、滑川町高月で死者１人、家屋34戸浸水。（伏木測候所『創立百年誌』）[県史年表] 宮崎海岸国道10間欠壊、滑川町高月で34戸浸水、水橋町で３棟半壊、打出浜国道20間欠壊［『朝日町誌』318頁］
昭和４年１月２日 （1929）	寄り回り波のため、泊・宮崎など県東部各町村で家屋浸水、船舶流失、道路損壊などの被害、死者１人、負傷者19人（伏木測候所『創立百年誌』）[県史年表]

昭和４年４月22日 (1929)	寄り回り波のため、伏木海岸で家屋約100戸浸水、堤防２か所決壊、道路20間決壊などの被害（『伏木史料総覧』）[県史年表]
昭和６年１月10日 (1931)	高波のため、下新川郡生地町で家屋約300戸浸水、新湊町・魚津町で漁船転覆などで溺死者５人（『富山県気象災異誌』）[県史年表]
昭和７年11月14日 (1932)	台風のため、県西部の富山湾沿岸で家屋５戸倒壊、500戸一部破損、防波堤決壊、船舶大破などの被害（『富山県気象災異誌』）[県史年表]
昭和８年９月５日 (1933)	台風による高波のため、富山湾沿岸町村で家屋932戸浸水、50戸倒壊、漁船20隻流失、田畑冠水（『富山県気象災異誌』）[県史年表]
昭和10年11月12日 (1935)	寄り回り波のため、伏木・新湊・四方・水橋・滑川各町と倉垣村で家屋浸水、流失、全壊などの被害、死者１人（『富山県気象災異誌』）[県史年表]
昭和16年６月７・８日 (1941)	７日夕刻から上原村吉原海岸に激浪がおそい、夜半になり益々烈しくなり、防波垣・防波堤欠壊し、田地・漁網に損害。飯野村も水田被害。横山村も防波堤欠壊、水田被害。入善町、青木海岸、泊町海岸でも相当の被害［『朝日町誌』319頁］
昭和20年12月19日 (1945)	１時から６時ごろにかけ下新川郡沿岸に浪害発生、堤防欠壊270m。（北陸地方研究報告）[『富山県災異誌』106頁]

備考

本表は吉田清三氏が作成された『富山湾災害総覧』をもとに、新たな資料を付加してまとめたものである。今後、さらに近世以前の事例を追加していく必要がある。なお、同総覧は漁船や廻船などの非常に多数の難船・破船の被害も一緒にまとめている。また、「武内七郎誌」からの引用については武内淑子「武内七郎の越中水害記録」『富山史壇』169・170合併号を参照のこと。

気象要素については、次の略字で表した。

風向：北をN、東をE、南をS、西をWとし、北東をNE、北北東をNNE、以下この要領に準じた。

主な引用、参考文献は次のとおりである（各市町村史は略す）。

越中史料……明治42年３月、富山県発行。

越中水害年譜資料……武内七郎誌で明治40年頃の報告書である。

水害資料と略して記述した。

滑川町誌研究資料……武内七郎誌の中の別添資料。

富山湾浪害誌……田口龍雄調査資料。

富山湾沿岸浪害資料……小林清次調査資料（『富山湾海岸浸蝕調査報告書』富山県海岸対策協議会、1952年）。

気象雑篇……大正８年12月、富山県伏木測候所発行。

富山県気象災異誌……昭和46年３月、日本気象協会富山支部発行。

越中の水害……武内七郎執筆、『高岡新報』に大正７年３月７日より大正７年11月22日まで連載された新聞記事（247回）。

越中の水害（78）とは、「越中の水害」第78回目の掲載文より引用したとの意。

『中越新聞』（明治18～21年）『富山日報』（明治22～24年）『北陸政論』（明治25～36年）『北陸政報』（明治37～41年）『北陸タイムス』（明治42年～昭和15年）『北日本新聞』（昭和16～20年）

典拠文献

吉田清三（富山商船高等専門学校航海学科第２研究室編）『富山湾災害総覧』（富山商船高等専門学校、1987年）、富山県編刊『富山県史年表』（1987年）、富山測候所編刊『富山県災異史料』（1940年）、石川県立図書館蔵文書、金沢市立図書館近世史料館蔵加越能文庫文書、そのほか富山県内自治体史などによる

第三部　町の住民と商業・流通

第一章　在町井波の婚外子と男女関係

はじめに

近世都市の研究は、一九七〇年代以降に都市と国家支配の研究から都市維持や町人身分の形成の研究、また都市共同体の研究も進展するなど、三都の研究を中心にして活発に行われるようになった。研究対象の都市を三都外にも一層広げることはもちろんのこと、今後研究を深めねばならない都市と農村の研究など、近世都市の研究課題は多い(1)。その中の一つとして、都市に生きた人々の実態と彼らの生き方や生活文化を詳細に解明していくことがある(2)。

社会的弱者を通じて、その時代の社会のあり方を見ることが日本史でも重視されるようになり、女性史・子供史の研究が盛んとなってきた。この点で都市の女性や子供の研究は、とりわけ都市に生きた民衆の研究では現在の重要な課題の一つといえるのではなかろうか。

女性や子供の問題で、関心がもたれる事柄に、私生児の問題がある。正式な婚姻関係を結ばずに出生する私生児について取り上げるということは、結婚のあり方と出産を問題にすることでもある。また、それは私生児出産をめぐる男女関係の問題へも広がりをもつ。さらに私生児を出産するか否かの問題は間引き・堕胎に関連してくる。つまり私生児の検討は、近世に生きた人の性と生死という、当時の社会に生きた人についての基本的事柄についての貴重な情報を与えてくれる。

近世の私生児についての研究を振り返ってみると、その本格的な研究はほとんどみられず、近世史では私生児研究の蓄積がない。[3] それは私生児についての史料を豊かに残す町や村がないためであろう。しかし、幸いにも加賀藩の在町井波（越中砺波郡）には、私生児の実態解明に参考となる史料が残っている。そこで、本章では都市といっても、地方の在町である井波を対象に、在町の私生児について取り上げることにする。もっとも井波の場合も、私生児の全容を詳細に把握できる十分な史料があるわけではない。このため本章では、在町井波の私生児について明らかにできる限りその実態を示すことを課題の一つとしたい。

次に、前述のように、私生児出生で考慮される、庶民の自由な恋愛関係、男女関係についても、当時の対象地ではどのような状況になっていたのか可能な限り明らかにしてみたい。近世都市の男女関係についてのこれまでの研究は、結婚についての研究を除けば、史料の関係で遊女・売女を主対象とするような研究となってしまうが、[4] 私生児を通した検討は、遊女外の一般の女性を対象とする男女関係の研究を可能にしてくれる。

民俗学の報告によると、近世には加賀藩領であった能登では、若者の夜遊びやヨバイの盛んな土地や、さらに祭礼の際に若者が娘に対して乱暴に及ぶことがしばしばみられる土地があり、これが能登の近代における私生児出生の背景となっていたという。[5] 他方、越中井波にはヨバイ慣行が存在しなかったといわれている。[6] 町場であったためか、ヨバイ慣行のみられない井波に生きた住民の間にも、能登と同様に若い男女らの結婚にとらわれない男女関係が存在したかどうか、また若者外の男女にも婚姻以外で私生児の出生をも伴うような男女関係が存在したのかどうか、またそうした関係があるとすれば、どの時期にそれはどのように変化していたのかを、本章ではあわせて明らかにしてみたい。

なお、浄土真宗の盛んな北陸では間引きがされなかったというのが定説である。この点の確認は私生児の検討を通してもできる。間引き・堕胎が行われていれば、当然に真っ先に対象となるのは私生児であり、地域の間引きなどの有無を考える手だてとなる。このため、本章では間引きの有無についてもあわせて検討したい。

さて、本章が対象とする在町井波であるが、井波は加賀藩領の越中砺波郡に位置し、浄土真宗の瑞泉寺の門前町としても有名である。中世末に一向一揆勢力の強かったこの地域の近世の住民は、当然ながら真宗門徒であった。井波は背後地に五ケ山の山間村落を抱え、これらの村や周辺の平野部における村々の中心町場として栄えた。とりわけ産業では元禄ころに蚕種の生産・販売が、化政期には絹織物業が栄えた、郡奉行支配の在町であった。在町のために住民の身分は百姓身分となり、その階層は高持の百姓、無高の頭振・不持にわかれる。頭振は無高であるが居住の家屋である家を所持し、他方、不持は家屋も所持しない借家などで暮らす住民である。(7)

一、「人別書上帳」と婚姻実態

1　私生児と「人別書上帳」記載

井波では文化以降に詳細な「人別書上帳」(8)（以下では、人別書上帳と記載）が残されたために、他所ではなかなか検討できない私生児の実態を調べることができる。この他に藩末の全国各地域の私生児や婚姻の概略を知ることができる史料に「民事慣例類集」があることはよく知られている。そこでまず、加賀藩領地域の私生児の概略を「民事慣例類集」より見たうえで、井波の人別書上帳の記載様式を紹介し、同帳を分析する際の注意点について記しておきたい。

「民事慣例類集」（明治十年版）(9)の加賀藩領地域における私生児についての記載を整理すると、左記の通りであった。なお、近世の婦負郡は富山藩の領域である。

加賀石川郡……妾腹出生と称す。庶子に立て自家に養育。養育料を添えて他家に遣わしその家の出生とする慣例あり。養い子という。

加賀河北郡……処女にして出産すれば、彼女の弟妹として籍に入れるか、養育料を添えて他人に遣わす風習。費用は密通する男性の負担とするが、複数の男性が密通すれば彼ら全員の均等負担。

越中射水郡……養育料を添え他家へ養子に遣わす風習あり。もらい戻しもあり。

越中婦負郡……父なし子と称し、ひそかに養育料をつけもらってもらう。

「民事慣例類集」によると、近世末の加賀・越中の私生児は、自家で養育する以外に養育料を添えて他家に貰ってもらう慣行があったことがわかる。しかし、加賀では他家へ養子に出さないこともあり、自分の家で兄弟として養うこともするという。

こうした私生児についても記載する人別書上帳が、井波では断続的に残されている。人別書上帳の中では嘉永六年（一八五三）のものが最も詳細な記事を持つ。同年の記載事例とともに、他年度の人別書上帳の一般的な記載事例として、天保七年（一八三六）の記載事例を左に示す。

［天保七年帳］

同宗西嶋村光西寺旦那

頭振百町屋故七助娘

一、年三拾八　　　　　　　　　　　　　　　　　　　　　　みの

　　　　　　　　　　　　　　　　　　　　　　　　　　　せかれ

　　八つ　　　　　　　　　　　　　　　　　　　　　　　栄次郎

但、此者当町石田屋故右平与馴合持候子ニ御座候ニ付、貰請養育仕候

　　　　　　　　　　　　　　　　　　　　　　　　　妹

三十四　　　　　　　　　　　　　　　　　　　　　　　　けん

〆三人

［嘉永六年帳］

同宗井波町瑞泉寺旦那

　　　　　　　　　　　頭振安養寺屋

一、年四拾三　　　　　　　　　　　　　　　　　　　　　清右衛門

　　　　　　　　　　　　　　　　　　　　　　　　母

　　七十四　　　　　　　　　　　　　　　　　　　　　　さよ

但シ此者荒高屋村故吉助娘ニ御座候

　　　　　　　　　　　　　　　　　　　　　　　　妻

　　三十八　　　　　　　　　　　　　　　　　　　　　　りよ

但シ此者小牧村市郎右衛門姉ニ御座候共未タ縁与書付上不申候、尤八ケ年以前ニ貰連越置申候

　　　　　　　　　　　　　　　　　　　　　　　　倅

三ツ　　　　　　　　　　　　　　与三郎
但シ此者外腹之子ニ而引請養育仕候
〆四人共百姓而已渡世申候

井波の人別書上帳は、各家の旦那寺や、家族の名前・年齢・続柄を記載する以外にも、他家から結婚・養子に入った家族員の場合は、出身家当主や親の名前・居村なども記載する。ただ、嘉永六年の人別書上帳は、家業に加えて、右の妻りよがまだ正式な縁組みをしていないこと、つまり足入れ婚であることを付記するが、他年度の人別書上帳にはこのような記載はみられない。しかし、右の嘉永帳が記載する「外腹之子」の付記については、他年度帳にもみられる。また、右の天保帳が「馴合持候子」と記載するのも、どの年度の人別書上帳にもみられる。

外腹の語は現在地域で使用されていない言葉でわかりにくい。人別書上帳には、養子の場合みな実父母の名前が記載され、また、実母が死去して現在の母が継母の場合も、故何女の子であると記載されている。このため外腹の子の、右の与三郎は明らかに養子やりよの実子ではない。養子でも正規の妻の実子でもない外腹の子とは、やはり他家の女性に生ませた子供、つまり私生児ということになる。

「馴合持候子」の場合は、言葉が示すように、他人の意志とはかかわりなく男女当人同士が互いの合意でつくった子供をさすことになる。正規の結婚により生まれた子供にはこのような言葉は使用されない。嘉永帳が明確に記載する足入れ婚の場合も、結婚届を出す前に生まれた子供に「馴合持候子」というような記載はしない。つまり、「馴合持候子」とは私生児となる。ただ、「馴合持候子」の親の記事に、子供が出生した翌春に縁組み連れ越すと記載される事例も多い。同事例は足入れ婚や正式の結婚をしていない男女が親しくなり、子供を出生し、この結果出生後の翌春に正式に結婚した事例である。この子供たちは両親の結婚後には私生児でなくなるが、足入れ婚も含む結婚を踏まえずに誕生した子供のために、彼らも私生児として取り扱うことにしたい[10]。

なお、中には妾の子供と考えられる子供が馴れ合い持つ子とされている例も、文化三年（一八〇六）帳を見ると、百姓清右衛門の子、万作の例にだけみる。馴れ合い持つ子のなかで妾の子供であることが確認できるのは、右の一例だけであり、馴れ合い持つ子の多くは私生児とみられる。

外腹の子とこの馴れ合い持つ子の区別については、残念ながら史料から明確にならない。いずれにしてもともに私生児と捉えられる子供たちである。また、馴れ合い持つ子や外腹以外にも、私生児の記載が井波の人別書上帳にはみられる。例えば、天保七年帳の頭振三谷屋甚助後家たきの養女れい（三六歳）娘つよ（一二歳）の記載を見ると、その脇書きに「右れい奉公仕居候内持候子」と記す。このように、井波の人別書上帳は、奉公中に生まれた私生児の場合はその旨をきちんと記載しているのである。

2　婚姻年齢

本章では、井波の人別書上帳に記載された外腹の子と馴れ合い持つ子、そして奉公中に生まれたと記載される子の、以上の私生児を対象にして、井波の私生児の検討を行うことにする。私生児出生を理解するために必要な、井波住民の婚姻実態につき、特に婚姻年齢を中心にしてあらかじめふれておきたい。私生児を出産する男女が結婚適齢期の男女であったか否かを判断するために、住民がだいたい何歳くらいで結婚していたかを把握しておく必要があるためである。

周知のように足入れ婚という結婚形態が東日本地域でみられる[11]。「民事慣例類集」は、幕末・明治初年の加賀・越中で足入れ婚が一般的に行われていたことも紹介する[12]。足入れ婚とは、嫁入りしてから半年・一年という期間を

表１　井波の有配偶者比率

年齢	男			女		
	文化3年(1806)	天保7年(1836)	嘉永6年(1853)	文化3年(1806)	天保7年(1836)	嘉永6年(1853)
18・19歳	0 %	0	2.3	6.8	7.3	＊30.6
20・21	2.4	0	9.1	22.8	16.4	32.1
22・23	5.3	11.9	10.7	24.1	7.3	46.2
24・24	10	4.8	24.6	33.9	28.8	45
26・27	14.0	12.8	19.6	46.8	23.6	53.7
28・29	38.5	23.7	46	43.9	37.5	57.5
30・31	37.5	31.4	66.7	72.5	53.2	61.3
32・33	60.5	48.4	65.2	74.1	39.5	67.2
34・35	63.2	59.5	60.4	81.3	32.7	80.8
36・37	66.7	33.3	84.9	68.4	54.2	66.0
38・39	76.6	53.8	75	71.7	55.9	63.4

備考１）＊嘉永６年の女性は15歳＝０％、16・17歳＝21.6％。
　　２）各年人別書上帳による。

経過して正式な婚姻届を提出する結婚であった。

井波の人別書上帳の中で、足入れ婚もきちんと記載しているのは、嘉永六年の人別書上帳であった(13)。他年度の人別書上帳は、足入れ婚の記載をしないために、正式な婚姻届が未提出の夫婦については、夫婦であることの記載がない。つまり、井波住民の正確な婚姻実態を記載しているのは、嘉永の人別書上帳だけであるといえる。そこで、この嘉永六年の人別書上帳によって、婚姻年齢の実態を見ておくことにしたい。同帳だけでは厳密な平均初婚年齢の検討作業が難しいため、ここでは夫や妻がいる有配偶者の年齢別分布を調べることにより、結婚時期を見ることにしたい。なお、念のため文化と天保の各一年間を選び、その有配偶者率も表に付加した（表1参照）。

表１によりまず明らかになるのは、足入れ婚の実態を記載した嘉永六年の人別書上帳は、他年度の同帳とくらべてみて女性の有配偶者年齢分布に大きなずれがあることである。同年の人別書上帳は、一八・一九歳の女性で三割もの女性がすでに結婚していることを記録する。この嘉永六年でもさすがに一五歳で結婚する女性はいないが、一六・一七歳では二一・六パーセントもの有配偶

者率を示す。つまり嘉永以外の人別書上帳では、当然ながら足入れ婚も含む実際の婚姻実態を把握できないのである(14)。

そこでここでは、嘉永六年の婚姻年齢のみを取り上げる。同帳の場合、男性はとくに早い人は一八・一九歳で結婚し始めるが、普通は二〇歳ころから結婚し始め、二八・二九歳ころには半数が結婚し、三六・三七歳くらいではほとんどの男性が初めての結婚をすますことになるといえる。次に女性の場合は、早く一六・一七歳で結婚し始め、その後どんどん結婚していく女性の率が増えていく。二六・二七歳では半数の女性がすでに結婚し、男性より若干早い三四・三五歳で初めての結婚をし終わるという、結婚年齢についての状況が表よりわかる。なお、足入れ婚を記載しない他年度の場合は、結婚し始める年齢は正確につかめない。しかし、結婚している人が同年齢の男女の各半数を超える時期や、またその割合がピークに達する年齢は、他年度はともに嘉永の年齢と若干ずれる程度のため、嘉永六年の人別書上帳は後期の井波の、足入れ婚も含む婚姻の正確な実態を示してくれると捉えられよう。

二、私生児の実態

1　私生児の増加と男女比

私生児の全体的な動向をまず最初に見ておくことにしたい。井波には文化初年以降に人別書上帳が残る。ただ残念ながらその後の同帳が連年残存するわけではなく、しかも欠年もかなり多く、さらに内容が完全に揃っていない年度の人別書上帳もある。このために、文化、文政、天保、嘉永の各期間五年間の人別書上帳を選んで検討するこ

表２A　私生児と両親

	2歳児（男、女） 〔出自階層〕	父親出身	母親出身	惣人数 〔階層〕
文化元～5 (1804)	5（5、0） 〔百2、頭3〕	百1、頭3、村1	村3、？2	
文化3 (1806)	2（2、0） 〔百1、頭1〕	百1、頭1	村1、？1	2,626 〔百1,161、頭1,340、不48、他77〕
	＊9（5、4） 〔百4、頭5〕	百4、頭2、村1、？2	頭1、不2、村3、？3	
文政3～7 (1820)	11（10、1） 〔百4、頭5、不1、？1〕	百1、頭3、村1、？6	百2、頭2、村2、井波2、？3	
文政6 (1823)	1（1、0） 〔頭1〕	？1	頭1	2,558 〔百985、頭1,260、不235、他78〕
	＊33（18、15） 〔百5、頭23、不4、？1〕	百3、頭8、村1、井波1、不3、？17	百2、頭15、不1、村1、？14	
△天保4～11 (1833)	12（6、6） 〔百4、頭7、不1〕	百3、頭1、村5、不1、他町1、？1	百1、頭1、村5、他町1、井波4	
天保7 (1836)	6（2、4） 〔百1、頭4、不1〕	百1、頭1、村2、不1、？1	百1、頭1、村1、井波3	2,517 〔百1,042、頭1,120、不316、他39〕
	＊39（16、23） 〔百6、頭26、不7〕	百7、頭15、不7、村1、他1、井波1、？7	百2、頭17、不1、村4、？15	
嘉永2～6 (1849)	31（20、11） 〔百6、頭24、不1〕	百4、頭18、村6、金沢1、井波1、？1	頭3、村4、他町3、井波5、？16	
嘉永6 (1853)	5（3、2） 〔百1、頭4〕	百1、頭2、金沢1、村1	頭2、？3	2,669 〔百941、頭988、不710、他30〕
	＊48（29、19） 〔百5、頭28、不15〕	百4、頭19、不8、村10、金沢1、？6	百2、頭14、不2、村6、他町1、井波10、？13	

備考　1）△は天保4～11年の間の5年間。
2）＊は15歳未満対象。
3）百は百姓、頭は頭振、不は不持、他はその他の階層、村は他村出身、井波は井波の出身で階層不明、？は出身不明を示す。
4）各年人別書上帳による。

表２Ｂ　私生児数（２歳児）

年　次	私生児（男、女） a	2歳総数（男、女） b	私生児の比率 a/b×100
文化元年 (1804)	0	50（21、29）	0%
〃 2	0	40（22、18）	0
〃 3	2（2、0）	78（39、39）	2.6
〃 4	1（1、0）	54（22、32）	1.9
〃 5	2（2、0）	64（30、34）	3.1
小計	5（5、0）	286（134、152）	1.7%
年平均	1人（1、0）		
文政3 (1820)	2（2、0）	31（14、17）	6.5
〃 4	1（1、0）	51（23、28）	2.0
〃 5	3（3、0）	36（12、24）	8.3
〃 6	1（1、0）	44（21、23）	2.3
〃 7	4（3、1）	64（33、31）	6.3
小計	11（10、1）	226（103、123）	4.9%
年平均	2.2人（2、0.2）		
天保4年 (1833)	3（2、1）	35（16、19）	8.6
〃 5	3（2、1）	49（26、23）	6.1
〃 7	6（2、4）	54（30、24）	11.1
〃 9	0	31（13、18）	0
〃 11	0	23（10、13）	0
小計	12（6、6）	192（95、97）	6.3%
年平均	2.4人（1.2、1.2）		
嘉永2 (1849)	9（8、1）	66（36、30）	13.6
〃 3	5（3、2）	44（24、20）	11.4
〃 4	4（2、2）	40（21、19）	10.0
〃 5	8（4、4）	42（19、23）	19.0
〃 6	5（3、2）	77（46、31）	6.5
小計	31（20、11）	269（146、123）	11.5%
年平均	6.2（4、2.2）		

備考　各年人別書上帳による。

とにした。

表2Ａ・Ｂに、各期間の人別書上帳が最初に記載する年齢である二歳の私生児の実態を示した。また、表2Ａには各期間中のある年度における、一五歳未満の私生児についても併せて示した。

前述のように「民事慣例類集」には、私生児は養子にも出すと記載されている。残念ながら人別書上帳で養子に出されていたことがわかる私生児は、ごく一部にすぎない。人別書上帳は、井波外に養子に出された私生児の総数をつかめないという限界のある史料である。しかし、私生児に関する近世の史料は周知のように一般にほとんど存在しないため、本章ではこの貴重な人別書上帳を、右の限界を念頭に置いたうえで分析したい。

表2A・Bに見るように、人別書上帳から判明する二歳の私生児総数は、私生児出産の多い嘉永期でも年平均六人程度である。ただ、二歳児の中での私生児比率をみると、年平均私生児出生率は一割を超すほどの多さとなっている（表2B）。しかもこの外に、出産直後に養子に出され、人別書上帳に記載されない私生児も存在するのである。

私生児出生数には年次的な変化があることが、表2Bからはっきりわかる。すなわち、文化初年には二パーセントに満たない二歳児中の年平均私生児出生率が、その後の各期間には徐々に増加している。念のため、各期の間の十数年間における変化の把握のために表2Aに記した一五歳未満の私生児数を見ることにする。そうすると、文化前期の同私生児数は一〇人に満たない少なさであったが、その後に私生児数が増加していったことが表2Aよりはっきりわかる。この化政期以降の対象期間に、井波の人口が増加せず停滞的であることは、表2Aの各年惣人数をみれば明らかである。このため井波では、文化以降に私生児をめぐって大きな変化があったと考えられる。この背景については、後ほどあらためて検討してみたい。

次に、私生児の男女比をみることにする。表2A・Bによると、天保期は二歳児の私生児の男女比が同じであるものの、他の期間は男子の数が女子よりもかなり多い。周知にように、幼児の場合は女子より男子の方が育ちにくいことを考えると、女子が少ないのはなぜであろうか。浄土真宗地帯は、間引きが行われないといわれているが、間引きの対象となりやすい女子が少ないのはやはり、間引きが井波でも行われていたことを示唆するのであろうか。女子の私生児の場合は、中には遊女に売り払う目的で貰い受けるような者もいるかもしれないが、労働力としては男子の方も価値がある。この点を考えると、女子だけが専ら養子に出されていたとは考えがたい[15]。もちろん、間引きなどが実施されていたとは断定できない。右事実からすると、少なくとも化政期の私生児については、間引きなどが行われていなかったと断定しないほうがよい。また、嘉永期も男子が多いことを考えると、化政期以降の井波における私生児を対象とした間引きの存在はやはり考慮していた方がよいということになる。

2　私生児の親

人別書上帳には、私生児の父あるいは母親を記載しないものも多い。外腹の子の場合はすべてがその実母を記載していない。また、馴れ合い持つ子の場合や母親が奉公中に出産した子供の場合も、ほとんど父親の名前は記載していない。しかし、幸いなことに文政六年（一八二三）の人別書上帳には、私生児の記載の所に、父親不明の付記がみられる。一五歳未満の同年の私生児のうち、実父不明の記載は一二件あるが、そのうち母親が奉公中に私生児をもうけた件数は一〇件も数えている。

奉公中に私生児をもうけた右の女性たちは、その子の父親を知らぬということがあるだろうか。彼女らが不特定多数の男性と関わりを持つことや、また見ず知らずの男性と関係を持つことも皆無ではなかろうが、そのような事例は一般化できない。

いわゆるヨバイ慣行があった地域でも青年が一時期に複数の女性を対象にすることは戒められているという[16]。このためヨバイが盛んな地域であっても、女性がその子の父親を確認できるのが普通であろう。ヨバイ慣行がなかったとされている井波では、実父不明と史料に記載されていても、それは私生児の母親が父親をその両親に対して、あるいは他の家の者に明らかにしなかっただけであると考えられる。父親不明とか、また父親未記載の私生児が多いのは、その相手が他人に打ち明けられるような良縁の相手ではないということであろう。

さて、表2Aに私生児の生まれた家の階層を示した。同表によると、私生児は必ずしも頭振の家にみられるものではないことがわかる。百姓身分の家にも私生児がみられることが特徴的である。私生児を生むのは、貧しく正式な結婚もできずに、結局子供を生むことになってしまった零細な階層をまず想定することになる。しかし、この史料によると在町の高持の裕福な百姓層の男性も私生児を持つ者がある程度いることがわかる。

文化三年（一八〇六）人別書上帳からは、前述のように妾の子供の存在もわかる。同帳の百姓階層の医者清右衛門の家を見ると、彼は文化三年に七四歳で、妻六七歳に倅夫婦と孫がいるが、この外に次男万蔵（万作）一〇歳が「此者当町之内ニ別家仕候」と記載されている。同別家の家族を人別書上帳に見ると、万作の母すへは清右衛門よりも三〇歳も若く、また、下女一人を抱えていた。下女を抱えるすへは清右衛門の妾と判断できる。ただし、彼女は万作と違って、清右衛門の人別から除外される存在であった。越中の後期の在町でも妾を持つような習俗は、やはり富裕階層の間に存在したことがわかる。(17)

私生児の父母の出身階層を調べるために、前掲表2Aに、二歳児だけではなく、同表に付した特定年度の一五歳未満の私生児についても、両親の出身の家を調べ、記した。

表2Aに見るように、私生児の父親の出身は百姓階層の者も少なくないが、母親の場合は百姓階層が少なく、多くは頭振などの出身であった。富裕な百姓階層出身の娘はやはり通常の結婚をし、子供を出産する者が多い。これに対して、一部の零細な頭振・不持の娘らは私生児をもうける割合が、百姓階層よりはるかに高かったことがわかる。

さらに、父親・母親の出身地を表2Aより見るに、両者ともに井波外出身者の数よりも、井波住民の方が多い。

表3　2歳児の父母年齢

年次＼年齢		15～19	20～24	25～29	30～34	35～39	40代	50代	不明	父母合計
文化元～5年(1804)	父			2		1	2①			5
	母			3		1			1	
文政3～7年(1820)	父		1	2①	3	1			4	11
	母	2①	1①	3	1				4	
天保4～11年の5年(1833)	父	1①	1	5①	2①		1	1	1	12
	母	3	2	3①		1			3	
嘉永2～6年(1849)	父		1	8④	4	3	7	2	6	31
	母			3		1			27	

○は百姓階層で代表値に含まれる。

村出身者よりも在町井波住民の方が、私生児をもうける割合が高いことがわかる。

3　私生児父母の年齢

私生児が生まれた際の、その親の年齢を表3に整理した。

表3に見るように、私生児の父親は、主は二〇代後半から三〇代前半の男性であった。先に検討した結婚年齢からすると、ほぼ結婚適齢期にあたる者たちであった。しかし、文政期以外は四〇代で私生児をもうけた父親もいる。なんらかの事情により結婚ができにくく、このため四〇代になって私生児をもうけるような男性が化政期以降にはある程度いたことがわかる。たとえば、文化期の一例は、百姓階層の苗加屋平右衛門（四五歳）である。彼は苗加村よりの入百姓であり、「馴合持候」子が出生したために、母子を人別書上帳に登録している。おそらく彼は、井波への転入後しばらく独り身で生活していたが、懇ろとなった女性との間に子供ができたために、翌年に彼女を正式な妻として届け出たのであった。

その後、天保以降には結婚適齢期をとうにすぎた四〇から五〇代の父親もみられるようになり、特に嘉永期に四〇代の父親が増えていることが注目される。四〇代以上の男性の場合、文化期の上記の一例を除くと、みな頭振の階層の者たちであり、しかもその出身もほとんど井波の頭振の家であった。つまり、天保より嘉永にかけて、零細な井波住民の壮年男性のなかにも私生児を持つ者が増えていたということである。

他方では、文政期より男性の場合に、一〇代後半から二〇代前半の青年の間にも私生児を持つ者がみられるようになったことが表3からわかる。一〇代で私生児を持った天保期の男性は、井波の百姓階層の家の者であったが、他の二〇代前半の男性はともに頭振階層の者であった。以上により、私生児をもうける男性の年齢幅が広がっていったことが確認できた。

次に、母親の場合を見ると、年齢が判明するのは一部の母親である。それでも表によると、母親は主として二〇代と三〇代の前半であった。一〇代の女性や三〇代後半の女性も一部にいるが、男性と違って四〇歳以上の者がいないのが女性の特徴である。結婚年齢からみて、結婚適齢期の女性が私生児を出産しているといえる。四〇歳以上の女性をみかけないのは、同年齢では出産には高齢となっていたことと、男女関係の対象となるには高齢のためであろうか。

私生児の父親と母親の年齢にずれがあることがわかった。そこで両者ともに私生児出産時の年齢が判明する事例について調べることにする。二歳児では母親の年齢が不明の場合が多い。このために前掲表2Aに取り上げた特定年次を調べると、天保・嘉永の時期における四〇代以上の高齢男性の場合、天保七年は男五四歳と女三五歳、男五五歳と女二五歳、男六六歳と女三六歳の組み合わせ、嘉永六年は男五八歳と女四八歳の組み合わせが判明する。やはり男性と相手女性との年齢差は大きい。

以上から言えるのは、天保期以降になると、百姓層以外の年輩の男性も、年齢のかなり違う女性と関係を持つようになるという、大きな変化があったことである。

4　女奉公人と私生児

私生児を生む女性には、男性と違って百姓身分の出身階層の女性が少ないことを先にふれた。経済的にめぐまれた在町の百姓階層の家では、娘がある程度の年齢になれば正式に結婚をさせ、また嫁に出すまでは娘の生活を強く規制しているために、やはり婚姻前に彼らの娘が私生児を生むケースはほとんどみられないと考えられる。ただし、実際に恵まれた家の娘が私生児を生まないとはいえない。恋愛その他の関係で、当時でもこれらの家の娘が私生児を生むことは当然に考えられるためである。

いずれにしても私生児をもうける女性は、一般的には零細な階層に生まれた女性たちである。彼女らが私生児をもうける場合で目につくケースである、奉公中に子供を出産した事例について表4に整理した。

奉公中に子供をもうけた女性は、すぐに実家に帰る事例ばかりでなく、別の家で出産して、かなりたってから子供を連れて実家に戻るケースなどもある。このため特定年次は一五歳未満も対象とした。各期間に判明する奉公中に私生児をもうけた母親数は、そう多い数でなく、年代的特徴を明確にしがたい。前述のようにこの事例は、父親を不明とするものが多かった。それだけに養子出しや間引き等が多く存在したことを考えなければいけない事例である。それでも表4の資料に従って見ると、彼女らは文化以降に増えていったことが、一五歳未満の同私生児数かうかがえる。

奉公中に私生児を生んだ女性はほとんどが実家へ帰ることになる。井波出身者は井波の実家に戻るが、他村出身者で奉公中に子をもうけた女性は井波の人別書上帳からは十分につかめない。この点からも、私生児をもうけた奉公人の女性が、判明する事例以外に多く存在したことに気をつける必要がある。

残念ながら井波出身の彼女らの奉公先を確認できない。また、その相手もごく一部しかわからない。ただ、人別書上帳には住民の奉公先も付記されているので、井波外に奉公に出ていることが判明する女性について、文化・天保の分を左に示す。

文化三年……金沢一〇人・富山一人・八尾三人・城端三人・福光一人・福野一人・伏木一人、他は四ケ村七人
天保七年……金沢九人・八尾九人・城端三人・今石動二人・伏木一人、他は五ケ村六人

近世後期の井波の女性が井波外で奉公するのは、主は城下町金沢や井波周辺の在町であった。他所で奉公して、私生児をもうける可能性の高い土地はやはり金沢である。金沢は早くより出合宿の禁止令が出されるなど、遊所が領内でもっとも早く展開し、そして文政期に藩公認の遊郭も認められた[18]。このため金沢では奉公人を始めとする若者の男女関係や性風俗は、領内の他の町の若者よりも進んだものとなっていたと判断でき、私生児をもうける奉公人は他の町の奉公人に比べ多いと考えられる。しかし、私生児をもうける女奉公人がみな金沢に奉公する者というわけではない。このため奉公中に私生児をもうけた女性は、金沢や井波と同様な他の在町、また井波内で奉公していて、私生児を出産していたという程度に把握するにとどめたい。

さて、奉公中に私生児を生んだ井波出身の女性の出身階層であるが、奉公人のため当然ながら頭振が多いことが予想される。表4を見ると、同表に明確なように、やはりほとんどが頭振であった。頭振といっても近世後期の在町の彼女らがすべて零細な住民というわけではない。ただいずれにしても奉公に出され、またその奉公中に子供をもうけるので、彼女らは一般的に下層の女子たちととらえても間違いなかろう。

奉公中に子供をもうけるケースには、主家の家族との間に子供を生む者と、同じ主家の奉公人との間で関係を持

表４　奉公中に私生児出産女性

年次	奉公中出産女性（私生児男、女）	奉公中出産女性の出身	出産年齢（判明分）				
			15〜19歳	20〜24	25〜29	30〜34	35〜39
文化元（1804）〜同５	1人（1、0）	？1人					1人
＊文化３（1806）	＊2（2、0）	頭2			2		
文政３（1820）〜同７	3（3、0）	百1、頭2	1（19歳）		2		
＊文政６（1823）	＊15（8、7）	百1、頭13、不1	2（19歳）	2	3		1
天保４（1833）〜同11の５年	0	—					
＊天保７（1836）	＊10（6、4）	頭9、不1	1（15歳）	2	2	1	2
嘉永２（1849）〜同６	2（1、1）	頭1、井波1			2		
＊嘉永６（1853）	＊8（6、2）	百1、頭6、不1		3	3	1	1

（1）＊は15歳未満私生児母対象の判明分。他は２歳私生児母対象。
（2）百は百姓、頭は頭振、不は不持、井波は井波出身で階層不明、？は不明を示す。

つ者、主家以外の者との間で子供をもうけるケースがある。第一番目のケースで主人が奉公人の女性に子供を生ませてしまう事例には、天保七年の百姓野原屋みそ（三歳）の事例が確認できた。彼女は野原屋の前の当主と下女はよ（三七歳）との間にできた子である。父が亡くなって弟吉兵衛（二〇歳）が当主となっても、彼女は母とともに人別書上帳の同家の籍に記載されている。前当主とはよとの関係は、妾としてでなく、夫婦的なものとして承認されていた関係と考えられる。しかし、夫が亡くなってしまってはいつまでも野原屋にとどまれないので、はよ母子は家を出て別家した。この別家は嘉永六年の人別書上帳で確認できる。

　同じ天保七年帳には、百姓福野屋和助家の長男和左衛門（三六歳）が下女りよ（三二歳）との間にちへ（五歳）をもうけていた事例が知られる。彼らはいずれも人別書上帳の同じ籍に入っている。このため家族同意の上でちへは生まれたものとみられ、下女りよも和左衛門と夫婦的な関係を家族から承認されていたものと考えられる。右両事例はともに正式な縁組みがされていない。それは両者とも子供が女子で、跡継ぎとなる男子ではなかったためと考えられる。奉公人からその家の主婦・嫁となるのは簡単でなく、跡継ぎの男子を生んでから妻としての正式な地位が許されるのであろう。

近代の能登では、主人に子供を生まされるはめになった女性奉公人が多いことが報告されている。このため近世井波でもそのようなケースを当然に考えねばならないが、残念ながらそのような事例は史料的な確認がむずかしい。

奉公中に子供を生むことになった女性は、何歳で子供を出産したのであろうか。この点を知るために、表4にその出産年齢を示した。同表によると、なかには一〇代で子供を生んでしまう奉公人も実際にいたことが確認できるが、それは希な事例であった。多くは二〇代で、しかも二五歳以降であり、また三〇代の者も多い。彼女らは先にみた井波女性の結婚適齢期にあたる年齢の女性といえる。つまり奉公している際に私生児をもうけた女性というのは、婚期をのがした女性でなく、嫁入り相応の年齢で、出産してもおかしくない年となっていたと、社会も本人も考えるようになっていた年齢の女性であった。

さて、間引きを考える場合に、奉公中にもうけた子供などは一般にその対象になりやすいので、このケースの子供の男女の比をみておきたい。表4に付記した、その男女数を見ると、一般的に男が女より多い。残念ながら人数が少ないために、これだけで間引きをしていたとは決めがたい。ただ前述のように私生児全体の男女数も同様に男子が多いこともあわせ考えると、私生児で女の子の場合や、また、奉公中などに誤って子供をもうけてしまった場合に、間引きが行われた可能性について考えなければならない。たとえば、文化二年（一八〇五）十一月に井波の桶屋清吉の後ろ畑地で、女の「産子之死骸」が捨てられていたのが発見された事件なども存在するからである(19)。しかしながら、間引きなどよりも、出産してそのまま他の家へ養子に出してしまう事例のほうが当然多い。この点は改めて後ほど検討したい。

表５　私生児引き取り

年次＼引き取り	両親結婚同居	父方引き取り	母方引き取り	養父母引き取り
文化元（1804）～同５	4人	1人		
文化３（1806）　＊	2	3	2人	2人
文政３（1820）～同７	5	3	3	
文政６（1823）　＊		15	18	
天保４（1833）～同11の５年	8	3	1	
天保７（1836）　＊	7	18	13	1
嘉永２（1849）～同６		27	4	
嘉永６（1853）　＊	3	29	16	

備考　＊は15歳未満対象、他は２歳児。

５　私生児の育て親

生まれた私生児の地位を考えるためにも、彼らが誰によって引き取られたかを確認してみたい。このため養育者を表５に整理した。

表５で両親結婚同居としたのは、私生児が二歳となってから、その母が父親の家に嫁として迎え入れられ、正式に夫婦縁組みをしたケースである。それは足入れ婚と別のもので、子供が生まれたことにより、いわば恋愛結婚が許された事例である。恋愛結婚とはいえ、結婚が許される前に生まれた彼らの子供は、両親の婚姻届が出されるまでは私生児である。

先に紹介した「民事慣例類集」は、土佐国幡多郡の場合、私生児が生まれた際には、仲人を依頼して、後日に結婚をすることが風習となっていたことを報告する。私生児出生後の翌年に同母親が嫁に迎え入れられる事例は、化政以降に出現したことが表５からわかる。しかし、馴れ合い、つまり恋愛の結果子供をもうけたために、正式な結婚が許される事例は、私生児引き取りの一部の事例であり、右の土佐とは違って、多くは私生児の父母が正式に結婚することがなかった。

私生児の父母が結局、結婚できない場合に、どちらの親が子供を引き取ったのかを表5に見ると、父方への引き取りが母方引き取りよりも多い。とりわけ嘉永期になると父方引き取りが多い。母方引き取りとなっているのは、だいたい母親が奉公中に子供をもうけたケースで、父親を不明としている事例である。私生児の父親がわかれば、だいたいその父親が引き取ることになる。名前を明らかにしたくない父親や、私生児引き取りを父親が拒む場合は、やむなく母親の家で引き取ることになったと考えられる。

ところで、前述のように「民事慣例類集」は越中の射水・婦負郡では養子出しの風習があることを記していた。井波は右両郡に隣接する砺波郡に位置するために、養子に出される子供が多かったことが推測できる。しかし、養子に出された子供の実態は、二歳の私生児のデータからはわからない。このため各期間の特定年度における一五歳未満の私生児を見ると、養子に出された事例も若干確認できる。ただし、人別書上帳で養子に出されていたことがわかるのはその一部にすぎない。それが判明するのは、井波の家に養子に出された事例と、養子に出されたがその後に不縁のため戻されたケースである。

井波の家で私生児を養子に受け入れていたことが判明するのは、文化三年帳で二件、天保七年帳で一件（表5参照）という、ごくわずかの件数にすぎない。井波よりも他村へ私生児を養子に出すことが多いことになるが、その実態は人別帳では十分に把握できない。判明するのは、養子先から不縁で戻されるなどしたために、他村へ養子に出されていたことがわかる事例である。一五歳以上の私生児も含めて左に整理した。

文政六年帳

山屋幸蔵（四歳、外腹の子）…当歳養子に藤橋村久右衛門後家方へ。不縁戻り。

三郎丸屋ちよ（一一歳、馴れ合いの子）…松島村の母実家にて養われ。

森清屋次作（一四歳、母奉公中の子）…当歳より山見村へ養子出しのところ、養父死去につき母実家へ戻り。

天保七年帳

東城寺屋藤□（七歳、外腹の子）…当歳より祖母実家（蓑谷村）へ「とらせ置」。不縁戻り。

松島屋和吉（五歳、外腹の子）…当歳より父出身地松島村へ養子に「とらせ」。不縁戻り。

山屋とよ（九歳、母奉公中の子）…当歳より五郎丸村へ養子に。不縁戻りにつき、父方より貰う。

嘉永六年帳

谷屋こま（一六歳、外腹の子）…五ケ山九里ケ当村へ養育出しのところ、今ほど連れ戻し。

かち屋与三吉（年不明、外腹の子）…「此者外腹之子ニ而当歳之時ゟ五ケ山へ養育方ニ指遣シ置候得共、今程連戻シ養育仕候」

久兵衛（二三歳、馴れ合い持つ子）…「忠平死後養年之頃五ケ山長崎村市左衛門方江養育方ニ指遣置候得共今程罷帰町方鍛治屋与左衛門方ニ奉公仕罷在り候」

右によると私生児が養子に出されるのはやはり当歳、つまり出産後すぐにであったことがわかる。右からわかる養子先は私生児を産んだ母親のその母の実家や、また父親の出身村なので、親戚・親族の家と考えられる。もちろん血縁関係のない家に養子に出されることもあったろう。しかし、井波外に居住する私生児の祖父母などの親族の家に貰ってもらうのが、子の出生の秘密を守るためにも最も妥当であろう。

ただ嘉永帳には五ケ山へ養育に出していた者を記載している。これは養子に出すのと表現が違い、しかも連れ戻された者たちである。親元から離される私生児の中には、親権を放棄して養子に出す以外に、子供を預かって育ててもらうタイプがあった。この場合は右事例からすると、井波では後背地の山地、五ケ山の地の人に預けられることが多かった。預かってもらうといっても、この事例は親の階層はいずれも不持層なので、彼らの私生児は少年となれば奉公人と同様な扱いをされるのではなかろうか。

漁村などは、人手の関係で養子を必要としていたことがよく知られ、能登の貰い子が有名である。[20]越中でも宮崎海岸地域では同様であったとされている。[21]井波は海から遠いので、漁師の家へ私生児を貰い子に出すことはあまりないと思う。五ケ山に貰い子の慣行があったという報告は知らないが、他地域からの人口流入をまったくのぞめない山間奥地、五ケ山の家では、井波など砺波平野の私生児を預かっていたと考えられる。

三　私生児出産の背景

化政期以降に私生児が増加し、とりわけ嘉永期には二歳児の一割余を占めるようになっていた。そこでは私生児をもうける女性よりも父親の年齢に変化がみられ、彼ら父親の年齢幅が広がり、特に天保より四〇歳以上の年輩の男性が私生児をもうける事例が増加していた。

右の事実は、化政以降に私生児をめぐる問題、つまり井波の男女関係の問題に変化が起こっていたことを示すものである。つまり男女関係について、文化以降により緩やかな状況が生まれるようになっていたのではなかろうか。化政・天保期の井波は絹織物業が盛んになり、町もそれなりに栄えていくことになる。女性の奉公人には絹機織りの奉公人がみられるようになり、彼女らの数も当然に増加する。こうした化政以降の井波の風俗面での変化を見ると、寛政二年(一七九〇)八月に売婦体の富山の女を雇い入れた浜次が詮議を受けてから、[22]その後の化政以降に、売婦体の者と参会したり、出合宿を務めたりして詮議を受ける者が井波では見られるようになった。文化以降に判明する売女・出合宿一件には次のようなものがあった(23)。

文化四年十月、不らち参会一件、「金沢表より売婦躰之者連越置」（同十年七月、不らち参会一件、見知らざる者を泊め、不らち参会・口論）

文政六年二月、女出合宿仕り売女連れ越し、若者等人寄せ一件

天保十年、売女連れ越し人寄せ一件

嘉永六年六月、機織女二人、下女一名源六方へ罷り越し「若キ者共酒杓いたし花代取受候」

問題となる売女は、初め金沢や富山からくる芸人その他の売婦であったのに、なんと嘉永の一件では井波の機織女らが問題となっていた。彼女らは出向いて客の酒の相手をして、花代を取っていた。一人は室屋（糀屋）宇右衛門の機織女みよ（三四歳）であり、一人は森清屋伊兵衛の機織女して（二五歳）、そしてもう一人は井波隣接の山見村の下女であった。機織女は職工としての技術を持つために、一般の女奉公人よりも主人の規制が弱く、このためみよなどのような行為をする者が生み出されたのであろう。「はじめに」で指摘しておいたように、井波では化政期には絹織物生産が盛んとなっており、このため他の女奉公人よりも自立的な女性が増加していたことになる。売女らの客には様々な者が当然存在したであろうが、若者共もその重要な位置をしめたことが右史料よりうかがえる。酌婦なども勤めてしまう機織女などの女奉公人の行動を見ると、彼女らと若者が子をなすような関係になることも当然に考えられることになる。

右に整理した詮議をうけた一件は、出合宿・売女の井波での活動の一端を示すものであり、摘発をうけずに営業をした者も当然多かったであろう。女出合宿の営業は井波だけでなく、領内各地でも文化末年になると盛んとなっていたことは、藩が文化十二年（一八一五）四月に領内にその禁止を申し触れたことからも明らかである(24)。

近代の井波にはヨバイ慣行がなかったとされている。たしかに多くの他所者が入り込む町場の井波には、ヨバイ慣行が成立しにくいと考えられる。このため領内他所やまた井波での出合宿・売女らの活動が、化政以降の井波の若者や機織女などの女奉公人の性風俗に大きな影響を与えたのは間違いないと思う。

井波以外で私生児を生み井波に戻ったケースは別として、文化以降に井波の私生児が増加する背景には、結婚適齢期の女性に対する親や雇用者による束縛が以前よりも弱まっていたことが考えられ、また機織女のようなより自立的な女奉公人が増加していたことが存在する。さらに、化政期からの性風俗弛緩と、その影響を受ける住民の、とくに機織女を主とする未婚の女奉公人と若者、また頭振層などの年輩の男性の男女関係についての意識の変化があったと考えることができよう。

おわりに

本章では加賀藩の一在町における私生児の実態を明らかにするとともに、あわせて私生児出生の前提・背景となる住民の男女関係や婚姻の問題、また私生児の実態からうかがえる間引きについてもふれてみた。本章で明らかにした点を整理すると、以下のようになる。

1　対象地の井波では、私生児は化政期以降に増加し、嘉永期になると二歳児のなかでその一割を超す多さとなっていた。しかもこの数値は、出産直後に養子に出された私生児を含まないのである。近世後期に増加した私生児出生は、幕末期になると一段と増大し、地方の在町でも多数の私生児が生まれていた。

2　私生児の親は、母親の場合はまれに百姓層の娘もみられるが、一般的には頭振・不持の階層の零細な住民の女性であった。これに対して父親には頭振・不持層の者が多いが、百姓層の男性にも私生児をもうける者が少なくないという特徴がみられる。そして、百姓層のなかでも富裕なごく一部の家の当主のなかには、妾を持つ者がいたことを確認できた。

3　私生児の両親の出身地を見ると、農村出身者もいるが、井波出身者の方がはるかに多い。農村から井波に出てきた者よりも、町場の井波生まれの住民の方が、私生児を生むような男女関係に入りやすかったといえる。

4　私生児を生む男女の年齢を見ると、女性の場合は結婚するのに適当な年齢の者たちである。しかし、男性の場合は文政期より二〇代前半や一〇代の青年がみられるようになるだけでなく、とりわけ天保期以降に四〇代以上の年輩の者が多くみられるようになった。この年輩の男性には頭振層の者もかなりみられ、彼らが年齢の離れた女性を相手に私生児をもうけるという大きな変化が天保以降にみられるようになった。

5　私生児を生む女性には、奉公中に私生児をもうけた女性も多い。彼女らは零細な住民の娘たちである。彼女らの相手の男性はほとんど実父不明として処理されているので、彼らは結婚相手に適当な階層・年齢の男性とはいえない者が多いことになる。また、中には奉公先の家の子弟と私生児をもうける女性もいるが、追い出されずに奉公人のまま内縁関係で処遇される事例を見ることができた。ただ近代の能登では奉公人の女性が主人から子供を生まされるようなはめにおちいった事例が多いとされているものの、井波ではこの点、史料の関係もあり確認できなかった。

6　井波の所在する砺波郡は、隣接の射水郡・婦負郡のように、養子に出される私生児も多いと考えられる。しかし、私生児を養子に出すことが慣習として定着しているわけではなかった。私生児出産後に正式に結婚できた男女も一部に存在した。また、養子に出されず、両親が結婚することもなく、父親か母親の家に引き取られる子供も多い。どちらかの親の家に引き取られる私生児の場合、父親に引き取られる例が多い。ただし、父親の名前を明らかにできない場合や、父方が私生児引き取りを拒否する場合に母方で引き取ることになったとみられる。

7　私生児には出産後にすぐに養子に出される子もいるが、養子先は私生児の祖父母の実家や親戚も多い。加賀では私生児の親の兄弟として処理されることも多いようであるが、越中の井波では私生児の親の兄弟として人別書上帳に記載された事例を確認できなかった。なお、零細な不持層の私生児には、他所からの労働力確保の難しい五ケ山に養育方に出される者もいる。彼らは能登や越中の宮崎海岸などにみられる貰い子と同様な存在と考えられる[25]。彼らは子供の間は奉公人と同様な扱いを受けて成長するのであろうが、成長すると親元に戻されていた。

8　化政期に私生児出産が増えていき、その動向が天保以降に定着した背景には、地域の風俗弛緩、とりわけ男女関係に対する考えが、緩やかなものになったことが原因となっているのは間違いない。化政期の領内では各地で出合宿が盛んになり、井波でも他所出身の女性を使った売女稼ぎ・出合宿が盛んとなっていた。ヨバイ慣行が成立しなかった井波では、若者や機織女を中心とする結婚適齢期の女奉公人には、出合宿の展開に端的にあらわれる地域の性風俗弛緩の影響を受けて、私生児を生むような男女関係に入る者が増える。女性の中でも機織女は他の女性に比べて、主家や家族から比較的自由なために、時代の性風俗弛緩の影響を女性の中でも最も早く受けていた。

なお、男性の場合は若者だけが問題になるのではない。化政期にはごく一部の富裕な家の当主が妾を持つことも確認できたが、天保以降に年の離れた若い女性を相手にするのは富裕階層だけでなくなっていた。零細な階層の年輩の男性が年の離れた女性に私生児を生ませることも増えていた。これは妾と別なので、零細な階層の人々に年齢を越えて男女関係に入る人たちが見られるようになったことを示すものであろう。

以上が私生児の実態と男女関係について、本章で明らかにした点である。なお、この他に本章では、私生児の検討を通して、通常間引きが行われないという越中の、その井波では間引き・堕胎が実際に実施されなかったかどうかも調べてみた。この結果、井波では私生児の間引きがなかったとは断定できず、反対に私生児については間引きが存在したことを考慮した方がよいことがわかった。

本章で明らかにしたのは加賀藩の一在町の事例であるが、同地が浄土真宗地帯であることを除けば、決して井波は特殊な町ではない。飯盛り女を多数抱えるような宿場町ではない在町で、ある程度の町規模をもち村的要素があまり強くない井波のような在町ならば、私生児と男女関係の実態については、同様な事態となっているのではなかろうか。

さて、問題となるのは、当然ながら在町以外の城下町や三都の町人の場合である。井波もそうであるが、都市では農村のようにヨバイ慣行が成立しにくい。戸締まりが厳しく、また狭い家屋の関係でそれは無理であろう。ただ女性奉公人が奉公中に私生児を生むのは、城下町や三都の方がよりみられたのではないかと考える。都市では同様の境遇の男女が身近に多く、しかもさまざまなタイプの人との出会いがあり、風俗的により開放度が高い。また、都市規模が大きいため相対的ではあるが、他人の目につきにくいためである。もっとも大店では奉公人への監視や仕付けが厳しいが、こうした店ばかりでなく、経営が傾いていたり、きちんとした奉公人管理が行われていない店も、都市規模の大きい所では多く存在し、さらに女奉公人の賃金や地位ははるかに三都の方が恵まれているためである。

遊所・悪所が早くから栄えた三都などでは、中下層の町人の間では、場合によっては男女関係については他の都市の住民に比べて早くから自由なものがあったのかもしれない。この点の実態についての詳細な研究は今後の課題である。しかしながら、すでに注目されているように、随筆『世事見聞録』は恋愛結婚の馴合夫婦がこの一九世紀初めには多くなったことを指摘している。[26] 本章で明らかにしたように、地方の在町で化政期に男女関係の変化をみたことは、城下町や三都の男女関係の変化を裏付けるものとなろう。

近世後期の商品経済発展が、家長・主人に拘束されていた女性の地位を改善させ、女性が他家に雇われて高い賃金をえたり、専業的に商工業を務めたり、労働者として自立していったことが、恋愛結婚のような自由な男女関係の成立を生みだしたのではないかとの指摘がすでにある。[27] たしかに、本章で紹介した機織女の行動を考えると、この点は裏付けられるように思う。しかし、右指摘は女性側からみた背景であり、また恋愛結婚だけではなく、結婚を前提としないような男女関係の形成も考慮しなければならない。後期の井波では、低階層の四〇代以上の男性が年齢の離れた若い女性と関係をもつという大きな変化も存在していた。また、私生児をもうける男女のうち一部しか結婚していないのである。

男性側の変化を考えると、以下のようなことが考えられるのではなかろうか。すなわち、後期の商品経済展開の中で、無高の低階層住民の経済的な向上や、社会的な地位の以前より比べた改善により、彼らへの社会的拘束は弱くなり、さらに前述のように性風俗面での弛緩もみられるようになったため、彼らも年齢の離れた若い女性をも恋愛対象にできるようになったのではなかろうか。もちろん、そこには女性側の、年齢が離れた男性をも自由な恋愛関係の対象に選び、また私生児出産を伴うような関係をも厭わないという変化があった。

いずれにしても、男女関係の変化の背景については、都市民衆の意識面での変化をきちんと分析しなければならないが、こうした点は三都や城下町などの他の都市の私生児や男女関係の実態の解明とともに、今後の研究課題である。

註

（1）前近代の都市研究が三都中心であることに対する反省から、一九九二年に「城下町の原型」というテーマでのシンポジュウムが都市史研究会により開催され、その成果が同研究会編『年報都市史研究』一号（山川出版社、一九九三年）にまとめられている。所収報告は小島道裕「戦国期城下町から織豊期城下町へ」、伊藤毅「境内と町」、吉田伸之「城下町の祖型」である。また、近年ではとりわけ中世史の側で発掘の成果を踏まえた城下町研究が大きな進展をみせ、日本考古学協会の一九九三年度大会のシンポジュウム「守護所から戦国城下町へ」（於新潟大学）なども開催されている。

（2）都市に生きた民衆像を具体的に描く作業として、高橋康夫・吉田伸之編『日本都市史入門』三巻（人）（東京大学出版会、一九九〇年）がまとめられている。

（3）私生児研究となると、近代が対象となり、例えば速水融“Illegitimacy in Japan”（Peter Laslett 編“Bastardy and its Comparative History”Harvard University Press 1980）による日本近代の私生児についての簡単な報告がある。なお、そこでは、近世のある村の私生児数についてきわめて簡単な論及が行われている。私生児研究については民俗学で若干の研究が行われている。例えば、柳田国男の各地の私生児についての方言紹介（「私生児を意味する方言」他『定本柳田国男集』一五巻、筑摩書房、一九六九年）や私生児の用語により私生児観を分析した竹田旦「私生児観の変遷」（『史潮』五七号、一九五五年）、また能登の私生児についての民俗を紹介した天野武「私生児の民俗」（『日本民俗学会報』四五号、一九六六年）がある。

（4）例えば、宇佐美ミサ子「東海道宿駅における飯盛女の存在形態」（近世女性史研究会編『論集近世女性史』吉川弘文館、一九八一年）、曽根ひろみ「『売女』考」（女性史総合研究会編『日本女性生活史』三巻、東京大学出版会、一九九〇年）その他。村方の研究では嫁盗み慣行についての川鍋定男「近世の婚姻慣行」（青木美智男・佐藤誠朗編『講座日本近世史』一〇巻、有斐閣、一九九二年）や妻鹿淳子「若者連中と村の娘」（『日本史研究』三七六号、一九九三年）の研究もみられるようになった。

概説書であるが、総合女性史研究会編『日本女性の歴史─性・愛・家族』角川書店、一九九二年は、男女関係についても取り上げている。そこでは近世後期の恋愛結婚の「馴合夫婦」増加を随筆『世事見聞録』の記事を主にして指摘している（右同書、一二二・一二三頁）。同記事による文化期の恋愛結婚の増加は、脇田晴子・林玲子・永原和子編『日本女性史』吉川弘文館、一九八七年、一七八頁にも指摘されている。この点は他の多くの史料により裏付けられる必要があるといえよう。

（5）註3天野「私生児の民俗」参照。

（6）『井波町史』上巻、一九七〇年、九二三頁。

（7）井波については『井波町史』上巻、千秋謙治『井波』（井波町立図書館館友会、一九九〇年）、拙稿「近世井波の町づくりと町並み発展」（『富山大学教育学部紀要』三九号A、一九九一年）を参照されたい。

（8）南砺市立井波図書館蔵井波町肝煎文書。

（9）（12）手塚豊・利光三津夫編著『民事慣例類集』慶応義塾大学法学研究会、一九六九年。

（10）なお、分析対象年度の人別書上帳では、文化三年帳にだけ「下借腹」の注記を持つ四四歳の男性と、三四歳と五七歳の女性を見る。下借腹の子と私生児の関係はよくわからないが、ただ本章の分析では、後述のように二歳ないし一五歳未満の私生児を対象としたので、彼らについては分析から除外されることになる。

（11）桜井徳太郎『日本人の生と死』岩崎美術社、一九六八年、Ⅲ・四。

（13）なお、同帳により嘉永六年の足入れ婚の実態について、付節で紹介している。

（14）足入れ婚の実態を書き記していない人別帳が、全国的にみてもほとんどである。付節で指摘するように、足入れ婚地域の東国においては人別帳では初婚年齢や、婚姻から初出生までの期間を把握することが難しい。これまでの人口史研究はこの点を考慮に入れずにまとめられてきている。例えば足入れ婚地域の東北を対象とした成松佐恵子『近世東北農村の人びと─奥州安積郡下守屋村』（ミネルヴァ書房、一九八五年）、同『江戸時代の東北農村─二本松藩仁井田村』

（同文館、一九九二年）は初婚年齢も調べるが、足入れ婚については残念ながら論及がない。このため両書で指摘する女性の初婚年齢の低さという興味深い点は、足入れ婚の実態を踏まえたために算出できたものか、残念ながら不明である。

なお、足入れ婚を記す井波の嘉永六年の人別書上帳は、縁組み全体についてその未届けの事例も記載する。このため足入れ婚地域の場合は、養子についても通常の人別帳ではその本当の実態をつかむのは難しいといえる。

(15) 金沢出身の室生犀星は加賀藩足軽を実父に、同家の下女を母に生まれた私生児であった。生まれるとすぐに犀星は、金沢の町端居住の独り者の女性のところへ養子に出されている。この女性は私生児をほかに女子一人、男子一人を貰い育てていた。成長した女の子は能登の遊郭へ身売りされたが、貰い子を育てた女性は、男の子二人は高等小学校を出し、卒業後には吏員にして彼らの給与で生活をたてようとしていた（室生犀星「私の履歴書（抄）」『加賀金沢、故郷を辞す』講談社文芸文庫、一九九三年）。

(16) 日本民俗文化大系八『村と村人』小学館、一九八四年、三四八頁。

(17) なお、慶応三年（一八六七）人別書上帳からも妾の子供の存在が判明するが、父親はやはり百姓階層である。この妾の子は百姓板倉屋橘左衛門（五九歳）の次男勇蔵（五歳）である。橘左衛門は組合頭板倉屋新右衛門家の出身の者で、橘左衛門家に養子に入って襲名相続した人である。

(18) 『芝居と茶屋町』石川県図書館協会、一九三二年、解説。

(19) 文化二年「産子死骸ニ付見聞之品無御座旨申上書控」井波町肝煎文書。

(20) 若林喜三郎「寛永期奥能登農村における貰い子関係の史料について」（奈良女子大学文学部『研究年報』一五号、一九七〇年）。

(21) 『宮崎村の歴史と生活』宮崎村誌編纂委員会、一九五四年、三三一頁。

(22) 寛政二年「売婦体之者雇い入れ候風聞に付詮議一件」文書。井波町肝煎文書。

(23) 文化四年「出合宿詮議一件」文書。文化十年「不見知者留置の上不埒参会并口論一件」文書。文政六年「不埒参会等の板倉屋新右衛門等詮議方一件」文書。天保十年「売女連越し人寄等にて遠行指留の処宥免に付請書控」。嘉永六年「安清村源六儀若者酒寄合催すに付処罰一件」文書。以上、井波町肝煎文書。

(24)「御郡典」『藩法集六・続金沢藩』創文社、一九六六年。

(25) 註15に記した犀星の事例から、金沢だけではなく、近世の井波やその他の町場でも、犀星の養母のように経済的な目的のために私生児を貰い子として育てる者が存在していたとみられる。残念ながら彼らについての直接の史料を井波では見いだせなかった。

(26) 註4紹介の総合女性史研究会編『日本女性の歴史―性・愛・家族』一二二頁と脇田・林・永原編『日本女性史』一七八頁を参照のこと。

(27) 註4『日本女性史』一七八頁。

付節　在町井波の足入れ婚について

1　はじめに

宗門人別帳は記載内容が家族の名前・旦那寺・年齢・続き柄程度の簡単なものから、当主の持高や職業、出身地その他の事項などにつき書き留めた詳細なものもあるなど、その記述の精粗はさまざまである。このような宗門人別帳を材料にして、家族史や人口史の研究が行われてきた。

地域によっては、結婚してもすぐに婚姻届を出さない婚姻形態の、足入れ婚が行われていたことはよく知られている。(1) しかし、足入れ婚の実状をきちんと記録した宗門人別帳の存在となると、加賀藩ではこれまで知られておらず、また全国的にみてもその存在はあまり知られていないのではなかろうか。

幸いにも加賀藩の在町井波（越中砺波郡）には、足入れ婚の実態を記載した史料が一点だけ残る。それは嘉永六年（一八五三）「人別書上帳」(2) である。本節では同帳を紹介し、幕末の加賀藩一在町の足入れ婚の実態について見てみたい。また、あわせて足入れ婚地域の宗門人別帳の利用についてもふれてみたい。

2　嘉永六年「人別書上帳」

嘉永六年「人別書上帳」（以下、嘉永帳と略称）の記載様式を示すと左記の通りである。

同宗井波町瑞泉寺旦那

一、年三十七　　　　頭振田中屋
　　　　　　　　　　　平次郎
　　但シ、此者日傭稼仕候
　　三拾(抹消)廿六　　　妻
　　　　　　　　　　(虫喰)□を
　但シ、此者当町高瀬屋宗八妹ニ而先卯ゟ十壱ケ年以前ニ連越候得共、未夕縁与書付上不申候、尤手間機仕
　　候
六つ　　　　　　　　娘
　　　　　　　　　(虫喰)□さ
但シ、此者外腹之子ニ而引受養育仕候
〆　三人

嘉永帳は家族の旦那寺・階層・年齢だけではなく、出身の家族名や稼ぎについても記載する。また、平次郎妻のように、同人別帳では、縁組み後に同届けを出していない者には、その旨の記載がされている。ただ、他の事例には未届け期間について記載しないものも多い。そして、縁組みは結婚だけではなく、養子関係も存在するために、届けを提出していない養子もその旨が脇書に記載されている。

なお、子供は先妻の子供の場合は必ず故何某の子と記載され、また外腹の子もその旨記載されるため、その家に婚姻未届けの女性の実子がいるかどうかもわかる。

未届け縁組みをきちんと記載した嘉永帳に対して、他年度の人別帳は実際には縁組みしていながら、未届けの妻

などについては記載していない。例えば、嘉永五年「人別書上帳」には右の平次郎家は内縁となる妻を記載せずに、平次郎・りさの二人家族としている。

嘉永以外の他年度の宗門人別帳も、実際は縁組みしながら届け出しない妻が未記載となっていることは、若年女性の有配偶者の比率から明らかとなる。例えば、天保七年（一八三六）帳では一六歳・一七歳の女性六〇人中の有配偶者比は六・七パーセント、一八歳・一九歳の女性五五人中同七・三パーセントに対して、嘉永帳では前者は五一人中二一・六パーセント、後者は三〇・六パーセントであった。天保帳が未届けの妻を無記載としたために、嘉永帳よりも有配偶者比がかなり低くなったのである。縁組みしながら縁組み届けを出してもらえない妻を嘉永帳以外の宗門人別帳が記載していなければ、当然ながらそれらの人別帳では婚姻の実態などは正確に把握できない。

3　足入れ婚の実態

あらかじめ幕末・明治初年の婚姻について調査している「民事慣例類集」（明治十年版）[3]より、加賀藩・富山藩領地域を見ると、加賀の石川郡・河北郡、越中の婦負郡では、縁組み後にしばらく生活して、双方の両親ともに納得の上で、後に正式な婚姻届をするのが一般的であったという。また、河北郡では足入れ婚の期間が半年ないし一年としている。

そこで、以下では嘉永帳によって、砺波郡井波の足入れ婚の実態を検討する。

未届けのまま夫婦関係にある女性を同帳により調べると、井波外居住者を除くと、左記のようになる。なお、住民の階層は高持の百姓階層と、無高ではあるが家持の頭振層、そして借家・同居などの家無しの不持層よりなる。

正式結婚女性、三七七人（百姓一四三人・頭振一三四人・不持九九人・不明一人）

未届婚姻女性、一六七人（百姓五四人・頭振八一人・不持三〇人・不明二人）

右によると、結婚をしている井波の女性五四四人（百姓一九七人・頭振二一五人・不持一二九人・不明三人）のうち、未届けの女性が三〇・七パーセントにも及ぶように多数存在していた。そして、その各階層の中での未届け女性の比をみると、百姓（二七・四パーセント）・頭振（三七・七パーセント）・不持（二三・三パーセント）ともに多いのである。つまり嘉永期の井波では、嫁に入ってもそのまま正式な届けは出さない足入れ婚形態が特定階層だけではなく、やはり各層に一般化している。

足入れ婚の慣習が井波以外にも見られることは、嘉永帳に付記された婚姻未届けの女性の出身地によりわかる。同帳によると、彼女らは井波と周辺の村方の他に、砺波郡の福光・福野その他の在町出身者も見られるので、当時の砺波郡では足入れ婚が在町も含めて一般的な慣行となっていたことがうかがえる。

次に、未届け期間が河北郡のように半年ないし一年であったか、脇書に記載されたその期間を整理すると左記の通りである。

一年未満（一四人）・一年（一〇人）・二年（六人）・三年（七人）・四年（三人）・五年（五人）・六～九年（一〇人）・一〇～一五年（一六人）・不明（九六人）

右によると、正式な婚姻関係に入る期間についてはさまざまである。未届けが一年未満ないし一年とされている女性が多いのは確かであるが、二年以上も届け出ない者の割合も高い。そうすると、婚姻届は主人の気分で適当に処理されていたのかどうかが問題となるので、同届け提出と出産の関係をみてみたい。婚姻未届けの女性の実子数を左に整理する。

子供なし（四六人）、同一人（二一人［男子八人・女子一三人］）、同二人（九人）、同三人以上（四人）、他家縁

付け・子供数不明（八七人）

彼女らには子供がいない者が多く、一人の子を持つ者を入れると、他家縁付け・子供数不明分を除いた未届け婚姻女性のかなりの部分を占める。ということは、子供を生まない女性は婚姻届は出してもらえず、また一人を生んでもまだ届けがされないことがあり、二人生むようになってからようやく、婚姻届が提出されるようになるケースもかなり存在したということである。ただし、一人の子供を持つ女性も、右によるとその子供は三分の二ちかくは娘である。つまり跡継ぎの男子を生まない嫁は、婚姻届をなかなか出してもらえないということになる。もっとも男子を生んでも未届けのケースがある程度存在し、この場合は届け出がルーズになっていた事例とみられる。

他方、子供がいないのに正式に結婚している事例がどの程度存在したか、念のために三〇歳未満の女性について調べた。そうすると、結婚期間は不明であるが、妻八四人（百姓三一人・頭振二六人・不持二七人）のうち一九人（二二・六パーセント、百姓七人・頭振六人・不持六人）の妻が子供がいないので、跡継ぎが生まれない場合にも、婚姻届が家族により認められることがあることもわかる。

嘉永期の井波では子供がなくとも婚姻届が提出される事例がみられるものの、跡継ぎの男子を出産してから婚姻届を出すことが多く、このために同届けの未提出が二年未満となる者が多い。もっとも、幕末のこの時期には婚姻届をルーズに長期間提出しないでいる夫婦が存在したことも忘れてはならない。

4　おわりに

足入れ婚は実際の縁組み後に、婚家にとって不都合と判断する女性を家から排除するのに適した婚姻・縁組形態であった。加賀藩が結婚直後に必ず婚姻届を出すことを命じたことが知られていない(4)のは、右のためでもあろう。

そして、藩による縁組届けの規制が弱い結果が井波の事例にみるように、実の子供がいながら長期間にわたり嫁の婚姻届を出さない家を多く存在させたのである。

民俗学の研究により足入れ婚地域と指摘されている東北・関東・北陸などの地域[5]の近世の宗門人別帳利用に当たっては、本文紹介の史料より、足入れ婚をしているケースの記載が漏れている可能性があることを必ず考慮する必要があることがわかる。つまり、同地域の通常の宗門人別帳より、正確な結婚や養子縁組の実態、また結婚してから子供を生む期間を調べる際には、この点に注意して同帳を使用しなければならない。

註

（1）桜井徳太郎『日本人の生と死』岩崎美術社、一九六八年、Ⅲ・四。なお、足入れ婚には伊豆諸島にみる妻問婚もあるが（同上）、本節で扱う足入れ婚は本文記載の婚姻形態である。

（2）以下、井波の史料は南砺市立井波図書館蔵。

（3）手塚豊・利光三津夫編著『民事慣例類集』慶応義塾大学法学研究会、一九六九年。

（4）例えば、安政二年十一月「於諸町人別取締方詮議書」（『加賀藩史料』藩末編上巻）参照。

（5）註1と同じ。

第二章　元禄・享保期の富山売薬、反魂丹売りと香具師

はじめに

近世前期の町や市場では、町に定住する商人だけでなく、その地域や遠方からも商人が集まり、商品の販売をする。それだけに彼らの研究は都市研究でも重要な問題となるが、このような存在として知られ、中世で注目されているのは連雀商人である。(1)近世の城下町建設により市を廻る彼ら市庭商人も町へ定住するようになっていくものの、領内の他の市町や近隣の他領地域の市町へも依然として廻る者もみられることになる。なお、香具商ということであれば、文学作品より香具師も含む多様なその存在が指摘されているが、近世前期の香具師の実態など詳しいことはわかっていない。(2)彼らを組み入れた形での近世前期、さらに中世の市・町場で活動する商人の全体像構築が必要となる。(3)

香具師は富山売薬と同じように薬を販売していた人たちである。しかし、この富山売薬の起源についての通説は、天和期に備前の医師万代常閑から製法を教えられた反魂丹を富山藩主前田正甫が元禄年間に江戸城で腹痛を起こした大名に与えて回復させたために、諸大名から請われて富山から売薬をするようになったとするものであった。この説は伝説として早くより疑問が出されているが、(4)村上清造氏により、一般町人による富山売薬のはじまりとして

香具師の資料が紹介され、香具師と富山売薬の享保期段階での関係の深さが無視できないことが示されている。[5] その後、富山売薬の初期の中心にあった薬種商松井屋源右衛門家の子孫の伝承が紹介され、松井屋が江戸で反魂丹を売った香具師松井源水らも扱った歯磨粉を発明していたことを誇りにしていることや、松井屋は元来薬商ではないこと、他国の薬商松井氏の娘を迎えて屋号を松井屋と替え、合薬屋・薬種商としての活動を始めたことなどが紹介された。[6] また、八木橋伸浩氏は、後期の富山売薬関係史料より越中の他国売薬をする者に香具師の香具商と一般の売薬商が存在すること、寛政期に富山売薬商は香具師と見間違えられることを仲間として拒絶していたことを指摘している。[7] この最後の点などは、取りようによっては売薬商の香具師からの離脱と解釈されないこともない。

こうして、商業を担う主体の一つとして、近世前期はもちろん享保以前の香具師の実態解明が必要なことに加えて、富山売薬の起源解明のためにも香具師とのかかわりで富山売薬の初期について検討しなければならなくなる。なお、この香具師起源は享保以降の江戸の反魂丹売りの史料や絵画資料に依拠している問題を抱えている。

幸いなことに、これまでの記録より古い元禄期からの富山売薬の記録を弘前藩が残してくれた。この記録「御国日記」[8] をもとに城下町弘前での他国売薬商の活動を香具師と富山売薬に焦点を当てて検討したい。これにより富山売薬の始期と初期の担い手が香具師であったかどうかを明らかにしたい。そして、富山売薬の活動の実態を他国売薬商の活動も踏まえて検討したい。さらに、元禄前後の香具師の活動を明らかにすること自体重要な事柄でもあり、また他国からくる香具師の活動を地元の香具師が当然に掣肘するので、弘前の香具師と他国香具師の実態についてもここではあわせて具体的に検討する。なお、香具師の用語は一九世紀からのもので、それ以前は香具屋・香具商とすること、ただし香具売には多様な存在があることが文学作品より指摘されている。[9] また、富山藩が元文・宝暦期の法令その他で、富山売薬を単に反魂丹商売・反魂丹商人と記載していたとする坂井誠一氏の重要な指摘もあるので[10]、これらの点も史料検討で注意したい[11]。

一、弘前の香具師と他国香具師・売薬商

弘前へ他国から売薬稼ぎにくる人々について弘前藩の「御国日記」が多数の記事を書き留めている。こうした他国の売薬商には香具師がいるが、地元弘前にもこの香具師の玉屋伊左衛門がいるので、まず彼を取り上げ、そのうえで香具師など他国売薬商について見ていくことにする。その場合、反魂丹売り以外の他国売薬商をここで先にみることにする。

1　玉屋伊左衛門と香具師

正徳以前の「御国日記」に記載された玉屋伊左衛門の記事の概略を示すと次の通りである。

①元禄十五年（一七〇二）六月二十八日条、「宮村検校借屋伊左衛門（筆者注、玉屋伊左衛門）申立候者、江戸浅草之勘兵衛と申者組人数拾六人香具売」、善光寺開帳につき江戸より付き添い国々廻り拙者方へ参る。香具売のうち、手まり遣い一人、こま回し一人。他は芸無し。ういろう・百花香・金袋円の類売るので商売願いを町年寄より出すにつき許可。

②元禄十七年三月四日条、「当年茂町浜在々」にて「南京薬商売」を願い、許可。また郡方新田方へも願い、「見物人さへ有之候ハヽ、何方ニ而成共薬売候様」にと申し渡し。

③宝永三年（一七〇六）九月二十日条、「玉屋伊左衛門申立候者、私儀南京人形からくり薬売芝居年々被仰付」、「当

年茂弘前并青森ニ而十五、六日宛薬売仕」願い。許可。
④宝永四年六月二十九日条、「南京芝居ニ而薬売蟹田江参候而三四日仕候之処雨天故見物人無御座相仕廻」う。十三・小泊・今別へ参り「二三日宛」営業の願い。青森・十三・小泊は許可、今別は不許可申しつけ。
⑤宝永四年八月二日条、「玉屋伊左衛門薬売人寄芝居を青森小泊辺へ罷越商売仕度」願い、九月まで罷りならぬと不許可。
⑥宝永四年十一月二十六日条、玉屋伊左衛門書き付けに「私居宅ニ而薬売」り夜は罷りならぬ旨仰せ渡さるにつき、昼八ツ時より暮れ前までとするので、町奉行へ宜しく届け出られるように申し立てにつき、許可。
⑦宝永五年九月五日条、「玉屋伊左衛門為渡世下鍛冶町にて友右衛門と申者之屋敷之裏少々簀囲仕南京薬売申度」願い、許可。
⑧宝永六年十月二十一日条、十三・小泊・中里辺へ「二三人ニ而碁盤人形抔仕、一両日宛薬売商売」願い、許可。
⑨宝永七年十二月二十六日条、玉屋伊左衛門、来正月「二三人ニ而からくり人形等仕鯵ヶ沢・金井ヶ沢辺江薬売」願い、許可。
⑩宝永八年四月五日条、「玉屋伊左衛門本町五丁目半兵衛裏屋敷借薬売芝居仕度由申立」につき許可。
⑪宝永八年五月一日条、「南京薬売御町端ニ而仕度之旨申立候付下鍛冶町裏川原ニ而商売仕候様申付候、尤高桟敷懸幕抔外江張操舞台之仕懸ニ者仕候儀無用」の旨申し付け。
⑫正徳元年（一七一一）五月二十三日条、玉屋、薬売りに罷越したき願い郡奉行へ達するところ村は農事多忙のため不許可。玉屋は前々より不届者につき芝居は爰元はもちろん在でも不許可申し遣わす。

玉屋に関しては以上のような記事が見られた。彼は借家住まいで（①）、南京薬商売ともされるが（②）、より詳しく言うと南京人形からくり薬売り商売（③）となるようである。結局、南京人形を遣った芝居により客寄せをして薬を売る商売であり、香具師と記載されていないが、芸で人集めをして薬を売る商人であった。

この芝居は碁盤人形にて行うもので（⑧）、これには二三人が従事していた（⑧・⑨）。

彼らの営業は弘前だけでなく、「町浜在々」というように領内各地へも出かけた（②）。しかし、その営業はこの当時は弘前・青森が主で、十五、六日ずつ薬売りをするとのことである（③）。弘前では居宅ですることもあるというが（⑥）、同じ宝永期に本町五丁目の裏屋敷を借りて商売することや（⑩）、下鍛冶町の友右衛門屋敷裏で興行もし、その際は、少々簀囲いをして商売したという（⑦）。またこの下鍛冶町裏は町端の川原であるという（⑪）。当時としては芸能興行に最適とされた場であり、ここが弘前での彼らの重要な営業場所の一つであったとみられる。ここでの営業では高桟敷・懸け幕など外への張り出し、舞台の仕掛けを作ること自体が禁止されている（⑪）。そこで先のように簀囲いをしていたのである。

郡奉行は正徳期に彼のことを不届き者といっており（⑫）、特に農村部では風俗的な点で問題があったようで歓迎されていない。

特に重要な記事は、元禄末であるが、善光寺開帳に付き添って全国を回った浅草の香具売が弘前へ来たときに彼の所へ寄ったことを示す、元禄十五年六月二十八日の記事である。このところは次のように記す。

一、宮村検校借屋伊左衛門申立候者、江戸浅草之勘兵衛と申者組人数拾六人香具売、右者善光寺如来御開帳ニ付江戸より付添国々廻り今度拙者方江只今参候、尤野内口御関所入切手所持仕候

一、右拾六人之香具売共之内手鞠遣之者壱人こま廻し申者壱人御座候、其外ハ何茂芸事仕候者無御座候、ういろう・百花香・金袋円之類売申事御座候由申候、諸国ニ而之通売申度由申候間御断申上候、宜被仰上可被下

候旨町年寄を以申立候付、勝手次第売候様ニと木村八左衛門江申遣之

一、玉屋伊左衛門方江薬売十六人罷下候而、こま廻手まり遣其外都合拾六人ニ而此度如来江附参候由町奉行より知らせ候ニ付、主水江申達候処（中略）能々心を付見可申由被仰付、戸田弥太右衛門申付差遣申候

二十八日の記事によると、江戸浅草の勘兵衛組の香具売一六人が伊左衛門のところにきて、ういろう等の薬販売することを伊左衛門より町年寄を通して町奉行へ願い出たのである。二十三日の記事では薬売ともよんでいる。彼らは独楽回し一人、手まり使い一人とその他の芸事をしない香具売・薬売りである。香具売と表現されているが、芸をする香具売の存在を考えると、彼らは香具師に違いない。彼らは集団で善光寺の開帳に付き添って弘前にやってきた。販売する商品は薬で、ういろう・百花香・金袋円の類であった。

ここで注意されるのは浅草の香具師勘兵衛組に所属するこの香具売、香具師集団は芸能をする香具師だけで成り立っていないことである。その中心に独楽回しや手まり使いをして人集めの芸をしながら薬を売る香具師がいるが、他は芸などしないで商品を売る者たちであった。芸はしないが香具師の親分に従って商売をする商人もおり、彼らは香具師の組に所属する商人であるだけに、香具師といわれる存在となる。

弘前に居住して城下など領内で南京人形芝居をしながら薬を売る玉屋は、やはり香具師といえ、それゆえに浅草の香具師が商売を行うに際して、彼を通じて営業願いを出したのである。他国の営業者が弘前で営業をする場合に、町奉行の許可がいる。これは町で同じ稼業の者を通じて行うことができる。また、許可を取っても、町で実際に営業するには、彼らと同じ業者へ挨拶をしなければその土地での営業は難しい。特に香具師の場合は寺社境内や市で営業するために、その縄張りを抑えている者への挨拶が欠かせない。浅草の香具師にとり、弘前での営業上挨拶をしなければならない存在というのが、この伊左衛門であったことがわかる。

江戸の香具売の香具師以外で香具売が現れるのは享保年間となる。享保十八年（一七三三）六月二十八日の記事に次のように記載されている。

一、町奉行申立候者越中富山之惣右衛門手代九兵衛・平右衛門・惣七右三人、東長町米屋吉右衛門長屋之内ニ而致借宅香具薬種商仕度之願申立之通申付旨町奉行江申遣之

この享保に弘前で販売を願い出た富山の者たちは反魂丹売りとしてではなく、香具・薬種の販売を願い出ている。後に見るようにこの時期の富山からの薬売りはみな反魂丹売りであったが、香具・薬種商も享保期にはいたのである。元禄期に富山の薬売りが香具売を唱えていれば香具師の可能性が大であるが、享保となるとそのように断定しにくい。しかし、前記のように富山藩も他国商いの富山売薬を元文・宝暦の法令などで反魂丹商売、反魂丹商売人としているので、享保のこの香具商は香具師の可能性が高いことになる。

なお、幕府が出した薬売り取り締まりの法令が元禄四年十二月十一日の記事に記録されている。これによると「薬売蛇をつかひ候もの」についての禁止であり、このほか生類の芸を見せて売ることを禁止している。江戸の香具師には蛇を使った薬売りがいたことがわかる。

2　他国薬種商・薬売り

元禄期の弘前でも香具師を香具売と表現していたこと、またこの香具師玉屋を通じて浅草の香具師が大勢弘前での営業を願い出ていたことをみたが、弘前で営業する他国売薬商は彼らだけではなかった。

まず江戸の薬種商で香具屋を名乗る香具屋信濃という商人が弘前藩で活動している。これまでのところからすると、享保はともかく元禄時代には屋号からみるとこの香具屋は香具師となる。しかし、彼は屋号こそ香具屋である

が、香具師ではない。彼が「御国日記」に登場するのは元禄三年（一六九〇）六月四日条からで、この時弘前に江戸から着いたことで登場する。そして、その翌日の条に「香具屋信濃薬種見立ニ在々廻」ということで、藩から警護人二人を付けてもらう事が記載されている。この香具屋は藩より領内での特別な活動を認められた江戸の薬種商であった。同年九月九日条には藩主へお目見えし、さらに同月十五日条には在々で集めた薬草を植え付ける活動をしていたことを記載する。彼は藩のために領内の薬草を見いだし、それの栽培を行う活動を行っており、この点で藩の経済面での貢献が期待される特別な江戸の薬種商である。特にこの薬草園で栽培された重要なものは、香具屋の指図で植えられた小人参三本があった（元禄十二年十月七日条）。すなわち、商品価値の極めて高い朝鮮人参の栽培に特に力を入れたようである。

翌四年三月十三日条には、江戸の彼から藩へ飛脚で送られた薬種に、平の人参・金箔・馬へんそう・どくだみなどがあったことを記載する。やはり手広く薬種を扱う薬種商であったことがわかる。元禄十五年十二月二日には、「香具屋信濃方より琉球赤芋大小五本差上」とある。薩摩芋の導入は享保期の青木昆陽が有名であるが、早くも香具屋より弘前藩へ薩摩芋がもたらされていたことになる。この薩摩芋が普及していれば、その後の飢饉で津軽など東北の人々が大打撃を受けずともすんだのにおしまれることであるが、これはまだ寒冷地での栽培が適していない段階の種芋であったのであろうか。それよりも朝鮮人参など売価の高い薬種に目がいき、食用の琉球赤芋へは役人の力があまり注がれなかった可能性の方が大きい。幾多の人命と東北の人々の資産に大損失を招いた極めて重要なことなので、ここに薩摩芋導入についてもふれておいた。

元禄期には香具売といっても多様な存在があるとされているが、江戸の香具屋信濃はその頂点に立つような、薬種商といえる。

さて、彼以外の他国売薬商や薬種商の活動について、反魂丹売り以外の「御国日記」の記事の要点を次に示す。

①元禄五年四月十九日条、自害人越前滝谷寺町紀伊国屋甚兵衛の所持品。万病金丹円百五包（効能書あり）、ぬき歯五四、歯抜きのような道具、金丹円能書き押形一、歯のような物二四、五他。

②元禄十四年六月二十九日条、名古屋膏薬売り勘左衛門下人九右衛門の二人、親方町介（助）左衛門方へ参る。「毎年当所江膏薬売ニ参者」で、「町中江罷出膏薬売申度由宿助左衛門相断」り、届け出許可。

③元禄十七年四月二十四日条、「親方町利兵衛口上書ニ而町奉行迄申立」、秋田久保田の三渋という医者、「町中廻り千人丸」という薬を売りたく願い。許可される。

④享保四年（一七一九）五月四日条、「親方町理兵衛申立」は江戸くわんかく屋大助手代勘兵衛・下人市兵衛都合弐人、錦袋円商い参り営業願い。「例年参候者」につき「町中ニ而触売」願いを許可。

⑤元文二年（一七三七）閏十一月六日条、大坂の薬売り、「異形成薬売」、諸国廻り黒石へ。なて薬販売につき詮議を郡奉行へ申しつけ。

元禄・享保に知られる他国薬売りについては若干の記事を見るだけである。まず、元禄期には同じ北陸の越前から歯抜きと薬売り稼業の者がきている。また、名古屋の薬売りもみえるほか、宝永に東北秋田の医師による売薬の記事もある。

越前の歯抜きが扱った薬は万病金丹円であった。効能書き押し形を持参しているので（①）、彼は旅先で薬種を調達して自身で金丹円という薬を調合していたとみられる。名古屋・江戸の薬売りは二人組で弘前を訪れている（②・④）。彼らの扱う薬は当然ながらみな反魂丹ではない。元禄の名古屋の膏薬売りも享保の江戸の薬売りも毎年きている薬売りであった。

香具師以外の販売法については、名古屋の膏薬売りは町中へ出て販売すると記載されている（②）。秋田の医師も薬販売は「町中廻り」販売をするという（③）。江戸の薬売りの場合は「町中ニ而触売」とされている（④）。いずれにしても城下内の触れ売りであり、先の香具師玉屋のように川原で興行するのとは異なる。

他国売薬商らの弘前での営業願いを仲介した者を前記の①より⑤の記事にみると、親方町の助左衛門（②）と同利（理）兵衛（③・④）を仲介人にして藩から営業許可をとっている。助左衛門については宿の記載もあるが、彼らが商人宿の主人と見られる点は次節で扱う反魂丹売りのところでふれる。

富山の香具師を除く売薬商も香具師であれば玉屋への挨拶が必要であろうが、この点は史料には出ない。彼らは前記のように触れ売りの販売をするので、香具師玉屋とは販売方法が異なっている。

二、反魂丹売りと富山売薬

「御国日記」に記載されている他国売薬商で反魂丹売りの記事の内容を整理して、次に示す。

①元禄十七年（一七〇四）四月二十日条、「親方町助左衛門覚書ニ而申立候者、私方江一昨晩加賀富山之高堂屋七郎右衛門反魂丹売ニ参候」。「毎年御当地江参申候者」につき「今日より御町廻り商売仕度之由」申し立てに付き許可。

②宝永三年（一七〇六）六月三日条、親方町助左衛門より申し立て。「加賀富山之清右衛門与申者毎年御当地江罷越反魂丹商売仕候付、当年茂罷下り候、御町中商売仕度之由奉願」。許可。

③宝永六年五月二十二日条、「富山之藤兵衛・四兵衛与申者於御当地反魂丹売候儀嘉兵衛与申者申立之通」り許可。

④宝永六年八月二十二日条、「親方町宿理兵衛申立候者、加賀富山之七郎兵衛与申者私方江昨晩参候」、右の者「毎年御当地江反魂丹売参候者」「毎度之通御当地御町中商売仕度奉願」につき許可される。

⑤宝永八年五月四日条、「東長町嘉兵衛、富山之喜兵衛・四兵衛弐人、反魂丹・竜能丸商売参候」「毎年私方江参薬商売仕候間御町中ニ而前々之通商売」願い申し立てにつき許可。

⑥正徳四年（一七一四）六月二十三日条、「親方町宿利兵衛申立候者、越州富山之惣五郎・理兵衛上下弐人反魂丹商売昨晩参」る。「御町ニ而商売」願いにつき許可。

⑦正徳六年六月五日条、土手町宿儀兵衛申立て、「越中富山善七・宇右衛門都合弐人、右者御当地江反魂丹商売に年々私方江参候、当年茂参候、御町中商売」願いにつき許可。

⑧享保三年（一七一八）六月三日条、「越中富山之儀十郎与申者下人壱人召連反魂丹商売」に東長町吉右衛門へ参るにつき、「町中触売之儀町奉行を以申出候付き勝手次第」の申しつけ。

⑨享保三年七月十九日条、「越中富山之惣兵衛并下人壱人御当地江当月十一日親方町理兵衛方江罷越」反魂丹商売願いにつき許可。

⑩享保三年八月八日条、親方町宿理兵衛の申し立てによると、「越中富山之重助并下人五助都合弐人」反魂丹商売に参り「前々之通り」当町にて「薬商売」願いにつき許可。

⑪享保四年八月四日条、「越中富山之惣兵衛、富山之与兵衛」反魂丹商売願い儀左衛門へ申し立ての通り許可。

⑫享保九年八月二十日条、「加賀本吉田中由兵衛当町反魂丹触売」仰せつけられる。「例年参候者」につき許可される。

⑬享保十二年七月四日条、「越中富山之与助反魂丹売参候付町中商売之儀米屋吉右衛門申出」につき許可される。

⑭元文二年（一七三七）四月五日条、越中富山之反魂丹売平四郎・伊右衛門并売子清四郎・嘉兵衛・安兵衛・五右

衛門・間右衛門・市兵衛・儀右衛門・六兵衛・嘉右衛門・又七・新四郎・仁右衛門の一四人、先月七日に碇ケ関口入りにつき、人数大勢のため方々へ商売に罷出るので本国へ返すように申しつけ。

⑮元文二年四月七日条、「先月十七日反魂丹売拾四人碇ケ関口入」「鯵ヶ沢町宿伊右衛門方江参候由」届けにつき本国送り返しの詮議のところ、「薬売拾四人連ニ而参着致一宿碇関口入御切手持参」につき、大間越口御関所御印を受け出立。「右之外ハ参不申旨」同所町奉行申すにつき許可。

右に整理した反魂丹売りは薬売りと記載されていても、いずれも香具売・香具商の記載のない人々である。そして、反魂丹売りのほとんどは越中、富山の売薬商であり、例外は享保九年に登場する加賀本吉の反魂丹売りだけであった⑿。

この日記に初めて富山の反魂丹売りが登場するのは、元禄十七年四月二十日の次の記事である①。

一、親方町助左衛門覚書ニ而申立候者、私方江一昨晩加賀富山之高堂屋七郎右衛門反魂丹売ニ参候、然者毎年御当地江参申候者ニ御座候間、今日より御町廻り商売仕度之由申候間御断申上候旨申立候付、民部江申達申立之通可申付旨木村八左衛門方江申遣之

この史料が富山売薬の初見史料となる。この年は宝永に改元する年で、元禄も最末期となった。ただし、この記事には「毎年御当地江参申候者」と記載されている。つまり、この年よりも前から売薬に来ていたのである。宝永三年六月の記事でも「加賀富山之清右衛門」が毎年反魂丹売りにきていることが記載されている②。また、宝永六年八月の記事にも「加賀富山之七郎兵衛」が毎年反魂丹売りに来ていると記載されている④。

以上の記事からすれば、元禄時代後期に富山の反魂丹売りが弘前へ売薬にきていたことは間違いない。

この反魂丹売りは「加賀富山之高堂屋七郎右衛門」と「加賀富山之清右衛門」「加賀富山之七郎兵衛」と記載さ

れている（①・②・④）。いずれも加賀としているが、その後にわざわざ富山と記載されているので、城下町富山の者であることは間違いない。ところが後の正徳四年以降（⑥以降）には、反魂丹売りが加賀ではなく越中富山として登場してくる。これは正徳ころになると弘前で富山の反魂丹売りが珍しくなくなり、富山の土地がよく知られるようになったので、加賀では通用せずに越中富山として販売するようになったためであろう。富山より反魂丹売りが弘前に来始めたばかりの時代の元禄・宝永ころには、加賀の富山としても通用したのであろう。

近世のこの時代に富山が越中にあるのは武家や上層町人には周知のことである。これを加賀富山としたのは、加賀藩の支藩である富山、あるいは加賀藩前田家分家の前田家の城下富山という意識からとみられる。加賀藩前田家の土地ないし縁のある土地ということを全面に出した方が、遠方の他国の人々に受け入れられやすいことが、加賀の地名を越中に代えて出させたのではなかろうか。これは本藩前田家の威光を利用するためであろう。

さて、この元禄から享保の期間を見る限り、越中から来た薬売りはみな富山の者たちであった。中に享保九年に加賀本吉の反魂丹売りが登場しているが（⑫）、これは例外的であった。富山の反魂丹売りの影響が隣国の本吉にまで影響を及ぼしたとみられるが、まだ越中では富山以外の者は弘前に薬売りに来ていない。

この弘前へ薬売りに来た富山の売薬商が商う薬は、やはり反魂丹であった。彼らはほとんどが反魂丹売りや反魂丹商売と称してやってきていた。ただし、宝永八年に毎年きているという富山の喜兵衛・四兵衛が「反魂丹・竜能丸商売」としているので（⑤）、中に宝永ころには別の薬を合わせて扱うこともみられるようになったようである。

弘前での商売出願に関して、その販売形態を整理すると次のようになる。

「御町廻り商売」……元禄十七年（①）

「御町中商売」「御町中ニ而」商売……宝永三年（②）・宝永六年（④）・宝永八年（⑤）・正徳六年（⑦）・享保十二年（⑬）

「町中触売」「触売」……享保三年（⑧）・享保九年（⑫）
「御町ニ而商売」……正徳四年（⑥）

右によると町にて商売以外に町廻り商売、町中商売、触れ売り商売の三つの言葉が反魂丹売りに使われている。最後の触れ売りは三都や城下町での最もポピュラーな小商いの一形態である。触れ売りとある以上、城下内を売り廻る行商である。前々より反魂丹売りをしていたという元禄十七年の事例の御町廻り商売も明らかに町内を巡っての商売で触れ売りに該当する。以上によれば、少なくとも元禄年中に弘前へ反魂丹売りに来ていた富山商人は香具師ではなく、触れ売りを行う一般町人であったことを示す。しかし、一番多い表現は町中商売であった。町中商売とは何か。単にこれは城下町内での商売を示す語にすぎない。触れ売りも町中で営業を許可されれば町中商売となるものである。

町中での商売にはもちろん香具師の商いも入る。しかし、香具師としての商いは触れ売りと異なる特別な形態を持つ。これまで知られている反魂丹売りの香具師は、居合いや曲独楽の芸を見せて人を集めて販売する売り方のため、寺社の境内や市などの人の集まる場所を初めから選んで販売していた。このように、特定の場所に腰をすえて販売するのが香具師であり、町中を所を選ばずに売り歩く触れ売りとは異なる。そして、右の史料にはどれも香具師としての営業をうかがわせるものはない。

先に見たように判明する浅草の香具師は玉屋を通じて営業許可をとっていた。玉屋が活動していたのは、正徳ころまでであるが、この間に富山の反魂丹売りが彼の所へ出かけたということは史料に出てこない。これは彼らが香具師とかかわりのないことを示すものである。

念のために、反魂丹売りが営業届けを依頼した町人を整理すると次の通りである。

親方町助左衛門申し立て＝元禄十七年・高堂屋七郎右衛門⑴、宝永三年・清右衛門⑵
嘉兵衛申し立て＝宝永六年・藤兵衛ほか⑶
東長町嘉兵衛申し立て＝宝永八年・喜兵衛ほか⑸
親方町理兵衛申し立て＝享保三年・惣兵衛ほか⑼
「親方町宿理兵衛」申し立て＝宝永六年・七郎兵衛⑷、正徳四年・惣五郎ほか⑹、享保三年・重助ほか⑽
「土手町宿儀兵衛」申し立て＝正徳六年・善七ほか⑺
東長町吉右衛門＝享保三年・儀十郎ほか⑻
米屋吉右衛門申し出＝享保十二年・与助⒀
儀左衛門＝享保四年・物兵衛ほか⑾

「御国日記」の記事が簡略なために、反魂丹売りが営業願いの仲介を求める弘前の町人の職業について具体的に記載しないものもある。しかし、宝永・正徳・享保期の記事の四件はともに申し立てを宿としているので、弘前の宿にした宿主、つまり商人宿が彼らの営業を町奉行を通じて願い出て許可を受けることがわかる。

さて、反魂丹売りは元禄・宝永三年の事例は各一人の名前しか知られないが、宝永六年以降には複数でやってくる事例がほとんどである。正徳四年には上下二人⑹、享保三年の事例⑻・⑼も下人とともに二人となっている。これは反魂丹売薬が次第に定着し、宝永後期から増え、さらに正徳以降には雇い人の下人ともども売薬をする商売の拡大を知ることができる。特に元文二年になると売り子一二人を召しつれた反魂丹売り二人が弘前藩へやってきていて⒂、完全に定着しているといえる。彼らは大勢なだけに領内各地を廻ることになるとして差し止められようとしたが、他には来ないとのこともあって富山へ返されることなくすんでいる。

おわりに

以上により判明した点をまとめるとともに、ここから派生する、富山売薬の中心にいた松井屋源右衛門と香具師の関係および元禄期に弘前で富山売薬が活動していた背景について論及して、今後の研究課題を示して終わりたい。

まずこれまでよく知られなかった享保以前、元禄期の香具師の活動である。元禄期の江戸には香具師の組が存在したことを確認できた。この組の者が善光寺開帳に付きそって旅先で商売をし、薬を販売していたことを知ることができた。構成員は芸をする者を中心としつつも、芸をしない商人が多数おり、彼らも組の構成員である以上、香具師となる。香具師の集団は古く中世までさかのぼって存在したはずであるが、史料で解明するのが今後の重要な研究課題となる。

元禄期の弘前では南京人形からくり芝居により薬売り商売を行う玉屋伊左衛門の存在とその活動が確認できた。浅草の香具師が彼の所へ出向いていることから彼は弘前の香具師の頭と見られるが、彼の配下の人々、特に芸能をしない者については不明である。他国から弘前へ来る売薬商が彼の所へ出向いたことは知られないものの、彼が拠点とした場で営業ということになれば、当然に挨拶なしではすまないであろう。

元禄期の弘前では江戸の薬種商が弘前藩の薬種扱いで重要な役割をはたしていたが、香具師以外の売薬でも、元禄・享保期に越中以外の越前・名古屋・江戸の者がわずかであるが弘前で営業をしていたことを知ることができた。

しかし、弘前へ出向く享保以前のほとんどの他国売薬商とは城下町富山の売薬商であった。彼らは香具売りとしてではなく反魂丹売りとしてきており、また他国の売薬商で反魂丹を売るのは享保になって加賀の本吉の者を見るだけで、弘前での他国売薬商の場合、反魂丹売りは富山売薬の独占的商売となっていたとみてよい。そして、この富山売薬の反魂丹売りが弘前へ進出したのは、前田正甫伝説に対応する元禄期であったこと、また富山売薬は初め反魂丹売りとしてきていたことを史料的に確認できた。さらに、弘前藩のこの史料から、元禄期には香具師ではない一般の町人が反魂丹売りを担っていたこと、富山売薬香具師起源説をとらなくても良いことが明らかとなったのである。

さて、元禄期に遠隔地の弘前で行われていた富山売薬は反魂丹売りとしてのもので、まだ享保段階には振り売りの町中売りである。置き薬がいつ始まったかは不明であるが、初めから置き薬ということではなく、ある程度顧客が固定するようになってからで、それがいつになるかはわからない。また、元禄から宝永前期のまだ富山売薬が弘前で始まって間もない時期は、越中富山の反魂丹としてではなく、加賀藩前田家の威光を利用して加賀の富山の反魂丹売りとして売り込んでいたが、正徳以降には富山の反魂丹売りが定着したためか、越中富山とするようになった。そして、この正徳ころには奉公人を従えての売薬が行われるようになり、次第に手広となるが、特に享保をすぎて元文になると反魂丹売りが大勢で弘前藩へやってくるようになった。また、宝永期の反魂丹売りの中には反魂丹だけではなく他の薬も扱う者がでる。さらに、被差別部落の人の売薬稼ぎに伴う手形が問題となっていることが指摘されている享保期[12]には、反魂丹売りでなく、富山の香具薬種商とされる香具師とみられる者も弘前に現れるようになった。

元禄以降に他領へ出向いて売薬をする富山売薬商を香具師とみなくてよいことになったが、肝心の反魂丹販売の起源で重要な役割を果たしたことを、富山売薬の由来の書上げで藩に対して主張していた薬種商松井屋源右衛門家と香具師の関係が解決していない。享保期以降に江戸の浅草寺で反魂丹売薬を行った香具師松井源水や享保以降の絵画に見える江戸で活動した松井源左衛門なる香具師など松井・松井屋を名乗る香具師につき、村上氏は富山の松井屋源右衛門一家の者か、松井屋が香具師に松井屋を名乗らせたのか分からないとした(13)。ただし、その実在の明確な源水の場合は富山売薬の扱う万代常閑製法の反魂丹ではなく、自身が立山で創案したと称する反魂丹(14)という大きな差異がある。

寛文八年（一六六八）三月に松井屋源右衛門が米沢屋孫兵衛とともに富山町の小物成銀を藩へ納入した算用状が古くから『富山売薬業史史料集』上巻などで紹介されている(15)。この時期に富山城下の小物成の徴収・納入を司るということは、松井屋が単なる香具師ではないことを明確に示す。同家が出した前記書上げによると、同家はこれにより町年寄格の地位をえたことを主張することがよく知られている。松井屋がこの時期には富山の有力町人であったことを示すものであるが、町年寄の職に対応するということで、町年寄とも違うわけで、場合によっては商人全般を束ねる商人頭・商人司であったためにゆだねられた職務の可能性も考えなければならないのではなかろうか。

中世以来、富山とその周辺の市を稼ぎの場として市庭商人・振り売り商、そして芸能をする香具師の仲間商人が活動し、また彼らを束ねる商人頭も当然に存在したはずである。しかし、この商人頭についてこれまで一切知られていない。中世後期の越前北庄の橘氏は唐人座・軽物座を統括し、薬を販売していた商人と指摘されているが(16)、これらの座を統括していることでわかるように橘氏は商人頭といえる存在である。薬販売をした橘氏と同様に松井屋も初めは薬売りをしていたとする伝承を持つ。松井屋の伝承では戦国期には武士で、魚津城落城後に薬屋となり、知り合いの伊勢の薬商人から紹介された薬に詳しい元武家の松井氏の娘を嫁に迎えて、松井氏の影響により松井屋と名乗り、また薬屋稼業に精励したという。そして、この嫁の子供、市兵衛が日本で初めての歯磨粉を生み出したとして誇りにしている。先祖を武士とすることはよくあり、町人となって行った稼業を初め薬屋としていることが注目される。そして、特に重要なのは同家が本格的な薬屋となる契機として松井屋への屋号転換を位置づけており、これは同家の稼業の大きな転換、つまり商人頭的存在から反魂丹製薬を中心にした薬種商専業への転換を意味していないであろうか。市で活動する商人や芸をしながら商売をする香具師の前身の者たちを束ねたという系譜から、松井屋が考案を誇る歯磨粉がその下にいた香具師の仲間へも伝えられ、享保期以降に江戸の松井屋源左衛門・松井源水らの香具師によりその販売が行われ、また反魂丹商売も行われたことを考える余地はある。

以上、松井屋と香具師との関係がどうしても問題になるために、特に薬種商松井屋への転換の点を史料と伝承により商人頭に結びつけて考えてみた。しかし、伝承では商人頭に対応する存在として先祖を扱わずに武家としている問題がある。このため芸能をしながら商売する商人集団と別系統の薬商の有力町人であった可能性もある。いずれにしても、これまで加賀藩・富山藩の商業・流通の研究で取り上げられてこなかった商人頭・商人司の研究が今後の重要課題ということで、その可能性も一部に考慮されるので取り上げたものである。

もう一つ問題としなければいけないのは、富山売薬が元禄期に弘前で活動した背景である。まず、その担い手が一般町人としても、どのような人であったのかが問題になる。同じ富山藩領の町場八尾では、延宝期に新町を立てる出願一件があったが、この史料には次のような記述がある[17]。

> 八尾と申所者山宿ニ而御座候へハ、第一人々商買家職ヲ仕申候、然者酒屋者酒商買、絹屋者絹商買、室屋・豆腐屋・御蔵宿・大工・かち屋・薬師又ハ作人方々一商買宛御座候、弐番子・三番子共ハ他国懸仕、美濃・飛騨へ罷越、又ハ越後・信濃・甲州・関東へ罷越商買仕申候、越前・加賀・能登方々国々へ懸商仕

右史料によると、次男、三男が他国商いをし、家を継ぐ者は八尾を拠点とした商売をすることになるが、町場の零細な家の次三男が生きるための一つの重要な稼ぎ、生業として他国商いがあったことをこの史料は教えてくれ

る。このことは越中八尾の町だけに該当するのではなく、他の越中や近隣の国の町場でも同様に考えられることである。八尾を支配する富山藩の拠点、城下町富山には多くの町人が暮らしていた。そして、この町の生業として重要なものに売薬があったことは周知の点である。八尾と同じ藩の城下町住民の零細な家の次三男が、八尾の住民同様に早くより他国行商に出ることは当然のことである。

元禄期に弘前などの遠方へ売薬商売に出向いたのは、香具師ではなく、右の点からも町の次三男や零細町人であったとしてよいことがわかる。

次に反魂丹売りが何故に元禄期に弘前のような遠隔地で活動していたかについて取り上げる。現在の感覚でいうと遠隔地で、越中と無関係の土地であるが、元禄時代にはこの津軽地域と越中は結びつきを持っていたのである。元禄時代に加賀藩では材木をこの東北の下北半島に求めるようになり、越中・加賀などの廻船が下北半島へ進出していたのである。下北の牛滝の材木扱いの山師方には越中氷見の廻船商人の借用証文も複数残されるようになっている。[18]売薬商は薬の輸送に廻船も利用するので、越中の廻船の進出先は売薬商の活動先ともなれたのである。このような廻船での下北とその近くの材木産出地との海運のつながりが、早くに富山売薬の弘前進出を生み出していたとみてまちがいなかろう。

日本海海運の展開が、早くも元禄期における遠隔地での富山売薬の反魂丹売りの活動を支えたことになるが、直接の両者の詳しい関係は今後の研究課題となる。

註

（1）国立歴史民俗博物館編『中世商人の世界』日本エディタースクール出版部、一九九八年。

（2）（9）松田修「「香具」から「ヤシ」へ」（南博ほか編『のせる』芸双書9、白水社、一九八二年）。

（3）杉森玲子「近世の町と商人」（佐藤信・吉田伸之編『都市社会史』新体系日本史6、山川出版社、二〇〇一年）が一七世紀の城下町・在方町の商業を担う商人司・問屋・振売り商人について近年の研究成果を踏まえてまとめている。中世から近世については桜井英治「中世・近世の商人」（桜井英治・中西聡編『流通経済史』新体系日本史12、山川出版社、二〇〇二年）がこの期の商人をめぐる研究成果にたちまとめている。ともに香具師ないし彼らにかかわる存在についての論究がないが、享保以前の香具師についての文書が知られておらず、その研究がないためであろう。

　後期の香具師の研究は八木橋伸浩「秩父郡における近世後期の香具師集団」（地方史研究協議会編『内陸の生活と文化』雄山閣、一九八六年）、同「十三香具と富山売薬」（『史潮』新四三号、一九九八年）、吉田伸之「複合する職分—香具師の芸能と農間商い」（久留島浩・吉田伸之編『近世の社会集団』山川出版社、一九九五年）ほか。中世で芸能をしながら商売する集団の問題は網野善彦「市につどう人々」（註1『中世商人の世界』）、朝倉喬司「香具師をめぐる都市・大道・民俗世界」（註2『のせる』）参照。

（4）（10）その起源を立山御師や富山・八尾の修験とする宗教者の活動に求めた説が梅原隆章「越中売薬と立山信仰」（『越中史壇』六号、一九五五年）、坂井誠一「富山売薬業の起源に関する一考察」（『富山史壇』五六・五七合併号、一九七三年）により提示されている。

（5）（13）村上清造「越中富山反魂丹と香具師」一・二（『富山史壇』五三号・五四号、一九七二年・一九七三年）。

　なお、同論文にて紹介されている朝倉亀三『見世物研究』（春陽堂、一九二八年）が延宝・天和に松井源水が江戸で活動したとするのは推定で、また、元禄・宝永から香具師をしていたとするのは典拠不明である。

（6）荻原みゆき『元祖反魂丹』荻原安雄、一九八三年、二章。なお、橋本友美「売薬の始まりと広がり」（『富山の売薬文化と薬種商』富山県民会館、一九八六年）はこの伝承を取り入れて富山売薬の始まりをまとめている。

（7）註3八木橋「十三香具と富山売薬」。

(8) 弘前市立図書館蔵。この日記をもとに松木明知・花田要一編『津軽医事文化史料集成・御国日記』上下（自刊、一九九三年・一九九四年）がまとめられ、この中に他国売薬関係の記事が当然に取り上げられている。本章ではこの書も参考にしたが、膨大な史料なので、当然に誤植などもまじるために同図書館にて公開されている複写本に当たって「御国日記」を利用した。

(11) なお、筆者は『週刊日本の街道五一号　北国街道越中路』（講談社、二〇〇三年）の深井「三〇〇年間続く『富山売薬』は情報・サービス産業の先駆だった」にて、元禄の富山売薬の弘前での活動とその背景について紹介したものの、インタビュー記事のために不十分な点が多いので、改めて観点を変えて論文にまとめ直した。

(12) 道正弘「越中売薬余滴」『富山史壇』九六号、一九八八年。

(14) 松井源水家所蔵の「越中富山反魂丹之記」（網野宥俊編『浅草寺志』下、名著出版、一九七六年）による。なお、古谷常蔵編『こまさらへ』（自刊、一九三六年）二二二頁に明治期に富山西三番町に本家松井源水居住の指摘がある。浅草の松井源水は松井屋源右衛門ではなく、この松井源水家に連なるということであれば、松井屋源右衛門と香具師の関係は一層すっきりするが、この典拠を示されていないのが残念である。通常の史料集同様に積極的に古谷氏編纂史料集を使用した田中喜男『城下町富山の町民とくらし』（高科書店、一九九三年）刊行に際して、富山県史編纂にたずさわれた有力な方々からその点での批判が行われていることもあり、本章では古谷氏編纂史料を本文で使用しなかった。ただし、同史料集でも出典明示の史料については、当然にどの史料集にもみられる誤植の問題を念頭に置けば、無批判な利用はともかく、史料批判のうえで使用可能なのではないかと考えている。

(15) 高岡高等商業学校編刊、一九三五年。国書刊行会再刊、一九七七年、一〇・一一頁。

(16) 網野善彦『日本中世の民衆像』岩波新書、一九八〇年、一六〇・一六一頁。

(17) 葛城家文書『富山県史』史料編Ⅴ近世下、五四九号文書。

(18) 青森県佐井村牛滝坂井家文書。『氷見市史3』資料編一（古代・中世・近世㈠）近世編史料番号87・88ほか。第一部第二章四節2参照。

追記

本稿は、平成十一年より十三年度に実施した科研で調査対象にした「御国日記」に記載された富山売薬の史料をもとにまとめた。

第三章　大聖寺の奉公人

はじめに

江戸時代に生きた町人の子弟や、また農民の次・三男にとっても、将来店持ちの商人になることは、大切な大きな夢の一つではなかったろうか。しかし、中後期には現実に店持ち商人になれるのは彼らの嫡男とその養子以外では、長期の商家奉公の後に別家独立する者が最も確実な者となろう。

以前、筆者は、城下町におけるこの店持ち商人の形成を考えるために、そしてまた辛苦して奉公をする商家奉公人の雇傭実態を把握するために、金沢の代表的な有力商家を対象に検討した(1)。しかし、同稿では史料の制約上、奉公人の給与の実態など奉公人雇傭のその詳細を十分把握できたとはいえない。また、同稿の検討によって店持ち商人形成を把握するうえで中商家の奉公人雇傭の分析が必要であることをあらためて確認した。

しかしながら、右の点を検討するための史料を金沢で入手することは、残念ながら現在のところでは難しい。ただし、目を金沢より転じて、加賀藩の支藩で隣接した大聖寺藩の城下町大聖寺をみると、幸いにも同地の吉田屋に若干の奉公人関係史料が残っている(2)。点数は非常に少ないが、それは先の金沢商家では十分把握できなかった奉公人雇傭の実態をかなりよく示している。つまりその中でも天保四年（一八三三）正月「家来給銀相渡ス覚牒」は吉田屋の奉公人とその雇傭の実態を詳細に我々に教えてくれるのである。そしてまた、それは幕末の吉田屋で別家独立する者の有無についても示唆してくれる。

本章では右帳簿を主にして、大聖寺商人吉田屋の幕末の奉公人とその雇傭の実態を明らかにし、また同家奉公人の別家化の状況を把握してみたい。この吉田屋は文政末に経営が悪化し、天保五年に酒株・家屋敷を売却して転居し、その後薬種商を主に営み、また他に荷口問屋・呉服太物問屋を兼営した商家である。(3) 同家は宝暦期に扶持を受け特権町人となったが、(4) 右のように経営が悪化してよりは本論でも示すように、幕末期に雇傭する奉公人は常時、若干名を抱えるにすぎず、吉田屋は幕末にはとても大店とはいえない。どちらかというと経営の脆弱な中小商家の事例となると思う。奉公人は多くないが問屋を営んでおり、吉田屋は大坂で独立別家を主として出したという中商家のタイプとして把握することが可能ではなかろうか。(5) もちろん、前稿分析とは対象都市が違うが、幕末城下町の、特に北陸城下町の中小商家の商家奉公人の別家とその雇傭の実態を考えるうえで参考となる事例ではある。

一、奉公人の概要

吉田屋の幕末における奉公人雇傭の大枠を理解するうえで、前述の「家来給銀相渡ス覚牒」は大いに役立ってくれる。同帳の記載のあり方をみるために、一例を左に記そう。

保田屋忰石太郎　十五歳
天保八年酉十二月廿九日来ル
戌ノとし

一、三拾五匁　年中
　亥五月十六日夜
　　内五拾目手形かし渡ス
亥ノとし
一、四拾五匁　年中
子ノとし
一、六拾目　同
〆百四拾目
　　内五拾目亥五月六日かし渡ス
　引テ
　九拾目子十二月晦日相渡ス

右の石太郎の記事は、彼の親名・続柄・年齢に加えて、雇傭日・各年給銀・雇傭中の貸銀、そして退店時の給銀・貸付銀の差引渡額を記す。他の奉公人の記載記事もこれと同様であり、さらに奉公中に長期病休があればその点も記し、また欠落・解雇についても記載する。以上のように本帳は、吉田屋の奉公人雇傭の実態を把握するうえで、非常に有用な帳簿である。

まず、幕末の吉田屋で雇傭する奉公人の全体を把握するために、「家来給銀相渡ス覚牒」をもとに表1を作成した。表1は男と女の別、そして男は年齢によって整理している。

同表によると天保五年（一八三四）直前の一時期は、一五歳前後の男奉公人が二人ないし一人、二〇代の男奉公人が一人、女奉公人は二人ないし一人傭われていた。天保五年に酒株を売り転宅をしてからの吉田屋では、おそらく丁稚に当たるとみられる一五歳前後の男奉公人や二〇代の男奉公人は解雇して、下女とみられる女奉公人のみを一人だけ傭っていた。しかし、天保八年より再び一五歳前後の男奉公人を傭うようになり、この天保末年には彼らを二、三人雇傭することもあった。ただその後は丁稚とみられる彼らの雇傭は一人だけとなった。一方、二〇代の男奉公人は天保十二年まで誰も傭わなかったが、同年より安政元年（一八五四）まで、ほぼ一人を傭った。ただそれも安政元年より同六年まではまた傭わなくなっている。なお、下女は天保以降もいつも一人を傭っていた。ただ

表１　吉田屋の奉公人

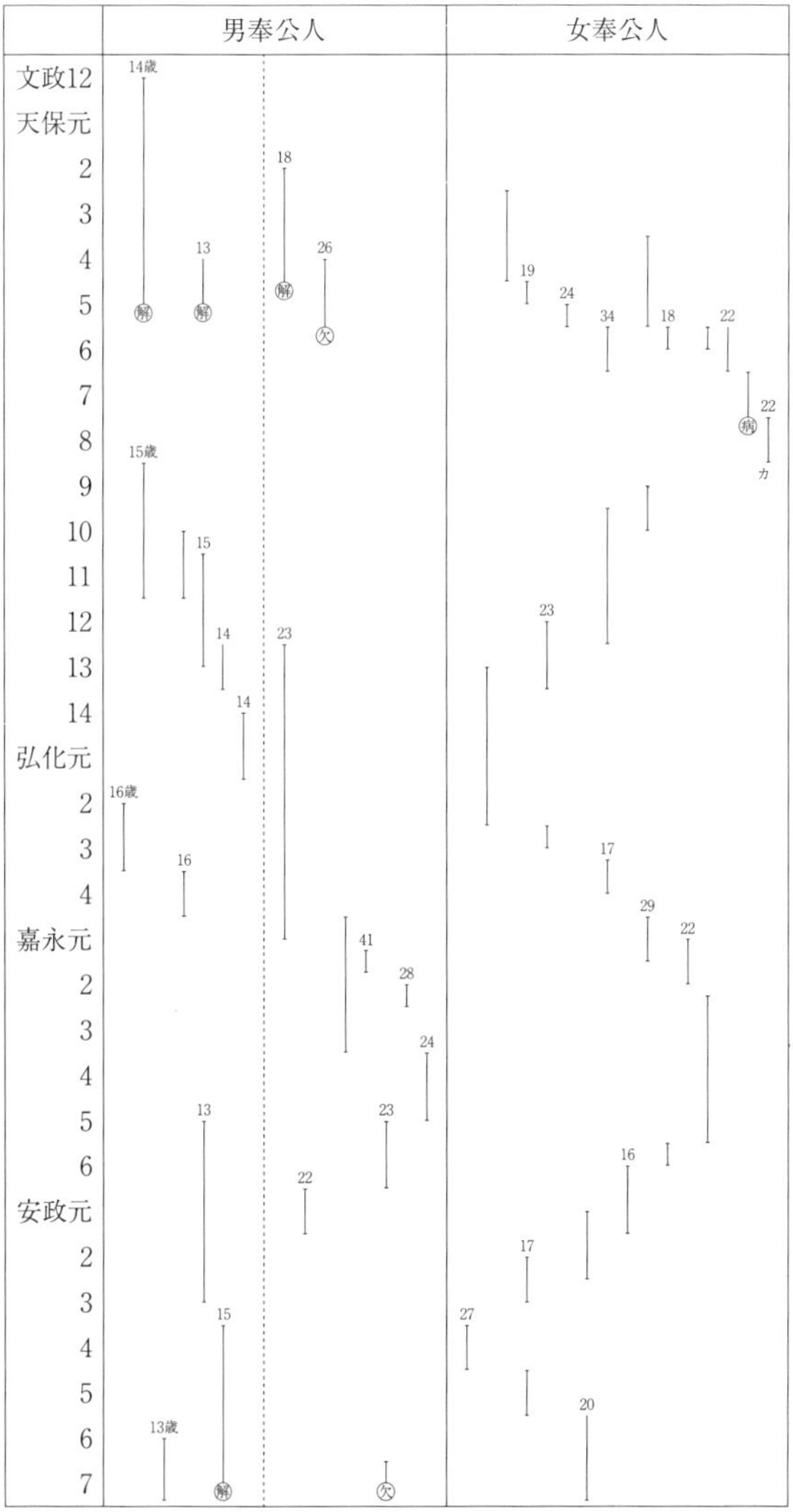

注（１）数字は年齢である。
（２）㊙は解雇、㊍は欠落、㊒は病気退店。
（３）「家来拾銀相渡ス覚牒」による。

し、この奉公人雇傭概要はあくまでも「家来給銀相渡ス覚牒」に載る者のみで、支配人に当たる番頭は記載されていない可能性があることは後にみる。

二、職階

吉田屋の奉公人の職階についてみると、直接に同家の奉公人の階層ごとに給銀を書き上げた、年次不詳の左記の「家来共給銀書上」がある。

口上

此間者御紙面被下、家来共給銀之義御尋被下、早速可申上候所大延引仕候

一、売場手代　給銀

初メ之年ハ百五拾目、是ゟ毎年拾匁か拾五匁斗上ケ申候、尤人ニも合候へ共先これくらゐ之者ニ御座候

先年居申候与兵衛ハ弐百五拾目迄遣シ申候

只今居申候清助ハ弐百目くらゐ之者ニ御座候

一、蔵男　給銀

初メ年ハ百四拾目か百五拾目くらゐ之者御座候、是ゟ毎年拾匁斗上りニ御座候、只今居申男ハまた少シ遣シ申候

一、樽取坊　給銀

先十二、三才斗ニ而参リ候分ハ年中給銀四拾目斗也、是ゟ毎年拾匁上リニ御座候

尤永々つとめ候而十七、八才斗ニ相成候へハ毎年弐拾目上リくらゐニ御座候

一、下女　　給銀

前方ハ五拾目迄ニ候様承リ候へ共、此筋ハ六拾五匁斗遣シ申候

右家来給銀あらまし如此ニ御座候、つとめ方ニより少々ハふとふも御座候、以上

右書上げは奉公人の給銀を書き上げたものであるが、その給銀は奉公人の職階によって定められており、右史料により吉田屋の奉公人の職階が把握できる。問題はその年次であるが、奉公人給銀のあり方からみて（第五節参照）、右書上げは安政期よりも後のものと考えられる。

書上げによると吉田屋の奉公人は、売場手代と蔵男・樽取坊よりなる男奉公人と、女奉公人の下女より構成されたことがわかる。同書上げは樽取坊の雇傭年齢についても記述する。それによると樽取坊は「十二、三才斗ニ而参り候」ということになる。そして、彼らは「永々つとめ候而十七、八才斗ニ相成候へハ毎年弐拾目上リ」位となるという。つまり、一二、三歳で奉公に入った後に、そのまま大過なく勤め上げれば一七、八歳ころに給銀の昇給率はこれまでの二倍の二〇匁上がりにするという。他の奉公人については残念ながらその雇傭年齢を記さぬが、それは彼らの場合は定まった雇傭年齢がなかったためであるかは不明である。この点は後にあらためて検討する。

なお、右の樽取坊はその雇傭年齢からみて、明らかに丁稚に当たる奉公人である。京・大坂の商家は一〇歳前後に雇傭した丁稚は、一五、六歳で半元服させ半人前扱いとし、さらに一七、八歳で元服させ手代へ昇進させている。(6) 金沢の薬種商宮竹屋も近世中後期においては、一〇歳ころの者を丁稚に傭い、元服後に改名させ手代へ昇進させていた。(7) 以上からみると吉田屋の右の樽取坊雇傭年齢は若干遅れるが、丁稚にほぼ対応し、また一七、八歳で昇給率を倍増させるのは、同年齢での手代への昇進を意味するものと理解できる。また、蔵男とは一般に下男と呼ばれる

奉公人を吉田屋で呼んだものであろう。番頭の職名はないが、金沢商家では番頭を手代と明確に区別せずに呼称していたようなので(8)、書上げに記す売場手代とは一般の手代だけではなく、番頭に当たる奉公人を指している可能性もある。

書上げにみる限り幕末の吉田屋の奉公人は売場手代―樽取坊と蔵男、下女より構成されたことになる。番頭・手代の別が明確ではないが、この点は金沢の商家も同じである。しかし、右書上げが安政以降の現実の吉田屋の奉公人の職階・雇傭年齢・給銀実態を正しく既述したものか考慮の余地はある。それは「早速申上候所大延引」のうえ、書き上げたものであり、経営の良くない吉田屋では、藩にそのような事情をみせぬような配慮を必要とし(9)、その結果、書上げの提出が遅延したことも予想されるからである。

そこであらためて、表1より幕末吉田屋の奉公人の階層を窺うことにする。同表によると男性奉公人の場合は年齢からみると、一五歳前後に雇傭される者と、二〇代に雇傭される者とに二分されることがわかる。この前者の場合が、先述書上げの記す樽取坊におおよそ対応する者達である。それでは売場手代・蔵男のいずれが後者の二〇代の青年に当てはまるのであろうか。手代はやはり丁稚をへたものが一般に登用されることを考えると、この二〇代のいわゆる中年者に当たる者が売場手代であると理解するよりは、下男に当たり雑用を担当したとみられる蔵男であると把握する方が正しいように思う。しかしながら、天保初年に一旦、経営が破綻し、表のように天保中期に二〇代の者を再び採用するようになった点を考えると、彼ら中年者は売場手代として傭われたと考えることもできるのである。ただ、その場合は下男に当たる者が雇傭されていないことになる問題が残る。

なお、女性の場合は下女として傭った者が殆どとみられるが、中には「家来給銀相渡ス覚牒」に左のような記述をみる女性もいる。

足軽林殿娘
久次郎殿
おんば　年廿才

つまり足軽の娘がおそらく吉田屋の倅のおんば、乳母として傭われているのである。吉田屋の女奉公人の一部に乳母もいたことになる。

三、奉公人雇傭年齢と出身地

奉公人の職階理解のために、前節では「家来共給銀書上」に記す丁稚の年齢について若干ふれた。ここではあらためて、吉田屋が実際に雇傭した奉公人のその年齢と彼らの出身地について検討したい。「家来給銀相渡ス覚牒」の記す雇傭時点の各奉公人の年齢を表2に整理した。

男奉公人の場合、先にふれたように二タイプあった。表2で明確なように、第一は一三歳より一六歳の者で、一四、五歳前後の者である。彼らはいわゆる丁稚に当たる者と推定したが、吉田屋では前述「家来共給銀書上」が樽取坊と記す者であり、しかも同書上げは十二、三才斗にて彼らを傭うとしていた。しかし、天保～安政期の吉田屋では一三歳の者も傭ってはいたが、それより若干年をとった一五、六歳の者まで丁稚として傭っ

表２　奉公人雇傭年齢

年齢	男	女
13歳	３人	
14	3	
15	3	
16	2	1
17		2
18	1	1
19		1
20		1
21		
22	1	3
23	2	1
24	1	1
25		
26	1	
27		1
28	1	
29		1
34		1
41	1	
不明	3	13

（「家来給銀相渡ス覚牒」より）

ていたのである。藩より奉公人雇傭の実態を書き上げさせられるに当たり、吉田屋ではかつて同家が経営を順調に展開させていた時の丁稚の雇傭年齢を書き上げたのではなかろうか。この点は残念ながら明確にできぬので推測に止める。

次に二二歳から二八歳に及ぶ二〇代の者も雇傭している。一般にこの年齢の者は、他の商家勤めも経験した者で、中年者といわれる人達である。(10) 一八歳の者も一名いるが、一八歳は普通は丁稚から手代となる年齢であり、彼も二〇代の者と同じと考えられる。なお、四〇代の者が一人いるが、彼については左のように記載されている。

丸貞口入料弐百文相渡
潮津村次三郎
年四十一才
申十一月晦日来ル
一、十二月廿七日暇遣ス　年中
内拾匁申十二月十六日かし

右次三郎は丸貞、丸岡屋貞右衛門の口入れで一か月の短期間雇傭した者であった。村方の者でもあり、おそらく単純労働のために傭った者ではなかろうか。

女性の場合は下女として雇傭した者が大半であったが、彼女らの年齢を表2にみると、年齢の幅が広い。下は一六歳から上は三四歳の年齢の者が傭われている。この間の年齢は特定のところに集中することはみられない。

さて、以上のような年齢で各職種に応じ雇傭した奉公人は、それではどのような出身者が吉田屋へ奉公に出た者であったのであろうか。これもまた、表3に整理してみた。なお、その際に一五歳前後で傭う男奉公人と二〇代で傭う男奉公人の場合、就く職種が若干異なるので、彼らの場合は区分して整理した。また、村名を記さず親が屋号を持つ者は大聖寺の者とした。

表3をみると男性の一〇代奉公人と二〇代奉公人ではその出身地に大きな差が出ている。一〇代の奉公人はほとんどが同じ大聖寺の町人の子弟であった。つまり幕末の吉田屋は丁稚には農村の百姓子弟を傭わずに、同じ町内の子弟を傭っていたことがわかる。また、中には足軽の子弟も一部に雇傭していた。これに対して二〇代の中年者は右に加え多くが領内農村の出身者である。また、彼らの名前の大半は何助であり、手代名とは必ずしも受け取れぬ者達である。彼らの中には商家を転々として奉公してきた者もいるかと思うが、その出身と名前からすると、彼らを売場手代として雇傭された者と捉えることは難しいかもしれぬ。

表3　奉公人出身地

男奉公人	10代	大聖寺町10人（うち1人、足軽倅） 不明1人
	＊20代	大聖寺町2人 大聖寺藩領農村4人 加賀藩領農村1人（加賀小松在園村）
	不明	大聖寺町2人 大聖寺藩領農村1人
女奉公人		大聖寺町7人（うち1人、足軽娘） 大聖寺藩領農村14人 加賀藩領農村1人（加賀国吉岡村） 不明5人

注（1）＊は18歳1人(大聖寺町)、41歳1人(大聖寺領村）を含む。
（2）「家来給銀相渡ス覚牒」による。

女奉公人をみると一〇代の男とは異なり、その出身に特別な区分はなかったようである。表3によると大聖寺町内の者に加えて、領内農村出身の者も少なくなく存在している。ただ下女と違い乳母には先述の足軽の娘が傭われていた。もちろん、この一例だけでは吉田屋の乳母がこれまで足軽の娘であったなどとはいえず、乳母の出身の一般的なあり方はわからないのである。

なお、下女と共に二〇代の男奉公人の中には隣接の本藩加賀藩出身の者が一部に存在した。しかし、彼らも加賀国の者であって、能登・越中の出身者ではない。また、大聖寺藩に隣接する越前の出身者がいないことも特徴的である。

四、雇傭月と雇傭期間、別家自立

奉公人の傭い入れ月には、大まかな定まりが一般にある。加賀藩では武家奉公人の出替日が三月五日とされていた。ただ農村奉公人の出替日は地域的な差があり、越中でも射水郡は十一月二十日、砺波郡は十二月二十五日、女は二月二日、新川郡は十一月晦日であったという。[11]

吉田屋の奉公人雇傭月を表4にまとめた。表をみる限り幕末の吉田屋では特定の月日を定め、奉公人を傭い入れたとはとてもいえぬようである。しかも、この点は男・女両奉公人ともにいえ、丁稚の傭い入れも、男の中年者傭い入れも同様であった。ただし、強いていえば傭い入れ月の大まかな特徴は窺える。表4をみると正月・二月と八月・九月、そして十一月・十二月に多いことがわかるのである。つまり大まかにいえば、年始めと盆後と年末ということになろうか。

表4　奉公人雇傭月

	丁稚	中年者	＊下女	年不明男
正月		2人	2	
2月	2	3	3	
3月			1	1
4月			1	
5月	1	2	2	
6月			1	1
7月	1			1
8月	4		7	
9月	1		4	
10月			1	
11月	1	1	4	
12月	1		1	

注（1）＊は乳母1人を含む。
（2）「家来給銀相渡ス覚牒」による。

次に吉田屋で雇傭した奉公人がどの程度にわたり勤務したかをみるため、表5を作成した。同表を検討するに当たり注意しなければならないのは、吉田屋が天保五年（一八三四）に酒造業を取り止め、奉公人を解雇していた点である。例えば、中野村七郎右衛門口入れにて文政十二年（一八二九）八月二十七日に傭った高岡屋彦右衛門倅与三吉の記事の最後に、左の記述がある。

右者酒等もうり切無用者ニ候間、今日切暇差遣ス

天保五年午五月九日
外小倉帯壱すしとらせる
代三百三拾文

あらためて表5をみると、丁稚の場合には三年を越す長期の勤務者は少なく、彼らの半ばは一年半のうちにやめている。ただし、後述する中年者・下女とは違い半年未満のきわめて短期間でやめる者もいない。

丁稚の場合は本来は長期に亙り雇傭し、手代へと昇進させ、行く行くは別家とする雇傭が近世商家の丁稚雇傭の理想であり、また有力商家でみられた雇傭法である。(12) 中小商家もきちんとした奉公人制度は整えていなくとも、奉公人対策として右雇傭を念頭に置いた奉公人雇傭を考慮していたと考えても誤りはなかろう。丁稚入りする奉公人、またその親も同様に将来の彼の一人前の商人としての独立を考えて吉田屋に傭われたものと予想される。しかし、三都の有力商家でも見込みのない丁稚は早くやめさせているが、(13) 吉田屋では多数の丁稚が三年未満、つまり手代にもならずにやめていた。もっとも、中に一三歳より勤め手代となった浜屋定吉のような者もいた。彼の退店時の記事は左のように記されている。

但し八月十六日(安政三年…筆者注)病気とて、不及案内使先ゟ直ニ親家へ参り、八月晦日ゟ
十五日中　三匁七分五厘
指引　三分七厘　不足の分遣ス
前之残弐拾目有

表5　奉公人勤務期間

	丁稚	中年者	＊下女	年不明男
半年未満		4人	7	1
1年未満～半年	2		5	
1年半未満～1年	3	3	5	1
2年未満～1年半	1	2	3	
3年未満～2年	2	1	2	1
5年未満～3年	2		2	
10年未満～5年	1	1		
不明			3	

注（1）＊は乳母1人含む。
（2）「家来給銀相渡ス覚牒」による。

右史料によると定吉は病気と称して、使先よりまっ直ぐに実家へ帰り、無断でやめてしまったのである。彼は既に手代を勤めていたとみられ、これから別家する年齢に近づいたのに一種の欠落により退店したのは、経営状況の良くない吉田屋では別家自立に際し、十分な配慮を受けられぬと考え、このような行動に出たとしか、目下のところは考えられない。結局、当該期の吉田屋では丁稚より勤めあげ別家自立した者はみられなかったことになる。

中年者も二年未満でやめる者が大半であり、特に半年未満で退店した者が若干みられる。非常に短い期間でやめた奉公人二名は共に口入れ丸岡屋を通して傭われた者である。一例を左に示す。

小松在園村喜助
年廿八才

酉正月廿六日来ル
一、年中百目
内百廿文　銭かし丸貞へ取替遣ス
二月
三分　手形
三月三日
三拾五匁　かし
但し金二歩ト百八十九文也
〆
正月廿六日ゟ三月三日中日数〆三十七日、年中百目之給銀割府て

拾匁三分六厘

此方へ三拾六匁五分前ニかし有

指引して

弐拾六匁壱分四厘　不足

請人丸岡屋貞右衛門ゟ取立候事

一年半未満の者を考えると、中年者は半ばは一年季、さらにはそれより短期の奉公人に依存したことになる。

一方、下女を表5にみると、一年季の奉公人やそれよりも短期の奉公人に依存する度合いが高かったことがわかる。

五、奉公人請状と給銀

奉公人の雇傭に当たっては、請人をたて、奉公人請状を提出させるのが普通である。(14) 残念ながら吉田屋では、この奉公人請状は左記の一通しか残っていない。

請合状之事

一、居在所清三郎与申者当御収納米不足ニ付、悴九左衛門与申者今年弐十壱才ニ罷成、酉十一月十七日ゟ子十一月十六日迄丸三ケ年之間年季御奉公ニ相定、則為給銀弐百拾匁只今取切ニ請取、御年貢不足ニ指上可申候処相違無御座候、尤此者何方ゟ茂指構無御座候、猶又町方等ニて少も買懸り為致間敷候御事

一、此者儀　御公儀様御法度之宗門ニ而者無御座候、宗旨浄土真宗、寺山代村専光寺旦那ニ御座候、為其寺請

状指添指上可申候御事
一、此者相煩仕候時、五三日之煩御用捨可被下候、若長煩致御隙費度候時者、返り給銀ニり足を加指上可申候御事
右条々相守相違無御座候、若又此末いケ様成六ヶ敷儀出来仕候とも、私共請合ニ相立申上者罷出急度嘆、貴殿ニ少も御苦労ニ掛申間敷候、為後日之請合証文如件

文政八年酉十一月十七日

加茂村本人
清　三　郎㊞
同村請人
与三右衛門㊞
右同断
長左衛門㊞
同肝煎
伝　九　郎㊞

吉田屋
伝右衛門殿

右請状によると、加茂村の清三郎は、請人に同村与三右衛門・長左衛門を立て、伜九左衛門（三一歳）を三年季にて奉公をさせる契約を結んでいる。しかも、同請状によると三年分の給銀二一〇匁を前金として受け取る契約であったことがわかる。

奉公人契約の実態を請状でみることは、他に請状が残存しないので、それはできぬ。そこで「家来給銀相渡ス覚牒」に立ち戻り、同帳に記されている各奉公人への給銀定めと、給銀支払いの状況を表6に整理した。

まず、年間給銀の定めと昇給状況を天保四年（一八三三）以前の天保初期についてみると、丁稚は初年度給銀は三〇匁ではなかったかと考えられる。与三吉をみると、昇給は毎年ではなく、三年目に一〇匁上げられ、一八歳でおそらく手代へ昇進したために、この時に七〇匁給銀となった。そしてその翌年は一〇匁値上げされている。中年者は初年給銀は九〇匁ないし一〇〇匁で、給銀は固定されず二年目に一〇ないし二〇匁上がっている。ただ、理助が天保四年に一二〇匁に固定されて昇給させられなかった理由は、経営悪化にからむものと考えられる。下女の中には三〇匁もいるが、だいたいその初年給銀は四〇匁であったこと、そして二年目の昇給はないことも表6より判明する。

店替え後の天保五年より安政の間は、弘化・嘉永期に変化がみられるので、まず天保五年～同末年を検討することにしたい。丁稚は初年給銀は三〇匁だけではなく三五匁の者もみる。そして、この期には毎年昇給が許され、ほぼ五匁ずつ年給銀が上がる。中年者は幸助一人だけであるが、彼をみると初年給銀は八〇匁で低い。昇給額は一〇ないし二〇匁であるが、昇給させぬ年が多い。下女の初年給は上がらずほぼ四〇匁であったが、中には三〇匁・五〇匁もいる。短期雇傭がほとんどなので昇給は問題にならぬが、例外的ないせの場合をみると、五匁ずつの昇給が行われている。

弘化以降になると、これまで抑えられていた初年給銀は上げられた。丁稚の初年給銀は四〇匁より五〇匁になった。その昇給額はほぼ五匁で変わらぬが、定吉が五匁昇給より一〇匁・一五匁の昇給を後にみているのは、彼が手代へ昇進したためと考えられる。中年者は一〇〇匁から特に、嘉永五年（一八五二）より一二〇匁と、一五〇匁の

表６　奉公人給金と支払い

名　前(年)	各年給金額	貸渡し月	差引渡し	備考
与三吉(14)	文政12丑年（30匁）→30匁 →40匁 →40匁→70匁→80匁→	丑７月、寅大とし、卯大とし、たつ７月、辰12月、午５月。他酒代かし	56匁６分２厘	小倉帯壱筋与える
鶴　吉(13)	天保４巳年（30匁）	巳９月、10月、12月、午３月	「給銀ハ三年分相かし置」あり	前貸し
石太郎(15)	天保９戌年35匁→45匁→60匁	亥５月	90匁	
里　助(欠)	天保10亥年35匁→40匁			
猪之助(15)	天保10亥年30匁→35匁→40匁	子大年	65匁５分	
升二郎(14)	天保12丑年30匁→35匁	寅７月	17匁４分９厘と外１匁	
乙　吉(14)	天保14卯年（35匁）	卯盆、卯、辰７月	0	
万　吉(16)	弘化２巳50匁（＋９匁２分７厘）	巳７月、巳12月	15匁２分７厘	
吉次郎(16)	弘化４午45匁〈194日〉	午大とし	14匁６分３厘８毛	
定　吉(13)	嘉永５子40匁→45匁→50匁 →55匁 →65匁→80匁→90匁	子７月、＊子12月、丑７月、＊丑12月、寅年、寅11月、＊卯４月、＊卯11月、辰７月、他縮代・その他	３分７厘不足、外に20匁貸し有	荷口方等骨折賃あり
虎　吉(15)	安政３辰50匁→60匁→65匁	＊大年、＊巳７月、巳12月、＊午７月、＊12月、＊未７月	0	骨折代、毎季遣す
吉次郎(13)	安政６未50匁	未12月、申４月	25匁	外に骨折代あり
理　助(18)	天保２卯100匁→120匁→120匁	卯７月、卯大年、辰正月、辰７月、辰８月、辰閏11月、辰大年。他きせる代取替、たばこ入代取替あり	79匁３分８厘	
半　助(26)	天保４巳年90匁→100匁	辰２月、辰12月、午２月	31匁４分８厘貸し過ぎ	前貸しあり
幸　助(23)	天保12丑年80匁→100匁 →100匁 →110匁→130匁→130匁→130匁	丑大年、寅７月、寅大年、＊卯春、卯７月、＊暮、辰７月、辰大晦、＊巳正月、巳盆前、巳大年、＊午正月、午７月、午12月、午大年、未春、他せきた代、薬代、大工屋分かし	55匁８分５厘	外＝日用充分・四半日金壱両かり賃の渡分あり。
文　助(欠)	弘化４年未70匁→100匁	未大とし、申３月、申５月、申12月晦日、酉盆、酉８月、他大工箱屋渡、曲物分取替	48匁２分３厘	
次三郎(41)	嘉永元申　〈28日〉			口入より傭う
喜　助(28)	嘉永２酉100匁→〈37日〉	酉２月、酉３月、他口入へ取替遣す	26匁１分４厘不足	請人口入丸岡屋より取立
伊　助(24)	嘉永３年戌100匁→140匁	戌７月、戌９月、戌12月、他足袋屋・小倉帯地屋・花田屋・縮屋・羽織代取替	72匁６分７厘	

長　七(23)	嘉永５年子年150匁	＊子７月、子８月、子11月、＊子大年	13匁５分２厘	
長三郎(22)	嘉永６年丑120匁→150匁	丑３月、丑４月、丑盆、丑９月、丑12月、よぎ代・川嶋半疋代・手拭代取かへ	７匁１歩５厘不足	
おその(欠)	天保２卯40匁→40匁	卯大年、辰５月、辰７月	37匁２分４厘	外油銭144文渡す
おいよ(19)	天保４巳40匁〈90日〉		１〆文	外油銭27文
す　ゑ(24)	天保４巳40匁〈76日〉		189文	外200文遣す
おまさ(欠)	天保３辰30匁→30匁	＊辰12月、巳７月、巳暮	10匁９分５厘	
い　よ(34)	天保４巳40匁〈332日〉	巳12月晦日、午５月、外酒１升代	28匁５分６厘	外油銭44文
おす江(欠)	天保５午40匁〈40日〉		４匁４分４厘	外木綿半疋遣す
おす江(18)	天保５年〈20日〉		１匁６分６厘	
おしな(欠)	天保５年50匁〈72日〉			10匁
お　糸(22)	天保５年40匁	未７月	10匁と100文	
おつや(欠)	天保６未30匁	申２月、申７月、申12月、酉５月、酉９月	９匁５分	外５匁手間
おりさ(22)	（天保６未）欠			
ち　ゑ(欠)	天保８酉40匁〈５ケ月10日〉	戌４月	欠	
い　せ(欠)	天保９戌40匁→45匁→50匁	亥２月、亥４月、亥７月、亥大とし、子４月、子６月、子11月、丑３月、丑６月	24匁	
お　梅(23)	天保12丑40匁	欠	欠	
い　よ(欠)	天保13寅50匁	寅12月、卯暮、卯盆、辰６月、辰７月	25匁	外木綿縞１反遣す
およそ(欠)	弘化２巳50匁〈半年と15日〉		27匁８厘	外手拭壱筋
志　奈(17)	弘化３午35匁→40匁〈10ケ月程〉	午６月、午７月、午11月、午12月	（０）	
す　へ(29)	弘化４未40匁→45匁〈９ケ月程〉	未、１日、３日、申正月	６匁３分	
ま　つ(22)	弘化５申50匁	申、酉正月、外前かけ代、端物代	18匁３分９厘	
お　つ(欠)	嘉永２酉50匁→50匁→50匁	酉７月、酉大年、亥７月、亥大年、子７月、外縞１反、半えり、木綿１疋、帯１筋、結城１反代取替	４匁７分２厘	
ま　つ(欠)	嘉永５子50匁〈85日〉			11匁７分６厘
おみな(16)	嘉永５子45匁	＊大年	25匁３分６厘	
おなつ(欠)	嘉永６丑50匁→55匁	＊丑12月、＊寅７月、外仕立屋代	27匁５分	外骨折、荷口方増銭もあり。
ミ　つ(17)	安政２卯40匁	＊７月、卯９月、＊卯12月、外帯地代	10匁	外骨折銭あり
おまつ(27)	安政３辰55匁→60匁	＊辰７月、＊辰大年	30匁	外骨折銭あり
おまつ(欠)	安政４巳50匁→55匁	＊巳12月、午２月	28匁７分７厘	外骨折銭あり
おんば(20)	安政５年（60匁）	＊午大晦日、＊未12月	25匁	外骨折銭あり

注（１）〈　〉内の日は一年未満勤務の者につき記す。
　（２）＊印は当該季の貸銀相当分が支払われたことを示す。
　（３）給金支払いを受ける前にやめた寅吉のような事例は省いている。
　（４）「家来給銀相渡ス覚牒」による。

初年給銀をみる。また、昇給額も高く三〇匁・四〇匁の事例をみている。最後に下女は初年給が五〇匁の者が多くなっている。ただ中には三五匁より四五匁の者や、また五五匁と高い者もいる。その昇給額は五匁であった。

先述の「家来共給銀書上」（第二節参照）によると、丁稚に当たる樽取坊は「年中給銀四拾目斗也、是ゟ毎年拾匁斗上り」である。初年給銀は嘉永期と同じであるが、昇給額が二倍の一〇匁となっている。次に蔵男は初年給は一四〇から一五〇匁、昇給は一〇匁上がり、しかも「只今居申男ハまた少シ遣シ申候」とある。また、売場手代は「初〆之年ハ百五拾目、是ゟ毎年拾匁か拾五匁斗上ケ申候」とある。つまり給銀に後二者はそう違いがない。しかし、売場手代については、「先年居申候与兵衛ハ弐百五拾匁迄遣シ申候、只今居申候清助ハ弐百目くらゐ之者ニ御座候」と付記されている。前記の中年者は初年給・昇給額からいくと書上げの蔵男・売場手代のいずれとも判別しかねる。しかし、先年勤務した売場手代与兵衛の給銀が二五〇匁となると、右の中年者が短期雇傭であった点を考えると、とうてい二五〇匁に彼らがなることはない。つまり、右中年者は蔵男に当たるものと考えられる。そして、売場手代はこれまで検討した「家来給銀相渡ス覚牒」には記載されていないことにもなる。先の売場手代与兵衛も今の売場手代清助も、実際のところ、同帳に名前は出てこないのである。「家来共給銀書上」に出る売場手代とは、番頭の別家手代であったと考えられるのではなかろうか。

なお、下女は五〇匁であるが、「此節ハ六拾五匁斗」とし、昇給額は記されない。弘化～安政期には初年給は五〇匁が多かったが、現在はさらに高く六五匁ということであり、書上げが安政末以降のものであることが、これによっても裏付けられる。

さて、給銀の支払いであるが、前記奉公人請状は前貸しとなっていた。表6をみると、天保初年の奉公人、丁稚鶴吉と中年者半助には前貸しが行われていたことがわかる。天保五年以後の奉公人にこの前貸し雇傭の者はみられない。

給与の支払いは退店時に一括して行われるのではなく、表6の給与支給月をみると分かるように、七月と十二月の盆・暮れに主として支払われている。その額は奉公人の希望する額であったようで、特に定まりはなく、必要があれば盆・暮れ以外にもその都度に、貸しという形で支払われている。中には衣料品・たばこ入・薬代などが取替として帳簿に記載されている。そして退職時にこれらの貸金・取替金が給銀から差し引きされ、その残額が支払われている。なお右の貸金が現在の給与と同じように、労働期間の賃金分相当の貸金として支払われるようになるのは、表6にみるように嘉永期に入ってであった。同期に入ると、盆・暮れに各季の給与分相当額が支払われるケースが多くなっていたのである。

正規の給与とは別に、下女をみると天保初年までは退店時に油銭や、場合によっては反物を遣わす習慣が吉田屋にあったことがわかる。この習慣はその後みられなくなる。一部に反物・手拭を貰った下女もいるが、彼女らは吉田屋の特別なお気に入りの下女であったからであろうか。また、嘉永末年以降の丁稚と下女に対しては骨折賃が与えられていたこともわかる。

六、病気・解雇・欠落

奉公人が長期の病気にかかった場合の取り扱いをみることにする。前記の文政八年（一八二五）の清三郎伜の年季証文第三条は、この点についての規定であった。それによると「五三日之煩御用捨可被下候、若長煩致御隙貰度候時者、返り給銀ニり足を加指上可申候御事」とある。つまり五三日間は病気休暇が許される契約であった。ただし、それを越えるような長期病欠は許されず、彼の場合は前金受け取りのため、勤務しない分の給銀は利息を付けて返却することにしている。

この具体事例を「家来給銀相渡ス覚牒」にみると、天保十二年（一八四一）雇傭の中年者幸助の、記事の巳ノ年の条項に左のように出る。

当正月廿七日頃ゟ病気ニ付宿へ戻ル、四月十八日頃ニ帰、右養生中ニも彼是十日斗ハ相勤居候間、給銀之所少相控候も宜敷哉考可申事

幸助は病気のため宿下りし、右の五三日よりも長い七〇日程休んでいる。前金払いの三年季の奉公人でも五三日間の病休なのに、このように長期に休めたのは、完全に回復するまでの間に、おりをみて一〇日ばかりは出店していたためであろう。休み分の給銀について、「少相控候も宜敷哉考可申」と記している。彼は初年度からの給銀は各年額が、八〇匁、一〇〇匁、一〇〇匁、一一〇匁、一三〇匁、一三〇匁、そして最後の年は五〇日分の給銀一八匁五厘であり、総計六六八匁五厘の給銀である。そして、この額は帳簿に記された給銀総額「〆六百六十八匁五厘」と一致し、結局は長期病休にもかかわらず給銀は減額されていなかった。

幸助以外では前述の定吉が病気と称して自主退店したが、実際に病気で店をやめた男奉公人は知られない。下女ではおつやの退店例が知られる程度である。

次に奉公人の解雇であるが、吉田屋では先述のように酒株を売り払った際の天保五年五月に「酒等もうり切無用者」として、与三吉と鶴吉を解雇した。そしてこの前年の天保四年四月にも中年者の理助を解雇している。

右者了簡違之儀とも節々相重り申ニ付今日切ニ暇差遣ス、乍去面向ハ今日切ニ暇相願候ニ付承届申分也

右史料は理助の記事に出るものである。それによると理助は「了簡違」の事が度々あったためにやめさせたと記

すが、既に店が経営危機に陥っていたために、奉公人の中でも使い良くない理助をまず解雇したのではないかと考えられる。

店替えをしてからは、安政六年（一八五九）に解雇した、丁稚より勤める虎吉の例がみられる。彼の記事は左の通りである。

　此者三、四歳も召遣候得共、主人ヲ主とも思わす不届至極之筋合有之ニ付、五月十五日之夜即刻隙遣ス

史料によると、「主人ヲ主とも思わす不届至極之筋合有之」ために解雇したという。ただ、それが具体的にどういう不届きかは分からない。

欠落の事例も、まず天保初年の経営危機の時の事例を挙げねばならぬ。天保五年六月に欠落した半助（二七歳）の例である。

　右ハ半助六月三日親里へ参候よし断、夫ゟいつかたへ参候や逃去行難不知、甚不信成者不届至極

半助の項に出る右記事によると、半助は親元へ帰ると称して欠落したことがわかる。

さて、この後には度々取り上げた、安政三年に自主退店した定吉も欠落の例としてあった。この他には前記の虎吉を解雇した後に傭い入れた寅吉の例がみられる。

　　　　阿ら屋三郎右衛門殿
　　　　　二男寅吉
　未（安政六年…筆者注）六月二日ヨリ召遣
　　未七月十日掛落
年中

右が寅吉の記事の全てである。彼は一か月で欠落している。その理由は分からぬが、彼の勤める直前に虎吉が解雇されており、また虎吉の前に浜屋定吉が安政三年に欠落退店していたことは先にふれた。丁稚より勤め、そろそろ別家となる浜屋定吉の退店などを考えると、この安政期に再び吉田屋の経営は不安定な状態に陥り、奉公人が自分の将来に希望を持ちえぬような状況が生み出されていたのではなかろうか。そのための欠落・解雇ではなかったかと考えられる。

結び

三都・城下町の都市内における店持ち商人形成を考えるうえで、中商家の奉公人の別家自立の実態を把握することが重要であるとの観点から、本章では幕末期には経済力が衰えたが、薬種商を中心に荷口問屋・呉服太物問屋を営むも、奉公人規模からみて中商家の大聖寺の吉田屋について、その奉公人別家自立の実態に加え、同家の奉公人解雇の実態を検討してきた。ただ、同家は天保初年に経営が危機に陥り、その後再建をはかったものの決して経営状況が良くなかった商家であり、この意味では取り上げる事例としては若干問題が残る商家ということになる。しかし、経営が発展途上にある中小商家ならともかく、特に幕末の一般の中小商家は、その経営は安定的なものではなかったとみるならば、吉田屋の事例も参考となる点があろう。以下では、本文の検討で明らかとなった点を簡単にまとめることで結びとしたい。

幕末の吉田屋の奉公人の職階は、通勤別家の番頭と考えられる売場手代に、丁稚より一七、八歳で昇進した手代、そして樽取坊ともよばれた丁稚の商業奉公人に加え、蔵男とも呼ばれた下男と下女・乳母により構成された。幕末の丁稚は一四、五歳前後の同じ大聖寺町内の町人子弟や、またその足軽倅も一部に傭っていたが、蔵男　下女は大聖寺町だけではなく、領内農民の子女も雇傭していた。蔵男は主として二〇代の男性、下女は一六〜三〇代前半の女性であった。蔵男・下女には隣接本藩領の加賀国出身者も一部にみられるが、遠方の能登・越中出身者はいない。一方、隣接越前国出身者がいないのも特徴的である。なお、彼らはおもに年始めの正月・二月と盆後・年末に雇傭されていた。

解雇する奉公人へ前金貸し付けが行われていたのは天保初年までであり、店替えをしてからは前金貸しの事例は知られない。給銀は職階によって初年度給銀とその後の昇給額の定めがあった。奉公人はほぼ盆暮れを中心に、また必要があればその都度に貸しという形で給与の一部を受け取り、そして退店の際に賃銀と貸銀を精算し、残りの賃銀を受け取った。特に嘉永期に入ると盆・暮れに各季の労賃相当額は支払われる事例が多くなっている。また、この嘉永期より丁稚・下女に対して骨折賃が支払われるようになっており、以上のような給与形式への移行転換は、この嘉永期の吉田屋の経営悪化にもとづく奉公人対策として取られたものとも考えられるが、この点明確にはできない。なお、天保初年の吉田屋では下女に退店時に油銭を与える習慣があったようであるが、後にはおそらくお気に入りの下女だけに反物・手拭などを与えるように変わっていた。

奉公人請状がほとんど残らないので、その雇傭年季は正確につかめない。ただその勤務期間をみると、蔵男・下女は共に一年季などの短期雇傭の奉公人であった。また、口入れ業者を通して傭ったことが判明する者は、共に極めて短い期間傭う必要があって雇傭したこの蔵男の事例であった。丁稚の場合も勤務期間をみると三年未満の者が多く、しかも一年前後が多い。三年季、場合によっては一年季の者も少なくないといえるか問題であり、ここでは幕末の吉田屋では手代にもならずに丁稚のまま退店する者が少なくなかった点を確認するに止めたい。しかし、丁稚から手代へ昇進する者も当然存在するが、彼らの中で別家独立した者は確認できなかった。天保初年に長期間店方奉公をし、手代に昇進した与三吉は酒造業取り止めにより解雇され、別家独立できなかった。また、嘉永期より勤めた定吉も別家を目前にしていたはずなのに、欠落退店していた。経営状況の思わしくなかった幕末の吉田屋では、既に通い番頭とみられる売場手代がいたために、丁稚から育てた手代を通勤別家とする余裕もなく、また別家独立のために特別な配慮をしてやることもできなかったために、定吉は欠落したのであろうか[15]。

　経営が安定している中商家や、また経営が発展途上にある中小商家ならともかく、幕末の経営状況の良くない多くの中小商家では、その奉公人は丁稚・手代をへて、主家より別家させて貰うのは難しいであろう。この経営の良くない商家の場合、養子に出たり、実家を継いだり、また実家の援助を受けて店持ち商人になる奉公人は別として、結局は吉田屋の奉公人のように丁稚・手代勤めの後に主家を飛び出し、また主家からの特別な援助なしに退店し独立していくのであろうか。そして彼らの場合は、その中の一部の者が、その後の辛苦の後に蓄財し、商業地の店持ち商人へと上昇することになるのであろうか。いずれにしても今後、北陸城下町の他の中小商人の事例を、対象期を遡らせ、さらに多く積み重ね、明らかにする必要がある。なお、病気の奉公人の処遇等についてもふれたが、これは本文を参照されたい。

註

（1）拙稿「近世中後期における金沢商人の奉公人雇傭と別家取立―有力商家を中心に―」『富山大学教育学部紀要・A』三四号、一九八五年。のち、『近世の地方都市と町人』吉川弘文館、一九九五年に所収。

（2）吉田屋文書は現在、加賀市立歴史民俗資料館所蔵である。吉田屋文書には近代も含め左の五点の奉公人関係史料がある。

○奉公人請合証文　文政八年十一月十七日（続紙、二四・五×四七・〇センチメートル）一通（『加賀市史・資料編二』一二〇号文書）

○家来給銀相渡ス覚牒　天保四年一月（横帳、一三・五×一七・〇センチメートル）三五丁　一冊（右同・一二一号文書）

○家来共給銀書上　年未詳（切紙、一五・五×四一・〇センチメートル）二通（右同・一二二号文書）

○雇人給金払　明治二十四年一月（横帳、一四・〇×一七・〇センチメートル）二一丁

○出銀覚　年未詳（切紙、一五・五×三五・〇センチメートル）一通

〈高沢裕一編『吉田屋文書調査報告書』加賀市教育委員会、一九七五年、参照〉

近世の吉田屋の奉公人史料は少ないが、その中の重要なものはみな市史に紹介されている。しかし、本章ではもちろんのこと、直接史料に当たって検討を加えた。論及しなかった右の内の二点の史料は、本論で引用する必要のない史料である。

（3）（4）『加賀市史・資料編二』所収「吉田屋文書解題」五七〇～五七七頁。

（5）丸山侃堂・今村南史『丁稚制度の研究』政教社、一九一二年、二四頁。

（6）註5文献・第一章と足立政男『老舗の家訓と家業経営』広池学園事業部、一九七四年、第三章。

（7）（8）註1拙稿。

（9）前出「吉田屋文書解題」五七二頁参照。

（10）竹中靖一・川上雅『日本商業史』ミネルヴァ書房、一九六五年、二一三頁。

（11）吉田正志「加賀藩中期雇傭関係法の性格」（大竹秀男・服藤弘司編『幕藩国家の法と支配』有斐閣、一九八四年）。

（12）註1拙稿と註6論著参照。

(13) 例えば三井の場合は『三井事業史・本篇一』(三井文庫、一九八〇年)三章五節、白木屋は林玲子『江戸店犯科帳』(吉川弘文館、一九八二年)二八頁、参照。

(14) 註5文献一五頁、註6足立文献・第三章一。

(15) 金沢の代表的な薬種商宮竹屋の場合、幕末の同家の経営状況は決して悪くはなかったが、嘉永・安政以降の幕末に別家独立する者はそれ以前よりも大きく減少した(註1拙稿)。主家の経営条件だけではなく、奉公人が別家自立する社会の経済状況も考える必要があることを、このことは示すものと思う。幕末の大聖寺の経済状況が、吉田屋の奉公人の別家化の問題に具体的にどのような影響を与えていたか明確にはできない。しかし、当然ながらその影響がある程度存在したことは間違いがなかろう。

第四章　金沢の菓子屋

はじめに

金沢は代表的城下町であっただけに、松江などと並び茶道が栄え、それにともない和菓子業も発展した地方の代表的都市である。この金沢の近世における菓子業と菓子を直接に対象として取り上げ、詳細に検討した本格的な研究はあまりみられない。(1) これまでの研究は、城下町金沢における町人や金沢城下の研究の中で菓子屋も取り上げ、また金沢町人の暮らしの実相について紹介する中で菓子や菓子屋について触れるというものであった。前者に関しては筆者も、森下屋の奉公人雇用や親族関係などを検討しているが、(2) 田中喜男氏も由緒町人の検討で菓子屋樫田家につき若干詳しく取り上げている。(3) 後者の研究では戦前の和田文次郎氏執筆の『稿本金沢市史』風俗編と氏家栄太郎氏『昔の金沢』などがあげられる。(4)

さて、こうした研究現状の中で、金沢城下の菓子業と菓子についてなにをまず問題にすべきかということになる。現在の金沢の菓子業繁栄を考えるうえでも加賀藩とのかかわりが見過ごせないが、近世の菓子屋の営業において藩との関係が極めて重要となる。ただこの点の詳細を史料で確認するのは、藩主書状その他の膨大な史料の検討が必要となるので、本章では、初めに必要な範囲で後期につきこの点を取り上げておきたい。そして、本来の課題となる菓子屋の金沢での展開実態については、その全体状況がわからない時期が多いが、幸いにも金沢ではこの後期の文化期について把握できるので、この点を次に砂糖消費の動向を踏まえて取り上げる。なお、菓子屋の経営実態の関係史料はみていないのでふれられないが、菓子屋における奉公人雇用や親族関係、また相続の問題については、代表的な菓子屋の森下屋について前記のように分析しているのでそれに譲り、ここでは第三に、金沢での菓子業展開を支える金沢町人の暮らしの中での菓子とのかかわりについて、幕末が中心となるが検討することにしたい。

一、後期の藩と菓子屋および献上菓子

中世後期に茶の湯は栄え、秀吉も茶の湯をよくするなどしたために、近世大名も茶道を嗜むことは欠かせぬものとなった。このため茶の湯で使用される菓子は必需品ともなり、大名も良質な菓子を製造できる菓子職人や菓子屋を確保する必要があった。また、良質な菓子は贈答品としても重宝されるものであった。こうして各大名には菓子を調達する商人が初期から存在することになったが、前田家の場合、史料的にその点のうかがえる家に菓子屋吉蔵家がある。加越能文庫の「町人由緒帳」(5)が同家の由緒を記すが、旧藩士で金沢の代表的郷土史家である森田平次氏により、寛文元年（一六六一）の同家由緒書に慶長五年（一六〇〇）に生菓子御用を承ったことなどの記載があることや、利常小松在城時のころとする饅頭献上の文章がすでに紹介されている。(6)

本章が対象とする後期の文政元年（一八一八）に加賀藩は家柄本列とされる町人を定め、翌年にこれに六人を加え、次の一八人の家柄町人とよばれる特権町人を定めた。(7)

金屋彦四郎・片岡（越前屋）孫兵衛・浅野屋次郎兵衛・平野屋半助・紙屋庄三郎・中屋彦右衛門・香林坊兵助・本吉屋宗右衛門・森下屋八左衛門・宮竹屋純蔵・亀田与助・菓子屋吉蔵の一二家と武蔵規一郎・木倉屋長右衛門・喜多村彦右衛門・増田九郎兵衛・長瀬成太郎・中山主計の六軒

このうち菓子屋吉蔵と森下屋八左衛門が菓子屋であることはよく知られている。紙屋庄三郎も幕末の金沢商家番付「宝の入り船」[8]は菓子屋と記しているが、「亀田氏旧記」七巻の文政十年二月七日の記事に配り菓子の羊羹に「紙庄」と出ているので、この当時は菓子屋を営んでいたのではないかと考えられる。一八軒のうち三軒もが菓子屋を営んでいたように、藩の特権商人の中での菓子商の比重が高いことがわかる。このように菓子屋は、後期にもその菓子御用をもって特別に藩により家柄町人に位置づけられたのである。このような扱いを受けられたのは藩主家、藩にとり菓子調達がそれだけ重要な意味を持っていたためである。

なお、家柄町人ではないが、飴御用を務めたとする商人もいる。これは飴屋弥三助家である。同家は元禄時代に金沢の家持となり、飴商売と煙草商売を営み、二の丸広式の飴御用を務め、さらに同家はその後も代々飴御用を務めたと伝えている。[9]元禄時代のころはわからぬが、近世後期に飴御用を務めたことは間違いなかろう。

先のように菓子屋は藩により大切にされた家業であったが、特にその家の存続をはかる必要を認めた特権町人家には、その生業として菓子業が利用されてもいた。家柄町人の香林坊家の「香林坊家記」[10]によると、質業廃止の天保九年（一八三八）に藩は同家に対して質屋に代えて菓子業を務めさせている。藩への御用を務める商人にもさまざまいるが、藩として面倒をみて、暮らしを立てさせやすかったのは菓子業であったことがうかがえる。呉服調達も藩主家にとり重要な御用であるものの、その調達費に菓子などとは問題にならない金額が必要となるために、菓子御用をまかせたのであろう。菓子は藩の購入金額もわずかですみ、また菓子業を始めても原材料や製造道具にさして元手がいらず、技術のある職人を配してやれば、それなりに家業を維持することが可能であった。

なお、前田家は墨形落雁を徳川家に献上していたと伝承されているが、[11]文化七年（一八一〇）の一年間における藩による朝廷・幕府要路など各所への献上品をまとめた記録「年中御献上物并被遣方被下方」には菓子が献上品として使用されたことはみえない。この点で、藩による献上品での金沢菓子の位置づけが低くなったことがうかがえるが、まったく加賀藩が後期に献上品から菓子をはずしたかというと、そういうことはなかったようで、この時期の各所へ贈られるべき献上品・進物品の記録「御進物目録□法」には菓子も登場している。例えば、左府（左大臣）以上には求肥飴一箱、右府（右大臣）は御干菓子一箱・氷砂糖一壺・糸巻落雁、御三家・御三卿は糸巻落雁・松風焼・氷砂糖・浅茅飴、中少将は墨形落雁・糸巻落雁・松風焼・浅茅飴、侍従は松風焼・墨形落雁・求肥飴、四品並び十万石以上の大名は墨形落雁・糸巻・花形の落雁・松風焼、その他である。以上のように、求肥飴・浅茅飴や氷砂糖、そして干菓子の糸巻落雁・墨形落雁・花形落雁と煎餅の松風焼などが献上・進物用に藩により考慮されていたのである。

二、砂糖消費と金沢の菓子屋の展開

1　砂糖消費

さて、問題となる近世金沢の菓子屋の全容を検討する前に、菓子業展開の前提となる金沢での砂糖使用の状況を予めみておきたい。

天明元年（一七八一）五月に八百屋問屋より金沢町奉行所へ出された願書（「加越能産物方自記」元）によると、宮腰・粟ケ崎・大野・本吉・湊という加賀の湊町へ入津する氷砂糖・白砂糖・砂糖漬類は四万斤、黒砂糖も四万斤という。なお、この翌月には金沢町人の才田屋四郎兵衛など六人から砂糖問屋の願書が出されているが（同前）、砂糖類は「軽き者とも相求申品ニも無之」と記されているように、まだ砂糖は貴重品であった。

その後、化政期には町人の暮らしも一段と向上し、奢侈的とよばれる状況が三都にみられたが、文化八年（一八一一）には他国交易払出分として諸種の輸入品見積もりが書き上げられた中に白砂糖・黒砂糖等を銀四〇〇貫目としている[12]。一両六五匁としても六一五三両余にもなる。にわかには信じがたい莫大な額である。ただし、これは藩内全体の分であり、金沢の消費分がどの程度になるかわからないが、それでもこの時期には相当な金額の支出となっていたとみるしかない。この後の天保八年（一八三七）には金沢への移入買い入れ品として、藩の調査では次のような状況となった（「商売格等品々留」）。

一、砂糖類菓子種々仕候せんへい共

代金弐千百両斗

此分干菓子商売人・生菓子商売人・砂糖商売人承合候処、上方直仕入之者ハ弐三人ニ而其余ハ本吉・宮腰・舟手之者より買入申候由御座候、右本吉・宮腰より買入候分とも右高ニ相成申候

砂糖につづいて菓子とその代金が記されている。他領製造の菓子を多額に仕入れることはないと考えられるので、この代金は金沢に輸入された砂糖とそれにより製造される菓子の金額とみられる。しかし、それは年間二一〇〇両の額となっていた。同史料の記す紙は六〇〇両、煎茶五八三両であり、これに比べれば多額である。

砂糖消費額からいえば、文化期の金沢は少なくない額が予想されるが、これは砂糖の価格が高価であったことも

考えなければならない。というのは、砂糖は廻船により輸入されるのであるが、この輸入が本格化するのは、いわゆる北前船などの廻船活動が加賀藩で活発化する文政期以降だからである。[13]この北前船により多くの砂糖が金沢にもたらされ、それゆえに砂糖価格も低下して、砂糖使用の菓子製造が活性化するのは間違いない。残念ながら金額は不明であるが、安政四年（一八五七）に宮腰に大坂より入津した砂糖は、白砂糖一八六六樽、黒砂糖一五七五挺であった（「宮腰草高並家数人別および他国より入津之品々等相調理書上申帳」）。なお、この年東岩瀬に入津した砂糖、すなわち主として富山での消費が考えられるものは五〇〇樽（「湊村高家数等書上可申旨被仰渡候ニ付取調理書上申帳」）で、金沢消費の砂糖が非常に多いことがわかる。また、薩摩藩の南島から砂糖輸送に使われた砂糖桶は一〇〇斤入りというので、[14]金沢外港の宮腰入津の白砂糖だけで一八万斤余となる。先の天明期の加賀国への輸入量からすると、その後文化までに増えたのはもちろんのこと、この後、文政以降に一段と大幅に砂糖が入津し、金沢で使用されたのは間違いない。

2　文化期とその後の菓子屋

こうした砂糖消費の動向も基礎に後期の菓子商の展開がみられるが、この金沢の菓子屋については、氏家栄太郎氏が昭和初期からみた昔の菓子屋として、概略次のように記載している。[15]菓子屋は干菓子商と生菓子商の二つに分かれ、ほかに駄菓子屋があった。菓子屋は昭和初めには各商店中第一の多さであった。それは鉄道開通と師団開設以降に雨後の竹の子のように増加したためという。また、著名な江戸期の菓子屋はほとんどこの時期には没落しており、干菓子商は尾張町の森八（大正初めに営業権譲渡）と竪町の石川屋だけ、生菓子商も二、三にすぎないという。また、干菓子商でも著名な業者の中に、生菓子兼業の菓子屋もみえること、この生菓子商は饅頭・団子餅を商うことも記す。

これにより江戸期の菓子商の分類と各種菓子商の営業内容の概要がうかがえる。また、江戸期の金沢の菓子屋数は明治後期以降よりも少ないことも推測できるが、先の砂糖消費からみると、江戸期でも文政から天保の金沢では菓子製造が盛んとなり、それ以前よりも菓子商が増加していたことが予想される。

文化七年（一八一〇）の金沢の菓子商は「干菓子并煎餅商売」五四人・「生菓子団子餅商売」一一五人・「飴商売」四一人との二一〇人を数えた(16)。この翌年文化八年に「絵図名帳(17)」が作成されて、町方や門前地、村方の町地化した相対請地の各町十人組ごとの住民の職業がまとめられた。城に対して浅野川を渡った対岸にある北陸街道沿いの森下町とその裏手になる周辺の町々の住民や、同居人・裏店借りの職業が判明しないが、この史料により、金沢の菓子屋のより詳しい実体がつかめる。そこで、同史料に載る菓子業者を菓子屋の種類ごとに区分して、整理すると表1のようになる。

菓子屋は氏家氏の分類より若干詳しく生菓子商・干菓子商・蒸菓子商・煎餅商・団子商・飴商・餅商がみられる。やはりこの時期には生菓子・干菓子を中心に多様な菓子商が存在した。生菓子屋は俗に団子屋ともよばれていたとされているが(18)、このため団子屋が文化七年の記録で生菓子団子餅商売としてくくられたのであろう。しかし、いわゆる団子や餅だけをつくる菓子商と生菓子をもっぱらつくる菓子商と分化していたことが「名帳」からわかる。なお、金沢で生菓子というのは、俗に饅頭ともよばれた菓子で、冠婚葬祭に用いられる、太陽・月など特別な意味をもたせた五種一組のもので、すべて餅・餡でつくられた特別な菓子である(19)。ただし、表に登場しない生菓子団子餅商はこの生菓子商でなく団子屋で、八一軒ほど数えていたのではなかろうか。表でも団子屋が最も多い菓子商であったが、やはり多くの庶民相手に商売できる団子屋が金沢でも最多の菓子商となる。それに次いで表では干菓子

表１　文化八年「絵図名帳」にみる金沢の菓子業

生菓子 22軒	専業15軒、兼業７軒（干菓子１、煎餅１／きせる商１、請酒１、塩商１／塗師１、料理１） 〈本町11軒（50%）、地子町11軒〉町役人１軒
干菓子 38軒	専業25軒、兼業13軒（生菓子１、蒸菓子２／銭商３、米仲買１、綿商１、質並び古着屋１、合薬取次１、請酒商１／笛役者１、表具屋、狂言役者１） 〈本町16軒（42.1%）、地子町20軒、不明２軒〉町役人２軒
蒸菓子 ５軒	専業１軒、兼業４軒（干菓子２、煎餅１、合薬１） 〈本町５軒（100%）〉町役人１軒
煎餅商 19軒	専業11軒、兼業８軒（生菓子１、蒸菓子１、団子商１、団子餅１／古金買１、古手１、銭屋２） 〈本町８軒（42.1%）、地子町９軒、橋番２軒〉町役人０軒
団子商 50軒	専業36軒、兼業14軒（煎餅２／古金買２、酒かす商１、へぎ商２、塩小売り１、たはこ小売り１、豆腐・唐津物１、傘１、小間物１、雑穀１／稼ぎ１／古手買１／不明１） 〈本町12軒（24.0%）、地子町37軒、他１軒〉町役人０軒
飴商 29軒	専業15軒（但し、飴請売り１含む）、兼業14軒（青物２、雑殻１、へぎ他１、刻み煙草１、小間物１、請け酒１、笊商売１、油小売り１、古手買・足駄１、古金１／大工１、打綿１／旅人宿１） 〈本町10軒（34.5%）、地子町17軒〉町役人０軒
菓子職人 ５軒	専業５軒（干菓子屋出細工人１、干菓子細工人１、干菓子職人１、煎餅焼職１、菓子細工職１） 〈本町１軒（25%）、地子町４軒〉町役人０軒
他、餅商３、不明２。以上延べでなく、菓子商合計164軒・菓子職人５軒、菓子業者合計169軒	

屋が多いが、文化七年記録では飴屋が四一人もいるので、やはり団子屋・干菓子商に次いで飴屋が多い菓子商である。これに次ぐのが生菓子商・煎餅商で一部に蒸菓子商などが存在したことになる。

当然ながら製造せずに、販売だけする菓子商もおり、飴屋に一軒であるがその請け売り商売の者を表で確認できる。菓子の小売り商以外に細工人・焼職とされる菓子職人で独立していた者もおり、これは干菓子・煎餅にのみみられた。干菓子細工人・同職人は、依頼されて干菓子を製造して、干菓子商に卸して生計をたてた職人と考えられ、煎餅焼職もおそらく同様の職人であろう。干菓子出細工人は、同菓子屋に手伝いを頼まれて製造に当たる職人であろう。生菓子・蒸菓子では保存がきかないが、干菓子・煎餅などは保存可能のために彼らのような独立した職人もこの当時は、ごく一部に存在できたのであろう。

菓子屋の中に組合頭の町役人を務める者がいるが、生菓子・干菓子・蒸菓子の菓子屋であった。その居住・営業先は本町の町の比率も高く、菓子屋の中でもやはり上質な菓子を扱う業者ということで、このような状況がみられた。彼らの中でも、干菓子商の場合の兼業は、有力な商売が多い。すなわち、銭両替の銭屋や米仲買・質屋などが多いのである。一方、蒸菓子商となると、菓子屋以外の兼業があまりないが、これは常時菓子を蒸していないと成り立たないため、他の稼業とは兼業しがたいためであろうか。

さて、団子商・飴商は居住町での地子町の比率が高く、この団子商・飴商の場合は干菓子商・生菓子商などより若干ランクのおちる菓子商であることになる。その稼業の状況も雑多な商売との兼業が多い。これらの菓子でも、特に団子商売は専業で営む者が多く、当時の庶民の町人に団子が重宝されていたことがわかる。もちろん、飴も庶民の大切な菓子で、団子・干菓子に次いで専業が多いが、この場合は通常の店舗商いでない振り売りなど行商を多く含むのであろう。

なお、金沢での菓子屋は当然にその中心街道の北陸街道に沿って多く分布するが、金沢はヒトデ状の町並みとなっていたために、北陸街道に結びつく伝馬町から宝船寺町への道筋、竪町・新竪町の道筋、上安江町から折違町の道筋、材木町などの道筋や、また犀川の城と反対側にも野田寺町や千日町の町並みにも存在した。さらにこれとは別に小立野の石引町の町並みにもある程度存在する。主要菓子商となる生菓子・干菓子の店となると、北陸街道筋の中でも南町から尾張町までと、武蔵が辻から分岐する安江町の町筋にも多い。生菓子はこのうち南町・上堤町・上下安江町に所在している。安江町辺に生菓子・干菓子の店が多いのは東西本願寺別院に近いことも関係しようが、小立野の天徳院近くにも二軒の干菓子商がある。ここの石引町に干菓子商に加え生菓子の店があるのは、天徳院・波着寺などの有力寺院に加え重臣の奥村伊予守家や前田駿河守家の屋敷の存在が当然に関係しよう。また、材木町筋に生菓子屋などの多いのも重臣横山外記家や津田玄蕃家の下屋敷の存在などがかかわろう。

この文化期の金沢の菓子業は、高価な砂糖を相当に使うようになっていたようであるが、まだ大量の砂糖が入る、つまり安価で容易に砂糖を利用できるようになる直前にあった。当然に天保以降の菓子業はこれ以上に盛んになったはずである。残念ながらその後、藩末までの菓子業者の全貌が不明のため、明治十三年（一八八〇）の調査をみると、金沢の菓子商は干菓子製造業が一一〇戸、生菓子製造業一五戸、餡製造業二四戸、菓子商一七七戸の計三二六戸となる[20]。生菓子製造業が文化の生菓子商に比べて少なく、また干菓子製造業が多く、両者のバランスが気にかかるが、いずれにしても菓子業者の合計は文化期よりも一〇〇軒以上も増加していることになる。数の多い小売りだけの菓子商には行商人も恐らく含まれるのであろう。この明治前期は、廃藩・秩禄処分により菓子の大きな需要先の藩士層が没落した時期であり、藩末であればもっと数多くの菓子屋が金沢に存在したに違いない。

この幕末、元治二年（一八六五）の商家番付「宝の入り船[21]」によると、最上段の位置に家柄町人の菓子屋である樫田と森八・紙庄が記載されている。二段目には米屋と中屋、三段目には四十万屋・越中屋・玉屋が「生菓子」商として出ており、四段目にも生菓子商二軒が記載されている。このように干菓子・生菓子の菓子屋は繁盛した商売であった。

三、菓子屋および金沢町人の年中行事と菓子・菓子業

文化期には相当数の菓子屋が金沢内で営業していたが、その後文政から天保にかけて当然に、町人らの嗜好品に

対する需要が高まり、しかも文政期以降には砂糖がより安価に大量に金沢内に入るようになり、砂糖を使用した菓子の一段の普及や菓子業の発展は間違いない。

菓子は嗜好品といっても、人々の暮らしでは、吉凶や年中行事という特別な機会の存在により、アクセントづけられており、このような機会に菓子が贈答品や特別な食べ物としての役割を演じていた点も無視できない。また、この点での需要が菓子業にとっても経営上重要であった。このため金沢の年中行事を見ることにするが、まず菓子商の場合をみておこう。

1「家柄町人森八年中行事」

森下屋八左衛門家では、化政期に当主が記した「家柄町人森八年中行事[22]」という旧記がある。これにより御用菓子商森八家の年中行事を整理すると、表2のようになる。

表のように、御用菓子商の化政期における一年間の年中行事がよく判明する。由緒書にも正月の鏡餅を供えることから、その家業が歴代の藩との結びつきと、先祖の功績によることを強く意識していたことがわかる。

これは茶などもたしなむ上層町人・商家の年中行事としても理解できるが、念のために町役人としての関連記事には○を付し、家業にかかわるものには＊を付した。特に菓子商としては雛祭りが稼ぎどきで、このため祭りあけの四日を休業にしていたことがわかるのが興味深い。

2　藩末の年中行事にみる菓子と菓子商

次に、藩末の年中行事を「昔の十二ヶ月[23]」という史料により見ておこう。なお、森田平次氏と並ぶ、金沢の代表

表２　森下屋八左衛門家の年中行事と菓子

＊１月１日	内仏家内一統参詣。内仏には鏡餅・蜜柑などあげる。若水をくみ茶の湯の釜をかける。家内年頭の礼を受ける。雑煮を祝い、屠蘇すみ次第杯ごと。「大福の祝菓子ハ梅干白砂糖懸テ外ニ何ニテモ白髪名の菓子盆ニ入テ事」。＊土蔵大黒天の酒・大豆飯をあげる。内輪、大豆飯に豆腐汁。
＊１月２日	夜九つより店売り初め。丁子風呂をたてる。早朝、雑煮祝う。
○１月３日	殿様在国中、お目見え。風呂立てる。
○＊１月４日	町会所御場はじめにつき御礼。夜中得意先の小売り店に初売り。
＊１月５日	土蔵など仕入れ物調べ。
１月７日	七草雑煮を祝う。
＊１月15日	朝、鏡餅なおし。帳面上書。帳祝を行う。土蔵大黒天へ酒・赤飯あげる。
１月18日	小豆かゆ。元祖忌日。
２月１日	赤飯祝。
２月28日	利休忌日により釜をかける。
３月１日	雛祭り
＊３月４日	例年休日
４月２日	久保市山祭り。両日参詣。なお、三日祭り祝献立は質素に。
入梅前	家屋根修理
５月５日	内仏へよもぎ菖蒲あげる。菖蒲湯たてる。蓬菖蒲を飾る。
５月18日	元祖祭り
６月１日	「氷何ニテモ麦之物祝事」
６月25日	行灯張り替え
７月１日	煤とり
７月８日	墓掃除
７月13日	内仏前にキリコ釣る。
７月14日	仏壇に花をあげる。中元の祝儀を家内一統へ。
７月15日	墓参
７月16日	素麺祝
８月２日	久保市山祭り。両日参詣。
９月９日	床に菊の花いける。
月先に家庇・雨障子張り替え。	
９月15日	報恩講
＊10月	内輪恵比寿講。土蔵神棚へ御膳あげる。御酒・灯明あげる。
11月	冬至に釜かける。床に梅花いけ。東末寺へ七昼夜参詣。
11月21日	内仏へ花あげる。
12月１日	煤はらい
＊寒中	土蔵に川水をくんでおく。
12月８日	はりせんぼう
12月20日	注連縄をなわせおく。年越しに福茶を入れる。行灯を張り替え。
＊大年	土蔵大黒天へ鏡餅一重。土蔵・由緒書・店・大釜・菓子場へ鏡餅各一重。池へ屠蘇を下げる。大戸・土蔵へ注連縄をはる。夜半の内に三方飾り物。正月入用の品々をだし、床座敷に釜その他飾り。一晩中、茶室に釜を懸けておくこと。家内一統に歳品を遣わす。

注　○は町役人関連記事
　　＊は家業にかかわる記事
　　「家柄町人森八年中行事」より

的郷土史家の氏家栄太郎氏は、昭和初めに昔の年中行事を整理している。(24) これは藩末にも及ぶものと考えられるので、これらに記載されている菓子類をも加えて整理すると表3のようになる。

表3には餅や炒り豆も加えて取り上げてみた。餅が様々な行事で使用されていたが、ここでは雛餅を別として餅以外の菓子を取り上げることにしたい。

年中行事で特別にこの日に食べることが決められていた菓子となると、餅以外は限られており、現在の金沢で代表的なものとなっているのは新暦では七月一日の氷室饅頭である。先の化政期の森八の年中行事には「何ニテモ麦之物祝」うと記され、饅頭は出ていなかった。しかし、藩末の「昔の十二ケ月」に麦饅頭を食う事と炒り米を食べること、また氷を食べることが記される。麦饅頭だけが食べられたわけではないことがわかるが、この麦饅頭は「冬をこしたるむぎをくうため」としている。また、この炒り米は「寒の餅をあられのごとく刻み、干おきてあるを今日たぶれば」暑さに当たらないためという。氷も暑気に当たらないためである。氏家氏によると、麦饅頭は明治三十八年に絶えた、御門前西町の新保屋が名代で、他ではつくらなかったというが、近年は麦饅頭を食すことのみ盛んに流行しているという。また、雛祭りには、女の子が摘んだ若草を材料にした雛餅やおいしい物、菓子が供えられた。この菓子の需要が大きく、三月四日を森下屋では休日としていたことは先にみた。次に五月の節句には親類で粽を贈答する慣習があったという。

なお、二月十五日の釈迦涅槃会に供え物にされていた団子が早朝にまかれるが、これはこの団子を食べると特別な御利益がえられるとしてまかれたものであろう。寺院の中には自家製の団子で行うところもあろうが、団子を購入して使用する寺院もあったのではなかろうか。また、十二月八日には娼家が馴染み客に饅頭を配っていたという。

菓子類が食品としてではなく、別の用途で年中行事に使用されることもあった。まず正月には素焼きの煎餅が針打ちという遊びで使用されていた。また、十二月八日の針千本では、団子のうきふに針をさすことになっていた。一般に豆腐が用いられるが、当時の金沢では団子が使用されていたのであった。

以上の、麦饅頭など饅頭や粽、そして一部の団子は菓子屋が製造したものを利用したと考えられる。また、雛祭りの雛に供える菓子や、また月待ち行事の際に、待ち時間の茶うけに用意された茶菓子も購入のものであろう。こうして、藩末期の菓子屋が一部の年中行事に関連して製造する菓子もある程度存在したことがわかる。そして、その代表的なものは今日同様に三月節句の雛菓子、五月節句の粽であり、これは古くよりつくられていたようである。ただし、氷室の日の饅頭は藩末でも特定の菓子屋がつくっていただけであったようである。なお、現在正月に福餅というものを食べるが、江戸期には梅干を食して福梅といっていたことが、先の森下屋の年中行事や「昔の十二ケ月」から知られるので、福餅は一般的なものではないといえよう。

菓子類の販売にかかわる営業形態についても右資料からうかがえる。すなわち、店舗商い以外に祭礼に出る屋台の店が登場している。

金沢の町内で菓子を商う業者の最底辺にいたのが、祭礼・縁日に店を出す香具師たちで、彼らが菓子類の屋台を出していた。氏家氏は春秋の野町神明祭には境内にあぶり餅の屋台が軒を連ねたというが、「昔の十二ケ月」でも観音四万六千日参りであぶり餅の味噌が他の参詣者の袖につくことが記載され、また、小菓子・くだものの店も多数出たという。氏家氏によると、六月の夜涼祭でも菓子などの屋台が出たというが、藩末の主要祭礼では、主としてあぶり餅の屋台が出、このほか子供相手のちょっとした菓子類の屋台も数多く出ていたのではなかろうか。

祭礼・縁日以外の菓子の販売では、行商人と店舗での営業が主となる。行商人は江戸時代は普通、棒手振りないし振売り商人とよばれるものである。氏家氏によると、飴行商人は正月に特別に玉飴を売ったという。これは丸く

表３　藩末の年中行事と菓子

［１月２日、売初。片町の鬢付屋木倉屋は紅白餅を客に進呈した］
［同２日頃から。各種の行商人が廻るが、飴屋は玉飴・棒飴を売る。玉飴は正月のみの商品］
［１月、針打という子供の遊び。素焼き煎餅も使用する。菓子その他を賭ける場合も］
［１月11日、具足鏡餅開き。鏡餅を割り小豆で煮る］
［１月14日、左義長。餅をあぶり食す］
［１月20日頃から、女使い。使い先では女性にとらせ餅とよぶ、切り餅数個などを与える］
［２月、初午。家々で団子やぼた餅をつくり仏壇に供える］
２月15日、釈迦涅槃会。各寺では供え物の団子を早朝にまく。
３月、雛祭り。雛祭りの雛餅やうまきもの、雛餅は女児が摘んだ若草を材料にする［菓子も雛に供える］
５月、御のぼり建拝見。粽を祝う［五日の午前中に親類で相互に粽を贈答する］
６月１日、氷室の朔日。いり米、麦饅頭を食べる。
［６月、夜涼祭。市中各所で。菓子その他の屋台店が出る］
７月10日、観音四万六千日参り。卯辰山観音院は人が多く、あぶり餅の生姜味噌が参詣者の衣類の袖についたりし、境内の小菓子・くだものの店がひっくりかえるほど。娘が二人で商う観音町の飴屋では飴が大変に売れる。
７月26日、三光月待。寺町の諏訪八幡では筵をしいて、茶菓子を用意して月の出を待つ。
10月亥の日、武術師家は摩利支天を祀り、供え餅を用意［これを亥子餅といい、町家ではこしらえない］
［11月１日、小豆餅か小豆飯を食べる］
［12月１日、乙子餅。餅をついて祝う］
12月８日、針せんぼう。うきふ（団子）に針を刺して供える［娼家では馴染み客、しるべへ饅頭を贈る］
12月、城中の節分。炒り豆などを撒く。
［12月、餅つき。ぼた餅を近親知己へ配る］
［12月25日、26日頃から、御身鏡とよぶ紅白一重の鏡餅を嫁入り先・養子先へ贈る］
大晦日、餅を焼き、福餅といって祝う［具足餅・御身鏡餅を飾る］
［春秋の野町神明祭、境内にあぶり餅の屋台が軒を連ねる］

注　「昔の十二ケ月」と氏家栄太郎『昔の金沢』より。
　　［　］内は『昔の金沢』による。

膨らませ、表面に竪筋があり、中は空洞で蜂の巣のような形を二つ連結した飴であるというが、これは昭和にはなくなっていたという。なお、初冬から春三月まで、一〇から一三、四歳までの子供が夜中に棒飴を売りに歩いていたというが、これも昭和にはなくなっていたという。いずれも明治までさかのぼるのは間違いないが、商売の基本的タイプの一つである行商は当然に菓子業でもみられるので、菓子でも飴については氏家氏が指摘しているような飴売りが江戸期の金沢に当然に存在したと考えられる。

四、町人記録にみる菓子

1　梅田日記

金沢町人でも上層ではなく、中間的階層の暮らしの中の菓子について比較的示してくれる記録に、幕末の元治元年（一八六四）から慶応四年（一八六八）の間を記した「梅田日記[25]」がある。これは番代手伝を務める梅田甚三久の日記で、番代手伝とは算用場の十村詰所で十村に雇われた番代に従って、農政に関する書類の調整などにあたるものであった。元治元年はまだ三〇代初めで、この年に妻をもらった。彼女はある陪臣の武家の妹で、藩の御用博労の家に養女となっていたときに嫁となった人であった。元武家といっても貧しい武家の出で、一般の町人の暮らしから無縁な女性ではなく、嫁入りした甚三久もその仕事からみても下層ではなく、富裕ではないものの、暮らしの安定した一般の町人の事例に入る人であった。なお、以下でふれる記事の典拠は、みな同日記の記事である。

さて、まず年中行事関係をみると、六月一日に麦饅頭を食べる記事は出ない。しかし、慶応元年の五月五日には親類の斉藤家にて粽をご馳走になっている。この日には粽にかえて餅をつき隣家その他へ配っている。同家に子供はいないので、粽を他家に配るのも変なために、代わりに餅をついて配ったのであろうか。また、女子の節句に近い、元治二年の二月二十九日に彼は寄り合い先で到来物の雛菓子を分けてもらっている。この雛菓子は生菓子であったという。節句の際に菓子の贈答が行われることと、それを客にも分けることが行われていたことがわかる。

来客に対して、茶と菓子を出すのは当然ながらこの時期にはみられる。元治二年三月十九日に足軽町の笠松源兵衛方を訪ねた際には、煎茶と水羊羹でもてなされている。下級武士でも客接待には水羊羹程度は用意していたことがうかがえる。町人が特別な客のために用意した菓子は、慶応元年五月十三日に書類作成の教示を依頼された尾張町田中屋弥三郎方の例からわかる。同家では甚三久にはじめ葛餅、後に松風焼を茶うけに出している。

しかし、通常の客に出す菓子をみると、甚三久の家ではかき餅を焼いて出している。慶応元年四月七日の野尻屋小兵衛、同年五月十三日の斉藤の娘の来訪の記事に出るが、通常の客に対しては、普段家族が食べていたと考えられるかき餅を焼いて出す程度であったことが確認できる。この野尻屋小兵衛に元治二年二月二十九日に妻が出かけた際に帰りの土産に生菓子とかい餅をもらっているが、もちろん特別な菓子が家にあれば、茶にそえて出されたり、また土産にゆずられたりすることもあったわけである。

特別な贈答や御礼の品として菓子は用いられる。甚三久が借金を十村方へ申し込んだ元治元年十一月二日には村雨菓子一箱を届けている。この月の十一日には妻に神保八左衛門へ小紙を持参させて依頼するが、この時は太白饅頭をもたせている。やはり特別な依頼となれば、通常の菓子ではなく、特別な菓子が用意された。

香典についても菓子の記述がみえる。元治元年八月九日には田中屋弥三郎病死について香典として四十万屋の手形をおくっている。この手形は二分の焼き饅頭一ケのもので、しかもこれは先だって法事でもらったものであった。菓子の引換券となる手形がいつ金沢で使用されるようになったかわからないが、法事でこのような手形が出されており、この手形を金銭代わりに香典に使用できたことがわかる。また、この翌日にも能州郡奉行直支配宿村幾右衛門の病死に際して、香典として水羊羹二本を出している。水羊羹のような菓子ならば現物でも香典代わりになったことがわかる。

法事で菓子手形をもらっていたが、法事には香典として菓子を配っていた。元治元年八月二十三日には尾張町越中屋故平之助の三回忌法事に小蝋燭を遣わしていたところ、お返しに寿煎餅二三枚ほかがおくられてきている。

2　亀田氏旧記

家柄町人の宮竹屋は薬種商を営み、藩から求められて上使宿、銀座役、町年寄なども務めた、金沢の代表的特権的商人であった。しかし、同家は家業も繁盛しており、天保期の「三都古今取組商人玉集」には西方前頭の一一番目に記載されている[26]。

この宮竹屋には明和以降の家記録「亀田氏旧記[27]」がある。同家は菓子屋ではないので、この記録には特別な行事の際の菓子についてだけ記されている。これにより各時期の一部の年に記載された菓子関係記事を整理すると表4のようになる。

これによるとまず客として武家を特別に招いて振るまいを行った際には、料理はもちろん菓子にも特別な配慮がされていた。明和五年（一七六八）三月五日に松平求米ほかを招いた際には、四重で唐松・茶の花・金平糖・唐菓子・竜眼肉の菓子が出されている。四重の重箱に入れて菓子を出したのであろう。また、翌年六月六日にも家中振る舞いがあり、このときにも有平糖、松風、墨形落雁紅白、浅香唐、花いかた、唐松赤、ふち雪白などの菓子が出され

表４　「亀田氏旧記」に掲載された菓子

○明和５年３月５日	松平求米様ほか招き茶会。料理に三方のしに餡入り草団子が煮しめと「しめもの」とともに出る。薄茶の口取りに氷砂糖。料理と別に御茶に四重御菓子（一重=唐松、茶の花、「金米糖」、一重=唐菓子、玉手箱、「金米糖」、一重=唐松、覆盆子、「金米糖」、一重=竜眼肉）
７月24日	大師講。料理と別に御かし（松風煎餅）
11月17日	７年忌法事。料理と別に菓子（餅〈一重二合、代33文〉と丸焼き饅頭、代28文。配り分か）
［12月16日	村井又兵衛様に御伽に招かれる。料理と別に御鉢入り菓子（寒月いも、砂糖漬蜜柑）］
明和６年正月22日	村井様へ献上、砂糖漬け天門冬280目、同蜜柑６つ
６月６日	家中面々振る舞い。料理と別に茶、御菓子（大有平糖、松風２、墨形落雁紅白２、浅香唐１、花いかた１、唐松赤１、ふち雪白１、いわし□□１）
７月24日	大師講。料理と別に御菓子（松風煎餅）
不明月10日	法事。料理と別に御茶、御菓子（餅２、饅頭３、御所落雁２枚、大松風２枚、ありへい糖２）出入り家中遣わす菓子（饅頭５）
11月14日	法事。料理と別に御茶、御菓子（ちけじ柿２、焼き饅頭３）出入り家来（ちけじ３つ）
明和７年７月24日	大師講。料理と別に茶菓子（松風焼）
９月24日	武家御客招き料理、菓子（大和柿）
明和８年２月19日	御客招き料理、茶菓子（唐いちこ、御所落雁）
７月24日	大師講。料理と別に茶菓子（松風煎餅、ふとうかし）
明和９年２月３日	法事、料理と別に菓子（二合取餅３、一分かへ饅頭３、一分かへ羊かん３、赤白御所落雁２を９つ宛）
２月４日に	菓子遣わし（二合取餅２、饅頭３、羊かん２、御所落雁２を９つ）、組合中へ菓子（二合取餅２、饅頭３、羊かん２、御所落雁２を７つ）
調物の菓子	（３日は焼饅頭150、角羊かん60、二合取餅16、御所落雁紅白34枚）（４日は饅頭200、羊かん40、二合取餅32）
５月13日	法事。料理と別に菓子（二合取餅２、饅頭３、羊かん２、御所落雁大形赤白２枚、有平糖１）
５月14日	法事。料理と別に菓子（二合取餅２、饅頭３、羊かん２、御所落雁２枚）
５月15日	斎。料理と別に菓子（二合取餅２、饅頭３、あり合わせ干菓子）、但し出入り人などへ饅頭３つ宛
○文化８年６月21日	前田土佐守御内御用召しだし。寿字落雁150、きんこ25、杉の二重箱にて献上
文化９年４月７日	法事。三号餅、三分饅頭、四分羊竿代墨形中御所２枚。料理と薄茶、取菓子（不明）内輪の者と僧へ饅頭５づつ遣わし。
文化11年８月11日	法事。家中遣わし菓子（二合取餅２、三分饅頭３）・出入り遣わし（二分五厘饅頭３）
文化12年４月23日	法事。菓子配り（三合取餅２、二分五厘饅頭２、四分羊かん１）山見屋ほかへ（三合取餅２、二分五厘饅頭３）
４月23日	法事。菓子（二分饅頭５宛）
12月１日	逮夜。菓子（二分五厘饅頭５宛）

○天保2年4月23日	法事。三号取餅、三分五厘まんじゅう、紙庄ようかん
10月11日	法事。三分饅頭5つ宛。了法一周忌分、まんじゅう15宛
天保3年正月晦日	口祝を兼ね客を招く。膳後、煎茶に「きんとう」
2月4日	御金裁許兼帯就任につき祝い。「両家」茶の箱にむし菓子20添え持参。
4月21日	茶の湯。菓子は白羊羹、南蛮砂糖総菓子、かつら飴
11月17日	法事。三号取餅2、三分饅頭3。了法分二分饅頭
天保4年	記事なし。
天保5年3月8日	法事。菓子（一分饅頭7）
4月	普為聴。料理と別に菓子（きんとう）
4月18日	料理と別に惣菓子（九々平糖1、松風1、長生殿白1・紅2、大松葉2、宮城野2）蓋菓子（白きんとう1、都羊羹1）
10月27日	法事。惣菓子（長生殿）
10月29日	法事。菓子（腰高饅頭、長生殿）
11月11日	逮夜。客に一分饅頭5宛、出入り五厘饅頭5宛、料理と別に菓子（七厘饅頭）
同日	遺言書開き。料理と別に惣菓子（蒸菓子、小倉錦）
12月23日	法事。客に一分饅頭5宛
○文久3年	記事なし
元治元年7月24日	法事。配り菓子、上の分（黒白木目羊羹6切、橋姫六切を薄板箱入れに）、下の分（七分饅頭3、七分半羊羹2）
同日	法事。配り菓子、上の分（御所落雁3匁3分）、下の分（不明）
10月26日	法事。配り菓子（五分腰高饅頭12宛）、出入り（餅1重、五分饅頭3宛）
慶応元年5月7日	法事。御所小落雁1匁宛
同日	法事。羊羹2本宛
9月	法事。内仏にて茶湯執行。菓子配り、上の分（腰高饅頭7、木目羊羹8、杉箱入り）、下の分（六合取餅一重、羊羹1本）、出入りの分（不明）
慶応2年5月7日	法事。配り菓子（御所小落雁1包宛）
同日	法事。配り菓子（羊羹2本）
9月	法事。菓子配り（上の分、腰高饅頭7、相羊羹8、杉箱入り。下の分、六合取餅1重・羊羹1本）
慶応3年2月28日	法事。菓子配り（腰高饅頭、相羊羹）
4月29日	法事。菓子配り（小御所落雁一包宛）

ている。やはりこの時期には松風煎餅も加え、墨形落雁などの干菓子など多彩な菓子が存在しており、これが料理後の茶に添えてもてなしとして供されたことがわかる。反対に有力武家の村井家に招かれた際に出された菓子は、寒月いもと砂糖漬け蜜柑であった。まだ砂糖が貴重なこの時期には、砂糖漬けの蜜柑は菓子として喜ばれたものであろう。また、この明和期に料理に添えた菓子に柿を使用することがあったのも、砂糖を十分に使用する菓子が少なかったことからであろうか。

この記録で一番多く菓子が登場するのは、やはり法事の際の配り菓子や料理に添えた菓子である。明和期には、法事の料理でも御所落雁や松風焼・有平糖・羊羹なども出された。また、饅頭・餅・羊羹・落雁が配られたが、出入りの町人らにも餅や饅頭だけ配っていたが、これらは後の時期も同様であった。このために甚三久の記事に出るように、饅頭の手形が広く利用されていたのであろう。

なお、羊羹は明和より登場しているが、天保期にはこれまでと違って単に羊羹としてでなく、白羊羹、都羊羹が登場し、幕末の元治・慶応期にも木目羊羹・相羊羹などが登場していた。少なくとも明和の記録に出る羊羹は砂糖を多用した後の練羊羹などとは異なるものであろう。

おわりに

最後に、一九世紀初頭の城下町における菓子屋の概略についてわかる、東海道の宿場町でもある岡崎と比較しておこう。この時期に幕府は五街道の調査を実施し、各宿駅では詳細な調査を行ったが、この時の享和二年（一八〇二）に詳細な書上げが残された岡崎には菓子屋が次のように存在していた。(28)［　］には文化七、八年ごろの金沢の菓子屋を、概略あてはまる商売に示した。

餅屋二七［団子八一ほど・餅屋三］、餅併煎餅売二［団子并煎餅一］、菓子卸売三、菓子屋二〇［干菓子三八］、饅頭屋九［生菓子二二・蒸菓子五］、煎餅屋四［一九］、菓子小売六、飴商売二［四一］、飴并小本類一、以上合計七四軒［二〇七軒、但し菓子細工人除く］

岡崎は五、六万石の藩の城下町で、享和元年の町方家数が一八四五軒にすぎなかった。金沢は、文化七年（一八一〇）に寺社奉行支配一一一七軒、町方一万三七九二軒である。(29) 金沢菓子商の中心の干菓子商・生菓子商・蒸菓子商（計五二軒ほど）は、岡崎では菓子屋・饅頭屋（計二九軒）に対応するとみられるが、岡崎の二倍もない。まるで都市規模の違う小城下町岡崎の干菓子商・生菓子商の多さというより、金沢が多くないのであろう。

いずれにしても膨大な藩士の存在に、多数の町人を抱えた城下町としての文化期の金沢は、干菓子商・生菓子商中心に多様な菓子屋も存在し、菓子業が栄えたといっても、岡崎を考慮すると菓子業者はこの時期には決して多いとはいえないことになる。団子屋の数が金沢で多かったことからすると、旅人の菓子需要だけの問題ではないようである。この時期の金沢住民の食にかかわる嗜好品面での意外と質素なあり方からくることも予想されるが、干菓子・生菓子の菓子自体がまだ砂糖を十分に使用するものではなく、その魅力を十分に発揮するものではなかった問題もあるのではなかろうか。このため砂糖が金沢に安価に供給されるようになった文政以降には、金沢の菓子における砂糖使用度が高まり、菓子需要が伸びて菓子商は大いに栄え、その家業に従事する人々は相当に増加することになったと考えられる。(30) これは、彼らの得意先となる武士階層の没落した明治前期の菓子商の数が文化期よりも一〇〇軒以上多いことからうかがえよう。

この明治の調査は、文化期の調査ほど詳しくないので、蒸菓子・煎餅商・団子・飴商の実態となるとわからなくなる。それでも幕末には干菓子を製造する業者の非常に多くなったこと、また彼らに加え生菓子製造の業者の内には、前者を中心に製造菓子を卸す業者が存在したこと、さらに菓子種となる餡製造業者がいたことがわかった。この明治の調査で単に菓子屋とされる業者も多いが、それは菓子小売商となり、前記の煎餅商・団子屋・飴屋などとなり、そのうちには幕末の記録に見られる飴行商人も含まれたのではなかろうか。また、別に縁日にあぶり餅などの屋台を出す香具師もいた。さらに、文化期の調査に出てくる菓子細工人・煎餅焼き職人などの独立した菓子職人も幕末に存在したはずで、これは明治の調査で菓子製造業にて掌握されていたのかもしれない。いずれにしても、天保以降の幕末には、以上のような多種の菓子関係の商職人が多数金沢に居住したのは間違いない。

菓子屋の販売する菓子がかかわる年中行事は、本文でみたように限定されるものの、法事などでの菓子需要があった。有力町人宮竹屋では判明する明和以降に度々の法事に際して、饅頭と餅を中心に、重要な法事では大切な客には干菓子や羊羹なども配り菓子に使用しており、またこの時の客への料理に菓子も出していたように、法事での菓子需要も大きく、また婚姻の際に使用される菓子も加わる。さらに、茶の湯が盛んであった金沢では、このための菓子需要もあり、明和期には落雁・金平糖など干菓子やまた生菓子など多様な菓子が存在し、この豊かな菓子文化を干菓子商・生菓子商が支えていた。

しかし、文政以前は砂糖をふんだんに使用した菓子は高価で利用しにくかった。上層町人の法事では明和末には配り菓子に羊羹が使用されていたことをみたが、この羊羹はやはり砂糖を多用した後の練羊羹とは異なるものであろう。一般の町人の記録となると限られて、中層町人の甚三久が元治の時期に香典に水羊羹を出しただけでなく、下級武士のある家で客に水羊羹を出されていたことをみたが、幕末には贈答を主に、また特別な来客のために砂糖多用の菓子も購入し、多くの町人も食べるようになっていたのではなかろうか。ただし、一般の町人は、普段は特に貰い物がなければ、茶うけにかき餅を食べる程度であったことが甚三久の日記からうかがえる。いずれにしても、砂糖が安価で利用できるようになった、この文政以降のしかも天保以降の時期には、金沢の菓子屋は砂糖を多用した菓子製造を盛んに行うようになり、これらの菓子は金沢の人々を魅了するようになり、吉凶その他の贈答や特別な年中行事以外にも、特別な来客用などのために購入され、菓子業の発展をもたらし、菓子業の状況は変化したのではないかと考える。

さて、重臣今枝家の召し抱え儒者、金子鶴村が文化四年（一八〇七）七月より天保九年（一八三八）八月まで記載した日記「鶴村日記」がある(31)。同日記の初めと最後の時期の文化四年七月から三年間と天保七年九月からの三年間の記事をみると、主家その他の有力武家から頂戴する菓子や、彼らの屋敷で食することになったカステラ、また、虎屋の羊羹その他の菓子についての記述や、鶴村の家で来客に出した菓子や贈答に使用した菓子などの記述もみられる。さらに、この日記により文化初年に、かつて塾を開いていた湊町本吉の商人を通じて主家のために鶴村が砂糖入手の役割を引き受けていたことや、この時期には様々な菓子も食べられているものの、それでも菓子として砂糖漬けなども食されていたことがわかる。これに対して砂糖入手が容易になった天保期には、「ういろう砂糖」「大仏もち砂糖かけ」などの砂糖を餅類に付ける食し方は日記に出るが、砂糖漬けの菓子はみられなくなる。もちろん無くなったのではなかろうが、菓子での比重が低下したことは間違いない。また、鶴村が主家のために砂糖調達をしていないこと、同家に菓子を持参して販売する出入りの菓子屋がいたことなどの記載もみられる。この最後の点などは後期の菓子屋の武家に対する販売のあり方で大いに参考となる。こうして彼の日記により武家社会をめぐる菓子についてのあり方もかなりうかがえることから、この「鶴村日記」については詳細に検討する必要がある。また、これには多様な菓子の記載が出るため、菓子の専門的な研究者の協力をえて分析する必要があるので、同日記の詳細な検討は稿を改めて行うことにしたことを断っておきたい。

なお、金沢の菓子屋・菓子を考えるうえで重要な藩との関係を後期について取り上げたものの、この点は特に元禄段階までの時期を中心に、茶道面の分析も加えて検討をする必要があるが、これも今後の検討課題としたい。

註

（1）論文ではないが、大友奎堂「親しまれた郷土の菓子」ＮＨＫ金沢郷土番組委員会編『ふるさとのしおり』第二集（郷土シリーズ）（石川県図書館協会、一九六四年）が近世金沢の菓子屋とその菓子についてもふれ、水島完爾（十五代堂後屋三郎右衛門）「百万石金沢城下町の生菓子」（『生菓子屋読本』一九七〇年）も簡略に金沢の代表的菓子や菓子屋の来歴・由緒などを紹介する。また、金沢の和菓子について取り上げた本の中で、個々の菓子の来歴について紹介したものは多いが、十月社編集『金沢の和菓子』（十月社、一九九四年）に掲載された、千代芳子・大島宗翠・小林忠雄の座談会は金沢の近世の菓子についても詳しくふれているので参考となる。先の著作も典拠がいずれも不明であるが、これも座談会のために当然ながら発言の典拠は不明となる。

（2）拙著『近世の地方都市と町人』（吉川弘文館、一九九五年）の「金沢上層町人の家的結合、親族関係と相続」および「金沢商家の別家形成と奉公人雇傭」参照。

（3）田中喜男『城下町金沢』日本書院、一九六六年、一三二～一三三頁。なお、同『金沢町人の世界』（国書刊行会、一九八八年）では金沢の菓子につき簡略に取り上げ、特に和田文次郎氏の仕事をもとに長生殿成立につき考え、その史料初出が天保五年（一八三四）であることを指摘している。

（4）『稿本金沢市史』風俗編二、一九二九年。氏家栄太郎『昔の金沢』金沢文化協会、一九三二年。市史稿では森田平次手記を載せ、干菓子商井波屋の貞享の由緒書が、同家が八尾から井波へ出て干菓子製造を熟練し、同商を営んでいたところ、利常により井波から召し出され御用菓子を製造したこと、同家が金沢の干菓子商の初めと記していることを記載する。また、註1の大友「親しまれた郷土の菓子」は、和田氏が墨形の落雁は、元は井波の旧家に製法が伝わっていたのを、利常が井波より職人をよび、井波屋という菓子屋となったと語っていたことを記す。

井波には戦前に板倉屋という菓子商があるが、加越能文庫（金沢市立玉川図書館近世史料館蔵）に富山県井波町の同家が戦前にまとめた「稟告江湖諸君」と題する宣伝書がある。これには、同家は元来、山城国壬生の里の出で、先祖の板倉治郎が「米ヲ砕、粗粉トシテ煎テ菓子」をつくり文明の頃に天皇に献上したという。蓮如上人が吉崎に下ったときに、京都より移り、また同上人に従い井波に下り、上人の二男、瑞泉寺三世蓮乗に仕えたという。佐々により瑞泉寺は退転するが、その後も板倉屋はとどまり、慶長六年（一六〇一）に前田公の命により、関ヶ原の吉例によって徳川家献上のために長生殿墨形菓子を製造し、正保ころ（一六四四〜四八）まで同家が納めていたという。しかし、藩主の命により金沢の菓子師に伝授が命じられたという。これには墨形菓子を長生殿と記すが、同家の文書などは宝暦の火災で焼失したとも記しているので、以上の記載は伝承によることになる。ただ、和田氏の前記理解はこの史料も踏まえていることになる。長生殿がいつからつくられたかよりも重要なのは、金沢の代表的菓子の墨形落雁が、有力真宗寺院のために京都より来住して菓子御用を務めていた菓子商の製造をもとにしていたと考えられることである。真宗寺院の地域での文化面での役割の重要性がよくわかるのではないかと思う。

（5）加越能文庫蔵。以下、所蔵先を明記せずに本文に引用される史料はみな同文庫のものである。
（6）『稿本金沢市史』風俗編二、二五六〜二五八頁。
（7）『稿本金沢市史』風俗編一、三五〜四〇頁。註3田中『城下町金沢』一六六・一六七頁など参照。
（8）『稿本金沢市史』風俗編二、三一六・三一七頁。田中喜男『わが町の歴史金沢』（文一総合出版、一九七九年）一一三頁に同写真が掲載されているので参照されたい。
（9）加越能文庫蔵「町人由緒帳」二。これによると、当然ながら飴屋だけをしていたわけではなく、八代目は安永四年（一七七五）に八百屋肝煎、天明六年（一七八六）に米肝煎など、九代目は文化十一年（一八一四）に呉服肝煎・質肝煎兼帯を命じられるなど、いずれにしても、藩の飴御用を通じて、その後に子孫は様々な町関係の役務にも登用されたのであった。これは先の紙屋・森下屋・菓子屋も同様で、町年寄その他の役務も務めていたのである（註7の文献も参照）。

（10）原田伴彦・矢守一彦他編『日本都市生活史料集成』五巻、学習研究社、一九七六年、所収。

（11）註4参照。

（12）「御城下交易出入之品々員数之事」（加越能文庫「本多家記録」）。

（13）高瀬保『加賀藩海運史の研究』成山堂、一九九七年など参照。

（14）石村真一『桶・樽』Ⅲ、法政大学出版局、一九九七年、一一六～一一八頁。

（15）註4氏家著書参照。

（16）「本多家旧記」の子年「本町地子町家数并諸商売等惣しらへ帳」。『稿本金沢市史』市街編三によると文化七年の記録となる。

（17）金沢市立玉川図書館蔵。かつて同帳は撮影させていただいていたが、近年新たに見いだされた分も含めて金沢市立玉川図書館編『金沢町名帳』金沢市図書館叢書（同図書館、一九九六年）にて翻刻されたので本書を使用した。

（18）『稿本金沢市史』風俗編二。

（19）註1大友書。一般に生菓子というと煉切・こなし・きんとん等をさす。

（20）「皇国地誌」『石川県史資料』近代篇一、一九七四年。その凡例では多くの調査は明治十三年とされているので、調査年度は十三年にした。

（21）註8と同じ。

（22）本岡三郎編『家柄町人森八年中行事』金沢実業会、一九六〇年。

（23）加越能文庫蔵。金沢市立玉川図書館「藩政文書を読む会」編『昔の十二ケ月』資料叢書（能登印刷出版部、一九九九年）

に翻刻されている。
(24) 註4『昔の金沢』。
(25) 若林喜三郎編『梅田日記』北国出版社、一九七〇年。以下、本文の甚三久家の記述は同書解説による。
(26)『石川県史』三巻、一〇〇二〜一〇〇三頁に写真掲載。
(27) 加越能文庫蔵。その一部は田中喜男氏により翻刻されている（註10原田他編『日本都市生活史料集成』五）。
(28) 同書上げは『岡崎市史』三（一九二七年）に紹介されている。
(29) 註16史料。
(30) 例えば、金沢の代表的干菓子の長生殿などは、現在その味の良さとして上質の和三盆糖使用を宣伝するが、この産地高松藩が砂糖を大坂市場へ出し始めたのは寛政期に入ってからである（「砂糖」『世界大百科事典』六巻、平凡社）。こうした砂糖使用が従来からの干菓子ほかの菓子の味も一気にレベルアップさせることになる。
(31) 石川県図書館協会発行の『鶴村日記』上・中・下の各編二冊がある。一九七六〜一九七八年刊行。

追記

菓子の重要な材料の砂糖を薬種商も扱ったように、砂糖流通は薬種流通にも関わる。このため本稿は必要な限りで砂糖流通も扱ったが、これは一九九九年・二〇〇〇年度の科研、基盤研究（2）Cの調査による成果も利用していることを付記したい。

追々記

『和菓子』四号（一九九七年）に、名古屋の菓子を扱った遠山佳治氏「名古屋の菓子事情」が掲載されている。同論文は近世から現代までの熱田も含めて名古屋において、その和菓子と菓子屋の展開を五期に区分して概観整理したものである。

本論文が対象とした一八世紀以降の近世は、多くの菓子屋が展開した時期として把握されているが、天保期が多くの菓子と菓子屋を生み出した時期と指摘されており参考となる。ただ残念なことにあげられた事例がまだ少なく、この点さらに同地での新たな菓子屋と菓子の成立に関する史料を発掘する必要がある。

第五章　元禄期、鰤産地氷見町をめぐる魚関係商人と鰤など四十物流通

はじめに

近世には定置網が普及して鰤など大型の回遊魚が大量に獲ることができるようになったが、鰤は西日本では年取り魚として食される特別な魚であった。東日本では年取り魚に鮭が使われていたが、日本の東西の境目に位置した信州松本地方では富山湾の鰤が年取り魚として食され、飛騨鰤として食されたことは著名である。(1) もちろんこの鰤は日持ちさせるために塩物加工された四十物の鰤である。

近世の富山湾における鰤の中心的漁獲地は氷見町と隣の灘浦であり、これは現在でも同様である。脂ののったころに鰤が富山湾へ回遊してくるために、氷見は鰤の日本の代表的漁獲地としてよく知られている。近世の氷見町は隣接する灘浦とともに多数の漁民を抱え、また大量の漁獲品が存在したために関係する商人も当然に多数居住した。しかし、従来の氷見町をめぐる近世の魚関係研究は専ら魚をとる漁業研究であった。(2)

享保期以前の加賀藩領内の魚流通機構については、寛文年間に問屋の設定による流通機構の再編が行われたことが高瀬保氏により指摘されている。(3) また、魚流通については山口和雄氏が、金沢中心の流通統制が行われ、能登奥郡と越中新川郡のみ他国売りが許され、他郡は越中は高岡問屋、能登は所口問屋を経由し、原則として金沢魚問屋

へ魚を送ることになっていたこと、さらに宝永元年（一七〇四）「能州越中諸魚洩口銭願一巻」という史料により、一八世紀初期の宝永のころには他国商人が「小廻り」船により冬季に特に能州浦方へ向かい魚を買い付けて、無口銭で他国へ販売しており、こうした流通展開を阻止するために享保期に藩による魚改所や魚相見人による統制が実施されたことを早くに指摘されている(4)。

以上のこれまでの研究では、享保以前の史料が少ないために問屋でさえもこの氷見町などの具体的成立時期については検討の余地を残している。もちろん、享保以前の魚流通についての具体的なその実態も山口研究以来の重要な検討課題となっている。そこで、本章では藩内だけでなく全国でも鰤の代表的産地である氷見の元禄期を中心とした時期の魚問屋を頂点とした流通機構、魚関係商人の実態を検討し(5)、またそのうえで元禄期の鰤を中心とした諸魚の四十物の他国移出という四十物流通の実態を明らかにしたい。

この魚流通については、前記のように越中新川郡と奥能登を除く加賀藩領では水揚げ魚は金沢へみな集荷される流通システムが寛文期につくられ、それが享保期に再編強化されていた。そこで注意しなければいけないのはこれは原則であり、少なくとも元禄期は前記両地域外でも魚の領外への移出が口銭支払いにより認められていた点で、このために他国他領移出だけでなく、他領商人の買付のための進出もみられることになる。とりわけ贈答や儀礼・行事に用いられる鰤は商品価値が高いだけに、買付に他国商人も進出しており、特に彼等がどのような商人であったかが問題となる。

この魚買付他国商人には、越後今町以西を主にした富山湾岸地域の商人がいることは当然に予想されるところであるが、近世後期に買い積みの廻船活動を展開させたこの富山湾岸地域の浦方の者が大きな位置を占めていたことを本章では指摘することになる(6)。このことはこれらの浦方の者が富山湾岸地域の重要商品を対象に商船活動を早くより行って生業としていたことを示すもので、この生業、活動が後にはこの地域における浦方住民の蝦夷地・上方を結ぶ買い積みのいわゆる北前船活動へ展開していくことになったのである。このような商人を含む領外商人の実態を重視しながら、本章では他国移出の鰤など四十物を扱う他所・他国商人の実態を検討していくことを予め断っておきたい。

一、氷見町の魚問屋など魚関係商人

氷見町の魚商人の全体の概要が把握できるのは中期となってしまう。安永七年（一七七八）に町の人々の職業調査が行われ、左記の魚を扱う商人が判明する。(7)

一、弐十五軒　魚振売

（中略）

一、百六十七軒　四十物、内七十壱艘之舟持共

右のように四十物商が一六七軒と魚振売が二五軒登場する。関連して他に「素師屋」が三軒記載されているが、これは献上品の鰮鮓をつくる家であった。この四十物商には右史料に記載されるように舟持がおり、彼等で七一艘もの舟を所持していた。この舟は魚輸送などに使用できる舟で、近隣の灘浦などの浦での買付や他所への販売のための輸送に使うことになる。こうした舟を持つのは有力四十物商ということになる。

元禄十年（一六九七）四月二十九日に氷見町舟見の職の者より氷見町支配の同裁許へ出された「出船相改申品々書上申御事」という史料がある。この第一条と三条には次の記載がある。(8)

一、氷見浦より出船仕申舟ニ御座・縁取・畳・筵、其外四十物等積申舟ハ、湊口へ下り申候而、地舟ハ其船頭より、他所舟ハ其宿より私共方江出船可仕旨断申

（中略）

一、出船仕申地舟三人乗以上之外海船ハ増水主為乗申義無御座候、弐人乗之舟ハ四十物積方々へ行帰仕申候、四十物之義急切之物ニ御座候ゆへ、時ニより増水主為乗罷越申度旨船頭より断申ニ付……

一条からは、元禄期の氷見から廻船により移出される商品に茣蓙などとともに四十物もあり、この移出廻船には地舟と他所舟があること、当然ながらこの時期の氷見町にはこの他所舟を扱う船宿が存在したことがわかる。そして、三条から、増水主をすることもあるが、二人乗りの舟がこの四十物を積んで方々へ航海していることがわかる。この二人乗りの舟には廻船業者の四十物輸送に当たる舟も中にはあるかも知れないが、四十物商が舟を所持しているので、方々へ四十物を輸送した地舟とは彼等の舟を主としたもので間違いない。

先の安永調査で魚関係商人として取り上げられていたのは四十物商と魚振売だけであった。時期的にみてこの四十物商には店売りの四十物小売商も含むことになるが、元禄期となれば当然に魚振売ではない四十物商は四十物の仲買商が主とみて間違いない。

元禄期氷見町の四十物商については、幸いにも他国移出用の四十物を取引した際の役銀を記録した元禄五年十二月「元禄五年分四十物方写」(9)が残されている。そして、この中に次のような記載がみられる。

かい銀高七百拾三匁七分三厘

一、弐拾四匁九分八厘　　他国出四十物　宿川原町

三分半口銭　　　与四兵衛

内

かい銀高四百弐匁九分三厘鮪数百拾壱本

但、壱本ニ付三匁六分三厘ツヽ

かい主氷見町

拾四匁壱分

与四兵衛

同三百拾匁八分鰤数弐百拾本

但、壱本ニ付壱匁四分八厘宛

かい主金沢町

拾匁八分八厘

仁右衛門

〆

買銀高五百四拾九匁八分四厘鮪数百七拾四本

但、壱本ニ付三匁壱分六厘宛

一、拾九匁弐分四厘　他国出四十物　かい主氷見町

三分半口銭

五兵衛

〆

（中略）

かい銀百五拾目　鰹数三千　但、百ニ付五匁かへ

一、五匁弐分五厘　他国出四十物　かい主ひミ町

三分半口銭　善六

〆

かい銀高百拾七貫六拾三匁四分八厘

合四貫九拾七匁弐分五厘

右ハ所々旅人、氷見町問屋中ニ而去年十二月廿三日より今日迄買申他国出四十物三分半口銭取立、只今可指上銀高誓紙を以申上ル通少も相違無御座候、此外銀高隠置三分半口銭出し不申、後日脇より知れ申候者、其身之儀ハ不及申、私共いか様共越度可被成候、誓紙之義ハ射水郡取立人中へ一紙ニ書上申候、以上

元禄五年十二月廿二日（下略、氷見町役人より宮丸村長兵衛他宛）

この史料には、他国移出の四十物の買付銀高とこの四十物に対する三分半口銭がまとめられている。記載された買付高総額一一七貫匁余と三分半口銭総額四貫匁余の後には、三分半口銭は「所々旅人」が「氷見町問屋中」にて去年十二月二十三日より本年十二月二十二日までに支払った買付他国移出用四十物の口銭であることが記載されている。これにより問屋が元禄四年には氷見町に存在していたことが具体的に判明する。

この史料の個々についての内容記載を見ると、買付人は、買付を行った宿ごとの整理と、この宿を通さない者は宿とは別に記載整理されている。そして、その買い付ける魚の本数と買付銀高、一本当たりの役銀と買付分の役銀の三分半口銭高が記載されている。この宿、すなわち買宿は四十物の仲買ということになる。

買宿、川原町与四兵衛の場合は、自身の移出分に加えて金沢町の仁右衛門の買付が記載されている。買宿与四兵衛の記事の後には、買宿を通さない買付人の氷見町五兵衛の記事がみられる。この買宿を通さない買付人は氷見町の者だけであり、彼等は仲買ではない他国移出を行う四十物商である。

表１　他国移出四十物取引の買宿

町	買宿	買付高	買付人数〈含買宿〉(領外、領内氷見外、氷見)	買い宿自身買付（他国移出分）	
				額	魚種
今町	又右衛門	468　匁	2(0,0,2)人	360　匁	鮪
川原町	与四兵衛	713.73	2(0,1,1)	402.93	鮪
川原町	長右衛門	1,027.22	1(1,0,0)	0	なし
川原町	作兵衛	2,624.4	2(0,1,1)	0	なし
川原町	半左衛門	9,304.36	8(0,7,1)	186	鮪
南町	八郎右衛門	271	1(0,0,1)	271	鮪・鰹
南町	権兵衛	1,642.52	2(0,1,1)	268.34	鰹
南町	市郎兵衛	1,720.49	4(4,0,0)	0	なし
南町	庄三郎	2,570	2(0,1,1)	351.66	鰹・鯖
南町	源左衛門	3,740.48	5(4,0,1)	659.5	鰹・鮪
南町	三郎右衛門	6,040.82	4(0,3,1)	273.6	鰹
南町	彦右衛門	8,548.22	7(0,6,1)	0	なし
南町	六兵衛	12,344.56	8(2,4,2)	2,747.18	鰤あり、鮪
南町	甚右衛門	14,629.79	11(9,1,1)	3,492.94	鰹・鮪、鱈、干いか
南町	長兵衛	16,723.17	18(15,1,2)	4,351.81	鰤・鰹・鮪、干鱈・干さめ
南町	六右衛門	19,026.98	13(11,1,1)	1,713.76	鮪・鯖
本川町	安兵衛	1,575	1(0,0,1)	1,575	鮪・鰹・鱈
湊町	八右衛門	184.27	1(1,0,0)	0	なし
湊町	太郎兵衛	2,113.76	2(0,2,0)	0	なし
湊町	五右衛門	8,295.67	1(0,0,1)	8,295.67	鰹・鮪・いるか、干鱈、干鯖
客記載のない買宿		八郎右衛門、安兵衛、五右衛門			

備考：買宿内で買付人名が同じ者は同一人として処理。
　　　南町六右衛門は計算上は19,010匁９分８厘。

こうして、元禄期の氷見町には他国移出用の四十物を扱う商人には、他領出口銭の徴収を行う問屋が存在するとともに、買宿を務める四十物仲買に加えて、四十物の他国移出を行う四十物商がいること、そしてこの四十物商の中には四十物仲買から四十物を買い付ける四十物商と自身で四十物を買い付けている四十物商のいることがわかる。

この他国移出用四十物を販売していた買宿をこの史料により整理すると、表１のようになる。

表のようにこの買宿は二〇人みられる。しかし、南町八郎右衛門・本川町安兵衛・湊町五右衛門には他国出し四十物を買い付ける客がいない。彼等は自身が買い付けた四十物を他国移出しているのでこの記録に登場している。また、他の買宿も客への他国移出の四十物販売を行っているだけでなく、自身が他国移出を行う四十物については当然に口銭支払いのためにこの史料に買い主として名前を出している。そして、買い主としてまったく顔を出さない買宿も川原町長右衛門など六人いた。いずれにしても買宿の七割という多くの者が他国への四十物移出を行っていた。ただし、彼等のうち直接に鰤を他国移出するのは南町六兵衛と長兵衛だけで、ほとんどが鰤以外の鮪・鰹その他の魚種の移出を行っていた。

彼等のうち他領商品を扱うのは八軒で買宿の半分にみたず、また彼等は南町の買宿がほとんどで、しかも甚右衛門・長兵衛・六右衛門が他領商人を主に扱っていた。これにより南町が買宿の中心地であることがわかるが、買宿全体の居住地とその取引高を整理すると次のようになる。

南町一一人（八七貫二四二匁三厘）、川原町四人（一三貫六六九匁七分一厘）、湊町三人（一〇貫五九三匁七分）、本川町一人（一貫五七五匁）、今町一人（四六八匁）

やはり買宿は南町に集中するが、これに次ぎ川原町・湊町が多い。これらの町は本川町とともに氷見町の中心を流れて氷見町を二分する湊川沿いの町である。南町は右岸にあり、河岸に隣接した所で、南下町・南中町からなる。この南下町と川原町・湊町・今町は買宿のみられない浜町とともに氷見町の中で猟師町とされている浦方五町とよばれる町であった。取引高も買宿数と同様で、南町が全体の八割近くを占めている。川原町・湊町は他国移出用四十物の取引高ではとても南町に及ばない。

この買宿以外で他国移出を行う氷見町居住の四十物商は表2の人々である。残念ながら彼等の居住町はほとんど不明であるが、いずれにしても買宿と同様の町であるとみてよい。彼等は買宿とほぼ同数の一九人みられる。そして、その多くは買宿の仲買によらずに直接に仕入れて他国移出する四十物小売商であるが、全体の四分の一は買宿

表２　氷見町、買宿外の四十物商

買主	買い銀高	買宿	買い付け魚種
五兵衛	549.84匁		鮪
四郎兵衛	13.49		干鱈
次郎助	148.5		鱈
源右衛門	401.25		鮪
権右衛門	198		鮪
忠左	108	今町又右衛門	鮪
五郎兵衛	1,156.5	川原町作兵衛	鮪･いるか･鱈･鰹
伊兵衛	262.35	南町長兵衛	鰹
市右衛門	411.6		鮪
助右衛門	1,800.6	南町彦右衛門	鱈･いるか･鮪
八右衛門	714		鮪
清左衛門	70		鮪
次兵衛＊	44.4		干鱈
加右衛門	295.56		鮪
平右衛門	452.2		鮪
八左衛門と五左衛門	50		鰹
権三郎	2,767.12	南町六兵衛	干鱈･干鯖･干いか･鰹
善六	150		鰹

備考　＊は浜町

に買付を依存した四十物商である。また、表に示したように、他国移出する四十物小売商はまったく鰤を扱っていない。扱うのは鰤以外の鮪・鰹その他の魚であった。

二、他国移出の鰤など四十物と商人

1　他国移出の鰤など四十物

鰤など回遊漁には豊漁期、凶漁期の時期的変動がある。このため四十物の流通高は一定ということはなく、豊凶に左右される。本章で主として扱う元禄五年（一六九二）の時期がどのような時期であったか知るためにも氷見町の鰤流通高がわかるこれまで最古の史料であった享保十三年（一七二八）「越中浦能州浦鰤員数并御口銭銀しらへ帳(10)」を見ておくことにする。これには氷見につき次の記載があった。

五千五百六拾八本

一、弐貫三百七拾弐匁八分三厘　　十歩一

右之内弐千拾弐本地払
一、五百弐拾五匁八分六厘　六歩
他国出八拾九本分
一、八匁八分壱厘　三歩半
余浦より入鰤五千九百三拾九本之内弐千三百七拾六本地払分
一、四百拾三匁七分三厘　六歩
他国出千弐百八拾八本分
一、百三拾八匁七分五厘　三歩半
一、四百七拾三匁六分八厘　諸魚六歩八歩三歩半口銭
〆三貫九百三拾三匁六分六厘
外　七千八拾九本　高岡・今石動・金沢登
内
三千五百弐拾六本　氷見鰤

右によると氷見町沖の台網でとれる鰤が五五六八本あり、この他に氷見へは他浦からの入鰤も氷見鰤とほぼ同数の五九三九本もある。この史料の氷見町に隣接する漁場灘浦分の鰤を見ると、氷見町の二倍の一万四四四九本漁獲されるが、その三割余の四六五八本が「氷見行」とされていた。これは氷見町漁獲の八四パーセントに当たり、また氷見町へ入る他浦鰤の七八パーセントを占めた。残りの他浦鰤はこの灘浦隣の幕府領、能登灘浦のものとみてよい。問題となる他国出の鰤は氷見鰤が八九本にすぎないものの、入鰤から一二八八本、計一三七七本が他国移出さ

れる。

さて、問題の「元禄五年分四十物方写」により三分半口銭が賦課された他国移出の四十物についての実態がわかるわけであるが、記載された三分半口銭は総額四貫九七匁二分五厘であり、本数は五万九二〇本であった。享保の氷見町で漁獲される一〇倍、そして他国移出鰤の三七倍ほどの鰤が元禄前期には他国移出されていたのである。元禄期は享保に較べて鰤豊漁期であったといえよう。

この鰤が獲れていなかった享保期の鰤流通をさらに前掲史料より見ておくと、氷見産鰤のうち地払いが二〇一二本、他国出しが八九本ある。そして、高岡・今石動・金沢登せの分は三五二六本となる。入鰤のうち地払いは二三七六本で他国出しが一二八八本あったこともわかる。氷見町へは隣接灘浦から大量の鰤が流入し、これが金沢を主にした領内に送り出され、また、他国へも相当量の鰤が移出された。この他国へ回される鰤は隣接灘浦と能登灘浦の鰤である。以上の流通のあり方は、享保期に突如出現したものではなく、金沢中心の流通に再編された寛文期に大枠は形づくられたものであり、少なくとも氷見町の取り扱う鰤に隣接灘浦と能登灘浦からの移入分が比重を占めるようになるのは、魚の大市場の城下町が発展していく寛文期・延宝期にまでさかのぼるとみられる。

問題の鰤豊漁期でしかも城下町など鰤など四十物需要の高まっていた都市発展期の元禄五年であるが、氷見町からの四十物移出総額は帳簿記載高では買銀惣高一一七貫六三匁四分八厘（計算では一一七貫四七匁八厘）であった。その中身は次のようになっている。

鰤　七九貫三二一匁四分二厘〈六七・八％〉（五万一八五本）

鮪　二一貫七七六匁六分七厘〈一八・六％〉（五五五〇本）

鰹　六貫四九一匁四分二厘〈五・五％〉（一〇万九二三四本）

鱈　七貫二六二匁三分五厘〈六・二％〉（二四四二〇懸・六一五三枚）

鯖　一貫三七一匁四分二厘〈一・二％〉（一一万七八二四匹・小二万五〇〇〇匹・四万四〇〇貫）

イルカ　二六九匁七分二厘〈〇・二％〉（四六本）

干サメ　一二二匁八厘〈〇・一％〉（一四〇〇枚）

干イカ　四三二匁〈〇・四％〉（一五二〇把）

右のように氷見から他国へ移出される四十物は移出額から見て鰤がやはり主で、全体の七割近くも占めていた。そして、鰤についで多いのはやはり夏台網の中心的魚である鮪であったが、これは二割弱であった。いずれにしても回遊魚の大型魚の鰤と鮪で八割を超すのである。

鰤・鮪についで鱈・鰹が多いが、これらはいずれも五、六パーセントの割合であった。そして、その他に鯖が一パーセント強の率となっていたが、イルカや干サメ・干イカも他国移出されるが、その金額はごくわずかなものにすぎなかった。

なお、他国移出が宝永段階に無口銭のものが増えていったことが山口氏により指摘されているが[11]、元禄十二年十月に高岡町奉行より高岡魚問屋新保屋にあてて前月に算用場よりこの無口銭移出増加について町奉行や郡奉行へ取り締まりの達しがあったので、その取り締まりについて命じている。そして、宝永元年（一七〇四）より三年の氷見町を含む射水郡の同口銭額も次の通り知られる[12]。すなわち、宝永元年・一貫四七一匁余、同二年・六六九匁余、同三年・五六四匁余というように、元禄五年の氷見町での口銭からみれば大幅に減少していた。元禄十年代より口銭洩れが増加していったのである。

2　他国移出商人の実態

(1)魚種ごと

元禄五年時の四十物移出を行った商人について見ることにする。この魚種ごとの移出商人の出身地は次の通りとなっていた。

鰤＝越後三六人（三二貫二匁九分七厘）・加賀二一人（三〇貫二八八匁三分九厘）・越中八人（氷見二人含む、九貫一三八匁三分八厘）・信州五人（五貫三五〇匁七分三厘）・近江三人（二貫五四〇匁九分五厘）

鰹＝越中一七人（氷見一五人含む、四貫五四〇匁一分七厘）・越後二人（一貫七一五匁五分）・加賀二人（二三五

表３　鰤（他国移出用）買付　その１

国	町村	買い人	鰤数	鰤買高
加賀	本吉	次兵衛	1,540本	2,571.8 匁
加賀	本吉	八兵衛	1,520	2,523.2
越後	越後	吉郎右衛門	1,470	2,163.84
越中	今石動	七右衛門	1,414	2,118.7
加賀	宮腰	仁兵衛	1,384	2,365.02
越後	越後	甚右衛門	1,270	1,827.53
加賀	宮腰	重右衛門	1,248	2,114.11
加賀	白尾村	又次郎	1,232	2,117.3
加賀	宮腰	仁兵衛	1,200	2,028
越後	越後	与右衛門	1,183	1,727.18
加賀	宮腰	伝右衛門	1,176	2,005.08
越後	越後	太郎兵衛	1,165	1,669.79
越後	能生	八助	1,148	1,747.26
越後	柏崎	新兵衛	1,130	1,652.06
越後	出雲崎	清六	1,113	1,716.25
信州	信州	吉郎右衛門・善六	1,106	1,710.76
加賀	本吉	四右衛門	1,100	1,749
加賀	宮腰	五郎兵衛	1,080	1,746.36
加賀	本吉	六右衛門	1,040	1,560
加賀	宮腰	小兵衛	984	1,694.74
越中	今石動	孫三郎	938	1,374.18
加賀	本吉	四兵衛	932	1,379.36
信州	信州	半太夫	924	1,434.97
越後	越後	七右衛門	921	1,476.91
加賀	宮腰	甚右衛門	900	1,350
越中	今石動	八兵衛	850	1,275
越後	越後	権兵衛	841	1,289.25
越中	今石動	伊右衛門	816	1,283.5
越後	柏崎	吉左衛門	797	1,195.5
越後	越後	与兵衛	792	1,249.78
信州	草間村	助次郎	777	1,165.5
越中	今石動	伝兵衛	755	1,178.6
越後	鬼伏	七右衛門	743	1,165.8
越中	氷見	長兵衛	735	1,220.1
越後	鬼伏	長右衛門	724	1,092.3
近江	近江	市兵衛	720	1,211.76

表３　鰤（他国移出用）買付　その２

国	町村	買い人	鰤数	鰤買高
信州	善光寺	五兵衛	693本	1,039.5 匁
越後	今町	里右衛門	679	1,047.22
近江	近江	徳左衛門	672	1,027.22
越後	越後	太兵衛	646	1,021.97
加賀	宮腰	武兵衛	640	928
加賀	宮腰	仙右衛門	630	945
越後	長岡	清兵衛	630	982.8
越後	鬼伏	善左衛門	623	932.63
加賀	本吉	長兵衛	560	840
越後	柏崎	次兵衛	550	899.8
加賀	本吉	次郎兵衛	528	881.76
加賀	本吉	彦兵衛	480	734.4
越後	浦本	武兵衛	462	695.77
越後	高田	市三郎	420	673.68
越後	柏崎	六左衛門	420	614.46
越後	柏崎	左太夫	399	583.74
越後	柏崎	九兵衛	378	585.9
越後	浦本	左五右衛門	296	448.5
越後	越後	喜左衛門	273	398.58
越後	能生	半右衛門	273	408.14
越後	能生	市兵衛	273	408.14
越後	柏崎	仁兵衛	266	434.11
越中	氷見	六兵衛	264	377.26
越中	佐賀野	清八	216	311.04
加賀	金沢	仁右衛門	210	310.8
越後	鬼伏	喜左衛門	210	310.8
越後	柏崎	五右衛門	195	290.08
加賀	本吉	彦兵衛	193	274.06
近江	大溝	長助	192	301.97
越後	鬼伏	太郎右衛門	189	291.69
越後	柏崎	源兵衛	189	276.51
越後	柏崎	左次右衛門	168	245.78
越後	鬼伏	次右衛門	126	192.78
加賀	本吉	糸右衛門	120	170.4
越後	鬼伏	兵左衛門	105	155.4
越後	鬼伏	長兵衛	84	131.04

匁七分五厘）

鮪＝越中二二人（氷見二二人、二〇貫六九五匁）・越後四人（七〇一匁二分七厘）・近江一人（三八〇匁四分）

鱈＝越中一〇人（氷見一〇人、六貫三四匁一分五厘）・加賀一人（一二二八匁弐厘）

鯖＝越中四人（氷見四人、一貫三七一匁四分）

イルカ＝越中三人（氷見三人、二六九匁七分二厘）

干サメ＝越中一人（氷見一人、一二三匁八厘）

干イカ＝越中二人（氷見二人、四三二匁）

氷見町の最重要の漁獲物である鰤は、他国移出を他国商人が主として担っており、越後・加賀の商人が中心になっていた。越中の商人となると多くはなく、氷見の四十物商もわずかにすぎなかった。

鰤買付商人数は越後が加賀よりも多いとはいえ、その金額は加賀よりわずかに多いだけであった。その買付人を表3に整理した。買付額が一貫五〇〇目以上、千本以上は二〇人（うち二人は一緒の購入）いるが、一〇人という過半は本吉・宮腰の加賀商人で、越後は七人ほどであるが、残念ながらその出身町村が不明の者が多い。越中商人の場合は今石動の者一人を見るだけである。これに対して五〇〇目以下、三〇〇本未満の少量買付人は一九人おり、このうちには加賀商人は三人だけ含まれるにすぎないのに、越後商人は一三人もいた。ただし、これに地域的特色があるとはいえず、買付人の多い柏崎・鬼伏や能生の者が主となっていた。

次にこの鰤とそれ以外の魚種では大きな違いがあった。鰤以外は主として氷見の魚商人の四十物商が買い付けて他国へ移出していた。鰹の場合は越後二人、加賀二人、鮪も越後四人、近江一人、鱈は加賀一人が買い付けて移出したが、ほとんどは越中のしかも氷見町の四十物商が他国移出していた。この他の鯖・イルカ・干サメ・干イカとなるとすべて氷見町の四十物商による他国移出であった。

(2)国別

四十物の他国移出を行った商人を国別に表4に整理する。

この表に見るように、他国移出四十物買付商人の数は越中が多いのは当然としても、越後が多く越中より一人少ない三九人であったことは注目される。加賀も二二人と多いが越中・越後の半分ほどであった。しかし、信州・近江はわずかな数で五人と四人である。買付金額は越中が銀四二貫目余で銀三四貫目余の越後より多いのは当然としても、越後よりも人数の少なかった加賀の買付がかなり多く銀三一貫目余であった。これは前記したように鰤の買付額が大きいためである。

表４　他国移出用四十物買主と購入額

領外	越後39人（34貫419匁74）＝柏崎10人（6,777匁94、鰤4,492本のみ）・鬼伏９人（4,607匁22、うち鰤８人2,804本）・能生３人（2,563匁54、鰤1,694本のみ）・浦本２人（1,144匁27、鰤758本のみ）・出雲崎１人（1,716匁25、鰤1,113本のみ）・今町１人（1,047匁22、鰤679本のみ）・長岡１人（982匁８、鰤630本のみ）・高田１人（673匁68、鰤420本のみ）・糸魚川１人（184匁27、鮪40本のみ）・不明10人（14,722匁55、鰤９人8,561本・鮪３人123本・鰹１人15,582本）
	信濃５人（５貫350匁73）＝善光寺１人（1,039匁５、鰤693本のみ）・草間村１人（1,165匁５、鰤777本のみ）・不明２組３人（3,145匁73、鰤2,030本のみ）
	近江４人（２貫921.35）＝八日市１人（380匁４、鮪60本のみ）・大溝１人（301匁97、鰤192本のみ）・不明２人（2,238匁98、鰤1,392本のみ）
領内	加賀22人（31貫752匁34）＝本吉町10人（12,683匁98、鰤8,013本のみ）・宮腰９人（15,176匁31、鰤9,242本のみ）・金沢町２人（1,673匁71、うち鰤210本１人、鰹・鱈）・白尾村１人（2,218匁34、うち鰤1,232本、鰹も）
	越中40人（42貫602匁92）＝氷見町33人（34,542匁８、うち鰤は２人999本、他は鰹・鮪・鯖・いるか・鱈・いか等）・今石動５人（7,422匁68、５人とも鰤、4,773本、１人は鰹も）・佐賀野１人（311匁04、鰤216本のみ）・放生津１人（326匁４、鰹のみ）

なお、信州・近江の買付額はやはり少ない。

(3) 他領商人

加賀藩領外となれば、買付商人には越後と信州・近江の者が多いが、前記のように隣国越後が非常に多く、領外商人の八割ほどは彼等であった。しかも彼等の買付四十物はほとんどが鰤であった。鰤の需要地として知られる信州の者も買付に来ているが、彼等の数はそう多くない。また、近江商人による買付のあったことも注目される。信州はみな鰤買付であったが、近江もそのほとんどは鰤の買付であった。

越後の買付商人のほとんどは日本海沿岸の湊町や浦方の者である。湊町が柏崎・今町・出雲崎で、浦方が鬼伏・能生・浦本である。そして、海岸沿いにある陣屋町の糸魚川もある。なお、内陸の城下町の長岡・高田の者もみられる。この中で買付高が大きいのは柏崎と鬼伏である。ただし、これは買付人数がともに多いためである。先に紹介した表3の鰤買付表にみるように、柏崎も鬼伏も鰤三〇〇本以下の買付人が多いのである。柏崎には千本以上の買付人はいるが、鬼伏の者には鰤千本以上の買付人がいないとも断定できない。これは越後の千本以上の買付人の出身町村が不明のためである。

さて、柏崎は佐渡路ともよばれる北国街道の終点出雲崎の南にあり、この街道は高田経由で信州の善光寺へ通じた。また、出雲崎より寺泊へ出て、同じ佐渡路の三国街道をへて、あるいは脇往還により東北方向へ向かえば長岡へ出た。ここから越後第一の湊町である新潟へも海路で結ぶが、もちろん、柏崎自体も中世以来栄えた湊町で市場となった。

湊町柏崎に次ぐ多数の鰤を買い付ける鬼伏の者が一番注目されるところである。鬼伏は近世後期には買い積みのいわゆる北前船稼業を盛んにした浦方集落である。現在は糸魚川市に編入されており、今町の西、糸魚川町より東にある。ちなみに能生・浦本も糸魚川市で能生は鬼伏の東、浦本は鬼伏・糸魚川間にあるが、この地域は山が海に迫り、農業だけでは生きていけない土地であり、漁業・廻船業に依存する必要があった。江差の関川家文書の天保十一年（一八四〇）「諸国年頭状控[13]」に記載された顧客は今町三二人、鬼舞一〇人よりも少ないが、鬼伏は三人の名前が出るし、また南部野辺地の寛政四年「久星客船帳[14]」に鬼舞三人に対し鬼伏は四人の名前が載る。鬼舞は鬼伏の隣の浦で後期に伊藤家など廻船業を盛んにする者を出した土地としてよく知られている。また、能生には著名なハガセ船の絵馬がある白山神社があり、廻船業が盛んであったことも知られている[15]。

千国街道の起点で松本へ鰤など海産物を送り出していた信州問屋が活動した糸魚川に近いこれらの浦方が後期に廻船業が盛んであったのは、後期に初めてみられるようになったものではなかった。元禄時代には富山湾の鰤主産地である氷見町へその買付に鬼伏・能生・浦本の者が来て鰤を購入していたのである。これらの鰤は当然にその浦での販売ではなく、街道が松本へ通じた糸魚川を主に、善光寺へ結ぶ北国街道の通る近隣の湊町今町での販売を考慮したものとみて間違いない。いずれにしても、鬼伏・能生などの者は富山湾沿岸での商品経済展開にかかわる形で、商い船の廻船業を展開させ、その重要な商品としての海産物の氷見鰤を扱っていた。この時期には氷見での定置網での鰤漁が軌道に乗っており、他国移出用の鰤が大量に存在することもあり、鬼伏らの越後の者が買付に直接氷見町へ進出していたのである。

信州からも数は多くないが買付にきていた。彼等の具体的な所在地がわかるのは善光寺と草間村の各一名である。善光寺は当然に鰤の需要のある町である。草間村は飯山城下に比較的に近い村で、また善光寺へもそう離れていない村である。信州の者はみな鰤の買付にきており、千本以上を購入する者もみられる。

近江も若干の者が買付にきている。ただし、その所在地が判明するのは一部だけである。遠隔地への商売を早より行っていた近江商人は氷見の鰤買付も行っていたことが明らかとなった。近江商人の商法の特徴はのこぎり商いであり、近江から古手や綿などを販売するとともに、帰り荷に氷見の鰤買付も行っていたことが予想されるが、この点に間違いがないかは今後さらに史料にて確認が当然に必要となる。なお、後のことになるが天保期の氷見地域など越中では近江商人が呉服や綿を販売し、返り荷に苧絈を買い付けていた(16)。

⑷加賀藩領の商人

他国移出用の四十物買付は領内の者による買付も当然に多かった。買付人数からいくと越中が多いのは当然で加賀の二倍いる。ただし、能登からの買付はみられない。これは能登でも鰤がとれるので、能登の四十物商売の中心、七尾などからわざわざ氷見へ買付にくることがなかったことを示す。

加賀から多数の四十物商が鰤の買付にきていたことは注目される。そして、その主は宮腰と本吉町の商人で、彼らは大量の鰤買付を行っていた。三分半口銭を支払い他国移出する鰤は当然に金沢上せの鰤ではない。山口氏が注目した宝永元年の小廻船の史料の第一条には、「他国他領出し諸魚陸道馬足ニ而越前堀切迄付出シ申ニ付」とある。(17)このため越前や同地を通して上方方面へ移出されるのではないかと考えられる。

越中では、地元氷見町の四十物商の買付が多いのは当たり前であるが、注目されるのは彼等が買い付ける鰤はわずかなことである。そして、他の魚の鮪・鰹といった夏網の魚や他の魚を移出魚では購入していた。他国移出のためには問屋へ口銭を支払わねばならないので、彼等が移出用の鰤を買い付けていれば当然にこの史料に登場するはずであるが、それが記載されていないのは、秋網が対象としていた鰤の他国移出用の買付を彼等が行っていなかったことを示すものである。

次に注目されるのは、氷見と同じ射水郡の中心都市高岡からの買付人の四十物商が来ていないことである。高岡は氷見からも魚を受け入れるはずであるが、この魚は高岡商人が直接に買い付けるものではなかったことになる。氷見町と同じく定置網の盛んな放生津からも一名が買付にきている。もっともこの場合は鰹の買付であって、鰤ではなかった。しかし、放生津商人がいることは、高岡商人がみられないことをやはり際だたせる。

この高岡に代わって氷見で鰤買付を行っていたのは今石動商人であった。彼等は人数が五名とはいえ買付本数が多い。この今石動は氷見町と城端とともに今石動・城端・氷見三ケ所裁許による支配を受ける町方であった。支配を同じくする町であった。この関係から今石動四十物商による氷見への買付が行われていたのである。佐賀野の者も一名が買付に来ているが、佐賀野はこの今石動への往来の途中にある宿場町であった。なお、こうして買付に来ているのは越中西部の者で、東部の新川郡の者や婦負郡の富山藩領の者がみえないことも特徴的である。

おわりに

加賀藩では寛文年間に都市の魚問屋が再編されるものの、これまで享保以前の存在が確認できなかった氷見町の問屋は元禄四年（一六九一）にその存在が確認できた。このため氷見の問屋成立は同年ないし、それを遡る寛文・延宝から元禄初年の間となる。

問屋への口銭支払いを代行したのは買宿を務める仲買商であった。彼等は氷見町に二〇軒も存在していた。彼等には四十物輸送の二人乗りの舟を所持する者が多い。また、四十物を扱う小売商には当然に他国へ四十物移出をする商人も仲買ほどの人数がいたが、その主は仲買によらず直接仕入れていた四十物商であり、彼等の一部には仲買から買い付けて他国移出していた四十物小売商もいた。そして、この他に当然に他国移出を行わない四十物商もいる。なお、小売商の場合、元禄期に振売と店売がどの程度存在したか不明であるが、魚振売は安永期に二五軒も数える多さで、このことは元禄でも変わらないことはもちろん、元禄期の小売りは店売りよりも振売が主であることは間違いない。

高岡の仲買は元禄のすぐ後の正徳年間には放生津に買付のための屋形という場を設けていたことが正徳五年（一七一五）十一月に府中屋仁兵衛らから高岡町奉行に出された「乍恐御尋ニ付申上候」という史料の第一条に、「一、私共義四十物商売仕申ニ付放生津ニ屋かたヲ持居申ニ付、何時ニ而モ右屋かたへ罷越肴買請当地新保屋へ出シ売申」と記載されていてわかる(18)。氷見の仲買も隣接浦など他所の魚買付を行うのは業者として当然の営業行為である。享保十三年（一七二八）の氷見町は町でとれた鰤とほぼ同量の鰤を隣接の越中と能登の灘浦から移入していたが、元禄期の仲買も両灘浦から鰤を仕入れていたとみてよい。当然ながら仲買らの所持した四十物の積み舟はこの鰤の輸送に使われるものである。そして、彼等が灘浦で仕入れるだけではなく、両地の灘浦の者が氷見町へ持ち込む鰤もあり、これらは氷見町の舟宿が受け入れる荷宿を務めることになり[19]、仲買に買い付けられることになる。

元禄五年に買宿は猟師の多い浦方五町の町でも河岸のある湊川沿いの町にほとんど所在した。中でもやはり河岸近くの南下町・川原町が彼等の集中する場となっており、しかも他所商人は南下町の一部の買宿を主にして取り引きしていた。この買宿を務めた仲買の四十物商が自身で他国移出を行った魚は鰤以外の魚を主にしていたことも大きな特徴となっている。そして、この点は買宿の仲買以外の氷見町の商人も同じであった。

氷見外から買付に来ていた他所の商人についても元禄期には具体的に判明した。そして、彼ら他所商人が氷見町へ買付に来ていた魚はやはり鰤であった。その半ばは同じ領内の氷見外の商人が買い付け、残りの半分は領外の商人が買い付けていた。領内の買付人で注目されるのは高岡の四十物商がまったく登場しないことである。前記のように彼等は放生津には買付のための屋形を設けているが、氷見町ではそのようなことはこれまで知られていない。高岡商人が直接に氷見へ買付にきていないのは、支配関係が作用しているのではなかろうか。すなわち、越中では高岡に代わって今石動の商人が他国移出用鰤の買付を行っているが、今石動は氷見町と同じく今石動・城端・氷見町三ケ所裁許の支配を受ける土地であった[20]。

新川郡の者や富山藩領の者も買付にきていないことも注意される。高瀬保氏は飛騨・信州へ送られた新川郡と奥能登の鰤のうち後者は放生津・東岩瀬経由で送られたと推定されている[21]。後となるが高瀬氏も注目される明和六年（一七六九）の射水郡堀岡村から越後手前の境までの加賀藩浦方での魚流通を記した史料「覚書」[22]には、射水郡本江村の項に「放生津迄富山商人毎日入込候」とあり、また放生津の近く堀岡村の項に「伏木・放生津等之浦々江他領船入込候而買廻シ申候、（中略）鰤之儀ハ多ク大門通砺波郡並富山・飛州行ニ相成申候」と記載され、伏木などへは富山とは別の他領船、すなわち越後の小廻船がきていることも示唆するので、この越後の小廻船には氷見で買い付けた鰤を価格や天候によっては放生津で売却し、これが飛驒へ回っていくことも考慮される。もちろん越後へ戻る前に東岩瀬・西岩瀬で途中売却されるものも一部に考慮しなければならない。なお、氷見鰤購入を行う今石動の四十物商の他国移出とは、その地理的位置からみて越後よりも飛驒への鰤移出とみてよいのではなかろうか。いずれにしても寛文・元禄期やその後の氷見鰤の飛驒への流通については、今後さらに史料を探さねばならない。

なお、能登から入る四十物商はいなかったが、加賀では宮腰と本吉を主にして多数の四十物商が大量の鰤買付を行っていた。彼等の場合は越後や飛驒よりも越前・上方方面への移出を考慮されるが、この点も今後の重要な検討課題である。

他領商人の主はやはり越後の者であったが、この他に信州や遠く近江の商人までもが買付をしていた。越後では富山湾岸地域の湊町と浦方の者たちが主で、中でも湊町柏崎と浦方鬼伏が中心となって鰤買付を行っていたことが具体的に判明した。彼等の販売先は、松本平へ結ぶ千国街道の起点、糸魚川や善光寺平へ通じる北国街道の今町に加え、湊町柏崎となるのはいうまでもないが、これらを経由して信州の松本・善光寺・飯山、越後の高田・長岡という信越の城下町・門前町へ流通していくことになる。信州へ送られる氷見の鰤には元禄期でも千国街道経由のもの以外に、量は多くはないが善光寺へ送られるもののあることがわかったが、今後の研究では千国街道ルートとともに北国街道のルートの鰤輸送の実態解明も重要であることを教えてくれる。

さて、隣国越後の浦方で後期に廻船業を展開させた上越の鬼伏・能生の者が氷見へ鰤買付にきていたことも注目されることである。農業や漁業での生業だけでなく、これらの集落は元禄期には小廻船による商い船活動を氷見町の鰤を対象にして行っていたことがわかり、こうした商い船の活動が後期には蝦夷地・上方間など遠隔地間での買い積み売買を行ういわゆる北前船活動へと展開していくことになる。この氷見町の鰤が遠隔地向けの商売の対象として、領外商人も盛んに買付にくるようになるのは、全国的にみられた寛文・延宝期よりの城下町など都市発展を基礎にしていたとみてよい。もちろん、富山湾に近い隣国の富山湾岸地域の鬼伏や柏崎の商人らが、特別な行事、贈答用の需要のために早くより買付にきていたとしても、城下町など都市での鰤需要の高まりをみせたと考えられる都市発展期の元禄初年には氷見町へ仕入れに盛んに進出してくるようになったと理解される。

註

（1）市川健夫・北林吉弘・菅田一衛編『定本鰤街道』（郷土出版社、一九九九年）、市川健夫監修・松本市立博物館編『鰤のきた道』（オフィスエム、二〇〇二年）参照。なお、関連して胡桃沢勘司「越中鰤―その加工と流通をめぐって」（『地方史研究』二六八号、一九九七年）も参照。

（2）近世ではなく現代の氷見町の仲買についての氷見魚仲買組合史編纂委員会編『魚仲買三十年史』（氷見魚仲買商業協同組合、一九八三年）には「第二部氷見魚商のあゆみ」が設けられ、「二、近世の漁業制度」で流通関係の概説がされ、氷見についてはは享保十三年（一七二八）以降の魚改め人が紹介されている。なお、氷見町ではなく、灘浦の台網の研究、山口和雄『近世越中灘浦台網漁業史』（アチックミューゼアム彙報第三一、アチックミューゼアム、一九三九年）は第三編第二部として「近世越中に於ける魚類販売の考察―概観」を設けているが、その副題のように概観であり、また氷見町について特別にふれることもない。ただし、享保の越中の鰤流通の重要史料の要点が紹介されている。

（3）高瀬保『加賀藩流通史の研究』桂書房、一九九〇年、第五章。

（4）註2山口『近世越中灘浦台網漁業史』第三編第二部。なお、註3高瀬『加賀藩流通史の研究』の流通の検討は、享保以前は山口説に従い、享保以降について詳しく検討したものである。『高岡市史』中巻（高岡市、一九六九年）第五編一第三章三「魚鳥」や『富山県史』通史編Ⅲ近世上（富山県、一九八二年）第六章第三節（橋本芳雄執筆）も参照。

（5）近年の流通史研究では商人の取り結ぶ関係を丹念にあとづけることが行われている（杉森玲子『近世日本の商人と都市社会』東京大学出版会、二〇〇六年）。本章でも史料で可能な範囲となるが、この点に努めたい。

（6）富山湾岸地域とは富山湾とその周囲の地域で、能登から越後の上越・中越の新潟以西の地域を設定しており、この地域の都市と流通に関しては中期以降について拙著『地方都市と町人』（吉川弘文館、二〇〇四年）終章で取りあげている。また、富山湾岸地域の小廻船の活動については越中の小廻船を対象に拙著『近世中後期、加越能廻船と日本海地域の海運―越中の小廻船に注目して』（富山県日本海政策課、二〇〇一年）で中後期を対象に検討しているのであわせて参照されたい。

（7）中村屋文書『氷見市史4』資料編二（近世㈡）二四二号文書。なお、この時期の天明五年（一七八五）に四十物は氷見から舟三五艘ほどが他国移出に当たっていた（天明五年「御領国中より他国御他領江出申四十物代銀中勘図り書上帳」氷見市小林家文書、『氷見市史4』資料編二（近世㈡）四三一号文書）。

（8）陸田家文書『憲令要略』（『氷見市史』資料編二、別冊）六輯乙。

（9）中村屋文書（氷見市立博物館蔵）。『氷見市史4』資料編二（近世㈡）二四〇号文書。

（10）「川合文書」（富山大学附属図書館蔵）。

（11）註2山口『近世越中灘浦台網漁業史』第三編第二部。

（12）「高岡諸問屋資料」祭魚洞文庫旧蔵水産史料（国文学研究資料館蔵）。

（13）江差町文化センター蔵。

（14）野辺地町立歴史民俗資料館編刊『久星客船帳』一九八三年。

（15）『能生町史』通史編上巻、能生町、一九八六年。また、能生・鬼伏・鬼舞・浦本については平凡社『日本歴史地名大系一五・新潟県の地名』（一九八六年）の該当地項目も参照。

(16)「産物江戸方御用留」四・加越能文庫（金沢市立玉川図書館近世史料館）。

(17)(18)「高岡諸問屋資料」祭魚洞文庫旧蔵水産史料（国文学研究資料館蔵）。

(19) 例えば、宮腰では他所より船で持ち込まれる魚があり、享保十二年四月「覚」によると、「宮腰着岸之刻舟宿等差出紙面を取」ることになっていた（中山家文書『金沢市史』資料編八、第一編第五章二〇号文書）。

(20) なお、氷見町は古くより氷見地域の中心的町場であったために、高岡商人が氷見町へ進出して、彼等の市場を脅かすことを非常に嫌っていたようであり、天保末には太物小売の高岡商人の進出阻止をはかっている（本書第一部第二章六1参照）。

(21) 註3高瀬『加賀藩流通史の研究』五章三節。

(22)『高岡史料』下巻（高岡市、一九〇九年）二編三章三六〇～三六四頁収録の「石川氏旧記」。註4『高岡市史』中巻第五編一第三章三、註3高瀬『加賀藩流通史の研究』五章一節も参照。

第六章　近世中後期の氷見町の商業経営

一、商家の経営維持

氷見町では蔵宿・塩問屋・酒造業者・質商・四十物商などに富裕な商人がいた。彼らの中でも代表的な存在が蔵宿であった。蔵宿の田中屋権右衛門家は農村出身で、元禄以降に蔵宿となった新興町民である（本書第一部第二章参照）。同家は元禄以降に町年寄を務め、文政以降の当主権右衛門は町年寄の職務のかたわら町内の文化活動をリードし、家業にも精励して蔵宿を養子の倅へ引き継いだ。しかし藩の保護に守られた蔵宿の営業を営む同家も藩政崩壊後に経営に行き詰まって氷見町を去っている（「解題」『憲令要略』[1]）。

田中家の親戚の酒造業者田中屋武兵衛家は、文政元年（一八一八）に町内で二番目の資産家の評価を受けていながら、同十年には経営を行き詰まらせている（『憲令要略』初輯地）。残念ながらその理由は不明である。商家の家業破綻の要因には経営自体の失敗もあるが、当然に当主の家業怠慢もある。前期に町肝煎・町年寄を務めながら中期に破綻した家を再興させた宮永善仁は、祖父が家業に身を入れなかったことを破綻要因としている（稿本『宮永家の歴史』宮永家文書）。

保険のない当時は大火も商家没落の大きな原因となったが、こうした危機を意識して多くの商家では当主が家業に励んだ。特に四十物や畳表・苧絈などの特産品を取り扱った商家の経営発展が氷見地域の経済発展を考えるうえで、廻船業者や醸造業者などとともに重要となるが、残念ながらこれらの家で経営記録を残した家はほとんどない。

二、商家の経営概況

中後期に経営を発展させた氷見町の代表的な商家で、経営史料を残した商家に、第一部第二章四に元禄時代の経営の概略を紹介した稲積屋六左衛門家と天明期に蔵宿となった松村屋仁左衛門家がある。以下、両家の経営の概略を示すことにしたい。

稲積家は元文期（一七三六～四一）になると木綿から茶販売に転換している。しかし奉公人は増えて下人を一人、下女を二人抱えるようになっており(2)（伏脇家文書）、経営は発展していた。同家の明和九年（一七七二）と天明三年（一七八三）の「諸勘定控」（伏脇家文書）を次に示す。

［明和九年分］古帳（三四二〇目九分＋一九九貫九二三文＋二分半）・本帳（一〇七匁五分五厘＋一三貫五一八文）

店残り茶（六七一匁四厘）・村上茶残り（六六五文）甘茶残り（五一文）・米残り（四六匁八分九厘）・籾残り（一一八文）・小豆残り（二一八文）・小豆（四匁五分）・紙類残り（三九八文）金子（三分）有銭残り（一九五文）＝以上合計銀八二九匁九分八厘＋銭二五貫一六三文＋金三歩。他に有質（丑より辰まで）・流質分（子年分）

一一三二貫六四四文

［天明三年分］質方一六一六貫三八五文＋一九一貫四二七文＝一八〇七貫八一二文-借用＝引残り一二七一貫

八六六文

これによると明和には質商売も行うようになっており、またこの質方取り扱いが天明には大きく増加していることがわかる。茶や米穀に加え紙商いも始めているが、これらの扱い高は小さく、天明ころの稲積屋は質商に経営の重点を置き、経営を発展させるようになった。この結果、化政期には算用聞を務め、文政期には分限人で一〇番目に数えられた（第一部第二章表4参照）。

松村屋は文化期に町年寄となり、文政期には氷見町の分限人の五番目に数えられた富商である。同家の経営の概略は表1に示した安永四年（一七七五）から文化二年（一八〇五）の間と嘉永元年（一八四八）から安政三年（一八五六）の間についてわかる（「請払算用帳」松村屋文書）。

安永四年から天明六年までの同家は味噌・酢の醸造業と質商・金融業を主にして多くの利益をあげていた。さらに同家は蚊帳の貸し出しや船の貸し付けに台網への貸し付けも行い多角的な営業を行っていた。しかしこの台網は鰯（鰛）の春網を主にして安永五年から天明二年まで絶えず不漁にみまわれていた。この間の一時期に収支が赤字となる年があるが、これは蔵普請や船建造・新田開発などの費用も支出した年であった。同家のこの経営は天明七年から大きく変化する。すなわち、蔵宿という新たな営業が加わることになり一〇〇〇貫文を越すという以前より大幅な年間収入をみることになった。この年には不安定であったためか台網の問屋業務を止めている。また蔵宿との関係からか天明八年より質屋も止めている。他の営業はほとんど継続しているが、当然に収入は蔵宿関係が大きい。もっとも蔵宿を始めるに当たり町よりの借銀や藩からの産物銀も借用するなど、その返済などの多くの支出もあった。しかし寛政に入ってから経営が安定して多くの利益を出すようになっている。

ところが藩の天保の改革による質物・田畑返還などで両家を初めとする質屋など富商は大きな経済的打撃を受けた。しかし当然ながら彼らはその後に再び致富を遂げていく。稲積屋の場合は改革後に酒造業を始めている（伏脇

表１　松村屋仁左衛門家の決算高

安永４年	[〈惣入用330貫987文〉惣儲高499貫913文（差引168貫926文）] 〈諸入用払方・上銀〉金銀貸替之利118貫文余・味噌之利93貫文余・酢之利21貫文余・質之利104貫文余・船賃68貫文余・蚊帳賃貸９貫文余・口利94貫文余
安永５年	[〈惣入用307貫302文〉惣儲高530貫22文（差引222貫724文）] 〈諸入用払方・上銀(御用銀)・掛捨り・買入用割符・夏秋網損代15貫文・療時入用〉金銀貸替之利133 貫文余・味噌の利166貫文余・酢之利17貫文余・質之利107貫文余・船賃63貫文余・蚊帳貸賃７貫文余・口利41貫文余
安永６年	[〈惣入用402貫646文〉惣儲高552貫240文（差引149貫600文）] 〈諸入用払方・掛捨り＋釣り船一艘出来入用・騒動入用割賦・頼母子・春夏網損２貫200文〉金銀貸替之利157貫文余・味噌之利163貫文余・酢之利22貫文余・質之利126貫文余・船賃61貫文余・蚊帳貸賃８貫文余・口利21貫文余
安永７年	[〈惣入用551貫324文〉惣儲高469貫742文（差引81貫582文不足）] 〈諸入用払方・掛捨り・頼母子＋蔵出来入用・春夏網損５貫200文〉金銀貸替之利138貫文余・味噌之利133貫文余・酢之利21貫文余・質之利104貫文余・船賃66貫文余・蚊帳貸賃８貫文余・口利５貫文余
安永８年	[〈惣入用580貫127文〉惣儲高480貫521文（差引99貫616文不足）] 〈諸入用払方・掛捨り・頼母子＋船一艘半入用・春網仕入損５貫文〉金銀貸替之利130貫文余・味噌之利128貫文余・酢之利25貫文余・質之利89貫文余・船賃76貫文余・蚊帳貸賃９貫文余・口利21貫文余
天明７年	[〈惣入用997貫534文〉惣儲高1210貫41文（差引212貫507文）] 〈諸入用払方・掛捨り・頼母子・蔵諸入用・給人入用・町方より借銀・町方産物銀返上〉金銀貸替之利40貫文余・味噌之利343貫文余・酢之利80貫文余・質之利68貫文余・船賃101貫文余・蚊帳貸賃７貫文余・蔵米月払150貫文余・蔵敷米373貫文余・御借知米口米23貫文余・取立米一石代５貫文
天明８年 大晦日 決算	[〈惣入用1174貫651文〉惣儲高1279貫445文（差引104貫794文）] 〈諸入用払方・掛捨り・頼母子・蔵諸入用・町方より借銀（町方貯用銀）・町方産物銀返上＋源三郎より借用・明石様并高岡御蔵取替〉金銀貸替之利56貫文余・味噌之利259貫文余・酢之利88貫文余・船賃103貫文余・蚊帳貸賃８貫文余・蔵敷米372貫文余・御借知米口米19貫文余・蔵米など175貫文余・新米18貫文余・銀同払い４貫文余
寛政元年	[〈惣入用1100貫870文〉惣儲高1265貫995文（差引165貫125文）] 〈諸入用払方・掛捨り・頼母子・蔵諸入用・町方産物銀返上・町方より借銀・文三郎より借用銀・鏑木取替〉金銀貸替之利83貫文余・味噌之利235貫文余・酢之利110貫文余・船賃90貫文余・蚊帳貸賃８貫文余・蔵敷米329貫文余・御借知米口米８貫文余・イ印米138貫文余・利息米38貫文余・同払35貫文余・銀納利足185貫文余
寛政２年	[〈惣入用955貫888文〉惣儲高1047貫848文（差引91貫960文）] 〈諸入用払方・掛捨り・頼母子・蔵諸入用・町方産物銀返上・町方より借銀・文

	三郎貸銀返上・取替銀〉金銀貸替之利62貫文余・味噌之利175貫文余・酢之利119貫文余・質之利93貫文余・船賃８貫文余・蔵方受納米476貫文余・ｇ銀納利105貫文余・同払銀13貫文余
寛政３年	[〈惣入用1619貫945文〉惣儲高1604貫579文（差引15貫366文不足）]〈諸入用払方・掛捨り・頼母子・蔵諸入用・町方より借銀・宝光寺へ・日宮正一位・惣普請方〉金銀貸替之利57貫文余・味噌の利159貫文余・酢之利119貫文余・船賃79貫文余・蚊帳貸賃９貫文・蔵方受納米548貫文余・銀納利391貫文余・同払24貫文余
嘉永２年 正月決算	[〈借用方30貫226匁〉惣儲高23貫463匁66（差引６貫762匁34不足＋他に飯米）]〈四件借用・預り銀・米口入入銀〉表店に有72貫文余・蔵に有り172貫文余・味噌270貫文・醤油176貫文・酢仕込み有高147貫文余・小麦22貫文余・大豆235貫文・薬種店蔵共有高576貫文・金かし442匁・銀かし２貫342匁余・銭かし192貫文余・金有り20両１分２朱・同印紙434匁・銭116貫文余
嘉永３年 正月改	[〈借用方27貫899匁〉27貫99匁８分７厘外に５石飯米有（799匁13不足）〈四件借用・算用聞より借銀・銀利足・預り銀・米口入不足銀・内預り分〉店有高72貫文余・蔵有高182貫文余・味噌325貫文・醤油328貫文・酢258貫文・古酢30貫文・小麦72貫文・大豆188貫文余・薬種店有高432貫文・金かし30両２分・かし２貫95匁余・有金７両・印紙729匁５分・正銭等80貫文・鰤代貸し等（金かし）203貫文余
嘉永４年	[〈惣入用34貫944匁87〉惣儲高40貫140匁83（差引5貫195匁96）]〈算用聞仕配銀・同利息・三件借用・米買い入れ不足〉店有高72貫文余・蔵有高207貫文・味噌513貫文余・醤油300貫文余・酢211貫文余・小麦19貫文余・大豆460貫文・金かし18両・銀かし３貫498匁余・銭かし322貫文余・米貸し11貫630匁余・手形有24貫文・有金６両３分２朱・印紙872匁余・正銭有70貫文・鰤代不足434匁３分５
嘉永５年	[〈借用方40貫408匁〉43貫452匁7厘（差引３貫44匁７厘＋飯米）]〈算用聞仕配銀・同利息・二件借用・米買い入れ不足銀・金沢米方不足銀・頼母子〉店有高72貫文余・蔵有高177貫文余・味噌487貫文余・醤油299貫文余・酢有高113貫文余・小麦60貫文・大豆280貫文余・金かし82両２分２朱・銀かし17貫908匁余・銭かし260貫文余・手形有14貫・有金８両３分２朱・印紙837匁余・正銭有40貫文・鰤代不足426匁３分４朱
嘉永６年	[〈借用方47貫89匁〉53貫462匁４分４厘（差引６貫373匁４分４厘＋外飯米有）]〈算用聞仕配銀・同利息・一件借用・米買い入れ不足銀〉店有高72貫文余・蔵有高262貫文余・味噌485貫文余・醤油282貫文余・酢有高164貫文・大豆721貫文余・金かし174両２歩２朱・銀かし15貫278匁・人にかし280貫文余・手形有29貫文余・有金17両３分２朱・印紙１貫13匁・正銭有75貫文・鰤代不足343匁４分

※惣入用・借用方の内訳代銀は省略。また、儲高の内訳代銀の多くは端数省略。

家文書）。松村屋の場合は、新たに嘉永元年から同三年まで薬種店を経営しており、さらに同三年よりは台網への問屋業務も鰤漁の秋網に関しては行っていたことがわかる。この間については借銀返済も多いので収支で不足を出す年もみられたが、この時期の同家も醸造業・蔵宿を主にさらに多角的に経営を展開する氷見町を代表する富商であった。

註

（1）『氷見市史4』資料編二（別冊・憲令要略）氷見市、二〇〇三年。
（2）『氷見市史4』資料編二（近世㈡）氷見市、二〇〇三年、一九九号文書。

第七章　中後期小杉の商家と家の経営

一、小杉新町の市

1　延宝の市制札

江戸初期より戸破村に市が立てられ、同地は小杉周辺地域における商業上の中心地として存続してきた。これを一つの前提として、戸破村と三ケ村の境に小杉新町の町立てが行われたが、その後も戸破村での市立てについては、なんらの変更も行われなかったようである。

再度の町並み拡充が実施されてから二年後の延宝二年（一六七四）八月二日に、藩から小杉新町に対して改めて市立ての制札が下されている（「小杉新町旧規之写」赤壁家文書）。

条々

一、毎月二日、五日、八日、十二日、十五日、十八日、廿二日、廿五日、廿八日に市相立つべき事、

一、所々より川船にてのぼり、当町において売買すべき事、

付り、用水にかまひなきよういたすべき事、

一、押し買い狼藉すべからざる事、

右、これを相守るべし、若し違背の族これあらば、曲事に行わるべきもの也、

延宝二年八月二日

奥村因幡
前田対馬
横山左衛門
本田安房

市立てのこの制札が下されたのは、町並み拡充とのかかわり以外には考えがたい。藩は小杉新町の宿役維持のために、高持を町並みに移住させ、宿役を負担させたが、これに加えて小杉新町の市商業の繁栄により、宿役負担をする住民の経済を豊かにさせようとしたとみられる。制札により、二・五・八のつく日に月九日ひらかれる九斎市とされたが、従来は一般的な月六日開かれる六斎市であった可能性もあり、市日を増加させ、小杉新町の市の振興をはかったことも考えられる。

また制札で注目されるのは、下条川の水運に結びついた小杉新町の商業を発展させようとした点である。商品経済の動きはこのころ一段と発展しはじめていた。商品物資は陸運によるよりも舟運に依存するところが大きいために、下条川を利用した物資輸送もこのころ一段と盛んになってきたはずである。藩はこの動きを容認するとともに、さらに下条川に結びつく用水の川舟航行も認め、舟運の発展をはかった。川舟が用水を航行すれば、用水維持のうえで当然ながら障害が発生するはずであるが、藩は舟運展開のために積極的にこれを認めたのである。用水の川舟利用認可により、下条川を中心とした水運は、地域に広く浸透、展開した。そして、このことは当然ながら、小杉新町の市を中心とした地域の市場関係を一層活発化させることになった。

2　小杉新町の市と地域の市

小杉新町の市は、小杉の近辺で開催されているほかの市と日をかえて結びついている。地域の住民が二の日に小杉新町へ出かけられなかった場合に、つぎの三の日に開かれるほかの市へ出かければ用が済むように、地域の市は互いに連携して存在している。

小杉新町の二・五・八の市と結びついている市が砺波・射水地域ではどこの町で開催されていたか、市開催の状況を図1に示した。市をめぐる商圏が、呉羽丘陵以西の地域ではほぼ二つみられる。小杉新の二の日の後は、三の日を中田、四の日を柳瀬、五の日はまた小杉新、六の日は中田、七の日は戸出、八の日を小杉新、九の日は中田、そして十の日を柳瀬へとめぐれば、砺波郡でも小杉新町に近い町のどこかでほぼ毎日市が開催されるようになっていた。小杉新・中田・戸出・柳瀬の六斎市圏のほかに、砺波郡では井波と今石動の両町を中心にして、福光・福野・城端の市が六斎市圏をなしていた。

小杉新町の市は、砺波の六斎市圏に組み込まれる形の補完的存在としてあった。現小杉町域でも砺波郡に近い地域の農民は、小杉新町の市が開催されて

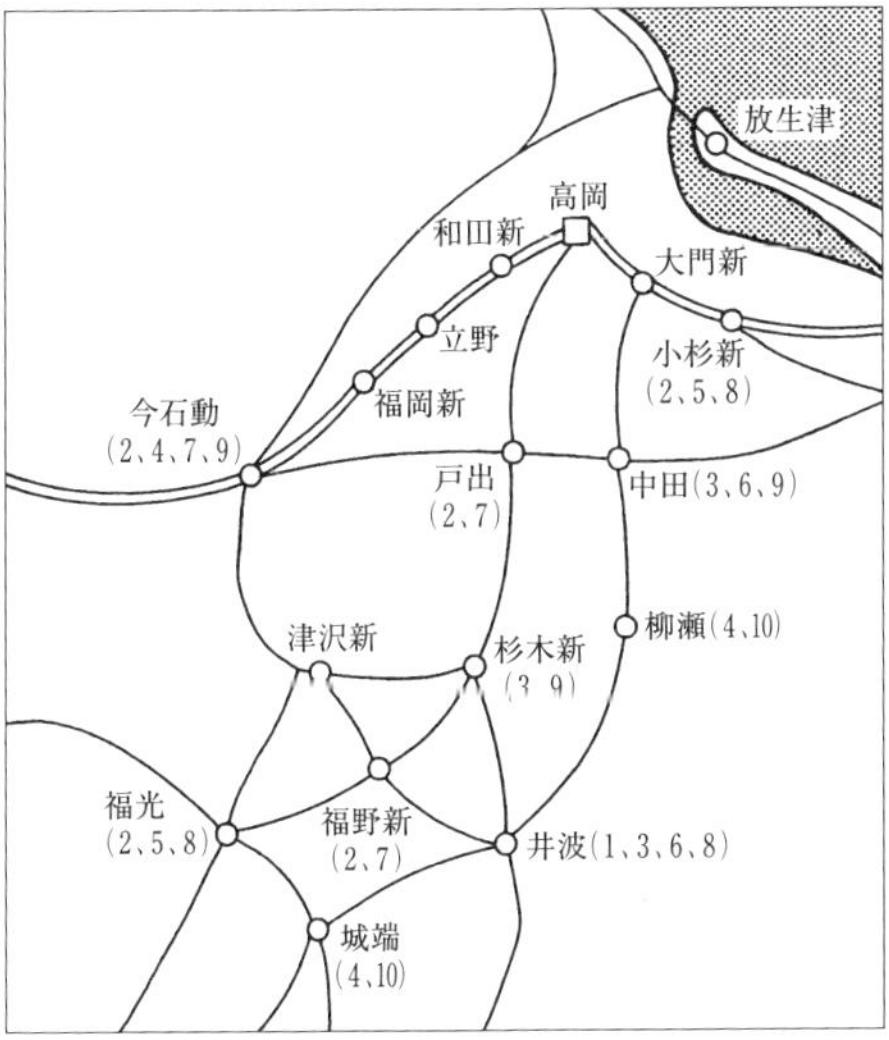

図1　宝暦5年の砺波・射水の市日

注　「加越能三箇国市日覚書」『政隣記』六（加越能文庫蔵）による。

いない日には、中田・戸出・柳瀬の市に出かければよかったが、砺波から離れる村の場合は、当然ながら砺波の市との関係よりも、放生津や高岡あるいは富山藩の町方との関係を取ることになる。もっとも領内の商品経済が一段と発展していった元禄、享保期（一八世紀前期）以降には、六斎市よりも町場の常設店舗による商いが商業の中心となっていたのは間違いない。以上、小杉新町による商いの前提となる市のあり方であった。

二、小杉新町の商家

1　商家の経営と本分家

小杉新町の商家は、町の住民を相手とするだけではなく、御郡所町あるいは宿駅在町の商人として、近辺農村との結びつきのうえで家業を展開する商人が数多く居住した。例えば質屋の場合、寛延三年（一七五〇）に一四人、明和四年（一七六七）には九人を数えている（「質物上申書」「貸方利息上申控」松長家文書）。小杉新町の質屋をはじめとする富裕な家は、商売により蓄財をして、土地集積もかなり行うようになる。その代表的な家としてここでは開発屋太郎兵衛家を取り上げ、同家が千石地主となり、経営を確固とするようになる時期の、同家の経営の概略をみることにする。

開発屋太郎兵衛家は、延宝八年（一六八〇）に今開発村から小杉新町に移住してきた家である。初代の開発屋太郎兵衛は、正徳三年（一七一三）に放生津町大坪屋太次右衛門より酒造株を購入している（「酒造休株相しらへ書上帳」射水市正力図書館蔵木倉文庫）。このため開発屋は、元禄期にかなり蓄財をするようになっていたことがわかるが、同家の資産状況が判明するのは、二代目が隠居した寛延四年（一七五一）である。この年、同家は高五八九石余の田畑をすでに所持していた。ほかの資産は、質方・酒方・取り替え方・有米売り方の分を合計して銀五〇貫匁あった。開発屋は酒造や質商に加えて、村方の農民に対して屎代（肥料代）融通などにより富裕化していった（「改め方之砌御用銀之儀一件」松長家文書）。

二代目の時代に家業の基礎を築いた開発屋は、三代目太郎兵衛が千石の高持を目標にして刻苦勉励し、家の発展のために働き蓄財に励んだ。太郎兵衛の行動から、彼が目指した千石地主となることが、当時の在町商家の一大目標であったことがわかる。

町場の商人の経営は、一般に不安定なものであった。火災や病苦、また取引における欠損の発生により経営が脅かされるだけではなく、安定した家業に慢心して奢侈に走れば、財産は短期間で霧消していった。このため二代目太郎兵衛は勤倹蓄財につとめたが、藩の施策により財産を脅かされることもあった。宝暦五年（一七五五）に加賀藩は銀札発行を実施した。このため同年暮れの支払いはすべて銀札で行われ、また翌年二月には上納銀の強制が行われた。ところが同年七月に銀札の廃止が命じられ、翌月にわずかな交換比率で銀札は引き替えられることになった。このため太郎兵衛は、銀札で四〇貫目ほどの損失を被っている（「自分勝手向之儀ニ付覚書」松長家文書）。

三代目となった寛延四年から隠居した天明八年（一七八八）の間に、酒造と質業をもとに、太郎兵衛が蓄財し、子どもらに相続、分与した資産は表1の通りであった。太郎兵衛は銀札により損失を被ったりしているが、田畑集積に励み、二代目から相続した高四五九石余に加えて、隠居するまでに三九八石四斗四升八合もの土地を買い集めている。太郎兵衛が隠居する時期に近い年に、表にみるように借財もつくってはいるが、太郎兵衛名前以外に、別名前で集積している土地もかなりあり、両者をあわせると一三〇〇石ほどの高持となっており、三代目太郎兵衛は

表１　天明期、開発屋太郎兵衛家資産

高	石 857.5186
三ケ村持高	石 416.999
小杉新町地子高	0.7896
懸作高	261.1600（橋下条村）
懸作高	68.9180（新開発村）
懸作高	36.5000（本開発村）
懸作高	42.0000（本開発村）
懸作高	31.1520（黒河新村外）
除高	石 457.0970（借財返済のため）
借	財
ざる方より預かり	500目（文丁銀）
戸出露淵より預かり	700目（文丁銀）　利息　月　9《ママ》宛
中町覚蔵より預かり	42貫394文
御郡所損木代銀預かり	2貫755匁　　利息　月１歩宛
御宿方長左衛門返上米	6石9200　　７か年分

目指した千石地主となっていた（同前）。

火災の難に遭うことはなかったが、太郎兵衛家は凶作による影響もうけている。農民を商売相手とする在町商人は、凶作による小作米減収に加えて、貸し方の取り立てができなくなり、また掛け売りとなるような農民向けの商売を取りやめることにもなった。明和五年（一七六八）の凶作により、太郎兵衛は在方への屎口入れができなくなるとともに、酒の掛け売り金の回収ができなくなったために、この年から酒商売は止めている（同前）。しかし凶作による農民の窮迫は、在町商人の土地集積の大きな機会となり、開発屋太郎兵衛家が千石地主となったのも、この明和から天明の時期の凶作が大きな契機となっていたことは間違いない。

かくして土地集積を進め、一段と富裕化していた開発屋太郎兵衛家は、安永二年（一七七三）になると藩から山廻役を命じられている。大地主となっていた太郎兵衛は、家業を分割し、山廻りを勤める太郎兵衛家は村方地主としての道を選択し、質業などの商売は別に分家を出して維持することになった。このため翌年十一月にはまだ二〇歳にもなっていない二男与五郎に、成人後には別家させるため手代をつけて質業などの商売を行わせ、太郎兵衛は屋敷を与五郎へ譲り、小杉新町裏の三ケ村内へ移ることにした（「山廻役譲渡願状」松長家文書）。

かくして開発屋は、本家の太郎兵衛家と分家の与五郎家により、本分家のつながりをもって家発展をはかることになった。商売を引き継いだ分家与五郎家は本家太郎兵衛家のために金銭の立て替えをし、年末に精算をすることになっていた。例えば、寛政五年九月から十二月までの間、与五郎家は銭一〇一貫六〇四文もの融通を行っている（「本家向諸事指引帳」木倉文庫）。商売を営む別家は、本家のために日常金銭出入りにつき面倒をみたように、両家は本分家のつながりを維持して、それぞれ家業を行っていた。開発屋同様にほかの小杉新町の商家も、家発展後には分家を出して、この本分家が協力して家を守り、その維持と発展をはかったであろう。

2　開発屋の経営と奉公人

開発屋与五郎家は分家するにあたって、醤油・酢の醸造業と質業を本家から引き継いだ。そしてこのときに田地も分与されている。その高は一〇二石余であり（「自分勝手向之儀ニ付覚書」松長家文書）、決してわずかな高ではない。高分与は商売を行うためにそれなりの資産・元手が必要なためでもある。分家して独立した開発屋与五郎家は、小杉新町の代表的な商家であった。天保十五年（一八四四）の西町の「町方人々分限見込割書上申候」（松長家文書）という、同町住民の資産に対応した役銀割賦の記録をみると、開発屋与五郎家は最高額二八匁余を中田屋兵右衛門とともに賦課されている。

開発屋の経営状況については、寛政初年から文政にかけての棚卸帳より判明する（木倉文庫、松長家文書）。同帳を整理して表2-1・2にまとめた。

分家として出発した与五郎家は、表2-1からわかるように、酒商売ではなく醤油・酢の醸造販売と質屋、取り替え方（両替）の金融に加え、売薬にも手を出していた。当初は薬なども取り扱ったが、そののち寛政六年

（一七九四）にはそれをやめ、またその後に扱った繊維製品も寛政十年からやめ、さらに同年からはこれまで家業としていた醤油や酢の醸造もやめている。そしてこの寛政十年以降には、従来の経営の柱となっていた質業と取り替え方の金融業に経営をしぼっている。なお、後述する文化年間の経営収支を整理した調理帳によると、御用宿の収入や御用宿と関連するとみられる万金丹の売り上げが計上されている。与五郎家の経営は、金融に加えて、この御用宿勤めも忘れてはならないものとして存在した（「年々享福豊華策」木倉文庫）。各部門の棚卸額をみると、諸種の営業のなかでも質屋業と取り替え方の金融業が同家の経営の柱となっていたことがわかる。棚卸しの総額から経営規模のその後の推移をみると、寛政から享和の時期は停滞的であるが、文化三年（一八〇六）より同七年までは二〇〇〇貫文を超え、経営が大きく拡大していたことが判明する。その後は文政初年まで二〇〇〇貫文には達しないものの、それでも寛政初年よりも五〇〇～六〇〇貫文も多い経営規模になっていた。ただし、文政三年（一八二〇）・同四年の段階では寛政四年とかわらない棚卸額となっている。

棚卸しでは経営の詳しい状況がわからないが、文化九年と翌十年の支出と収入に関する調理帳が残っている。その内容は表3の通りである。

表3に示された差し引きによって、商売による損益もわかる。文化九年は銭二六八貫二〇九文の荒利益をあげており、翌年もほぼその程度の荒利益があったことがわ

取替方	薬　方	その他	質物諸払差引
貫　匁	貫　匁	貫　匁	貫　匁
185.047	9.324	60.（薬監）	36.981
138.166	5.626		56.914
219.683	–		52.788
290.664	–		65.822
440.000	–	226.298（麻）	–
820.291	–	60.000	23.720
762.961	–		–
911.500	–		55.
587.673	–	26.427（質方流物）	–
250.719	–		–
358.473	–		–
173.565	–		–

表２－１　開発屋与五郎家棚卸高

年	合計	醤油仕込	酢仕込方	大豆小麦有　高	質方着類	質方俵籾方	質方前年分　残
寛政４年(1792)	貫　匁 1,279.722	貫　匁 310.441	貫　匁 5.115	貫　匁 57.705	貫　匁 310.512	貫　匁 305.437	貫　匁 －
５年	1,336.687	292.470	5.580	157.590	372.080	308.261	－
６年	1,144.217	225.163	5.580	3.964	245.891	257.139	125.375
７年	1,372.819	221.834	3.355	100.873	281.356	358.060	50.855
８年	1,826.552	234.278	6.008	26.679	233.210	429.402	38.198
９年	1,624.967	140.943	5.490	－	192.379	331.909	50.235
10年	1,460,751	－	－	－	223.819	353.394	27.275
11年	1,615.380	－	－	－	279.	313.400	56.480
12年	1,478.923	－	－	－	387.774	364.103	55.869
享和元年(1801)	1,442.094	－	－	－	406.648	470.702	98.482
２年	1,277.722	－	－	－	349.817	315.163	111.633
３年	1,144.179	－	－	－	276.163	384.273	153.690

表２－２　同棚卸高

年	棚卸高	年	棚卸高	年	棚卸高	年	棚卸高
寛政４年	貫　匁 1,279.722	寛政12年	貫　匁 1,478.923	文化５年	貫　匁 2,049.340	文化13年	貫　匁 1,805.300
５年	1,336.687	享和元年	1,442.094	６年	2,172.400	14年	1,757.400
６年	1,144.217	２年	1,277.722	７年	2,059.065	文政元年(1818)	1,834.950
７年	1,372.819	３年	1,144.179	８年	1,655.250	２年	1,554.030
８年	1,826.552	文化元年(1804)	1,299.500	９年	1,993.804	３年	1,279.100
９年	1,624.967	２年	1,846.	10年	1,882.200	４年	1,151.
10年	1,460.751	３年	2,093.514	11年	1,928.		
11年	1,615.380	４年	2,253.055	12年	1,811.600		

注　表２－１、表２－２は以下の文書をもとに作成した。「寛政四年分酢醤油並大豆小麦薬等有高質方仕込等棚おろし諸事有高志らべ申帳」（木倉文庫）、「寛政五癸丑年分棚おろし帳」「寛政六甲寅　棚颪帳」「寛政七乙夘　棚おろし帳」「寛政八丙辰　棚おろし帳」「寛政九巳年丁巳分棚おろし」「毎歳棚おろし牒（寛政10年～享和３年分）」（松長家文書）。

表３　文化期開発屋与五郎家経営調理

		内　　訳	文化９年	文化10年
商売	収　入	利潤帳	268貫209文	＊303貫980文
		御宿方払い・万金丹売溜等	70貫537文	
	支　出	毎日調理帳〆高・雇帳・金方入用・銀方入用・連子返し銭・大黒頼母子・給銀	423貫762文	429貫296文
		高懸り〆高		116貫029文
	差引き		85貫016文不足	125貫316文不足
高方	米収入	田地関係収入	50石１斗１升60合	20貫783文
		払い米		218貫760文
	支　出	飯米・給米・米方入用	25石	—
	差引き		25石１斗１升６合（代100貫464文）	—
総差引き			15貫448文	—

注　「年々享福豊華策」（木倉文庫）をもとに作成。
　　＊は御宿方払い・万金丹売溜を含む。

かる。もっとも諸経費を差し引くと一〇〇貫文前後の不足が生じる。この不足分については所有田地の収益により補填した。同十年については正確な決算額は算出できないが、同九年の場合は銭一五貫四四八文の黒字となっていたことがわかる。このころは前述のように、寛政期に比べて経営が大きく拡大していた時期であり、貸しつけ金や質入れ高の規模が大きくなっていた。経営上の純利益は大きくないが、それは貸し金や質入れ品の返済の関係によるものであった。なお、経営上に重要な意味をもったことが判明した所有田地は、同九年には二七〇石余にもなっている。開発屋の分家創出にあたっては、田地は本家に残し、商売を与五郎家にまかせたのであるが、質業や取り替え方の金融業により、与五郎家は文化期には二七〇石もの高持となっていたのである。

開発屋与五郎家には、奉公人手形も残されており、同手形により開発屋の奉公人の実態がある程度判明する。この奉公人手形を整理したのが表4である。

天明から文政の期間の開発屋には、幾種類かの奉公人

表４　開発屋与五郎家の奉公人

	年月日	名前・年齢	契約期間・内容
開作奉公	天明７年12月(1787)	横町松十郎倅九右衛門　23歳	当大晦日より来大晦日　開作奉公　給米１石７斗　笠２　休日１か月３日
	寛政２年12月(1790)	戸破村嘉四郎　24歳	当大晦日より来大晦日　開作奉公　給米１石７斗　笠２　休日１か月３日
御使	寛政２年12月	東町太十郎	当大晦日より来大晦日　御使・御供　給米９斗
	寛政８年12月	小杉新町津幡屋仁太郎	当大晦日より来大晦日　御使・御供　給銀５貫文
手代・家来・丁稚	寛政３年12月	小杉新町高岡屋次兵衛	当大晦日より来年大晦日１年　手代奉公　給銀17貫文
	文化10年正月(1813)	小杉新町菓子屋甚右衛門	当正月より来正月　家来　給銀８貫文
	文化15年２月	野村津幡江村十兵衛倅寅之助	当大晦日より来大晦日　給米１石５斗　休日１か月３日
うば	文化11年３月１日	戸破村伝助娘なよ	当３月より５年　うば奉公　給銭・道具代５貫文
	文政元年12月(1818)	大江村伊部餌娘ふよ	当12月より５年　うば奉公　給銀・道具代５貫文
	文政２年12月	願海寺村十兵衛娘つよ	当12月より来12月　うば奉公　給銭３貫500文　道具代など１貫500文
下女	寛政５年12月８日	東老田村四郎兵衛娘なつ	当大晦日より来大晦日　給米６斗５升　道具代380文　休日１か月２日
	寛政８年12月	水戸田村三右衛門娘はつ	当大晦日より来大晦日　給米６斗５升　道具代380文　休日１か月２日
	文化９年７月	高岡定塚町大原源兵衛姉すへ	当７月より大晦日　給銭道具代１貫750文　休日１か月２日　煩いの際は年中２～３日ご免、５日滞りの際は代わり人を立てる
	文化11年３月	高岡木町新保屋六兵衛娘ひな	当３月より
	文化14年３月	野村津幡江村六兵衛娘いよ	当３月４日より大晦日　給銭３貫500文　休日１か月３日
	文化14年12月	今開発村仁右衛門（六兵衛か）娘すら（いさか）	当大晦日より来大晦日　給銭３貫500文　休日１か月３日
	文政元年12月	今開発村六兵衛娘すら	当大晦日より来大晦日　給銭３貫500文　休日１か月３日
	文政３年２月１日	殿村仁兵衛娘つよ	当大晦日より来大晦日　給銭３貫500文（実際は２月１日より勤めのため日割にて）休日３日
	文政3年11月	戸破村高畑町四平娘つよ	当大晦日より来大晦日　給銭３貫文　道具代500文　休日１か月３日

注 「奉公人請合証文」（松長家文書）をもとに作成。

がいた。まず商家経営の中心となるのは手代である。手代のほかに主人の御使いや御供をする奉公人もいた。また下女や乳母に加え、開作奉公人という農業関係の奉公人も抱えていたことがわかる。商売には手代以外に雑用を行う丁稚・下男も必要であるが、手代と御供ご用の奉公人以外の男性奉公人がこの雑用を勤めていたのではないかと考えられる。

奉公人の雇用は、乳母二人が五か年の契約となる年期奉公で、ほかはみな一年契約である。休日が定められていたことがわかる奉公人もあり、開作奉公人は天明・寛政段階で月三日の休みが許されていた。これに対して、下女の場合は文化九年ころまで月二日であったが、文化十四年以降には月三日となっている。なお病気の際の扱いについては、文化九年の下女すへの手形に記載されている。それによると、二、三日の休みは許されるが、五日以上の病気になると代わりの下女を請人が出さなければいけない定めとなっていた。

給与については、米の場合と金銭の場合があり、寛政期（一七八九～一八〇〇）には給米の事例が多く、化政期になると金銭払いとなっている。なかには化政期に給米の事例もあるが、これは男性奉公人で、村方出身の丁稚とみられる人物の場合であった。なお女性の場合には、給銭とは別に若干の道具代も渡されていた。具体的な給与の実態は、手代の場合は一人しか明らかでないが、その給銭は下男の二倍、乳母の三倍となる一七貫文であった。家来とされる奉公人菓子屋甚右衛門は、手代の半額八貫文である。また丁稚とみられる野村津幡江村十兵衛倅寅之助は、給米高は開作奉公人よりも低い一石五斗であった。御供勤めの奉公人はさらに給米・給銭が低く、寛政期の給米は九斗、給銭は五貫文にすぎなかった。つぎに女性奉公人の場合は、乳母は道具代も含めて化政期の給銭は五貫文であった。下女にも道具代は認められており、寛政期には三八〇文、文政期には五〇〇文となっていた。給与は寛政期の場合は、米で六斗五升であったが、文化期に入ると金銭払いとなり、化政期は道具代を除く給銭は三貫文であった。

最後に奉公人の出身地についてみると、小杉新町とその周辺の町村であり、他郡出身の奉公人はみられない。これは小杉新町の経済力が、遠方の地から奉公人を引きつけるほど大きくなかったことを示すのであろう。町場では例外的に近隣の水戸田や高岡から奉公に来ている下女もみられる。

3　当主の心得

開発屋太郎兵衛の三代目当主太郎兵衛は、寛政二年（一七九〇）の相続に際して、家の当主として必要な心構えを定目にまとめ、相続人の倅太四郎と同与五郎へ与えている（松長家文書）。定書は江戸後期の小杉商人が、模範的な一日の暮らしぶりとして考えた内容を示してくれる点で貴重であるので全箇条の要点を示しておく。

一日の定め

一条、朝早く起きること、

二条、朝のうち蔵などを開けること、

三条、朝のうちそれぞれが担当する掃除を申しつけ、自身も行うこと、

四条、朝のうち髪月代をそること、

五条、仏前へ参詣し灯明を上げ、御礼を申し上げること、

六条、帳場に出て諸事を調べ、帳面に書き損じとつけ落しがないかをたしかめること、もちろん居所は決めて、さしつかえがおこらないように人のいる所にいること、

七条、高方の儀は、十分に調べて相違のないようにしておくこと、

八条、田地方下請けの徳分をたびたび調べること、また小杉・下条そのほか懸け作下し帳を年々改め、十分に心がけ調べ、油断のないようにすること、
九条、職人などが罷出の時分は、それぞれ考えて気をつけ仕事をさせるようにすること、此方は年寄りにつき、毎々の用にも気配りができないので、自身で気をつけること、
一〇条、人が来たときは早速出て、用事うけ答えを済ますこと、人により気をつけること、
一一条、昼すぎにはまたそれぞれ掃除などをすること、
一二条、夕方になれば蔵などへ入れる物があるかを調べ、ととのえ納め、所々口々を回り、門などの戸締まりをすること、
一三条、夕飯を食べた後は足・手を洗い、内仏様へ灯明を上げ参詣し、また帳場へ戻り、今日一日の用事を調べて記し、又明日の用事を末々へ申し渡すこと、大方用が終われば蔵などを回り、締まり所を見回り、火事盗難の備えを申しつけ、刻限のよい時に仕舞うように申しつけて休むこと、
一四条、家内は朝飯、昼飯、夕飯の三度とも一緒に食べること、そうでなければことのほかの費えとなる、
一五条、諸用事は別紙に記すので、それぞれ守るように、そうでなければ不調方になり、費えにもなる、
一六条、他所へでかけるには、どこへ出かけるにも家内へ申し聞かせ出かけること、
一七条、耕作もするため折々は田圃の見回りをすること、
一八条、御用方など几帳面に勤め、留帳つけなど手代にまかせず、自身でも精を入れ仕事をし、諸事に気をつけること、

太四郎と与五郎の家業を分割しているために、商売自体の心がけではなく、家の当主としての生活態度を主に定め

たところに、「一日の定め」の特徴がある。清潔、整理整頓などの一般的な生活態度に加え、内仏の信仰を強調する点など、当時の小杉の商家などの主人らがどれも大切にしていたと思われる事項が記載されている。またこの定をみると、経営にかかわる事柄は、専ら農業関係の条項となっている。本家太郎兵衛家は地主としての道を選択したために、このような記載となったわけである。

もっとも、これを渡された子息の太四郎は、一か条も守らず勤めなかったという。この時、長男の太四郎はまだ結婚したばかりの若者であったために、心配で三代目はこの定書を作成したのであろう。この後も定書が息子たちに守られなかったとしても、「一日の定め」はこの時代における小杉新町の家の当主がとるべき生活態度として、当時一般に考えられていた事柄を書きあらわしていることに違いはない。

あとがき

本書に収録した論文の初出は次の通りである。

第一部　町の形成・展開と村・地域

第一章　中世後期以降における氷見町の空間構造変容と住民

『氷見市史8』資料編六（絵図・地図）（氷見市、二〇〇四年）の特論、深井執筆項を大幅に改稿して論文に書き直した。

第二章　近世中後期の氷見町の住民構造と社会的結合

『氷見市史1』通史編一（古代・中世・近世）（氷見市、二〇〇六年）の深井執筆の章を踏まえて、これを論文に書き改めた。

第三章　小杉新町の町立てと地縁的結合

「加賀藩御郡所町、小杉新町（小杉宿）の町立てと地縁的結合」（丸山雍成編『日本近世の地域社会論』文献出版、一九九八年）

付章1　屋号の史料的利用について━城端の屋号をめぐって━

「屋号の史料的利用について」（『北陸都市史学会報』五号、一九八三年）
第四章　「陣屋町」小杉と地域
「加賀藩における「陣屋町」と地域」（渡辺信夫編『近世日本の生活文化と地域社会』河出書房新社、一九九五年）
第五章　城下町・在町と農村―井波町の住民移動を通して―
「近世城下町・在町と農村」（田中喜男編『歴史の中の都市と村落社会』思文閣出版、一九九四年）
付章2　湊町と門前
「3　湊と門前」（林英夫・青木美智男編『事典　しらべる江戸時代』柏書房、二〇〇一年）

第二部　環境・災害と都市
第一章　天保飢饉期、氷見町の漁況と漁民―環境史の視点から―
「天保飢饉期、越中氷見町の漁況と漁民」（『社会経済史学』六三巻五号、一九九八年）
本稿は、同僚である自然地理の気候学研究者田上善夫氏との共著である。田上氏からは気候データの提供と分析方法についてアドバイスを受けて、深井の責任で原稿を深井一人でまとめたものである。
第二章　湊町西岩瀬の移転と構造
「近世前期、湊町西岩瀬の移転と構造」（『北陸都市史学会誌』一一号、二〇〇五年）
第三章　宿駅在町泊の移転・再建
「加賀藩政確立期における宿駅在町建設」（『交通史研究』一三号、一九八五年）
第四章　小杉新町の災害史料と災害認識

『小杉町史』通史編（小杉町、一九九七年）の深井執筆章をもとに論考にまとめ直したものである。

付　越中高波・寄り廻り波被害年表

「資料　越中の寄り回り波など高波災害年表」（『富山史壇』一七五号、二〇一四年）

本稿は、大学院学生山岸亮との共同執筆である。

第三部　町の住民と商業・流通

第一章　在町井波の婚外子と男女関係

「近世在町の私生児と男女関係」（『日本史研究』三八五号、一九九四年）

付節　在町井波の足入れ婚について

「加賀藩一在町の足入れ婚について」（『日本歴史』五三九号、一九九三年）

第二章　元禄・享保期の富山売薬、反魂丹売りと香具師

「元禄・享保期の富山売薬、反魂丹売りと香具師」（『富山史壇』一四二・一四三合併号、二〇〇四年）

第三章　大聖寺の奉公人

「幕末期、大聖寺一商家の奉公人雇傭と別家取立」（『富山大学教育学部紀要A』三五号、一九八七年）

第四章　金沢の菓子屋

「近世後期、城下町金沢の菓子屋と菓子について」（『和菓子』八号、二〇〇一年）

第五章　元禄期、鰤産地氷見町をめぐる魚関係商人と鰤など四十物流通

「元禄期、鰤産地氷見町をめぐる魚関係商人と鰤など四十物流通」（『富山史壇』一五二号、二〇〇七年）

第六章　近世中後期の氷見町の商業経営
『氷見市史1』通史編一（古代・中世・近世）（氷見市、二〇〇六年）第三編第六章第一節「二、町の商業経営」
をもとに書き改めた。
第七章　中後期小杉の商家と家の経営
「小杉新町の市と商人」『小杉町史』通史編（小杉町、一九九七年）第二章第三節

さて、二〇一五年三月末日に富山大学の定年を迎えた。これまで行ってきた研究のうち交通史については二〇〇九年に『近世日本海海運史の研究―北前船と抜荷―』（東京堂出版）を刊行した。そこで今回は、交通史以外の都市史と絵図史の論文をこの機会に本にまとめることにした。本書は前者の都市史に関する論文集となる。後者の論文集『加賀藩の絵図と絵図作成者』（仮題）は本書の原稿整理後にまとめるので、遅れて刊行の予定である。

富山大学教育学部の社会科日本史担当教員として勤務することになってより、三十年余もの長期間お世話になった。着任した時代の日本史は非実験ということで研究費はわずかであったが、大学は紛争時代からだいぶたって落ち着いており、また若い教員は研究する時間もかなり確保できた。大学の教員は研究よりも学生の教育に専心するように求められたのは、人文学部の日本史研究者であった小澤浩先生が学長となった時代であった。少子化により学部存続面で他学部より難しい問題を抱えた教育学部では、それよりかなり前から大学院設置をはじめとする様々な改革が行われ、このためにもたえず研究業績を上げることが教員に求められ、さらに授業重視の必要から学生の授業評価や教員の研究、社会的活動などの評価なども他学部より早くに取り入れられた。また、教員の定員削減もあり、授業数も増えて、若い先生方には研究時間を確保するのが容易でない時代となった。これまでそれなりの数

の著書や論文を出してこられたのは、やはり若い時代に恵まれた研究生活を送らせていただいたことが基盤となっていると思う。

本書が対象とする都市研究については、豊田武先生がつくられた北陸都市史学会（二代目坂井誠一会長以降の会長は北陸関係者）が存在したことが都市史研究をそれなりに続けるうえで大変に力になった。日本史以外の様々な分野の都市関係研究者がつくる学会なので様々な刺激を受けられたのは有り難かった。同学会は、本来全国学会の日本都市史学会をつくるための基礎として、矢守一彦先生や中部よし子先生なども参加して豊田先生によりつくられた学会であった。西洋都市史研究者のつくる比較都市史学会長の鵜川馨先生の協力もえられ継続してきたものの、結局、他地域に都市史学会が作られ、全国学会へと発展していく道筋とはならなかった。代わりに二〇一三年に、これまで都市史研究で重要な位置を占めた建築史研究者や日本史研究者が中心となって全国学会の都市史学会が創設された。筆者も参加させていただいたが、定年の年齢となってしまっては、学ばせていただくには若干創設が遅かったのは残念である。

学部学生時代に安良城盛昭・藤田五郎両氏らの戦後の基本的な文献を初めとする社会経済史を中心とした研究を、研究室の近世史研究会で学ばせていただいた。大学院の時代には、修士論文で城下町の御用留を史料に扱い、城下町の戸口移動について扱った。当時、歴史人口学の研究が数量経済史家によるコンピューター利用により行われ、またアナール学派の仕事を紹介する西洋史家の一連の、社会的結合や全体史志向の論著が公刊され、これらにも大きな影響を受けた。修士論文をまとめるかたわら前記の御用留に年々記載された抜け参りの記事から、城下町研究の修士論文と並行して同時に若者による抜け参りの長期的なその変化についての研究を行い、交通史の初めての論文を活字にしたのも社会史の影響を受けていたからである。その後の交通史研究で基本的な幕府の交通政策とそれを立案し、政策を遂行する勘定吟味役・勘定頭の検討を行うとともに、社会史的な女性史にかかわる関所抜けの研究を行い、その後の都市史の研究で社会的結合の研究や婚外子などの研究を進めたのは、全体史を重視する社会史の影響でもあった。

富山大学に移ってからは、前記数量経済史家のようにコンピューターを利用できればと考え、パソコン教室に通い、自分でもプログラムを組めるようになる勉強をした。幸いなことにコンピューター利用の研究ができる優れた史料の宗門人別帳に出会った。これは良質な宗門帳を多数蔵した井波町肝煎文書の緊急整理に参加させていただいたことがきっかけとなった。同史料の研究上の重要性から、当時販売されていたデータベース作成ソフトを利用してパソコンにて井波の宗門帳を使ったデータベース作成に取り組んだ。予定ではこの人別帳を中心にして、他の豊富な町肝煎文書も利用して、越中における一在町の住民の世界を長期間観察して描ききる社会史の研究を成し遂げることであった。しかし、人別帳が膨大なので入力できたのは主要な年度のものとなった。ただそれでも嘉永のものが極めて詳細な記事を伴うので、後期の井波住民のことが綿密に把握できるものとなった。もっとも、初め人権問題、後に町村合併などで図書館の管轄変更などもあり、次第にこの井波町肝煎文書の利用が難しくなり、他方で引き受けた他の仕事に追われることになり、この宗門帳を利用した在町住民の社会史的研究への展開という研究の予定が頓挫してしまった。まことに残念なことであるが、依頼された仕事は引き受けるものということを学生時代に指導教官の渡辺信夫先生からうかがっており、やむをえず断ったものも一、二はあったが、ほとんどこれまで引き受けてきた。この関係もあり、また大学の方も忙しくなり、結局右の研究は論文一本と小論一本をまとめるだけで終わってしまった。しかし、依頼された自治体史編さんにかかわる仕事を主にして行ってきたが、日本史研究の基礎となる資料の研究面へ導いてくれた。具体的には絵図と絵図作成者についての研究である。

越中のこれまでの近世研究の史料は十村文書が主であり、都市関係史料が少ないために、富山大学に移ってから絵図の積極的利用を心がけた。当時、中世史の黒田日出男氏や歴史地理学の矢守一彦氏らの絵巻や絵図の画像史料を積極的に利用した研究の刺激も受けることになった。交通史研究でも正確な絵図の分間絵図利用による研究を行ったが、副産物として最初の著書である『図翁遠近道印―元禄の絵地図作者―』(一九九〇年)という近世の伊能忠敬と並ぶ代表的な絵図作者・測量家の富山藩医藤井半智の本を本書の出版社である桂書房から刊行できた。富山県内には全国的にみても極めて優れた絵図が多数残されており、十村文書による古文書研究よりも、絵図研究が重要だと考えた。このため小杉町史や金沢市史・絵図部会への参加後に石黒信由の精緻な研究を進められ、石黒信由研究で大きな成果を上げられた楠瀬勝先生の科学研究費による研究や氷見市史絵図編の仕事を手伝う中で、石黒以前の絵図作者や絵図などについても研究を行い論文を書いてきた。これらの論文も相当の数となったので、とりあえず別著で『加賀藩の絵図と絵図作者』(仮題)として出版することにした。しかし、様々な仕事に追われて結局刊行は同時とはいかず、遅れて刊行することになった。

さて、定年後は研究を続けるものの、別の大学に移る予定もなく、また現在の大学の教員が当然ながら研究ではなく教育優先となり、大学院もあれば相当に多忙を極めるので、非常勤講師は務めても再就職しないことにした。そこで、この機会にこれまでお世話になった、東北大学時代から富山大学人間発達科学部など大学の関係者を初めとする多くの方々、また北陸都市史学会を初め多くの所属する学会の研究者や関係者、自治体史編さんや本の出版、また文献・史料の閲覧でお世話になった図書館・文書館、そして文書所蔵の方々など、一々お名前を上げるとあまりにも膨大な数の方々となるので、ここでは、お名前を省略させていただくことにして、最後にこれらの方々へ重ねて御礼申し上げることで擱筆したい。

深 井 甚 三（ふかい じんぞう）

富山大学名誉教授。博士（文学）。

1949年、埼玉県に生まれる。

1978年、東北大学大学院文学研究科博士後期課程を出る。1981年、富山大学教育学部（2005年に人間発達科学部に改組）講師。その後、助教授、教授をへて、2015年に退職。

〔著書〕『図翁遠近道印—元禄の絵図作者』（桂書房、1990年）、『幕藩制下陸上交通の研究』（吉川弘文館、1994年）、『近世の地方都市と町人』（吉川弘文館、1995年）、『近世女性旅と街道交通』（桂書房、1995年）、『江戸の宿—三都・街道宿泊事情』（平凡社、2008年）、『近世日本海海運史の研究—北前船と抜荷』（東京堂出版、2009年）ほか。

加賀藩の都市の研究

2016年10月3日　初版発行

定価　本体 6,000円＋税

著　者　深 井 甚 三
発行者　勝 山 敏 一

発行所　桂 書 房
〒930-0103 富山市北代3683-11
Tel 076-434-4600
Fax 076-434-4617

印 刷／株式会社 すがの印刷
製 本／株式会社 渋谷文泉閣

地方・小出版流通センター扱い　ISBN978-4-86627-015-9